江苏高校优势学科建设工程三期项目（马克思主义理论）
江苏省高校示范马克思主义学院成果

价值哲学和共同体研究

陆树程自选集

陆树程 著

苏州大学出版社
Soochow University Press

图书在版编目(CIP)数据

价值哲学和共同体研究:陆树程自选集 / 陆树程著
. —苏州:苏州大学出版社,2019.12
　ISBN 978-7-5672-3097-2

　Ⅰ.①价… Ⅱ.①陆… Ⅲ.①哲学-文集 Ⅳ.
①B-53

中国版本图书馆 CIP 数据核字(2020)第 013501 号

书　　名:	价值哲学和共同体研究
	——陆树程自选集
著　　者:	陆树程
责任编辑:	周凯婷
装帧设计:	吴　钰　刘　俊
出版发行:	苏州大学出版社(Soochow University Press)
社　　址:	苏州市十梓街 1 号　邮编:215006
网　　址:	www.sudapress.com
邮　　箱:	sdcbs@suda.edu.cn
印　　装:	苏州市深广印刷有限公司
邮购热线:	0512-67480030　销售热线: 0512-67481020
网店地址:	https://szdxcbs.tmall.com/(天猫旗舰店)
开　　本:	700 mm×1 000 mm　1/16　印张:21.5　字数:353 千
版　　次:	2019 年 12 月第 1 版
印　　次:	2019 年 12 月第 1 次印刷
书　　号:	ISBN 978-7-5672-3097-2
定　　价:	68.00 元

凡购本社图书发现印装错误,请与本社联系调换。服务热线:0512-67481020

目 录

第一部分 社会主义核心价值观研究

家风传承对培育和践行社会主义核心价值观的意义 / 003
论培育和践行社会主义核心价值观的内在机制 / 016
论社会主义核心价值体系认同的元问题
　　——基于对马克思主义意识形态观的一种理解 / 029
论社会主义核心价值体系的历史基础和践行机制 / 041
社会主义核心价值体系与人的内在需求 / 054
认识论视阈中的社会主义核心价值体系 / 065
实践论视阈中的社会主义核心价值体系
　　——从新中国成立60年以来的社会主义现代化实践活动看 / 075
论当代大学生社会主义核心价值体系心理认同机制 / 088
社会主义核心价值体系心理认同机制在党的建设工程中的运用 / 096
论培育和践行诚信价值观的动力机制 / 102

第二部分 生命哲学研究

科技发展与当代环境科技观 / 119
敬畏生命与生命价值观 / 124
全球发展视阈中的敬畏生命观 / 137
关于自然内在价值的哲学反思 / 149
关于自然权利的哲学反思 / 158
关于克隆技术发展和应用的美学价值分析 / 174

关于公平、公正、正义三个概念的哲学反思 / 182
论人类中心论的本质
　　——关于生态伦理学论争的一个反思 / 193
论西方生命神圣思想及其当代价值 / 204
女性主义关怀伦理视阈下对人工流产的辩护 / 213
生命伦理发展与当代伦理共同体的重建
　　——兼与甘绍平先生商榷 / 220

第三部分　共同体和新现代化研究

市民社会与当代伦理共同体的重建 / 235
论敬畏生命与生命伦理共同体 / 243
论构建社会主义和谐社会的历史必然性 / 251
科学发展观视阈中的社会主义和谐社会 / 263
社会主义核心价值体系与和谐社会构建 / 272
社会主义和谐社会与当代伦理共同体 / 280
中国的发展与全球伦理共同体的重建 / 290
和平与发展是带全球性的战略问题 / 299
人才资源——国家第一资源 / 308
论人才资源的特征及其开发利用 / 312
知己知彼思维方式 / 317
中国新现代化论 / 320

第一部分
社会主义核心价值观研究

家风传承对培育和践行社会主义核心价值观的意义

良好家风的传承对培育和践行社会主义核心价值观具有重要作用。家风，即门风，"指的是一个家庭在代代繁衍过程中，逐步形成的较为稳定的生活方式、生活作风、传统习惯、道德规范，以及待人接物、为人处世之道等，其核心内容指一个家庭的思想意识方面的传统"[1]。家风作为一个家庭的主旋律，是给家中成员及后人树立的价值准则。家风的形式有两种：一种是大家族的家规、家训，另一种是普通家庭父辈（或祖辈）的身体力行、言传身教。家风传承，指的是以家风为载体，传承优秀传统文化、社会伦理道德及社会核心价值观。以家风传承为切入点，从中国优秀传统文化、社会主义核心价值观的认知、认同等方面探索社会主义核心价值观的培育和践行问题具有现实意义。

一、家风和社会主义核心价值观具有文化同根性

家风作为文化领域的观念形态，它和社会主义核心价值观具有文化同根性。各种各样的家风要求，如"不能忘本，我们是中国人""以国家利益为重""老老实实做人，认认真真做事""做生意要讲诚信""与人为善""宽容他人"等，其中蕴含的价值取向和精神追求与社会主义核心价值观有着内在的契合性。这种内在的契合性反映了家风和社会主义核心价值观具有文化同根性。

1. 社会主义核心价值观根植于中国优秀传统文化

社会主义核心价值观凝练为"富强、民主、文明、和谐、自由、平

---

[1] 闫旭蕾，杨萍：《家庭教育新论》，北京：北京大学出版社，2012年，第11页。

等、公正、法治、爱国、敬业、诚信、友善"[1]，分别从国家、社会、个人三个层面明确了培育和践行社会主义核心价值观的基本要求。这 24 个字不是人们主观意志的产物，而是立足于中国特色社会主义建设实践、根植于中国优秀传统文化。如"和谐"，在中国优秀传统文化中，"和谐"是"一个持久而稳定的核心价值观"[2]，追求和谐是中国的文化传统。如"公正"，在中国优秀传统文化中通常表达为"义"，它是人们的基本道德规范和立身之本，是判断是非、辨别善恶的标准，"义，人之正路也"[3]，"义者，宜也"[4]。可以说，"义"就意味着公平公正，是合理的、应当的，是善的和美的，是宇宙万物存在的根本原则。又如"诚信"，在中国优秀传统文化中把"诚信"看作人之为人的基础，"诚者，天之道也；思诚者，人之道也"[5]，"诚"是真实无妄，而真实正是宇宙万物存在的基础，虚假就没有了一切。而"天命之谓性"[6]，人性作为天道的体现，是至纯至善的。所以"人之道"就应该"思诚"，追求诚是做人的根本要求。而"信"作为五常之德的一种德行，它所发挥的作用正是保证至诚天道赋予人的至善德行。只有将这德行落实到生活和社会事务中的方方面面，人才是"信人"，才算尽了"天道"。正如习近平所指出的，作为"中国人独特的精神世界"[7]，中国优秀传统文化早已内化为"百姓日用而不觉的价值观"[8]。毛泽东认为："我们这个民族有数千年的历史，有它的特点，有它的许多珍贵品……我们是马克思主义的历史主义者，我们不应当割断历史。从孔夫子到孙中山，我们应当给以总结，承继这一份珍贵的遗产。"[9] 数千年的中国传统文化蕴含了丰富的中国文化精髓，不断形成具

---

[1] 中共中央办公厅：《关于培育和践行社会主义核心价值观的意见》，《人民日报》，2013 年 12 月 24 日。
[2] 韩震：《社会主义核心价值观五讲》，北京：人民出版社，2012 年，第 67 页。
[3] 万丽华，蓝旭译注：《孟子》，北京：中华书局，2006 年，第 156 页。
[4] 王国轩译注：《大学·中庸》，北京：中华书局，2007 年，第 95 页。
[5] 万丽华，蓝旭译注：《孟子》，北京：中华书局，2006 年，第 119 页。
[6] 陈成国点校：《周礼·仪礼·礼记》，长沙：岳麓书社，2006 年，第 186 页。
[7] 习近平：《青年要自觉践行社会主义核心价值观：在北京大学师生座谈会上的讲话》，《光明日报》，2014 年 5 月 5 日。
[8] 习近平：《青年要自觉践行社会主义核心价值观：在北京大学师生座谈会上的讲话》，《光明日报》，2014 年 5 月 5 日。
[9] 毛泽东：《毛泽东选集》（第 2 卷），北京：人民出版社，1991 年，第 533 页。

有中国特色的核心价值观。习近平指出:"对我国传统文化,对国外的东西,要坚持古为今用、洋为中用,去粗取精、去伪存真,经过科学的扬弃后使之为我所用。"[1]因此,"我们提倡的社会主义核心价值观,就充分体现了对中华优秀传统文化的传承和升华"[2]。在一定意义上说,中国优秀传统文化是社会主义核心价值观的前提和基础,社会主义核心价值观根植于中国优秀传统文化。

2. 家风是中国优秀传统文化的沉淀和体现

家风形成至今已有数千年的历史,而家教、家规、家训是家风形成的基础。不同于西方"个人本位的社会",梁漱溟先生认为中国是"伦理本位"的社会结构。几千年来,中国一直都以家族和家庭为核心,家是中国人安身立命的基础。对家庭成员而言,家不仅有浓厚的亲和力和凝聚力,而且有强大的影响力和约束力。成家、保家、发家、兴家,是中国人的追求,良好家风的建设和传承更是中国人的使命。中国人历来重视家教,通过家教家风的传承,中华优秀传统文化才得以传承、升华和落实,而家庭教育中尤其强调德性的培养,如周公旦诫儿、孔鲤过庭闻训、孟母择邻而居、岳母刺字、包拯遗训、曾国藩持家教子等。与此同时,还产生了一系列相关典籍,如被誉为"古今家训之祖"的北齐颜之推的《颜氏家训》、北宋司马光的《温公家范》、南宋朱熹的《朱子家训》、明朝吴麟征的《家诫要言》、清朝朱柏庐的《朱子治家格言》等。虽然各家的具体家风不尽相同,有的有明文规定,有的没有,但核心要素都是当时社会主流价值观、伦理理念、道德规范的体现。古人把家风概括为"五常八德","五常"即仁、义、礼、智、信,"八德"即忠、孝、仁、爱、信、义、和、平。"仁义礼智信"作为中国优秀传统文化的核心部分,影响着我国传统社会的价值观念和道德规范,对推动我国传统社会价值观念的教化、提升我国传统社会的道德水平,起到了非常重要的历史作用。如"仁"作为五常之首,是一个统摄诸种美德的总体性范畴,它不仅是我国儒家思想中最基本的核心价值理念和道德规范,而且是中华民族传统核心价值和道德精

---

[1] 习近平:《胸怀大局把握大势着眼大事 努力把宣传思想工作做得更好》,《人民日报》,2013年8月21日。
[2] 习近平:《青年要自觉践行社会主义核心价值观:在北京大学师生座谈会上的讲话》,《光明日报》,2014年5月5日。

神的象征。"仁"的核心即"爱人"。"仁爱"即由己及人,由近及远,由内而外。以"仁"为核心的传统价值观,标志着"人"的发现,它倡导人与人之间的相互关爱、平等友善,人的价值在人与人的关系中得到尊重和重视,从某种意义上体现了人道主义精神和人本主义精神。因此,中国人历来将"仁义礼智信"作为家庭教育的主要内容。父母引导子女把握"仁义礼智信"的基本内涵并践行其基本要求,从而在实践中提高子女的德性。总之,从家风、从父母长辈那里传承下来的待人接物、为人处世的要求从不同角度体现了中华民族的性格,反映了优秀的民风风俗,是中国优秀传统文化的积淀。孔子仁学思想深入人心,被中华民族所推崇,被大多家教、家规、家训所吸收,正是这种优秀传统文化积淀和体现的最好注释。

二、家风传承对社会主义核心价值观的认知具有内化意义

家风传承有助于推动社会主义核心价值观内化为个体认知。价值认知是指"通过认知的方法获得价值认识的过程"[1]。价值认知是价值认同和价值践行的前提。如果没有对社会主义核心价值观的认知,就不可能有对社会主义核心价值观的认同,更谈不上自觉践行社会主义核心价值观。家风传承在内容上与社会主义核心价值观具有文化同根性,并具有与时俱进的品质,家风传承在形式上符合认知形成的一般规律,因而,家风传承对社会主义核心价值观的认知具有内化意义。

1. 家风传承和社会主义核心价值观因文化同根性引发认知共振

共振是自然界中普遍存在的现象。在力学上共振现象是指物体在受迫振动时,如果策动力的频率与物体的频率接近或相等,那么受迫振动的振幅能够达到最大。在光学、声学、原子及核物理等许多领域中,都普遍存在共振现象。在社会科学领域的许多方面也有共振现象存在,如社会学中的话题共鸣,管理学中企业管理者只有和下属心意一致,形成心灵共振才会有思想共鸣,才能无往而不胜。在思想政治教育过程中,也存在共振现象,并具有一定的规律性,即内在思想与外加思想产生共振的规律。"内

---

[1] 王玉樑:《价值哲学新探》,西安:陕西人民出版社,1993年,第289页。

在思想与外加思想产生共振的规律,是指受教育者原有的政治思想观点和道德品质与教育者所施行的教育内容接近或大致一致时,会使教育效果趋向于最佳的规律。"[1]优良家风传承是中国优秀传统文化的重要组成部分和展示方式,而社会主义核心价值观又根植于中国优秀传统文化,这种文化同根性,使得我们倡导的社会主义核心价值观与家风传承中形成的价值观相接近,从而产生认知共振。因此,从家风传承的角度来认知社会主义核心价值观更容易被接受,更容易促使倡导者和接受者达到思想一致。这种认知共振进一步推动了人们对社会主义核心价值观的认知和认同。如每逢过年,经常可见"忠厚传家久,诗书继世长"这样的春联,可见,这就是中华民族公认的良好家风。而"忠厚传家""诗书继世"的家风内涵,与"文明""和谐""诚信""友善"的社会主义核心价值观是一脉相承的。因此,家风传承能促使个体对社会主义核心价值观的认知。

2. 社会主义核心价值观引领新家风传承

家风作为一种社会意识,是由社会存在决定的,并随着社会存在的变化而变化,随着社会存在的发展而发展。"人们的观念、观点和概念,一句话,人们的意识,随着人们的生活条件,人们的社会关系,人们的社会存在的改变而改变。"[2]家风是时代的产物,由于时代的局限性,某些家风的内容含有封建落后思想,如重男轻女、重读书轻商务、重继承轻创新等,因此,家风的内涵要与时俱进。对于传统家风,我们要取其精华,去其糟粕,丰富其时代新内涵,而这个新内涵即社会主义核心价值观。社会主义核心价值观凸显了国家、社会和公民的价值目标、价值取向和价值准则,理应是每一个家庭、每一个公民的价值追求。同时,"富强、民主、文明、和谐、自由、平等、公正、法治、爱国、敬业、诚信、友善"这24个字也应成为今日家风建设的指导方针和具体要求。即用社会主义核心价值观引领家风建设,以社会倡导的主流价值观为导向、为指导方针去培育家风,并在家庭生活中以日常之事为切入口,不断创建新的家规,一点一滴地进行家风建设,如家庭成员应该遵循的行为准则,倡导什么、预防什么、反对什么、杜绝什么,怎样处理好夫妻关系、亲子关系、邻里关

---

[1] 王礼湛、陈杰、陆树程:《思想政治教育学》,杭州:浙江大学出版社,2004年,第259页。
[2] 中共中央马克思恩格斯列宁斯大林著作编译局:《马克思恩格斯文集》(第2卷),北京:人民出版社,2009年,第50—51页。

系,家庭主要成员怎样在家风建设中发挥各自的作用,如何引导孩子从小养成孝敬父母、尊敬长辈、热爱劳动、善良、诚信、友善、节俭、乐学等良好品质等。"作为'社会细胞'的家庭之家教家风的改进强化,必定大大改善和强健整个社会肌体的活力。"[1]

3. 家风传承有助于社会主义核心价值观内化于心

根据认知形成规律,认知形成是信息呈现、注意、理解、接受的过程。家风传承有利于社会主义核心价值观的认知形成,从而使社会主义核心价值观内化于心。其一,信息呈现的形式、切入点涉及对象的认知系统是屏蔽还是开启,以及与对象原有认知图式的关联度决定了信息被注意的可能性大小。家庭是对个人的需求和特点了解最充分的地方,因此,家风能与个人之间建立高效的信息传输渠道。其二,从信息的注意到理解是阐述观点、论证观点的过程,家庭联系实际并使用生活化、大众化的语言来准确解读和诠释社会主义核心价值观,能使个人的注意更长久,从而使理解成为可能。其三,信息的理解能否实现取决于论据的有效性、强度和吸引力。家庭能够直面社会矛盾和个人的思想困惑,并精心挑选、组织最新最具有说服力的论据,从而增强家庭成员对社会主义核心价值观的理解能力。其四,从信息的理解到接受,是受教育者将新知识与原有认知图式结合,并融入已有知识体系的过程,这一步的实现需要以理服人、以情感人。家庭中的血缘关系使晚辈对父辈或祖辈有更多的信任和依赖,从而更容易接受父辈或祖辈的价值观,因此,社会主义核心价值观也更容易通过家风传承被家庭成员所接受。由此可见,家风传承符合认知形成的一般规律,有助于家庭成员理解、认同社会主义核心价值观,真正把社会主义核心价值观内化于心。

三、家风传承对社会主义核心价值观的认同具有强化意义

家风传承在强化社会主义核心价值观的认同方面具有重要意义。价值认同是指"人们在自己的社会实践活动中能够以某种共同的价值观念为标准规范自己的行动,或以某种共同的理想、信念、尺度、原则为追求目

---

[1] 万俊人:《也说家教家风》,《光明日报》,2014年3月3日。

标,并自觉内化为自己的价值取向"[1],即社会成员对社会价值规范所采取的自觉接受并自愿遵循的态度。对社会主义核心价值观的认同,是社会成员在认知社会主义核心价值观的基础上,在社会实践过程中自觉遵循。认同是社会主义核心价值观转化为个体自觉追求的一个关键环节。只有获得个体的认同,才能强化对社会主义核心价值观的认知,进而推动社会主义核心价值观的践行。

1. 家风传承"文化基因"强化社会主义核心价值观的体认

家风传承的"文化基因"强化人们对社会主义核心价值观的内心体会和认同。"文化基因"的概念最早由英国习性学家理查德·道金斯(Richard Dawkins)于1976年在《自私的基因》(*Selfish Gene*)一书中提出。他杜撰了一个新概念Meme,用来说明文化传承中的基本单元,同时又带有"模仿"的意思。21世纪以来中国学者也越来越多地使用"文化基因"这个概念。王东指出:"所谓文化基因,就是决定文化系统传承与变化的基本因子、基本要素。"[2] 毕文波认为:"内在于各种文化现象中,并且具有在时间和空间上得以传承和展开能力的基本理念或基本精神,以及具有这种能力的文化表达或表现形式的基本风格,叫作'文化基因'。"[3] 如果说传统文化是过去人们创造的精神存在,是过去某个时空下人们创造的一切文化,那么文化传统则是传统文化继承过程中形成的精神品质,是现在时空下人们承继的部分文化,是支配千百万人的习惯和力量,是一种集体无意识。习近平指出:"富强、民主、文明、和谐、自由、平等、公正、法治、爱国、敬业、诚信、友善,传承着中国优秀传统文化的基因,寄托着近代以来中国人民上下求索、历经千辛万苦确立的理想和信念,也承载着我们每个人的美好愿景。我们要在全社会牢固树立社会主义核心价值观,全体人民一起努力,通过持之以恒的奋斗,把我们的国家建设得更加富强、更加民主、更加文明、更加和谐、更加美丽,让中华民族以更加自信、更加自强的姿态屹立于世界民族之林。"[4] 家风传承的

---

[1] 贺善侃:《经济全球化背景下的价值认同与冲突》,《毛泽东邓小平理论研究》,2003年第5期。
[2] 王东:《中华文明的五次辉煌与文化基因中的五大核心理念》,《河北学刊》,2003年第5期。
[3] 毕文波:《当代中国新文化基因若干问题思考提纲》,《南京政治学院学报》,2001年第2期。
[4] 习近平:《习近平谈治国理政》,北京:外文出版社,2014年,第169页。

"文化基因"与中国优秀传统文化基因具有本质内容上的一致性。如"和谐"作为最具中华民族特色的核心价值观,一直被中华民族所推崇,在家风传承中我们认同"和为贵""家和万事兴""和气生财""天时不如地利,地利不如人和",我们向往"人人相亲、人人平等、天下为公"的大同社会,可见"和谐"通过家风传承早已融为"文化基因",这种"文化基因"对人们具有思维定式和行为惯性的作用。"和谐"的"文化基因"在不同的历史时代不断被赋予其新的时代内涵。在当代中国,"和谐"是社会主义的本质要求,可以"实现社会主义社会中人与人、人与社会、人与自然环境良好互动、相互促进的关系状态"[1]。"和谐"已成为国家层面的价值要求。显而易见,家风传承的"文化基因"强化着人们对社会主义核心价值观的体认。

2. 家风传承强化社会主义核心价值观的情感认同

情感是道德意识的重要构成要素,"道德教育的核心方式在于恰当地运用道德情感"[2]。"强调主体自由的认同意味着无义务无强迫的认同。对于国家认同来说,如果没有经过个人自由的独立思考,没有经过个人的情感体验,那么他所形成的国家认同是一种盲目的服从和自我奴役。"[3]家风传承是在蕴含血亲情感的环境中进行的,因而更能获得情感认同。其一,道德个体对有血亲关系的长辈的依从感,使家风更具感染力和权威性,即"夫同言而信,信其所亲,同命而行,行其所服"[4]。其二,家风作为家族文化和家庭文化的集中代表,可以在文化认同的意义上被教育对象接受乃至信仰。美国哲学家塞缪尔·亨廷顿认为,"文化认同对于大多数人来说是最有意义的东西"[5],成员对家族文化和家庭文化的情感认同,可促使家风的道德价值理念转化为成员的道德价值信仰,并成为引发他们道德行为的心理精神依据。如颜氏后代在再刊《颜氏家训》时颇多感慨,"今亲听祖宗说话,便要商量祖宗是如何期望我,我如何无憾于祖宗;

---

[1] 韩震:《社会主义核心价值观五讲》,北京:人民出版社,2012年,第68页。
[2] 杨韶刚:《道德教育心理学》,上海:上海教育出版社,2007年,第297页。
[3] 周中之、石书臣:《社会主义核心价值体系教育探索》,上海:上海人民出版社,2007年,第142页。
[4] 王利器:《颜氏家训集解·序致篇》,北京:中华书局,1993年,第19页。
[5] [美]塞缪尔·亨廷顿:《文明的冲突》,周琪,等译,北京:新华出版社,2013年,第4页。

悚敬操持，不徒作语言文字观"[1]，即这种认同心理的反映。其三，家风传承的价值观、道德规范是家长对后人的要求，也是对家长自身的制约。"其身正，不令而行；其身不正，虽令不从。"[2] 因此，家长在率先垂范、以示后人的同时勉励、约束、训诫甚至处罚子女，使他们养成践行家风的习惯。这种交互影响在日常家庭生活中长期存在，在耳濡目染中家庭成员经历触及内心世界的深刻的道德情感体验，从而促进个体的道德建构和对家风传承的价值认同。所以，潜移默化、言传身教的过程就是内心认同的过程，这种内心认同过程与强化社会主义核心价值观情感认同过程的原理是一致的。

3. 家风传承强化社会主义核心价值观的理性认同

社会主义核心价值观的理性认同是指"社会主义核心价值观遵从事物发展的客观规律，以理论的彻底性，促使人们通过观察思考、比较判断、内心感悟，逐步达成理性共识，进而认同社会主义核心价值观"[3]。人是理性的动物，而"人的自由和依照他自己的意志来行动的自由，是以他具有理性为基础的，理性能教导他了解他用以支配自己行动的法律，并使他知道他对自己的自由意志听从到什么程度"[4]。因此，人会从实际情况出发，在理性的基础上对社会主义核心价值观进行判断。另一方面，"理论只要说服人，就能掌握群众；而理论只要彻底，就能说服人。所谓彻底，就是抓住事物的根本"[5]。社会主义核心价值观以马克思主义为理论依据，符合社会发展的客观规律，符合最广大人民的根本利益，具有理论的彻底性，因而必然能够得到人们的理性认同。家风是随着家庭的产生而出现的，家庭从本质上说是一种社会关系，一定会随着具体的社会历史条件的变化而变化。因此，家风与社会发展需要相适应，家风传承的内容由生

---

[1] 颜星：重刊《颜氏家训》小引，王利器《颜氏家训集解》，北京：中华书局，1993年，第556页。
[2] 杨柳岸导读：《论语》，长沙：岳麓书社，2018年，第161页。
[3] 陆树程，杨倩：《论培育和践行社会主义核心价值观的内在机制》，《毛泽东邓小平理论研究》，2014年第8期。
[4] [英]洛克：《政府论》（下篇），叶启芳，瞿菊农译，北京：商务印书馆，1964年，第39页。
[5] 中共中央马克思恩格斯列宁斯大林著作编译局：《马克思恩格斯文集》，北京：人民出版社，2009年，第11页。

产方式所决定,在一定意义上,它是一定社会的经济和政治在文化上的反映。习近平指出:"一个民族、一个国家的核心价值观必须同这个民族、这个国家的历史文化相契合,同这个民族、这个国家的人民正在进行的奋斗相结合,同这个民族、这个国家需要解决的时代问题相适应。"[1] 家风传承和对社会主义核心价值观的理性认同不能离开当代中国发展的具体时间和空间,理性认同在于理论的彻底性,在于家风传承的内容与社会主义核心价值观的理论相通性,在于这些理论能够解决当代中国在发展中所出现的问题。当代中国的社会结构正处于从传统向现代的转型期,社会生活的开放性和文化生活的多元性使得人们的价值观念和价值诉求呈现多样性,面对传统文化和现代文化、外来文化和本土文化、进步文化和落后文化、先进文化和腐朽文化的相互交织、相互激荡,人们为了有序生存,必然要求确立一种统一的、能够为大多数社会成员所普遍接受,并自觉遵守的主流的、核心的价值观,"以消除人们由于价值评价标准不一致所造成的共同体内部分歧和内耗,消除他们的内心焦虑与行为冲突,从而使整个社会共同体处于一种和谐的秩序中"[2]。传统家风传承的思想主要是中国古代官方文化和儒家社会意识形态,强调修身的重要性。家风传承实现了经典通俗化、理论实践化、思想大众化,从而有利于人们参与其中。家风传承至今,说明它仍符合现代人的需要,即构建和谐家庭的需要、促使个体社会化的需要、实现人的自由全面发展的需要。而家风传承的内容所承载的价值也要适应现在时代发展的需要,与历史发展规律相符合,有利于人的自由全面发展。如对民主的诉求、对自由的向往、对平等的追寻、对公正的展望,而社会主义核心价值观就是符合这些要求的主流价值观。

四、家风传承对社会主义核心价值观的践行具有深化意义

对社会主义核心价值观的认知、认同是践行社会主义核心价值观的前提和基础,人们对社会主义核心价值观"内化于心",才会"外化于行"。

---

[1] 习近平:《青年要自觉践行社会主义核心价值观:在北京大学师生座谈会上的讲话》,《光明日报》,2014 年 5 月 5 日。
[2] 周中之,石书臣:《社会主义核心价值体系教育探索》,上海:上海人民出版社,2007 年,第 137 页。

家风传承的价值观，形成了人们的思维定式和心理定式，从而在社会实践中会把认同的价值观付诸行动。因此，社会主义核心价值观只有与家庭成员的日常生活紧密联系，寓于他们的社会实践活动中，才能真正达到"知"与"行"的统一，才能真正践行社会主义核心价值观。

1. 家风传承通过家训家规、言传身教践行社会主义核心价值观

家风的形式有两种：一种是家训、家规，具有硬性的约束力；另一种是普通家庭父辈（或祖辈）的身体力行、言传身教，具有软性的影响力。家训是对家族成员立身处世、持家治业的教诲。家规是一个家庭所规定的行为规范，也叫家法。家训、家规作为中国传统文化中的重要组成部分，在中国历史上对个人的修身、齐家发挥了重要的作用。中国古代社会家国同构，所谓"国有国法，家有家规"，一个家庭想要兴旺发达，做人做事就要懂得规矩。而"不以规矩，不成方圆"，所以家人违背家规就像国民触犯法律一样要受到处罚。由此可见，一个家庭的家训、家规对家庭成员的言行举止、待人接物具有约束和规范作用。通过家训、家规，家庭文化、道德体系、核心价值观得以构建和践行。而在践行家训、家规的过程中，个人的品德得以养成，家风得以形成和传承。如曾国藩的祖父曾玉屏创立的一套家规，即家训"八宝"，后来曾国藩归结为"早扫考宝书蔬鱼猪"[1]。曾家数代身体力行，形成并传承了勤俭纯朴的家风，才使得曾氏数代人才辈出，"至今有名望之人多达240余人"[2]。对于没有旧时大家族经历，也谈不上显赫出身的现代人而言，家规、家训似乎颇为遥远。可父辈（祖辈）的身体力行、言传身教，却在用独特的方式影响着下一代，这就是属于我们普通人的家风。爱国、公正、诚信、友善等家风传承通过家训、家规和言传身教促使人们普遍认同，并践行社会主义核心价值观。

2. 家风传承通过榜样的作用践行社会主义核心价值观

榜样教育是思想政治教育的一种行之有效的方法。"榜样产生的是人格的感召力"[3]，家风传承中树立的榜样，由于来自本家族的杰出代表或者优秀代表，具备可亲、可敬、可信、可学的特点。可亲性是指榜样的一言一行、为人处事源于现实，具有强烈的人性化色彩；可敬性是指榜样有

---

[1] 周太：《曾国藩家族》，北京：北京理工大学出版社，2013，第5页。
[2] 周太：《曾国藩家族》，北京：北京理工大学出版社，2013，第1页。
[3] 高国希：《我国道德实践体系的基本模式》，《光明日报》，2014年6月18日。

先进性、崇高性,其思想和行为符合社会发展规律,其理想和现实的距离对于一般人而言是可以实现但尚未实现的;可信性是指榜样是真实无妄的,避免"假大空""高大上";可学性是指榜样值得、易于和便于模仿、学习或借鉴。而"可学性是榜样教育的出发点和落脚点,也是可亲性、可敬性、可信性在实践上的归宿"[1]。在家风传承的过程中,由于家长对子女"爱之深,故虑焉而周;虑之周,故语焉而详"[2],家长在家训中阐释的道德价值取向与道德行为准则往往来自施教者的经历与体验,因此,长辈在践行家规家训的过程中树立的榜样作用符合榜样教育的可亲、可敬、可信、可学的特点,能够将抽象的社会主义核心价值观具体化、人格化,使人们在认同社会主义核心价值观的基础上自觉践行社会主义核心价值观。

3. 家风传承通过道德人格的养成践行社会主义核心价值观

道德人格"是社会个体尊严、价值、品格等的总和,也是一个人在一定社会中地位和作用的统一"[3],道德人格是负责任的道德自我,责任将道德判断和道德行为联结起来。道德人格是道德认识与道德实践能力的有机统一。因此,道德实践是道德人格养成不可或缺的重要条件。家庭是个人社会化的起点,"在整个教育过程中,家庭教育处于初始与基础的重要地位,如果能够在一个人的'幼稚之时'就对其训诫诱导,使其'习与智长、化与心成',那么,在他们成人之后,就能对应当履行的道德规范,自觉地予以遵守,不会有所谓'扞格不胜'之患"[4]。家风传承养成了家庭成员为人处世的准则和"性格",是塑造一个人价值观的"知行场"和"养成域"。良好的家风为社会主义核心价值观的践行培养了具有一定道德人格的践行主体。因此,有好的家风,才会有好的民风,而良好的社会风气为社会主义核心价值观的践行营造了良好的氛围。一个家庭为了更好地生存和发展,必须要创造一定的物质财富,每个家庭都通过劳动创造更多的财富,国家才会富强;在一个家庭里,家庭成员地位平等、相亲相爱、遵守家规、和谐相处,才会崇尚平等、友爱、法治、和谐;在一个家庭

---

[1] 陈赵阳:《增进社会主义核心价值体系认同的榜样教育路径》,《思想教育研究》,2011年第7期。

[2] 黄叔琳:刻《颜氏家训》节抄本序,《颜氏家训集解》,北京:中华书局,1993年,第560页。

[3] 罗国杰:《伦理学》,北京:人民出版社,1988年,第438页。

[4] 罗国杰:《中国家训史》序言,《高校理论战线》,2004年第1期。

里，明辨是非、至善真诚、爱家、有责任意识，才能形成公正、诚信、爱国、敬业的素养；而在一个和谐的家庭里，个人才会实现自由发展，这也是个人对社会的价值诉求。

综上所述，以家风传承为切入点转化人们对社会主义核心价值观的认知、强化人们对社会主义核心价值观的认同，进而深化人们对社会主义核心价值观的践行，是把社会主义核心价值观同日常生活联系起来，使之落实的可操作性路径。"一种价值观要真正发挥作用，必须融入社会生活，让人们在实践中感知它、领悟它。"[1]家庭作为社会的基底细胞，是每个人生活和成长的重要场所，着眼于家庭、良好的家风及其传承，对培育和践行社会主义核心价值观，抵御西方各种社会思潮冲击，促进当代中国社会有效治理和可持续发展具有积极意义。

本文与郁蓓蓓合作，发表于《苏州大学学报（哲学社会科学版）》2015年第3期。

该文被《中国社会科学文摘》2015年第9期，第45—46页转载，3 000字以上，权威核刊1区；《新华文摘》2015年第15期论点摘要转载第159页；中国人民大学复印资料《思想政治教育》2015年第10期全文转载，第56—62页。

---

[1] 习近平：《习近平谈治国理政》，北京：外文出版社，2014年，第165页。

论培育和践行社会主义核心价值观的内在机制

党的十八大对社会主义核心价值观的基本内容作了高度概括，强调要"倡导富强、民主、文明、和谐，倡导自由、平等、公正、法治，倡导爱国、敬业、诚信、友善，积极培育和践行社会主义核心价值观"[1]，这样的概括"实际上回答了我们要建设什么样的国家、建设什么样的社会、培育什么样的公民的重大问题"[2]。然而，培育和践行社会主义核心价值观的内在机制究竟是什么、社会主义核心价值观究竟能不能"像空气一样"影响人们，这是培育和践行社会主义核心价值观必须回答的问题。

一、探索培育和践行社会主义核心价值观内在机制的必要性

积极培育和践行社会主义核心价值观，不仅需要政策上的推动、宣传上的鼓动，还需要遵循社会主义核心价值观形成和发展的内在规律，科学有效地进行社会主义核心价值观的培育和践行。培育和践行社会主义核心价值观的内在机制就是从培育社会主义核心价值观的内在规律出发，遵从事物发展规律及人的身心发展规律，以科学理论为基础，从客观现实出发所形成的机制，在特定的时空中，它能够有效促进社会主义核心价值观的培育和践行，使其有理可释，有章可循。积极探索培育和践行社会主义核心价值观的内在机制，对有效抵御西方社会思潮的冲击、消解国内各种矛盾冲突、推动广泛而深入地传播宣传社会主义核心价值观，进而不断提高

---

[1] 胡锦涛：《坚定不移沿着中国特色社会主义道路前进　为全面建成小康社会而奋斗——在中国共产党第十八次全国代表大会上的报告》，北京：人民出版社，2012年，第30页。
[2] 习近平：《青年要自觉践行社会主义核心价值观：在北京大学师生座谈会上的讲话》，《光明日报》，2014年5月5日。

人们对社会主义核心价值观的认同度，促进当代中国社会健康有序发展具有积极价值。

（一）抵御西方社会思潮的冲击

西方社会思潮在相当程度上否定和消解着社会主义核心价值观，给社会主义核心价值观的培育和践行带来了冲击。西方的新自由主义、民主社会主义、"普世价值"说、历史虚无主义、意识形态终结论等社会思潮，对坚持社会主义道路具有不可忽视的消极作用。"从意识形态的反渗透看，从核心价值观上突破，以期根本推倒马克思主义、颠覆社会主义主流意识形态，是当前西方对我国进行'西化''分化'战略的新动向"[1]，西方社会思潮从不同方面淡化乃至故意曲解、反对和否定马克思主义、社会主义制度和共产主义理想信念，从根本上对社会主义核心价值观构成威胁，对社会主义核心价值观的培育和践行构成严重挑战。培育和践行社会主义核心价值观内在机制以理论的彻底性科学揭示西方社会思潮的虚伪性，充分论证社会主义核心价值观的不可或缺性，捍卫马克思主义在意识形态领域的主导地位。通过培育和践行社会主义核心价值观内在机制的良性运行，唤起人们的理性认知，提高人们的思想觉悟，增强人们对社会主义核心价值观的认同感，不断树正气、聚人心、引领社会思潮。

（二）消解国内各种矛盾冲突

社会发展过程中出现的新矛盾、新问题为社会主义核心价值观的培育和践行带来新的挑战。在我国经济社会快速发展的过程中，不可避免地面临各种各样新的矛盾与利益冲突。胡锦涛在党的十八大报告中指出："我们工作中还存在许多不足，前进道路上还有不少困难和问题。发展中不平衡、不协调、不可持续问题依然突出……城乡区域发展差距和居民收入分配差距依然较大；社会矛盾明显增多，教育、就业、社会保障、医疗、住房、生态环境、食品药品安全、安全生产、社会治安、执法司法等关系群众切身利益的问题较多，部分群众生活比较困难；一些领域存在道德失

---

[1] 侯惠勤：《在社会主义核心价值观的概括上如何取得共识？》，《红旗文稿》，2012 年第 8 期。

范、诚信缺失现象。"[1] 其中，贫富差距、社会保障、就业医疗等涉及民生的重大问题长久以来积聚了民众的不满，某些社会不良风气的存在更加影响了人们对社会主义制度的认同，导致人们人心涣散、信仰缺失，使得社会主义核心价值观难以获得广泛的认同，这在一定程度上阻碍了社会主义核心价值观的培育和践行。这就需要充分发挥利益调节机制、制度制衡机制等培育和践行社会主义核心价值观的内在机制，使社会主义核心价值观的培育和践行得到规范和保障，需要发挥情感认同机制、榜样示范机制的作用，为社会主义核心价值观获民心、赢民意。

（三）推动广泛而深入的传播宣传

社会主义核心价值观的宣传与群众日常生活存在着不同程度的脱节，影响了社会主义核心价值观的培育和践行。从宣传内容看，社会主义核心价值观的宣传没有与人们的实际生活和利益需求相结合，使得社会主义核心价值观成为泛泛之谈，难以深入人心。马克思曾经指出："人们为之奋斗的一切，都同他们的利益有关。"[2] 在当下社会主义核心价值观的实际宣传中，空洞的理论宣传还较为普遍，缺乏事实的佐证难具信服力，尤其宣传内容没有真正与人们的实际生活相结合，与人们的切身利益相结合，这在很大程度上难以取得人们的认同。在宣传方式上，社会主义核心价值观的宣传往往由上而下进行，讨论常常在政府、专家、学者、党员之间展开，而群众则表示"听不到"或"看不懂"，导致社会主义核心价值观的宣传不接地气，难以真正与人民群众融为一体，使社会主义核心价值观的培育和践行受到阻碍。在宣传渠道上，社会主义核心价值观的宣传主要通过官方主流媒体，而这类媒体伴随着网络化时代的到来对人们的影响越来越小。网络以其开放性、虚拟性获得人们的青睐，但网络上传播的一些不良信息在一定程度上消解了我国在价值传播方面的权威性，而且常常处于不可控的状态，产生越来越多影响社会主义核心价值观传播的不良因素。同时，论坛、贴吧、微博、微信等新兴媒体以其方便快捷等特点，成为人

---

[1] 胡锦涛：《坚定不移沿着中国特色社会主义道路前进 为全面建成小康社会而奋斗——在中国共产党第十八次全国代表大会上的报告》，北京：人民出版社，2012年，第5页。
[2] 中共中央马克思恩格斯列宁斯大林著作编译局：《马克思恩格斯全集》，北京：人民出版社，1995年，第187页。

们交流互动的主要平台,但是这些领域缺乏监管,常常散播着不当言论和不良信息,在很大程度上左右着人们的价值观,影响了社会主义核心价值观的传播。培育和践行社会主义核心价值观内在机制以更合理高效的方式广泛而深入地传播宣传社会主义核心价值观,不仅是其强大的理论支撑,而且为其提供重要保障和反馈,使社会主义核心价值观的传播宣传能够不断优化、不断完善。

二、社会主义核心价值观的认同机制

培育和践行社会主义核心价值观内在机制中重要的一环是对社会主义核心价值观的认同。社会主义核心价值观的认同机制是指从客观事物发展规律和人的身心发展规律出发,采取多种途径和方法促使人们从内心逐步认同社会主义核心价值观,并不断提高对社会主义核心价值观认同度的客观机制,它主要包括理性认同、情感认同、利益调节、自律转化、制度制衡、榜样示范等社会主义核心价值观认同机制。

(一)理性认同机制

社会主义核心价值观理性认同机制是指社会主义核心价值观遵从事物发展的客观规律,以理论的彻底性,促使人们通过观察思考、比较判断、内心感悟,逐步达成理性共识,进而认同社会主义核心价值观。这有两方面的根据:其一,人具有理性,必然出于自己的理性判断而认同社会主义核心价值观;其二,社会主义核心价值观本身具有合理性、合规律性,通过实践的感悟必然得到人们的认同。洛克指出:"人的自由和依照他自己的意志来行动的自由,是以他具有理性为基础的,理性能教导他了解他用以支配自己行动的法律,并使他知道他对自己的自由意志听从到什么程度。"[1]人是具有理性的动物,能够识别、判断、评估实际情况,并使自己的行为符合特定的目的。在社会主义制度条件下,在世界范围内思想交融的态势中,社会主义核心价值观是人们面对现实的必然选择,是实现自

---

[1] [英]洛克:《政府论》(下篇),叶启芳、瞿菊农译,北京:商务印书馆,1964年,第39页。

己根本利益的必由之路。马克思、恩格斯从历史主体性出发,认为"批判的武器当然不能代替武器的批判,物质力量只能用物质力量来摧毁;但是理论一经掌握群众,也会变成物质力量。理论只要说服人,就能掌握群众;而理论只要彻底,就能说服人。所谓彻底,就是抓住事物的根本"[1]。社会主义核心价值观以马克思主义为理论基础,具有理论的彻底性,以理论的彻底性吸引人和说服人,成为社会共识。但是处于自发状态的人民群众,理性认知产生的时机条件各不相同,未必都能达到价值自觉和认同自觉,因此,必须加强宣传社会主义核心价值观,提高社会主义核心价值观在当今社会的地位,增加人们对社会主义核心价值观的理性认知,增强认同感。伴随着经济全球化、社会信息化、信息网络化,西方国家不仅向中国输入了先进的科学技术,其思想意识、文化观念也在不断地渗透中国,一些消极的、腐朽的观念在一定程度上左右着人们的思想。缺乏社会主义核心价值观的理性认同机制,理论不彻底,马克思主义在意识形态领域就难以确立指导地位,西方各种社会思潮必然到处渗透,培育和践行社会主义核心价值观就会成为空话。

(二) 情感认同机制

社会主义核心价值观情感认同机制是指社会主义核心价值观以其基本内容与人民群众的情感相一致,从人们的情感出发,对社会主义核心价值观自觉或者不自觉地采取肯定、亲近的态度,进而达到对社会主义核心价值观的认同。心理学家维蕾娜·卡斯特说:"由于情感广泛触及自我同一性体验的方方面面,而且也像自我同一性一样,对内心、对外界都产生关联并施加影响,所以它们直接关系到日常生活以及日常问题。"[2]情感因素的介入使价值规范更具亲近性、指引性,因为情感和心理上的信任更容易取得认同,一旦形成,更有利于人民群众将其内化为自己的需要,作为自我的精神导向和行为指南。"富强、民主、文明、和谐,自由、平等、公正、法治,爱国、敬业、诚信、友善,传承着中国优秀传统文化的基

---

[1] 中共中央马克思恩格斯列宁斯大林著作编译局:《马克思恩格斯文集》,北京:人民出版社,2009年,第11页。
[2] [瑞士] 维蕾娜·卡斯特:《依然故我——自我价值感与自我同一性》,刘沁卉译,北京:国际文化出版公司,2008年,第31页。

因，寄托着近代以来中国人民上下求索、历经千辛万苦确立的理想和信念，也承载着我们每个人的美好愿景"[1]，从来源、内容、本质、目标等各个方面看，社会主义核心价值观都能够与人民群众取得情感上的共鸣。社会主义核心价值观蕴含了中华传统文化的优良美德，爱国、敬业、诚信、友善等是几千年传承下来的中华民族的优秀品质，作为在传统文化的浸润中成长起来的中华儿女，每个人对传统文化都有情感上的依赖和共鸣，这是认同社会主义核心价值观的心理基础。同时，社会主义核心价值观也批判地吸收了人类文明的优秀成果，民主、自由、公正、平等等价值理念是人类的共同追求，社会主义核心价值观以其更广泛的包容性反映了人类共同的社会理想，在先进性和现实性上更易取得人们的认同。通过实现个体朴素的情感诉求和引领社会整体的情感取向，发挥情感认同机制的作用，对弘扬社会道德和风气具有重要价值。在一定意义上，失去对社会主义核心价值观的情感认同，就等于失去了对中华文化的归依，丢失了中华文化的根，人们也就不可能真正认同社会主义核心价值观。

（三）利益调节机制

社会主义核心价值观利益调节机制是指在培育和践行社会主义核心价值观的过程中，从不同价值主体之间的利益需求出发，以人民群众的根本利益为基点，在不断满足人民不断增长的物质文化需要的过程中，以利益间的互动和平衡，促使人们不断认同社会主义核心价值观。人类的生存需要一定的物质基础和精神支撑，对物质利益和精神利益的追求是社会运转的驱动力，马克思说，"任何人如果不同时为了自己的某种需要和为了这种需要的器官而做事，他就什么也不能做"[2]，"'思想'一旦离开'利益'，就一定会使自己出丑"[3]。列宁指出："靠个人利益，靠同个人利益

---

[1] 习近平：《青年要自觉践行社会主义核心价值观：在北京大学师生座谈会上的讲话》，《光明日报》，2014年5月5日。
[2] 中共中央马克思恩格斯列宁斯大林著作编译局：《马克思恩格斯全集》（第3卷），北京：人民出版社，1960年，第286页。
[3] 中共中央马克思恩格斯列宁斯大林著作编译局：《马克思恩格斯文集》，北京：人民出版社，2009年，第286页。

的结合",[1]"必须把国民经济的一切大部门建立在同个人利益的结合上面"[2],可见,从人民群众的利益出发,发挥利益调节机制的作用是培育和践行社会主义核心价值观不可忽视的关键点。中国共产党在保护和实现人民的利益方面积累了宝贵的经验。毛泽东曾反复指出:"全心全意地为人民服务,一刻也不脱离群众;一切从人民的利益出发,而不是从个人或小集团的利益出发;向人民负责和向党的领导机关负责的一致性;这些就是我们的出发点。"[3]"共产党人的一切言论行动,必须以合乎最广大人民群众的最大利益,为最广大人民群众所拥护为最高标准。"[4]邓小平指出:"只有紧紧地依靠群众,密切地联系群众,随时听取群众的呼声,了解群众的情绪,代表群众的利益,才能形成强大的力量,顺利地完成自己的各项任务。"[5]他提出的"三个有利于"标准,为改革开放和现代化建设提供了重要的实践标准和检验参考。在培育和践行社会主义核心价值观的过程中,关注个人所追求的价值利益与他人的利益相协调,与整个社会国家的利益相一致,不断调节个人利益和集体利益,局部利益和全局利益,眼前利益和长远利益,达到相对平衡,才能促进人们对社会主义核心价值观的认同。如果缺乏社会主义核心价值观利益调节机制,贫富差距、社会保障、就业医疗等涉及民生的重大利益问题得不到解决,人们是不可能认同社会主义核心价值观的。

(四) 自律转化机制

社会主义核心价值观自律转化机制是指社会主义核心价值观的形成和发展不仅依靠社会道德规范的教育和制约,也是个体美德修养在自律情形下的深化,进而从他律转向自律,促使人们自觉地认同社会主义核心价值观。所谓自律是指个体能够自觉地遵守规范,相对于外在的制约,自律体现了主体的自我觉悟和自我坚守。马克思指出,"道德的基础是人类精神

---

[1] 中共中央马克思恩格斯列宁斯大林著作编译局:《列宁选集》(第4卷),北京:人民出版社,1995年,第570页。
[2] 中共中央马克思恩格斯列宁斯大林著作编译局:《列宁选集》(第4卷),北京:人民出版社,1995年,第582页。
[3] 毛泽东:《毛泽东选集》(第3卷),北京:人民出版社,1991年,第1094—1095页。
[4] 毛泽东:《毛泽东选集》(第3卷),北京:人民出版社,1991年,第1096页。
[5] 邓小平:《邓小平文选》(第2卷),北京:人民出版社,1994年,第342页。

的自律，而宗教的基础则是人类精神的他律"[1]，"一个不能克服自身相互斗争的因素的人，又怎能抗拒生活的猛烈冲击，怎能安静地从事活动呢?"[2] 道德自律对个体自身完善具有不可估量的作用。"自律的行为不再是迫于外在的命令或被动的服从，而是主动地接受和创造，既是'合于制度'更是'本于制度'的行为。"[3] 在自律的前提下，个体会自觉规范个体行为，使其符合社会要求，从另一角度而言，这也是对社会主流价值观的认可和赞同。一旦人们形成自律的观念，其内在观念与外在规范趋于一致，会自觉促使自己的行为选择符合当前社会的要求。所谓"自知者明""君子慎其独"，中华传统文化向来重视自省和节制，古往今来的无数贤者都力求做到这一点。在利益交错、物欲纵横的现实中，如何抵制住诱惑，保持"我自岿然不动"的自律自省，是十分难能可贵的，这是个人道德的自我坚守。鼓励提倡自律精神，积极创造条件促进他律向自律转化，使个体主动参照社会规范，发挥自己的主动性、积极性和创造性，增强自己的意志力，变他律为自律，变被动为主动，自觉认同社会主义核心价值观。如果缺乏社会主义核心价值观自律转化机制，一味地依靠"他律"强压，人们是不可能真正认同社会主义核心价值观的。

(五) 制度制衡机制

社会主义核心价值观制度制衡机制是指通过制度的保障和法律的约束，促使社会主义核心价值观的认同得到全面而系统的保障，进而不断提高人们对社会主义核心价值观的认同。马克思指出，"每一历史时代主要的经济生产方式和交换方式以及必然由此产生的社会结构，是该时代政治的和精神的历史所赖以确立的基础，并且只有从这一基础出发，这一历史才能得到说明"[4]，"缓和冲突，把冲突保持在'秩序'的范围以

---

[1] 中共中央马克思恩格斯列宁斯大林著作编译局：《马克思恩格斯全集》，北京：人民出版社，1995年，第119页。
[2] 中共中央马克思恩格斯列宁斯大林著作编译局：《马克思恩格斯全集》（第40卷），北京：人民出版社，1982年，第5页。
[3] 田海舰：《社会主义核心价值体系培育纲要》，北京：人民出版社，2012年，第277页。
[4] 中共中央马克思恩格斯列宁斯大林著作编译局：《马克思恩格斯文集》（第2卷），北京：人民出版社，2009年，第14页。

内"[1]，必须高度重视发挥国家和政府在培育和践行社会主义核心价值观方面的重要作用。"价值观建设是一个复杂的社会系统工程，必须综合运用包括法律在内的各种手段。"[2] 培育和践行社会主义核心价值观不仅需要道德层面的宣传教育，更需要在制度和法律层面予以保障和支持。在人们的社会实践活动过程中难免会存在失范行为，影响正常的社会秩序，破坏正常的社会道德，对社会主义核心价值观的整体认同构成威胁，在这种情况下，必须通过制度、法律的手段进行调节和规范，引导符合社会主义核心价值观的实践，惩戒违背社会主义核心价值观的行为，使社会主义核心价值观的培育和践行制度化、法治化、专业化，鼓舞人们践行社会主义核心价值观的信心，增强认同感。制度制衡机制为长久、稳定地认同社会主义核心价值观奠定良好的社会生态。充分利用制度、法律和法规的规范与约束，通过激励和惩戒的具体政策，明确引导什么、抵制什么、提倡什么、反对什么，通过制约和监督，把社会主义核心价值观渗透到经济、政治、文化、社会、生态文明建设各个领域，全面巩固和提高社会主义核心价值观在社会中的引领地位，为社会主义核心价值观的认同提供根本保障。缺乏制度制衡机制的作用，很容易导致道德失范、社会不良风气盛行，导致人们人心涣散、信仰缺失，使得社会主义核心价值观难以获得广泛的认同。

（六）榜样示范机制

社会主义核心价值观榜样示范机制是指通过先进人物的榜样激励和楷模示范，促使人们认同社会主义核心价值观的基本内容，并积极学习和效仿，进而不断提高社会主义核心价值观的认同度。由于榜样脱胎于人民群众，更加贴近人民群众的生活实际，因而真实可信、亲近感人，它使人民群众从内心深处生发出无限的尊重和崇敬，口口相传，争相学习。恩格斯指出："在社会历史领域内进行活动的，是具有意识的、经过思虑或凭激情行动的、追求某种目的的人；任何事情的发生都不是没有自觉的意图，

---

[1] 中共中央马克思恩格斯列宁斯大林著作编译局：《马克思恩格斯文集》（第 4 卷），北京：人民出版社，2009 年，第 189 页。

[2] 袁贵仁：《教育——哲学片论》，北京：北京师范大学出版社，2002 年，第 453 页。

没有预期的目的的。"[1] 每个个体身处社会这个有机体，其思想和行动不可避免地受到他人的影响，对个体来说，榜样的影响恰恰是积极正向的。榜样以其自身的道德品质、感人事迹深刻展现了社会主义核心价值观的精神内涵，经过新闻媒体的广泛传播，迅速在社会上赢得赞誉和认同，获得学习和效仿，从而改善社会风气，传播正能量，感召人们认同和践行社会主义核心价值观。发挥榜样示范机制的作用，一是发挥党员干部的带头作用。党员干部以身作则，讲党性、重品行，用自身廉洁的品质和模范的行为感召群众、带动群众，率先为人民群众树立榜样。二是鼓励发掘各行各业的先进典型人物和事迹。围绕在身边的小人物小事迹往往存在闪光点，各行各业的人民群众常常富于智慧。在日常生活中善于发现发掘身边的典型人物、典型事件、典型经验，树立起践行社会主义核心价值观的楷模，使人民群众依靠榜样的力量感受、感悟社会主义核心价值观，进而认同社会主义核心价值观。三是大力发挥新闻媒体的舆论宣传作用。榜样通常以新闻媒体通过典型报道的形式在社会传播开来，一个榜样的树立，不仅依靠其自身经验的典型性，更以强大的舆论宣传为后盾，从而具备更广泛的影响力。新闻媒体是意识形态、思想观念传播的重要途径，大力发挥新闻媒体传播社会主流价值的主渠道作用，通过报纸杂志、广播电视、手机网络等渠道，加大典型宣传、主题宣传和舆论监督的规模，营造健康的社会舆论环境和良好的社会生态，提升人们对社会主义核心价值观的认知和认同。如果缺乏榜样示范机制，那么国家倡导的人们对社会主义核心价值观的认同难以接地气；若行为导向不足，人们对社会主义核心价值观的认同度则难以提升。

三、社会主义核心价值观的双向互动机制

培育和践行社会主义核心价值观的双向互动机制是指在培育社会主义核心价值观的过程中渗透着践行，在践行社会主义核心价值观的过程中渗透着培育，培育社会主义核心价值观和践行社会主义核心价值观相互渗

---

[1] 中共中央马克思恩格斯列宁斯大林著作编译局：《马克思恩格斯文集》（第 4 卷），北京：人民出版社，2009 年，第 302 页。

透、相互促进、相互作用，进而不断促进培育和践行社会主义核心价值观的机制。在培育和践行社会主义核心价值观的过程中，往往容易忽视培育和践行之间的相互补充和完善，单纯从培育工作或者践行工作本身出发，割裂了培育与践行之间的内在联系，使社会主义核心价值观的培育和践行难以得到长久稳定的发展。培育和践行社会主义核心价值观的双向互动机制可以有效提高培育和践行社会主义核心价值观的工作效率，促使人们认同并践行社会主义核心价值观。

（一）社会主义核心价值观双向互动机制的理论基础

培育和践行社会主义核心价值观的双向互动机制以马克思主义认识论为基础，遵循实践、认识、再实践、再认识不断循环深化的辩证发展过程。马克思指出："社会生活在本质上是实践的。"[1] 社会主义核心价值观的培育和践行本身都是一种实践活动，培育注重增强人们的认知，践行在于促进人们付诸行动，两者侧重点不同，但最终目的都是提高对社会主义核心价值观的认同度并付诸行动。同时，培育和践行本身呈现双向互动关系，培育过程促进践行，践行过程又进一步推动培育，它们相互影响，相互促进。一方面，培育为社会主义核心价值观的践行创造条件，把社会主义核心价值观的价值理念、基本内容深深渗透到人们的脑海中。在一定意义上，没有培育，社会主义核心价值观的实践也就无从进行。正如马克思所说："人应该在实践中证明自己思维的真理性，即自己思维的现实性和力量，自己思维的此岸性。"[2] 人们从社会主义核心价值观的培育中获得的认知，通过社会主义核心价值观的践行得到证明。另一方面，践行是对培育工作的验证，也是培育成果的体现，没有践行，社会主义核心价值观的培育也就失去了意义。马克思指出："人们的观念、观点和概念，一句话，人们的意识，随着人们的生活条件、人们的社会关系、人们的社会存在的改变而改变。"[3] 社会主义核心价值观的践行如果得到正确的开展，

---

[1] 中共中央马克思恩格斯列宁斯大林著作编译局：《马克思恩格斯文集》，北京：人民出版社，2009年，第505页。

[2] 中共中央马克思恩格斯列宁斯大林著作编译局：《马克思恩格斯文集》，北京：人民出版社，2009年，第504页。

[3] 中共中央马克思恩格斯列宁斯大林著作编译局：《马克思恩格斯文集》（第2卷），北京：人民出版社，2009年，第50—51页。

将进一步巩固社会主义意识形态的主流地位，深化人们对社会主义核心价值观的认知，对人们的生产生活产生积极的影响，倘若失去有效的实施，不仅有损于社会主义意识形态的进一步巩固，甚至会使人们对社会主义核心价值观产生怀疑，乃至抛弃。因此，不仅要用正确的方式方法积极培育社会主义核心价值观，更要通过正确的渠道合理规范和促进社会主义核心价值观的践行，使培育和践行能够前后相继，相互促进。

（二）社会主义核心价值观双向互动机制的运行

一方面，社会主义核心价值观的培育促进了社会主义核心价值观的践行。在培育和践行社会主义核心价值观的过程中，培育是践行的基础，它为社会主义核心价值观的践行创造了必要条件，必须坚持边培育边践行、边践行边培育，将社会主义核心价值观的培育作为一种制度建设和文化建设长期发展下去。"核心价值观可以简要地概括为'制度精神'，它实际上是一种国家制度、一个国家运作模式赖以立足、借以扩展、得以持续的灵魂，因而是国家意识形态，也是国家'软实力'的内核"[1]，"作为制度层面的价值取向，核心价值观必须是战略目的性的而不是战术手段性的，必须是理念性的而不能是工具层面的"[2]。社会主义核心价值观的培育不是一个阶段性任务，而应当作为一种制度建设长期发展下去，通过建立分工明确的社会主义核心价值观培育体系和纪律严明的社会主义核心价值观保障体系，以及有效的反馈机制和信息共享机制，确保社会主义核心价值观的培育和践行有条不紊地进行，在培育和践行过程中时刻总结经验和教训，为今后的培育和践行的实践活动提供参考。同时，社会主义核心价值观作为一种精神文化，其培育工作也要作为一种文化工程长期坚持下去。"核心价值观是一种道德文化力量，其形成和发展从属于文化发展规律"[3]，社会成员的发展离不开文化，通过无时不在、无处不在的社会文化，潜移默化地影响社会成员的心理和行为，通过频繁、反复的影响，加深人们对社会主义核心价值观的感悟，加强社会主义核心价值观的培育效果，促进社会主义核心价值观的践行。

---

[1] 侯惠勤：《在社会主义核心价值观的概括上如何取得共识？》，《红旗文稿》，2012年第8期。
[2] 韩震：《社会主义核心价值观凝练研究》，北京：北京师范大学出版社，2012年，第68页。
[3] 侯惠勤：《在社会主义核心价值观的概括上如何取得共识？》，《红旗文稿》，2012年第8期。

另一方面，社会主义核心价值观的践行促进了社会主义核心价值观的培育。社会主义核心价值观的践行不仅是培育社会主义核心价值观的目标，而且为社会主义核心价值观的进一步完善发展奠定基础。"相对于世界的存在、现实、事物的既有状态而言，价值现象具有某种超越的性质，它是产生于现实和实践，又高于现实的现象"[1]，社会主义核心价值观的提出是为了有效地指导实践，但它更来源于实践，服务于实践，通过实践体现价值、实现超越。社会主义核心价值观的践行可以有效促进个体自身完善及社会整体和谐，不断提升人们的思想境界，改善人们的生活，显现社会主义核心价值观的当代价值。同时，社会主义核心价值观的践行也为社会主义核心价值观的进一步完善发展奠定基础。任何理论都要随着时代的发展而发展，社会主义核心价值观也是不断发展、不断完善的价值观念和理论体系。社会主义核心价值观的践行为社会主义核心价值观的发展，为社会主义核心价值观培育工作的完善提供了宝贵的机会。所谓实践出真知，社会主义核心价值观的进一步发展从根本上说源于社会主义核心价值观的实践活动，源于人民的创造性活动。邓小平曾指出："我们党提出的各项重大任务，没有一项不是依靠广大人民的艰苦努力来完成的。"[2]在中国特色社会主义道路的探索中，必须从人民群众的实践出发，发挥群众的首创精神，相信群众，依靠群众，从人民群众在经济、政治、文化、社会、生态文明建设的各个领域的实践中总结经验，为社会主义核心价值观的完善提供源泉和动力，为社会主义核心价值观的培育提供经验。

综上所述，培育和践行社会主义核心价值观是实践、认识、再实践、再认识不断循环往复的过程。培育和践行社会主义核心价值观的内在机制符合人的发展和社会发展的一般规律。从培育、认知认同再到践行社会主义核心价值观，认同是其中极其重要的环节。社会主义核心价值观认同机制的良性运行及培育和践行社会主义核心价值观双向互动机制的协同作用，对当代中国培育和践行社会主义核心价值观，抵御西方各种社会思潮的冲击，促进社会有效治理和可持续发展具有积极价值。

本文与杨俏合作撰写，发表于《毛泽东邓小平理论研究》2014年第8期。

---

[1] 李德顺：《价值论》，北京：中国人民大学出版社，2007年，第25页。
[2] 邓小平：《邓小平文选》（第3卷），北京：人民出版社，1993年，第4页。

论社会主义核心价值体系认同的元问题

——基于对马克思主义意识形态观的一种理解

社会主义核心价值体系是构建社会主义和谐社会的内在精神支撑。构建社会主义和谐社会离不开对社会主义核心价值体系认同的深入研究。目前学界对社会主义核心价值体系认同的研究有多种角度，比如认同的机制、路径研究，核心价值观的总结、提炼等，而所有这些研究有一个基本认知前提：对社会主义核心价值体系"认同"本身元问题的理解，即社会主义核心价值体系认同的本质是什么？人民群众进行认同的原本基础是什么？认同目标的实质是什么？总的说来，就是社会主义核心价值体系价值认同形成的基本规律、根本条件是什么的问题。只有这些问题得到科学的解答，社会主义核心价值体系的相关理论研究才能进一步深化，社会主义核心价值体系的实践推进才有比较明确的方向。

一、社会主义核心价值体系认同元问题探究的理论视角

所谓社会主义核心价值体系"认同"元问题，并非是单纯地对"认同"进行一种价值哲学方面的抽象解读，而是在此基础上进一步探究关于社会主义核心价值体系"认同"本身的一些根本问题，即社会主义核心价值体系认同的本质、基础、目标、规律等问题。解决此元问题需要一个切入点，一种理论视角，这是由社会主义核心价值体系认同的本质决定的。

其一，理解社会主义核心价值体系认同本质的逻辑前提是价值哲学中关于价值、价值观、价值认同的基本规定。价值，按照目前价值哲学的研究成果，基本含义是，客体对主体需要满足的效应。价值观是人们关于价值的根本看法和根本态度，表现为人们对于善恶、美丑、对错的主观判

断。而价值认同就是人们经过理性认知、情感体验等环节,将某种价值视为自身内在需求和追求目标的一种主体自觉状态,并且包含了"承认关于这种价值的某种思想理论即某种价值观之真理性"的内涵。这种关于价值认同的哲学规定性是社会主义核心价值体系认同的基础内涵,但是社会主义核心价值体系的认同不限于此,它作为"价值认同"的一个具体类别,还有更为特殊的含义。

其二,社会主义核心价值体系认同本质上是一种社会主义意识形态认同。胡锦涛指出:"社会主义核心价值体系是社会主义意识形态的本质体现。"[1] "积极探索用社会主义核心价值体系引领社会思潮的有效途径,主动做好意识形态工作。"[2] 马克思主义在我国的意识形态中占主导地位,对社会主义核心价值体系的认同实际上是对马克思主义的认同,这一点在社会主义核心价值体系的内在逻辑、功能或意义上得到鲜明的体现。

一方面,从社会主义核心价值体系的内在逻辑来说,中国特色社会主义共同理想是其主题,它意味着,实现中华民族的伟大复兴必须走马克思主义指导下的社会主义道路,只有遵循马克思主义所发现的社会发展规律才能得以实现。以爱国主义为核心的民族精神和以改革创新为核心的时代精神是社会主义核心价值体系的精髓,其中,"在当代中国,爱国主义同社会主义是紧密结合的"[3]。而创新的时代精神是为社会主义发展提供精神动力。社会主义荣辱观作为社会主义核心价值体系的基础,马克思主义的集体主义价值观念贯彻其中。可见,社会主义核心价值体系中,共同理想、时代精神、民族精神、荣辱观等各方面内容都由马克思主义统摄。马克思主义作为指导思想决定了社会主义核心价值体系的性质和方向,是社会主义核心价值体系的灵魂。因此,社会主义核心价值体系的认同实质上就是对马克思主义意识形态的认同。也就是说,"建设社会主义核心价值体系的实质,就是……用马克思主义的主流价值观来统一人们的思想"[4]。

---

[1] 中共中央文献研究室:《十七大以来重要文献选编》(上),北京:中央文献出版社,2009年,第26页。

[2] 中共中央文献研究室:《十七大以来重要文献选编》(上),北京:中央文献出版社,2009年,第27页。

[3] 秋石:《论社会主义核心价值体系》,《求是》,2006年第24期。

[4] 周中之,石书臣:《"社会主义核心价值体系与思想政治教育全国学术研讨会"综述》,《马克思主义研究》,2007年第12期。

另一方面，从社会主义核心价值体系建设的功能、意义来说，也同样体现了这一点。社会主义核心价值体系建设的功能、意义主要有引领社会思潮，凝聚人心，提高思想道德水准，建设和谐文化，为社会主义建设发展提供强大的精神动力和良好的文化氛围等。而在这些功能中，核心价值体系为社会政治经济制度及其意识形态提供合法性支持的功能是核心，其他的功能都是以此为基点展开，也就是用马克思主义而非其他的意识形态来引领社会思潮、凝聚人心，进行道德文化建设。

由于核心价值体系认同本质上是一种意识形态的认同，而不是一种单纯的、哲学抽象意义上的价值认同问题（它包含了意识形态价值认同与非意识形态价值认同的共性），那么对"社会主义核心价值体系'认同'元问题"探究的切入点就只能是意识形态理论。

二、意识形态与人类基本价值的关系

意识形态概念的复杂性是一个不争的事实，关于意识形态的界定有十多种。我们的意识形态概念分析的基本框架是马克思主义经典作家特别是马克思所奠定的，因此，我们的分析是以马克思主义分析意识形态问题的基本立场、观点和方法，所取得的一些基本共识为前提的。

其一，意识形态属于观念上层建筑范畴。马克思在《〈政治经济学批判〉序言》中明确把"那些法律的、政治的、宗教的、艺术的或哲学的，简言之，意识形态的形式"视为"庞大的上层建筑"[1]的一部分。作为上层建筑的意识形态"是指实际支配人们思想与行为的某种思想理论体系"[2]。它是由一系列世界观、价值观、方法论方面的具体思想观点等构成的人们对世界和社会的理解系统。这里的关键在于明确意识形态是一种理论化、系统化的存在："意识形态是一种理论形态。"[3]

其二，意识形态在阶级社会中具有阶级性。这是马克思主义关于意识形

---

[1] 中共中央马克思恩格斯列宁斯大林著作编译局：《马克思恩格斯文集》（第 2 卷），北京：人民出版社，2009 年，第 592 页。
[2] 邱柏生：《试论社会意识形态的内在矛盾》，《江汉论坛》，2009 年第 8 期。
[3] 陈锡喜：《建设社会主义核心价值体系增强意识形态的吸引力凝聚力》，《思想理论教育导刊》，2009 年第 4 期。

态概念的基本观点之一。马克思在《德意志意识形态》中把意识形态视作"统治阶级的思想","统治阶级的思想在每一时代都是占统治地位的思想"[1]。也就是说,意识形态实质上是一种理论化的阶级意识。当人类走向共产主义社会,随着阶级逐步被消灭,意识形态的阶级性必然逐步弱化乃至消解。

其三,剥削阶级的意识形态一般都被赋予"普遍性形式",这是马克思对于意识形态特征的另一个重大发现。他曾说:"占统治地位的将是越来越抽象的思想,即越来越具有普遍性形式的思想。因为每一个企图取代旧统治阶级的新阶级,为了达到自己的目的不得不把自己的利益说成是社会全体成员的共同利益……赋予自己的思想以普遍性的形式,把它们描绘成唯一合乎理性的、有普遍意义的思想。"[2] 意识形态本质上是某个特定阶级的阶级意识的理论反映,但同时它又以一种普遍性的面貌出现,自诩掌握普遍性、绝对性真理,号称代表全体社会成员的利益来获得人们的认同,以获得或者稳固本阶级的统治。

其四,意识形态是一个中性词汇。马克思、恩格斯一方面针对剥削阶级的意识形态,认为其具有虚假性,这带有否定性色彩。但另外一方面,马克思又在一种较为抽象的意义上使用意识形态概念,将其作为统治阶级的理论体系:"占统治地位的思想不过是占统治地位的物质关系在观念上的表现,不过是以思想的形式表现出来的占统治地位的物质关系。"[3] 这个阶级可能是剥削阶级,也可能是无产阶级,这里就隐含着意识形态概念中性化的意味。对此,侯惠勤教授认为:"从这方面看,意识形态就谈不上'虚假'……把意识形态视为每一个社会的统治思想,实际上是一种较为客观的判断,并不含有价值上的否定意义。"[4] 只不过由于当时的理论任务是批判性的,这种中性化是不明显的。但是到了列宁那里,开始明确

---

[1] 中共中央马克思恩格斯列宁斯大林著作编译局:《马克思恩格斯文集》,北京:人民出版社,2009年,第550页。

[2] 中共中央马克思恩格斯列宁斯大林著作编译局:《马克思恩格斯文集》,北京:人民出版社,2009年,第552页。

[3] 中共中央马克思恩格斯列宁斯大林著作编译局:《马克思恩格斯文集》,北京:人民出版社,2009年,第550—551页。

[4] 侯惠勤:《马克思的意识形态批判与当代中国》,北京:中国社会科学出版社,2010年,第237页。

主张一种无产阶级的意识形态："从马克思主义观点看来，否认或不了解领导权思想的阶级就不是阶级，或者还不是阶级。"[1] 无产阶级当然也应该有自己的意识形态进行思想精神领域的领导。所以，意识形态概念未必是虚假的，也可能是真实的、科学的。由于意识形态概念是中性的，对它的界定就应该是一种抽象层面的定义，这种定义既能包括科学的意识形态，也不应排除虚假的意识形态。

以上就是马克思主义关于意识形态概念的核心规定性，但是这种梳理并不等于是对意识形态概念的一种完整定义，需要对其进一步整合。于是，对意识形态的一种理解就在于，意识形态作为一种高度综合的理论体系，在理论形式上，可以看作以理论化的特定阶级意识对于人类基本问题的一种系统性、理论性解答。我们以为，这个表述是可以整合上述意识形态概念的四个核心要素的：这是一种中性的界定，体现了意识形态概念的系统性、理论性，特别是它能够将意识形态的阶级性与普遍性形式这两大基本规定性统一起来，从而保障这种界定基本上坚持了马克思主义意识形态观的立场。当然，这个界定尚需进一步的说明。

首先，所谓人类基本问题就是人与人、人与社会、人与自然之间的关系问题。从哲学意义上来说，这些问题从古至今并没有发生本质改变，都是为了摆脱人对人的依赖、人对物的依赖，最终走向自由全面发展的问题。这种基本问题贯穿了人类历史发展的始终，它意味着人类社会中普遍性基本价值的存在。如黄枬森教授所言：民主、平等、公正、和谐"这些属性都具有很高程度的抽象性、普遍性，不仅社会主义社会可以具有这些属性，其他社会形态如资本主义社会也可以在不同程度上具有这些属性"[2]。

其次，把意识形态理解为"以理论化的特定阶级意识对于人类基本问题的一种系统性、理论性解答"应该涵括所有的意识形态。马克思主义作为一种意识形态是为了工人阶级解放和整个人类的解放，当然也就是对人类基本问题的一种理论系统解答，这是毫无疑问的。但是对于意识形态概

---

[1] 中共中央马克思恩格斯列宁斯大林著作编译局：《列宁全集》（第 20 卷），北京：人民出版社，1989 年，第 111 页。

[2] 黄枬森：《关于科学发展观和构建社会主义和谐社会理论的哲学思考》，《北京大学学报（哲学社会科学版）》，2007 年第 5 期。

念是一种抽象性的界定，它不但包含了马克思主义，也应该能够涵括其他所有的非马克思主义意识形态，那么其他意识形态也都可以看作人类基本问题的理论解答吗？回答是肯定的。

虽然马克思认为剥削阶级的意识形态是一种虚假意识，但它主要是指受到阶级立场、思维方式的局限无法真正成为普遍性真理，这里的"虚假"并不等于"欺骗性"。侯惠勤教授认为，"马克思关于意识形态的判断，最大的特色不在于其揭示了意识形态的虚假性，而在于阐明这种虚假性并非来源于个人的主观故意，而是来自其客观的社会存在"[1]，马克思"从来不把意识形态虚假性归结为'有意的欺骗或谎言'"[2]。既然意识形态是虚假的，但又不是欺骗的，同时又是具有普遍性形式的，那么，马克思意识形态批判的意思是说，资产阶级思想家们确实进行了一种关于人类问题的普遍性思考，只不过因为受到阶级的局限，他们的思考方式是"从天国降到人间"[3]，其理论本身无法真正解决这个问题，所以带有虚假性。

问题更在于，意识形态的这种普遍性理论旨趣不但是一个动机问题，也有其客观的社会历史基础，"马克思通过对历史的深入研究，不过是发现了这样一个真理：任何能够领导社会革命的阶级，其阶级利益必须这样那样地要同人类的普遍利益相吻合"[4]，这就决定了任何想要上升到统治地位的阶级，客观上也必须通过其阶级意识与人类基本问题的某种融通来完成本阶级的意识形态理论体系的建构。由此可以看出，所有意识形态理论都内含着阶级意识与人类普遍性的一种关联（区别在于看哪种阶级意识及其意识形态能够真正实现这种关联）。因此，把意识形态定义为以理论化的阶级意识对人类基本问题的系统理论解答显然应该包含所有意识形态，这个界定在逻辑上的周延是有理由的。而且，否认这一点，就意味着

---

[1] 侯惠勤：《马克思的意识形态批判与当代中国》，北京：中国社会科学出版社，2010年，第38页。

[2] 侯惠勤：《马克思的意识形态批判与当代中国》，北京：中国社会科学出版社，2010年，第52页。

[3] 中共中央马克思恩格斯列宁斯大林著作编译局：《马克思恩格斯文集》，北京：人民出版社，2009年，第525页。

[4] 侯惠勤：《马克思的意识形态批判与当代中国》，北京：中国社会科学出版社，2010年，第345—346页。

各种意识形态没有共同的标准，就是一种自说自话，根本无法形成意识形态的对话、论争。这也是不符合事实的。

总之，意识形态作为一种高度综合的理论体系，在理论形式上，可以看作以理论化的特定阶级意识对于人类基本问题的一种系统性、理论性解答，它为人类基本价值实现提供一整套解决方案，包括经济、政治、道德法律、艺术等方方面面的观点主张，而所有这些方面的背后贯穿着特定的世界观、方法论、价值观，因此，具有内在逻辑关联而成为一个系统的整体理论，从而呈现为某种特定的意识形态体系。另一方面，人类基本价值作为一种自发的、原初的价值诉求，是一个未定型的存在，也只能通过意识形态这种理性理论形态得到表达，尽管这种表达可能是扭曲的、虚假的。这就是从意识形态与人类基本价值关系的角度对于意识形态的一种理解。

三、关于社会主义核心价值体系"认同"元问题的解读

如前所述，任何意识形态实际上都内含着阶级性与普遍性的某种内在逻辑关联，而意识形态的发展就是这种阶级性与普遍性逻辑关联的辩证运动。马克思主义认为，人类社会是从阶级对立逐步走向阶级消亡的一个历史进程，而对于意识形态的发展来说，就是从阶级性向普遍性不断趋近的运动过程，到了阶级消亡的共产主义社会，就是这个逻辑运动走向终点，即从阶级性完全走向了普遍性，意识形态这种阶级意识完满地解答了人类基本问题，从而真正实现了人类基本价值。而马克思主义则代表了人类意识形态发展的前进方向。

但是在这个运动过程中，始终存在着阶级性与普遍性的一种张力。对此可以做两个方面的解释，第一，对于前马克思主义的意识形态而言，虽然历史上的诸种意识形态具有普遍性的形式及某种程度的普遍性价值，但由于受到历史和阶级的局限，它们无法从根本上实现人类基本价值，一些剥削阶级的极端反动和疯狂的政治代理人（如希特勒）甚至具有反人类的恶行。这就决定了其与人类基本价值的裂痕无法根本弥合，即这些意识形态本身的阶级性与普遍性无法重合。第二，对于马克思主义意识形态来说，其对社会历史规律把握的真理性及阶级立场的最终超越性（即"无产

阶级的利益本身是人类总体利益的聚集"），使得马克思主义具备了阶级性与普遍性相统一、实现人类基本价值的根本条件。但这并非天然实现，需要实践努力与一个复杂曲折的社会历史过程来推进与促成马克思主义与人类基本价值的趋近、契合。由于意识形态与人类基本价值之间固有张力的存在，以及马克思主义意识形态本身并非直接等同人类基本价值的实现，因此，人民群众对社会主义核心价值体系（核心是马克思主义）就并非一种天然认同。这就决定了社会主义核心价值体系"认同"本身元问题的复杂性。

其一，社会主义核心价值体系认同的本原基础是人类基本价值认同。

对于社会主义核心价值体系认同的理解，一般认为它是一种主流意识形态认同，但这是从根本意义上而言的。若从核心价值体系的具体内容构成来说，社会主义核心价值体系既包含了特定意识形态的内容，也包含了非意识形态的内容。虽然两者的认同本质上都属于价值认同范畴，但是它们在认同的性质、机制上还是有所区别的。这就意味着社会主义核心价值体系"认同"内涵并非铁板一块，而是有其内在结构的，是需要具体、深入分析的。社会主义核心价值体系中的非意识形态内容所指向的就是前述的人类基本价值，比如任何历史时期、任何地域的广大人民所追求的价值目标诸如摆脱对于物的依赖，对于人的依赖，追求自由、幸福等，在根本意义上都是相通的。这种共通性基本价值源于"主体之间的共同性和相互联系"[1]，是从人类共通的进步性生发出来的，"无论什么地域的人，无论什么时代的人，毕竟都是人，在基本人性上必定是相同的、相通的"[2]。只要人类存在，这种共通的普遍本性就不会丧失。因此，人类基本价值是一个既定前提，其合理性应由人类社会的进步史予以证明。这意味着，非意识形态的人类基本价值认同是历史性认同，从人类社会进步的整体角度来说，这种价值不存在认同与否的问题。而核心价值体系中的意识形态内容，其认同并非自然而然地生成，也就是说它并非像人类基本价值认同那样是从人性当中自然生发出来的，它遵循另外的形成机制。区分这两种性质的认同有利于促进对社会主义核心价值体系认同的内涵与形

---

[1] 李德顺：《普遍价值及其客观基础》，《中国社会科学》，1998年第6期。
[2] 蒋国保：《儒家伦理之普世价值的再思考》，《社会科学战线》，2010年第4期。

成机制的深入理解。社会主义核心价值体系认同最终是要实现马克思主义意识形态认同,而意识形态与人类基本价值存在着固有关联,同时又由于人民群众对人类基本价值是天然认同的,因此,人类基本价值认同是社会主义核心价值体系认同这个整体的本原基础和既定前提,但是它并非社会主义核心价值体系认同的目标实质。

其二,社会主义核心价值体系认同目标的实质是在人类基本价值认同的基础上增进人民群众对马克思主义意识形态的认同。

一般而言,社会主义核心价值体系认同的目标就是马克思主义意识形态认同,但是由于意识形态与人类基本价值的固有关联、人类基本价值的天然认同是社会主义核心价值体系认同的本原基础,因此,社会主义核心价值体系认同目标的实质需要进一步表述:在人类基本价值认同的基础上增进人民群众对马克思主义意识形态的认同。这种理解背后的理论基础是马克思主义群众史观与"灌输论"的融合。在对社会主义核心价值体系认同的认知与研究中,首先要确立的就是历史唯物主义的立场。按照唯物史观,人民群众是历史的主体和创造者,是历史发展的基础和最终决定力量。对此,马克思、恩格斯在《神圣家族》中写道:"历史上的活动和思想都是'群众'的思想和活动。"[1] 毛泽东也说:"人民,只有人民,才是创造世界历史的动力。"[2] 而人类的基本价值存在于人民群众的思想意识与交往实践活动中,它作为人民群众的基本价值立场是不会消失的,人民群众对这种基本价值的追求是一种自发的历史必然。从历史发展的角度来说,人民群众及其基本价值诉求的先验合法性、合理性无可撼动,价值认同危机从来都不是人民群众基本价值认同丧失的问题。这就是群众史观在社会主义核心价值体系认同问题中的显现。因此,从整体意义与历史角度来看,人民群众并不需要这方面特别的官方教化,而目前一些相关的价值认同的调查研究也显示人们对于公正、平等、和谐、自由等基本价值的普遍认同。[3] 这就意味着,社会主义核心价值体系认同的核心目标并非

---

[1] 中共中央马克思恩格斯列宁斯大林著作编译局:《马克思恩格斯全集》(第 2 卷),北京:人民出版社,1957 年,第 103 页。
[2] 毛泽东:《毛泽东选集》(第 3 卷),北京:人民出版社,1991 年,第 1 031 页。
[3] 宣兆凯:《"与公众对话":公众认同、接受社会主义核心价值的调查研究》,《北京师范大学学报(社会科学版)》,2009 年第 5 期。

促进人民群众对于人类基本价值的认同。但是另一方面，如前所述，人类基本价值只能通过意识形态这种理性理论形态得到表达，而马克思主义的灌输理论则启示我们：先进的意识形态理论无法在人民群众当中自发生成，需要外在的"灌输"和引导。所以，社会主义核心价值体系认同实质上是在人类基本价值认同的基础上，增进人民群众对马克思主义意识形态的认同，进而言之，就是增进人民群众对于马克思主义意识形态与人类基本价值相契合的认同，让人民群众能够自觉地运用马克思主义来实现对人类基本价值的追求，从而能够用马克思主义意识形态来凝聚人心、提升社会道德水平，这是社会主义核心价值体系认同的目标实质。而为了达到这个目标，就需要明确意识形态认同的基本规律。

其三，社会主义核心价值体系认同的基本规律存在于意识形态与人类基本价值的辩证运动中。

作为对于人类基本问题的系统理论解答，意识形态的优劣之分就在于哪一种能够更好地促进人类基本价值的实现。一般而言，每一种意识形态都会给人民群众一种利益许诺或者未来社会理想的承诺，当一种意识形态能够更好更快地实现人类基本价值诉求时，这种意识形态就自然会得到人民的普遍认同。而当这种意识形态在一个时期之后无法兑现其承诺，无法更好地实现人民群众的基本价值诉求时，那么它就不可避免地丧失对公众的吸引力。人类历史上的各种核心价值认同与不认同，从根本上说，都是遵从这个简单的逻辑的。

据此，社会主义核心价值体系认同的根本规律在于，相对于其他的意识形态而言，马克思主义在多大程度上能够实现人类基本价值，这也就是社会主义制度优越性的问题。现今的社会主义主流意识形态认同相对缺失问题的原因并不在于马克思主义本身的科学性、真理性问题，而在于这种意识形态自身与其现实展现之间存在一定的差距，意识形态许诺并未得到完全的实现。这集中表现为社会公正的缺失，比如现今的腐败问题、贫富差距问题。邓小平曾指出："从党和国家的领导制度、干部制度方面来说，主要的弊端就是官僚主义现象，权力过分集中的现象，家长制现象，干部领导职务终身制现象和形形色色的特权现象。"[1] 有学者曾认为，"虽然

---

[1] 邓小平：《邓小平文选》（第 2 卷），北京：人民出版社，1994 年，第 327 页。

古今中外都有过腐败现象，但腐败问题在当今中国显得尤其触目惊心"，"改革的成果被少数利益集团分享，而大多数人则承担了改革的代价，沦为弱势群体，贫富差距、城乡差距、地区差距和行业差距越来越大"[1]。这些现象与意识形态的许诺有较大差距。虽然政治权威与知识阶层认同马克思主义体系的科学性、真理性，但是我们要注意到，人民群众不会以高深精致的理论思维来简单地判断一种意识形态，而是以一种直接的基本价值判断来评判社会现实，然后直接指向这种现实背后的意识形态理论指导。当人们感到主流意识形态无法实现其利益诉求时，同时由于人类基本价值诉求的表达又需要找一个意识形态的载体，人们才会转而需求对其他意识形态的认同，这就是现今各种意识形态泛滥的根本原因，而人们通常所说的全球化、网络化的社会条件只起到一种推波助澜的作用。

我国现阶段面临的种种问题，有些是社会转型期间难以避免的代价，有些问题则并非社会转型的必然产物，而是由某些人的不积极作为所致。在一定意义上，"构建社会主义核心价值体系的高责任主体是党和政府"[2]。只有在党和政府的积极努力下，马克思主义意识形态才能以最快的速度显示出其在实现人类基本价值方面的优越性。这是社会主义核心价值体系认同的根本问题。如果这个问题不能得到有效解决，那么价值认同很大程度上就会沦为空谈。

总之，意识形态的认同本质上是一种价值契合、价值满足的实践过程，正如马克思所说："全部社会生活在本质上是实践的。""不是意识决定生活，而是生活决定意识。"[3] 对于意识形态认同来说，教育的主要意义在于完成一种理性认知，但人民群众一般不是以一种理论思维，而是以一种价值满足的状态去完成对于某种意识形态的价值认同。我党历史上思想政治教育宣传的成功，也是以对人民的利益承诺能够及时兑现为根本条件的。因此，对于社会主义核心价值体系的认同问题而言，离开意识形态与人类基本价值的高度契合，再精致的语言，再巧妙的宣传都会丧失意

---

[1] 刘明君，等：《多元文化冲突与主流意识形态建构》，北京：中国社会科学出版社，2008年，第195、192页。

[2] 黄凯锋：《社会主义核心价值体系的责任主体、路径依赖和结构浅析》，《毛泽东邓小平理论研究》，2007年第4期。

[3] 中共中央马克思恩格斯列宁斯大林著作编译局：《马克思恩格斯文集》，北京：人民出版社，2009年第501、525页。

义。这是意识形态与人类基本价值关系的理论给我们的根本的启示。在构建社会主义和谐社会的过程中,从人的内在需求出发,追寻意识形态与人类基本价值的辩证统一,不断提高人民群众对社会主义核心价值体系的认同度,已成为一项十分有意义的聚人心、创伟业的工程。

本文与崔昆合作,发表于《马克思主义研究》2011年第8期。
(该文被人大复印资料《哲学原理》2011年第11期全文转载,第18—24页。)

论社会主义核心价值体系的历史基础和践行机制

社会主义核心价值体系是中国共产党领导中国人民在长期的社会主义革命和建设伟大历史进程中形成的,也是对党的优良传统的高度概括和深刻总结。它是一个逻辑结构完整的科学理论体系,集中体现了当代中国社会主义主流意识形态,对构建社会主义和谐社会、促进当代中国又好又快发展具有极其重要的引领和规范功能。这种引领和规范功能有其内在的践行机制。

一、历史之维:社会主义核心价值体系根植于我党优良传统

社会主义核心价值体系的基本内容包括马克思主义指导思想、中国特色社会主义共同理想、以爱国主义为核心的民族精神和以改革创新为核心的时代精神、社会主义荣辱观四个方面。这四个方面都根植于我党的优良传统,是我党对长期革命和建设中积累的历史经验和优良传统的高度概括和深刻总结。

从我党的历史看,马克思主义始终为中国革命和建设提供了强大的思想武器。中国曾是一个半殖民地半封建的大国,经济和文化都十分落后。在这样的历史条件下进行革命,必然会遇到许多特殊的复杂问题。以毛泽东为代表的中国共产党人,正是以马克思主义为根本指导思想,对中国革命的具体特点和规律进行具体分析,创造性地提出了走"农村包围城市,武装夺取政权"的具有中国特色的革命道路,取得了新民主主义革命的胜利,确立了党的执政地位。毛泽东指出:"我们的党从它一开始,就是一个以马克思列宁主义的理论为基础的党。"[1] 革命胜利后,我党继续坚持

---

[1] 毛泽东:《毛泽东选集》(第3卷),北京:人民出版社,1991年,第1 093页。

以马克思主义为指导，进行社会主义改造，发展社会主义经济、政治和文化，不断探索社会主义建设的道路。改革开放后，我党坚持把马克思主义同中国的具体国情相结合，提出了建设有中国特色的社会主义的理论。无论国际形势、国内环境发生什么样的变化，党始终对马克思主义坚信不疑。邓小平指出："对马克思主义的信仰，是中国革命胜利的一种精神动力。"[1] 邓小平从党的历史发展视角强调："中国共产党人坚持马克思主义，坚持把马克思主义同中国实际结合起来的毛泽东思想，走自己的道路，也就是农村包围城市的道路，把中国革命搞成功了。"[2] 并强调："如果我们不是马克思主义者，没有对马克思主义的充分信仰，或者不是把马克思主义同中国自己的实际相结合，走自己的道路，中国革命就搞不成功，中国现在还会是四分五裂，没有独立，也没有统一。"[3] 江泽民也指出："马克思主义是我们立党立国的根本指导思想，是全国各族人民团结奋斗的共同理论基础。"[4] 党的十六大以来，以胡锦涛为总书记的党中央继承和发扬中国共产党始终坚持马克思主义的优良传统，提出了科学发展观等一系列重大的马克思主义中国化的理论成果，丰富和发展了中国特色社会主义理论体系。胡锦涛强调指出："在当代中国，坚持中国特色社会主义理论体系，就是真正坚持马克思主义。"[5] 历史已经彰显，坚持不懈地以马克思主义作为自己的行动指南，是中国共产党最具有本质意义的优良传统。

重视共同理想建设也是中国共产党的一大优良传统。中国共产党过去能在非常困难的情况下奋斗出来，战胜千难万险取得革命胜利，靠的就是理想和信仰。毛泽东曾强调党要有"共同语言"，国家要有"统一意志"。他率领中国人民，经过艰苦卓绝的斗争，赢得了国家独立和民族解放。改革开放时期，邓小平对理想建设更加高度重视，他强调说："有了共同的理想，也就有了铁的纪律。无论过去、现在和将来，这都是我们的真正优

---

[1] 邓小平：《邓小平文选》（第3卷），北京：人民出版社，1993年，第63页。
[2] 邓小平：《邓小平文选》（第3卷），北京：人民出版社，1993年，第62—63页。
[3] 邓小平：《邓小平文选》（第3卷），北京：人民出版社，1993年，第63页。
[4] 江泽民：《江泽民文选》（第3卷），北京：人民出版社，2006年，第282页。
[5] 胡锦涛：《高举中国特色社会主义伟大旗帜　为夺取全面建设小康社会新胜利而奋斗——在中国共产党第十七次全国代表大会上的报告》，北京：人民出版社，2007年，第12页。

势。"[1] "我们这么大一个国家,怎样才能团结起来、组织起来呢?一靠理想。二靠纪律。"[2] 他同时指出:"我们一定要经常教育我们的人民,尤其是我们的青年,要有理想。"[3] 江泽民也非常强调树立共同理想的极端重要性,他说,巩固和发展全国人民的大团结,是建立在建设有中国特色社会主义的共同理想基础之上的,同时特别指出:"在全社会形成共同理想和精神支柱,是有中国特色社会主义文化建设的根本。"[4] 十六大以来,以胡锦涛为总书记的党中央更加高度关注共同理想教育,把理想信仰看作一个政党治国理政的旗帜,一个民族奋力前行的向导。

重视以爱国主义为核心的民族精神教育是我党的又一大优良传统。毛泽东历来强调中华民族要做一个坚决战斗的民族。他指出:"我们中华民族有同自己的敌人血战到底的气概,有在自力更生的基础上光复旧物的决心,有自立于世界民族之林的能力。"[5] 中华人民共和国成立后和改革开放时期,我党始终重视以爱国主义为核心的民族精神教育,把在全社会发扬自尊、自信、自强的民族精神作为精神文明建设的重要课题。邓小平曾强调:"必须发扬爱国主义精神,提高民族自尊心和民族自信心。"[6] 在党的十六大报告中,江泽民也对民族精神的内涵进行了全面概括。党的十六大以来,以胡锦涛总书记为核心的党中央非常重视弘扬和培育民族精神,并强调要体现时代进步的要求,不断丰富和发展民族精神的内涵。

时代精神的本质是创新。毛泽东在井冈山革命斗争时期,第一次把马克思主义基本原理与中国的具体国情相结合,创造性地提出了"农村包围城市,武装夺取政权"的理论。这是马克思主义中国化的第一次理论创新,是井冈山精神敢闯新路的具体体现。在改革开放初期,邓小平就鼓励我们改革开放胆子要大一些,敢于试验。江泽民对时代精神,尤其对创新进行了多次阐述,指出:"发展离不开改革创新,发展要有新思路。"[7]

---

[1] 邓小平:《邓小平文选》(第3卷),北京:人民出版社,1993年,第144页。
[2] 邓小平:《邓小平文选》(第3卷),北京:人民出版社,1993年,第111页。
[3] 邓小平:《邓小平文选》(第3卷),北京:人民出版社,1993年,第110页。
[4] 江泽民:《江泽民文选》(第2卷),北京:人民出版社,2006年,第33页。
[5] 毛泽东:《毛泽东选集》,北京:人民出版社,1991年,第161页。
[6] 邓小平:《邓小平文选》(第2卷),北京:人民出版社,1993年,第369页。
[7] 中共中央文献研究室:《江泽民论有中国特色社会主义(专题摘编)》,北京:中央文献出版社,2002年,第183页。

之后,他又对新时期的时代精神进行了高度概括。在党的十六大报告中,江泽民指出:"坚持用时代发展的要求审视自己,以改革的精神加强和完善自己,这是我们党始终保持马克思主义政党本色、永不脱离群众和具有蓬勃活力的根本保证。"[1] 党的十六大以来,胡锦涛非常重视弘扬时代精神,多次强调要发扬开拓创新的精神,不断增强中华民族的创造力,并提出了要把我国建设成为创新型国家。在十六届六中全会上,以爱国主义为核心的民族精神和以改革创新为核心的时代精神,成为社会主义核心价值体系的基本内容之一。

中国共产党对荣辱观念的重视是从领导中国革命开始的。民主革命时期,毛泽东就强调,共产党员应以个人利益服从于民族和人民群众的利益。改革开放时期,邓小平指出:"以热爱祖国、贡献全部力量建设社会主义祖国为最大光荣,以损害社会主义祖国利益、尊严和荣誉为最大耻辱。"[2] 江泽民曾深刻指出:"要在全党全社会大力提倡高尚的社会主义思想道德和中华民族的优良传统,以艰苦奋斗、勤俭朴素为荣,以铺张浪费、奢侈挥霍为耻。"[3] 2006年"两会"期间,胡锦涛明确提出了以"八荣八耻"为主要内容的社会主义荣辱观。他说,在我们的社会主义社会里,是非、善恶、美丑的界限绝对不能混淆,坚持什么、反对什么,倡导什么、抵制什么,都必须旗帜鲜明。要在全社会大力弘扬爱国主义、集体主义、社会主义思想,倡导社会主义基本道德规范,促进良好社会风气的形成和发展。以"八荣八耻"为主要内容的社会主义荣辱观,继承和发展了我们党关于社会主义道德建设褒荣贬耻、扬荣抑耻的思想,深化了我们党对社会主义道德建设规律的认识,成为社会主义核心价值体系的道德基础。

二、理论之维:社会主义核心价值体系引领当代中国社会思潮

社会主义核心价值体系是马克思主义中国化的最新理论成果。从历史的发展逻辑看,社会主义核心价值体系的提出,是以胡锦涛总书记为核心

---

[1] 江泽民:《江泽民文选》(第3卷),北京:人民出版社,2006年,第541页。
[2] 邓小平:《邓小平文选》(第3卷),北京:人民出版社,1993年,第3页。
[3] 江泽民:《论党的建设》,北京:中央文献出版社,2001年,第245页。

的党中央领导继科学发展观、社会主义和谐社会等马克思主义中国化理论成果之后的最新理论创造。2003年10月,在党的十六届三中全会上,党中央明确提出"以人为本,全面、协调、可持续发展"的科学发展观,这是当代中国社会主义现代化建设的行动指南。在科学发展观的指导下,党中央针对中国的具体国情和国际形势,进一步提出了构建社会主义和谐社会的理论。针对如何构建社会主义和谐社会,党中央又进一步明确要"建设和谐文化"。对如何"建设和谐文化"进一步追问的逻辑结论,就是建设社会主义核心价值体系。社会主义核心价值体系具备了完整的理论形态和基本内容。

从构成要素看,社会主义核心价值体系的各个部分既相对独立又相互联系。坚持马克思主义的指导思想是社会主义核心价值体系的灵魂,树立中国特色社会主义共同理想是社会主义核心价值体系的主题,培育和弘扬以爱国主义为核心的民族精神和以改革创新为核心的时代精神是社会主义核心价值体系的精髓,树立和践行社会主义荣辱观是社会主义核心价值体系的基础,这四个方面相互贯通、相互促进,高扬了社会主义意识形态,不断增强着社会主义意识形态的吸引力和凝聚力。

从内容层面看,社会主义核心价值体系是一个层面清晰、体系完整的理论体系。社会主义核心价值体系以理论层面为主导,统领信仰、精神、伦理道德等不同层面。马克思主义指导思想是理论层面,发挥着引领和统率作用;中国特色社会主义共同理想是信仰层面,具有目标导向的价值功能;以爱国主义为核心的民族精神、以改革创新为核心的时代精神等都是社会主义核心价值体系的精神层面,具有整合社会力量的功能;社会主义荣辱观是社会主义核心价值体系的伦理道德层面,具有最基本的伦理规范和行为准则的基础功能。

从价值导向看,社会主义核心价值体系与马克思主义价值观是一致的。当今,由于中国几千年的封建社会历史及西方资本主义各种思潮的侵蚀和冲击,各种错误的腐朽的思想观念也在影响或侵蚀着人们的思想意识,整个社会生活中各种价值观庞杂多样,共同存在。因此,社会主义核心价值体系的提出,对于在全社会树立与中国特色社会主义相一致的核心价值观具有重要的历史意义和当代价值。社会主义核心价值体系的构建遵循了马克思主义价值观的要求、原则和总体目标。构建社会主义核心价值体系与树立马克思主义价值观具有本质上的一致性。马克思主义价值观历来以追求人的自由、全面发展为崇高社会理想，它坚持以人为本，坚持以和谐发展为核心，创造社会公平正义，倡导奉献精神，为社会大多数成员谋利益。在社会主义核心价值体系中，无论哪个方面的内容都体现了马克思主义价值观的本质内容。因而，它能有效地引导和整合多样化的社会思潮，唱响主旋律。社会主义核心价值体系的构建满足了我国人民普遍的价值需求，符合最广大人民的内在利益需求，因而是迄今为止人类历史上最进步最科学的价值体系。

社会主义核心价值体系是社会主义意识形态的本质体现。马克思、恩格斯曾指出："意识在任何时候都只能是被意识到了的存在，而人们的存在就是他们的现实生活过程。"[1] 社会主义核心价值体系作为我国社会主义社会发展历史进程中的理论创新产物，是对我国社会客观实在的科学反映，在我国社会主义意识形态体系中处于统摄和指导地位，代表我国主流意识形态。正是在此意义上，胡锦涛指出，"社会主义核心价值体系是社会主义意识形态的本质体现"[2]。从当代中国的现实看，只有社会主义核心价值体系才能提供发展中国特色社会主义所需要的文化认同和价值追求。我国正处于社会大变革的关键时期，中西不同思想文化的相互激荡，给人们的思想带来了空前的活力和冲击，社会生活、价值取向、行为方式日益多样化。因此，社会的本质要求决定了在我国现阶段必须毫不动摇地坚持以马克思主义为根本指导思想；坚持走中国特色社会主义道路；坚持中华民族的优秀文化传统和改革创新的时代精神；坚持社会主义道德观、荣辱观。这些社会主义社会的本质要求和发展诉求，正是社会主义核心价值体系的重要组成部分，它能引领各种社会思潮，形成社会共识，增强社会团结，维护全社会共同的理想信念和道德规范，从而反映社会主义社会的性质和发展方向。

当代中国，在中国共产党的领导下，坚持走社会主义道路，实现中华民族的伟大复兴，是我国各族人民的共同理想。在共同理想的引领下，我

---

[1] 中共中央马克思恩格斯列宁斯大林著作编译局：《马克思恩格斯选集》，北京：人民出版社，1995年，第72页。

[2] 胡锦涛：《高举中国特色社会主义伟大旗帜 为夺取全面建设小康社会新胜利而奋斗——在中国共产党第十七次全国代表大会上的报告》，北京：人民出版社，2007年，第34页。

们党维护和发展广大人民群众的共同利益，形成了我国社会主义现代化建设所需要的精神支持和思想保障。当下，爱国主义、民族精神同社会主义紧密相连、相辅相成。弘扬爱国主义精神能更好地调动各族人民的积极性、创造性，从而有利于实现中华民族的伟大复兴。在经济全球化和科技高速发展的时代，唯有注重创新、积极推进创新，才能应对激烈的国际竞争与挑战，才能使中华民族屹立于世界民族之林。以"八荣八耻"为主要内容的社会主义荣辱观，把中华民族的传统美德、我们党在长期的革命和建设实践中形成的革命道德同社会主义新时代的道德要求紧密结合起来，为当代道德价值判断提供了基本准则，它既鼓励先进又照顾少数，具有鲜明的社会价值导向功能。社会主义核心价值体系作为当代中国的社会主义核心价值观，集中体现了当代中国社会主流意识形态，对当代中国社会思潮具有强有力的引领作用。社会主义核心价值体系的引领、调控和规范功能，还表现在它是各种利益的调节器，能够在社会主义市场经济条件下，有效地调节个人、集体、国家三者之间的利益关系，处理好局部利益与整体利益的关系，处理好当前利益与长远利益的关系，处理好实现个人价值与服务社会、服务人民的关系，从而引领当代中国社会思潮，规范和调控人们的社会实践活动。

社会主义核心价值体系对我国社会主义现代化建设和公民的社会实践活动之所以具有重要的引领、调控和规范功能，是因为社会意识对社会存在具有能动的反作用。社会主义核心价值体系作为我国思想上层建筑的核心，具有巨大的能动作用，影响和改变着人们的思想意识、道德观念与思维方式，在社会生活中潜移默化地调控和规范着人们的各种社会实践活动，进而决定着我国社会主义的发展方向和国家民族的兴旺发达。正如毛泽东所指出的："一定的文化（当作观念形态的文化）是一定社会的政治和经济的反映，又给予伟大影响和作用于一定社会的政治和经济。"[1]

三、实践之维：社会主义核心价值体系从思想变为自觉行动

社会主义核心价值体系作为当代中国社会主义主流意识形态的体现，

---

[1] 毛泽东：《毛泽东选集》（第2卷），北京：人民出版社，1991年，第663—664页。

必然转化为每个公民的自觉行为，其内在的践行机制主要有理性认同机制、情感认同机制、利益互动机制、自律转化机制和制度保障机制。

（一）理性认同机制

社会主义核心价值体系理性认同机制，是指社会主义核心价值体系以其理论的彻底性说服、引导人们达成理性共识，从而认同社会主义核心价值体系，进而践行社会主义核心价值体系。社会主义核心价值体系理性认同机制何以可能？

其一，以理论的彻底性说服人。科学正确的价值观念，只有在理论上具有说服力，才能被人民群众普遍接受、理解和掌握，并转化为社会群体的共识，由此为人们所自觉遵守和奉行。马克思指出："理论只要说服人，就能掌握群众；而理论只要彻底，就能说服人。所谓彻底，就是抓住事物的根本。"[1] 社会主义核心价值体系，以不断发展着的马克思主义为指导，将马克思主义与当代中国社会主义实践结合起来，坚持用发展着的马克思主义武装全党、教育人民。因而，其具有针对性和说服力。

其二，坚持灌输原则，形成思维定式。社会主义核心价值体系是社会主义主流意识的本质体现，它作为一种先进的社会意识形态是不可能在社会各阶层中自发产生的，必须从"外面"灌输到人民群众中去，因为正面灌输是让广大群众知晓社会主义核心价值体系的前提。只有通过反复的正面灌输，才能广泛深入地影响群众，形成一种心理定式，从而让广大群众首先了解、接受和理解其基本内容，并转化为他们内在的感受，进而成为他们在选择、接纳各种社会思潮时的信念和经验的理解基础，为思想观念质的变化做好准备。灌输是马克思主义经典作家和无产阶级政党一以贯之的原则。卢卡奇在论述历史与阶级意识时说，无产阶级的真正的阶级意识只有通过灌输才能变成革命实践。列宁、斯大林等都认为灌输是形成社会主义思想体系的根本方法。列宁在论述灌输与意识问题时指出："我们说，工人本来也不可能有社会民主主义的意识。这种意识只能从外面灌输进

---

[1] 中共中央马克思恩格斯列宁斯大林著作编译局：《马克思恩格斯选集》，北京：人民出版社，1995年，第9页。

去。"[1] 灌输论在我党建立无产阶级政权和社会主义建设过程中曾发挥了巨大的作用,它是赢得革命胜利的思想武器之一。历史上延安整风运动取得的伟大成效,就是进行马克思主义理论灌输的成功典范。

其三,注重思想文化渗透,营造理性认同态势。苏联教育学家加里宁认为,优秀的品德培养不能借助于漂亮的说教或空洞鼓动性喊叫,它们只能在日常的看不见的影响下,在整个社会生活过程中深深地被灌输到意识中去。社会主义核心价值体系要为广大群众自觉认同和躬体力行,必须通过日常的社会生活将社会主义核心价值体系的内容和要求潜移默化地渗透到广大群众的思想意识中。

灌输和渗透是相互作用、相互影响、相互整合的过程。马克思主义历来坚持社会存在决定社会意识。任何政治思想意识在个体接受和内化时,都离不开个体的亲身体验活动。只有通过正面灌输和全面渗透,社会主义核心价值体系的内容和精神实质才能被广大群众所感知、认同、接受、理解和掌握,进而得以真正践行。

(二) 情感认同机制

"情感是指人对待事物的肯定与否定、满意与不满意、喜爱与厌恶等态度的内心体验。"[2] 所谓情感认同,就是指在对一事物有了深刻和全面了解的基础上,从情感上对其产生肯定、喜爱、赞同、追求和采取积极的对待态度。情感认同是建立在认知认同基础上的,它一经形成就会对认知认同有巨大的强化作用。列宁曾经说,没有"人的情感",就从来也不可能有对于真理的追求。当一个人对某个事物产生了感情,有了强烈的爱憎、好恶时,就会在他身上形成一种巨大的力量,推动他对事物采取追求或舍弃、赞美或反对、积极接受或消极抵制的行为。社会主义核心价值体系情感认同机制何以可能?

其一,社会主义核心价值体系内在地具有与人民群众情感上的一致性。我们党从诞生那天起心中就始终装着人民,站在人民的立场上,对人

---

[1] 中共中央马克思恩格斯列宁斯大林著作编译局:《列宁选集》,北京:人民出版社,1995年,第317页。

[2] 叶奕乾,等:《普通心理学》,上海:华东师范大学出版社,2004年,第241页。

民充满感情。社会主义核心价值体系也始终立足以人为本,以追求人的自由和全面发展为价值目标。这些都与广大人民的根本利益相一致,所以,广大人民群众能够从情感上积极认同社会主义核心价值体系。

其二,社会具有推动人民群众在情感上认同社会主义核心价值体系的功能。社会风气的营造,社会媒体积极功能的发挥,都能推动人民群众在情感上认同社会主义核心价值体系。邓小平曾经指出:"报刊、广播、电视都要把促进安定团结,提高青年的社会主义觉悟,作为自己的一项经常性的、基本的任务。"[1] "我们衷心地希望,文艺界所有的同志,以及从事教育、新闻、理论工作和其他意识形态工作的同志,都经常地、自觉地以大局为重,为提高人民和青年的社会主义觉悟奋斗不懈。"[2] 党的历史经验证明,积极营造良好的社会氛围和态势,努力促使人们在情感上认同社会主义意识形态是完全能够做得到的。

其三,情感认同机制与理性认同机制是相辅相成的。任何一种思想意识和价值观念的形成,都包括知、情、意、信、行几个要素,是知、情、意、信、行诸因素辩证发展的过程。社会主义核心价值体系的自觉践行,首先必须对社会主义核心价值体系的本质和构建社会主义核心价值体系的重要性、必要性有积极的认知,在此基础上才能对社会主义核心价值体系产生真切情感,才能与中国特色社会主义现代化事业产生共鸣,进而坚定和强化践行社会主义核心价值体系的意志力量。意志过程是将内在愿望转化为外在实践行为的过程,是人的主观能动性和积极性的具体体现。社会主义核心价值体系的践行正是通过广大群众的意志过程,将自觉的认识和相应的情感转化为外在行动。

在一定意义上讲,没有正确而深刻的认知,难以激发相应的情感,没有一定的情感难以达到深刻的认知。没有认知与情感基础则难以形成坚强的意志和坚定的信念,没有意志过程,很难将认知与情感过程转化为外在行为。因此,在践行社会主义核心价值体系的过程中,既要把握好理性认同,强调情感认同,又要注意意志力量、信念坚持与行为转化的过程,才能保证践行取得实效。

---

[1] 邓小平:《邓小平文选》(第 2 卷),北京:人民出版社,1993 年,第 255 页。
[2] 邓小平:《邓小平文选》(第 2 卷),北京:人民出版社,1993 年,第 256 页。

(三)利益互动机制

社会主义核心价值体系利益互动机制,是指社会主义核心价值体系以最广大人民的根本利益为出发点和落脚点,既满足人民不断增长的物质文化需要,又符合社会发展规律和社会、国家发展利益,从而促使广大人民自觉践行社会主义核心价值体系。

社会主义核心价值体系以是否符合我国广大人民群众的切身利益为根本价值评判标准。社会主义核心价值体系之所以能够得到广大人民群众的普遍认同和自觉践行,最根本的是因为它把维护和贯彻最广大人民的根本利益作为出发点和落脚点,体现了国家利益、集体利益与广大群众个人利益等各方利益的统一,体现了全局利益与局部利益、长远利益与眼前利益的统一。历史唯物主义认为,利益是推动人类进行社会历史活动的根本动因。马克思指出:"人们为之奋斗的一切,都同他们的利益有关。"[1] 邓小平说:"不重视物质利益,对少数先进分子可以,对广大群众不行,一段时间可以,长期不行。革命精神是非常宝贵的,没有革命精神就没有革命行动。但是,革命是在物质利益的基础上产生的,如果只讲牺牲精神,不讲物质利益,那就是唯心论。"[2] 马克思在《神圣家族》中早就指出,思想不能离开利益,思想要以利益为基础,利益是思想的决定者和产生的根源。社会主义核心价值体系作为我国特殊历史阶段社会阶级利益的反映,其本质就在于它既代表了党和国家的意志,又维护了广大人民的切身利益,保证各方即个人、集体、国家根本利益的实现和价值追求的满足。社会主义核心价值体系促使当代中国实现了利益互动,激发了人民群众的积极性。

(四)自律转化机制

社会主义核心价值体系自律转化机制是指在践行社会主义核心价值体系的过程中,个体的社会主义核心价值观的形成和发展,既是社会对个体的要求、教育,即在他律条件下的展开,又是个体美德、自我修养的自我

---

[1] 中共中央马克思恩格斯列宁斯大林著作编译局:《马克思恩格斯选集》,北京:人民出版社,1995年,第187页。
[2] 邓小平:《邓小平文选》(第2卷),北京:人民出版社,1993年,第146页。

实现,即在自律情形下的深化,社会主义核心价值体系转化机制是不断地从他律转化为自律,最终达到两者辩证统一,达到社会的要求和教育与个体的内在需要和自我认识、自我修养相一致的机制。《中共中央关于构建社会主义和谐社会若干重大问题的决定》要求,建设社会主义核心价值体系,要通过制度建设、政策引领、机制保障,使社会主义核心价值体系的基本内容和要求融入经济、政治、文化和社会建设的各个领域,体现在各行各业的实践工作中,使人们普遍理解、接受。这是社会主义核心价值体系建设的外在规定性和约束性,体现的是一种他律现象。这种外在的要求是社会主义核心价值体系教育的起点、前提和基础,能够发挥一定的引领或导向作用。然而,这不是社会主义核心价值体系建设最核心所在。社会主义核心价值体系建设最根本的问题是要使社会主义核心价值体系的内容和要求等外在规定与约束转变为人们的内在需要,并成为人们自觉主动的行为,而并不是被迫、消极地接受。中国传统文化对于自省、自律、慎独等都非常重视,要求人们"日三省吾身""君子慎其独"。这些思想在中国历史上产生了深远的影响。社会主义核心价值体系的建设是一个充分发挥主体积极性、自觉性的过程。因此,在社会主义核心价值体系建设的过程中,应当充分调动和发挥广大群众的主观能动性,积极引导广大群众自觉养成自律意识,增强自律观念。广大群众通过自我认识、自我评价、自我调适,必然会逐渐把社会主义核心价值体系的基本要求内化为自己的需要、情感、信念,并以此来自觉约束自己的行为,从而把践行社会主义核心价值体系当作自己自觉主动的追求。

(五)制度保障机制

制度保障机制就是通过建立健全一套有效的领导、监督、激励体制机制和法律制度,以切实保证社会主义核心价值体系的践行。制度建设是根本的建设。完善各种体制机制和相关法律制度是增强践行社会主义核心价值体系有效性的重要措施和重要路径。社会主义核心价值体系的践行是一个复杂的社会系统工程,必须依靠完善的制度来保证。领导机制是指党要加强对社会主义核心价值体系建设的统一部署,牢牢掌握社会主义核心价值体系建设的领导权和主动权。同时,动员全社会力量协同参与,并且建立有效的领导方式,通过科学的职责分工,确保社会主义核心价值体系建设沿着正确的方向顺利进行。监督也是从制度、体制、机制上保证社会主义核心价值体系践行的原则之一。如果不讲监督，缺乏有效的监督机制作为保证，成效就会大打折扣，已经取得的成果也难以持久。发挥社会各方的监督作用意义重大，它可以通过揭露、批评有悖社会主义核心价值体系的言行和消极现象，帮助广大群众辨别是非、弘扬真善美、抵制假恶丑，从而引导人们按照社会主义核心价值体系的要求，养成良好的行为习惯。激励机制就是通过一套理性化的制度，对践行社会主义核心价值体系的优秀者、先进分子、模范人物等积极向上的行为事迹给予赞扬、肯定、奖赏，以进一步鼓励、激发、调动广大群众的积极性，从而得到鼓励先进，鞭策后进，引导全社会共同进步的目的。法律制度保证，就是要建立和完善并运用相关的法律、法规及制度来保障和推动社会主义核心价值体系的有效践行。

综上所述，构建社会主义核心价值体系既具有历史必然性，又是对贯彻落实科学发展观、构建社会主义和谐社会等过程中所出现的重大问题的逻辑应答，它集中体现了当代中国社会主义主流意识形态，对当代中国又好又快发展具有极其重要的引领和规范功能。这种引领和规范功能在相关的理性认同机制、情感认同机制、利益互动机制、自律转化机制和制度保障机制等社会主义核心价值体系践行机制的协同作用下得以实现，进而对构建社会主义和谐社会发挥内在支撑作用。

本文与方文合作，发表于《毛泽东邓小平理论研究》2008年第8期。

社会主义核心价值体系与人的内在需求

党的十七大报告指出，"社会主义核心价值体系是社会主义意识形态的本质体现"[1]，因此，建设社会主义核心价值体系的主要目的是加强社会主义意识形态的主导地位。由于意识形态主导地位的合法性基础源于人民群众的根本认同，而价值认同的实质是人的内在需求得以满足的价值实现过程。因此，建设社会主义核心价值体系，关键看其是否与人的内在需求相契合，只有符合人的内在需求的核心价值体系，才可能被人们认可和接受，从而为社会主义意识形态提供道义上的诠释和支持。

一、社会主义核心价值体系源于人的内在需求

社会主义核心价值体系与人的内在需求的价值契合，根植于社会主义核心价值体系在本质上是源于人的内在需求的，而且这一根基经过了历史与实践的考量和验证。从历史上看，社会主义核心价值体系虽然由中国共产党第一次明确提出，但其基本理念——马克思主义指导思想、中国特色社会主义共同理想、以爱国主义为核心的民族精神和以改革创新为核心的时代精神、社会主义荣辱观——均源于人的内在需求，并且经过了中国长期革命和建设实践的检验，是符合人的内在需求的核心价值体系。

首先，从本质上看，社会主义核心价值体系是否与人的内在需求相契合，实质是以马克思主义为主导的社会主义意识形态与人的内在需求的价值契合问题。这一点是由社会主义核心价值体系的本质规定的。"社会主义核心价值体系是社会主义意识形态的本质体现"，而我国社会主义意识

---

[1] 胡锦涛：《高举中国特色社会主义伟大旗帜　为夺取全面建设小康社会新胜利而奋斗——在中国共产党第十七次全国代表大会上的报告》，北京：人民出版社，2007年，第34页。

形态无疑是以马克思主义为主导的,这决定了社会主义核心价值体系的其他内容均由马克思主义统摄。马克思主义是否源于并符合人的内在需求,从根本上规定着社会主义核心价值体系与人的内在需求的契合。

毋庸置疑,马克思主义是与人的内在需求相契合的科学理论。这一点主要由其价值立场和价值目标所决定。从价值立场看,马克思主义与其他理论体系的不同之处在于,它始终坚持为大多数人谋利益的根本立场。为大多数人谋利益实质上意味着为满足大多数人的内在需求服务。马克思在青年时期就立下了为无产阶级解放和大多数人的内在需求服务的志向:"如果我们选择了最能为人类而工作的职业,那么,重担就不能把我们压倒,因为这是为大家作出的牺牲;那时我们所享受的就不是可怜的、有限的、自私的乐趣,我们的幸福将属于千百万人,我们的事业将悄然无声地存在下去,但是它会永远发挥作用,而面对我们的骨灰,高尚的人们将洒下热泪。"[1] 毛泽东更是强调:"人民,只有人民,才是创造世界历史的动力。"[2] 人民群众作为历史的创造者,其动力源自人的内在需求的满足。继承这一根本立场,改革开放之初,邓小平提出了"共同富裕"的价值目标。在新的历史条件下,党中央确立了以人为本的科学发展观。坚持以人为本,实现共同富裕,最根本的就是坚持以最广大人民群众的根本利益为本,以满足最广大人民群众的内在需求为本。从马克思主义的产生发展看,为绝大多数人的利益和需求服务是其一以贯之的根本立场和坚定信念。价值立场决定价值目标。立场不同,价值选择和价值目标则迥异。马克思主义为人的内在需求服务的价值立场决定其最终目标是实现人的自由而全面的发展。从人的历史发展看,自由、全面发展是人类发展进步的内在价值诉求。马克思主义通过对资本主义必然灭亡、社会主义必然胜利的历史必然性的深刻揭示,确立了人自由全面发展的价值追求:"代替那存在着阶级和阶级对立的资产阶级旧社会的,将是这样一个联合体,在那里,每个人的自由发展是一切人的自由发展的条件。"[3] 由此,马克思主

---

[1] 中共中央马克思恩格斯列宁斯大林著作编译局:《马克思恩格斯全集》,北京:人民出版社,1995年,第459—460页。
[2] 毛泽东:《毛泽东选集》(第3卷),北京:人民出版社,1991年,第1 031页。
[3] 中共中央马克思恩格斯列宁斯大林著作编译局:《马克思恩格斯文集》(第2卷),北京:人民出版社,2009年,第53页。

义的价值立场和价值目标表明，它是为满足大多数人的内在需求和人的自由全面发展服务的，理所当然是与人的内在需求相契合的。

马克思主义是社会主义核心价值体系的灵魂，统摄着社会主义核心价值体系的其他内容。马克思主义与人的内在需求的根本契合，决定了社会主义核心价值体系的其他内容本质上也是与人的内在需求相契合的。

其次，从历史上看，社会主义核心价值体系源于人的内在需求，是经过中国革命和建设实践检验，并曾经赢得人们广泛认同的。马克思主义是中国革命和建设的强大思想武器。中国共产党自成立之始，就把马克思主义作为立党之本，并坚持在实践中不断发展马克思主义。以毛泽东为代表的中国共产党人，坚持用马克思主义的立场、观点和方法来研究中国革命和建设的具体实际，最终取得新民主主义革命和社会主义革命的伟大胜利。我们党之所以能在非常艰难的社会条件下带领广大人民群众依靠"小米加步枪"，赶走侵略者，打败国民党反动军队，很大程度上依赖于人民群众对马克思主义的坚定信仰和高度认同。邓小平也始终强调："对马克思主义的信仰，是中国革命胜利的一种精神动力。"[1] 他坚持把马克思主义基本原理与中国改革开放的具体实践相结合，确立了解放、发展生产力，消灭剥削，消除两极分化，最终实现共同富裕的崇高理想。这一理想随着人们物质生活水平的不断提高，在改革开放初期得到了人们的广泛认同。以爱国主义为核心的民族精神是中华民族生生不息、不断发展壮大的强大精神支柱，自然是被人们普遍认同的。时代精神是民族精神在各个不同时期的具体体现和延续。中国共产党在领导中国革命和建设的过程中，非常重视民族精神与时代特征和具体实践的结合，在革命时期形成了井冈山精神、西柏坡精神、延安精神、抗美援朝精神等革命精神，在和平建设时期形成发展了大庆精神、两弹一星精神、九八抗洪精神、奥运精神、抗震救灾精神等以改革创新为核心的时代精神，为中国革命和建设提供了强大的精神支撑，得到了广大人民群众的普遍认同。中国共产党历来重视荣辱观建设。毛泽东认为，无产阶级荣辱观的核心是全心全意为人民服务，"共产党员无论何时何地都不应以个人利益放在第一位，而应以个人利益

---

[1] 邓小平：《邓小平文选》（第3卷），北京：人民出版社，1993年，第63页。

服从于民族的和人民群众的利益"[1]。邓小平强调，中国人应"以热爱祖国、贡献全部力量建设社会主义祖国为最大光荣，以损害社会主义祖国利益、尊严和荣誉为最大耻辱"[2]。

历史已明示，社会主义核心价值体系在中国革命和建设时期之所以得到人们广泛认同，很大程度上是因为它根植于人的内在需求，并且符合当时人民群众的根本利益和现实需要。由此可见，在新的历史条件下，社会主义核心价值体系维护社会主义意识形态的功能能否实现，关键看其是否符合并满足人的内在需求，能否继续得到人们普遍认同。

二、社会主义核心价值体系与人的内在需求的间距

随着改革开放和社会主义市场经济的深入发展，社会主义核心价值体系的历史认同逐渐被社会转型引发的某种背离人的内在需求的社会现象所消解，以致形成了社会主义核心价值体系与人的内在需求的间距。其实，社会主义核心价值体系与人的内在需求存在一定间距，这不足为奇。这是因为，社会主义核心价值体系虽然源于人的内在需求，但作为社会思想上层建筑的集中体现，它是一个国家或民族对一定社会的理想、信仰的长远憧憬和追求，这使其不仅高于个体的内在需求，而且远远超越于人们眼前的、现实的利益和需要，因而，不可避免地与人们当下的内在需求存在一定间距。只要这一间距不超过必要的限度，不让人们因内在需求的不充分满足而产生相对剥夺感或严重的抵触情绪，就不太会影响人们对核心价值体系的认同。然而，随着我国经济体制深刻变革、社会结构深刻变动、利益格局深刻调整，社会分配的相对不公、贫富差距、部分党员干部的贪污腐败等社会问题的凸显，使社会主义核心价值体系所表达的理想追求、价值许诺与民众的各种现实需求之间的间距逐渐扩大，客观上导致人们对社会主义核心价值体系的冷漠和抵触，从而影响了社会主义核心价值体系功能的实现。具体而言：

其一，贫富差距逐渐扩大，民生问题凸显。改革开放40多年来，我

---

[1] 毛泽东：《毛泽东选集》（第2卷），北京：人民出版社，1991年，第522页。
[2] 邓小平：《邓小平文选》（第3卷），北京：人民出版社，1993年，第3页。

国人民物质生活水平实现了从贫困向温饱再到小康的连续跨越，民生改善成就举世公认。然而，随着我国经济的快速发展，社会发展相对滞后，社会利益分化、贫富差距不断扩大。根据中国社会科学院的调查，我国"基尼系数目前在0.5左右"[1]。按照国际通用标准，基尼系数超过0.4为警戒状态，说明收入差距悬殊，社会分配严重不公。这意味着我国基尼系数已大大超过警戒线，社会财富已过度集中到少数人手中，贫富差距逐渐拉大，一定程度上导致经济发展与民生改善、社会发展相背离，使得医疗、就业、住房、社会保障等基本民生问题日益凸显。2009年，人民论坛发起的千人调查显示，在当前及未来10年我国面临的10个严峻挑战中，贫富差距逐步拉大、分配不公、高房价与低收入的矛盾、上学难就业更难等民生问题居多。[2] 民生不振，民心难聚。在人们基本的民生问题没有解决的情况下，对社会主义核心价值体系的认同度必然下降，这是由人的内在需求由低向高发展一般规律所决定的。

其二，理论宣传相对教条化。人民群众作为马克思主义理论宣传的对象，其接受、认同度很大程度上取决于个体的内在需求和兴趣，理论宣传教育只有符合人民群众的内在需求和兴趣才可能被认可和接受。而我们对马克思主义的理论宣传却不同程度地存在着"一把抓""一刀切"等简单化、公式化、说教化的倾向，有些宣传不看对象差异，语言生涩单调、空话套话泛滥，有些理论文章晦涩深奥、言之无物，不仅群众不爱看、不爱听，就是领导干部、理论工作者也很少看、很少听，从而导致理论宣传教育与人的实际需求相背离。一项"公众对媒体认同度"的调查表明，仅有18%的调查对象认为媒体宣传比较真实，而认为虚假和表示反感的占到75%；[3] 中国社会科学院的一项调查同样说明这一点，在回答"马克思主义被弱化的原因"时，58.87%的人选择"宣传教育形式化"[4]。显然，理论宣传教育的形式主义、教条主义问题相对突出。

其三，社会主义核心价值体系在部分领导干部中的认同缺失。领导干

---

[1] 社科院专家：社会收入差距扩大 基尼系数达0.5 [EB/OL]. http://www.chinanews.com.cn/cj/2010/12-15/2723411.shtml. 2010-12-15.

[2] 高源，马静：《"未来10年10大挑战"调查报告》，《人民论坛》，2009年第12期。

[3] 孔德永：《和谐社会构建中的价值认同分析》，《天府新论》，2008年第3期。

[4] 程恩富，郑一明：《关于社会主义核心价值体系研究和践行情况的调查报告》，《民主与科学》，2010年第2期。

部对社会主义核心价值体系的认同尤其是行为认同是社会主义核心价值体系价值展现的现实典范，它对人民群众认同和践行社会主义核心价值体系起着表率和示范作用。社会主义核心价值理念在中国革命时期之所以被人民群众广泛认同，很大程度上依赖于广大党员干部以身作则自觉践行马克思主义、社会主义价值观念。而如今部分领导干部口头讲一套，实际做一套，所言所行相去甚远，其行为的不认同直接导致人民群众对社会主义核心价值体系的排斥和抵触。尤其是近年来权力腐败现象严重，仅 2009 年 1—11 月各级纪检监察机关初步核实违纪线索 140 828 件，立案 115 420 件，结案 101 893 件，处分 106 626 人，比上年同期增长 5.1%，为国家挽回经济损失 44.4 亿元。[1] 这些数字表明了党中央打击贪污腐败的力度，同时也使人民群众对党的抗污防腐能力心存疑虑——为什么腐败年年打，年年增——进而对党的指导思想、党倡导的核心价值体系产生疑问。中国社会科学院的调查报告表明，76.03% 的人认为贪污腐败直接影响了社会主义核心价值体系的认同[2]，75.8% 的人对党根治腐败缺乏信心[3]。这说明目前的贪污腐败现象已严重打击了人民群众对党和政府的信任，对马克思主义、社会主义的信心，从而消解着人们对社会主义核心价值体系的认同。

　　上述现象在根源上背离了人的内在需求。部分领导干部的贪污腐败背离了党的宗旨和人民的根本利益；社会贫富分化背离了人们对社会主义公平、正义、共同富裕的价值需求；宣传教育的形式化背离了人民群众生活化、大众化的精神文化需求。这种背离无形中使社会主义核心价值体系与人的内在需求之间的间距不断加大，从而遮蔽了人们对社会主义核心价值体系真义的认知和接受。也就是说，这种背离实际上是反马克思主义的、违背社会主义核心价值体系真义的社会存在对人的内在需求的背离，而并非社会主义核心价值体系对人的内在需求的背离。社会主义核心价值体系仍然是源于并符合人的内在需求的。虽然人的内在需求随着经济社会发展

---

[1] 倪迅，殷泓：《纪检监察去年处分 10 万余人挽回经济损失 44.4 亿元》，《光明日报》，2010 年 1 月 8 日。
[2] 程恩富，郑一明：《关于社会主义核心价值体系研究和践行情况的调查报告》，《民主与科学》，2010 年第 2 期。
[3] 侯惠勤，杨亚军，黄明理：《关于"四信"问题的调查分析》，《淮阴师范学院学报》，2003 年第 6 期。

变得日益多元化、多样化，但人们对自由、全面发展的内在需求，对富强、民主、文明、和谐的内在需求，对崇高的精神生活和道德生活的内在需求始终没有改变。只是由于社会主义核心价值体系的价值诉求尚未在现实生活中完全展现，而人们对社会主义核心价值体系的理解又总是基于日常的经验和现实，一旦有违背人的内在需求或反马克思主义的现象发生，人民群众便不由自主地将不满迁于马克思主义的直接代表者——党和政府，进而指向党的指导思想和社会主义核心价值体系，由此加大了社会主义核心价值体系与人的内在需求的间距。基于此，建设社会主义核心价值体系，必须以满足人的内在需求为价值支撑，进而探索增进社会主义核心价值体系功能实现的有效路径。

三、人的内在需求：建设社会主义核心价值体系的价值支撑

社会主义核心价值体系功能的实现是建设社会主义核心价值体系的逻辑推论和旨归。而社会主义核心价值体系功能的实现，除依赖国家强制力量外，其必不可少的条件是赢得社会大多数人的认同。社会主义核心价值体系认同在一定意义上是对社会主义的价值信仰、价值理想、价值观念、价值规范的认同，其实质是一种价值认同。根据马克思主义的观点和当今价值哲学的基本成果，价值认同的形成离不开主体的内在需求。马克思指出，价值"是从人们对待满足他们需要的外界物的关系中产生的"[1]；刘奔先生认为："价值是事物满足人的需要的属性，是事物与主体（人）的需要之间的一种关系。"[2] 可见，满足人的内在需求是社会主义核心价值体系普遍认同亦即社会主义核心价值体系功能实现的必要条件。建设社会主义核心价值体系，作为社会主义核心价值体系功能实现的逻辑推论，自然也要以满足人的内在需求为价值支撑。

要满足人的内在需求，首先需要明确什么是人的内在需求。对于这一问题，目前学界还没有一个明晰的界定。人们通常把"人的内在需求"与"人的需要"在同等意义上使用。总体上看，当前学界关于人的需要的观

---

[1] 中共中央马克思恩格斯列宁斯大林著作编译局：《马克思恩格斯全集》（第19卷），北京：人民出版社，1963年，第406页。
[2] 刘奔：《刘奔文集》，北京：中国社会科学出版社，2008年，第3页。

点,虽然视角不同,但多倾向于认为需要是主体对客体的依赖或渴求。这里存在的主要问题是,其一,从严格意义上讲,人的内在需求与人的需要不能完全等同。根据《现代汉语词典》和百度词条关于"需要"和"需求"的解释,"需要"是对"应该有或必须有的事物的欲望或期望",通常以"缺乏感"的形式表达出来,强调了人基于本能或对外在事物的"必需"性。而"需求"是"由需要而产生的要求或索求",它不仅包含了"需要",还内蕴了人对必需的求取和实现,是人从"内需、内求"到"必需、必求"的实现过程。可见,"需求"不等于"需要"。如果说"需要"仅停留在欲望、愿望等"需"的层面,那么,"需求"则在必需的基础上,更多强调主体内在的必然的需要的实现,是"需"与"求"的高度统一和满足。由此,从一般意义上看,人的内在"需求"是由人生存发展的本能所决定的欲望和要求的实现过程。其二,对人的"需要"的不同理解,本质上源于对人、人性或人的本质的不同解读。仅仅明确内在"需求"的一般意义是远远不够的,还必须立足于"人"本身。

在唯物史观视阈中,人从来不是一个超历史的、超阶级的先验的本质规定,而是在具体的历史创造过程中的现实展现。正如马克思所言,人类"整个历史也无非是人类本性的不断改变而已"[1],研究人的本质,"首先要研究人的一般本性,然后要研究在每个时代历史地发生了变化的人的本性"[2]。列宁也认为,事物的本质属性并非一个,而是多层面的,既有自然的质、功能的质,也有"不甚深刻的本质"和"更深刻的本质"之分。这在方法论上启示我们,应该多视角、多层面地认识和把握人及人的内在需求。根据马克思主义人学思想,人是一种复杂性的存在。人既是生物人与社会人的辩证统一体,又是历史人与现实人的辩证统一体,还是抽象人与具体人的辩证统一体。

首先,人是生物人和社会人的辩证统一体。作为生物人,人是由分子、原子等无机实体进化而成的生物体。人的属性中天然具有无法摆脱的生物性的一面。源于人的生物性的自然本性是人的基本属性,也是人们认

---

[1] 中共中央马克思恩格斯列宁斯大林著作编译局:《马克思恩格斯文集》,北京:人民出版社,2009年,第632页。

[2] 中共中央马克思恩格斯列宁斯大林著作编译局:《马克思恩格斯文集》(第5卷),北京:人民出版社,2009年,第704页。

识、把握"人"的逻辑起点,但不是认识的终点。马克思进一步指出:"我们首先应当确定一切人类生存的第一个前提,也就是一切历史的第一个前提,这个前提是:人们为了能够'创造历史',必须能够生活。但是为了生活,首先就需要吃喝住穿以及其他一些东西。"[1] 这就是说,人们为了满足生存需求必须从事一定的生产活动,而人类的任何一项生产活动无不是在一定的社会关系中进行,并在需求实现过程中创造新的社会关系。可见,社会关系并不是外在于人的自然存在,而是人的本质体现。人本质上是自然存在和社会存在的统一体。"人作为自然存在物,而且作为有生命的自然存在物,一方面具有自然力、生命力,是能动的自然存在物;这些力量作为天赋和才能、作为欲望存在于人身上"[2],成为人一切行为的首要出发点。但同时,人还是一种社会存在,"人的本质不是单个人所固有的抽象物,在其现实性上,它是一切社会关系的总和"[3]。人的社会性表明,人除了自然需求外,还会在一定的社会关系中产生交往需求、道德需求、劳动需求、尊严需求等不同内容和不同层次的社会需求。因此,对待人的内在需求应该坚持自然需求与社会需求的辩证统一。

其次,人是历史人与现实人的辩证统一体。马克思主义唯物史观是"描述人们实践活动和实际发展过程的真正的实证科学开始的地方"[4]。它不仅揭示了人及人类社会由低级向高级发展的基本规律,而且始终将立足点放在现实的人及其历史发展上。关于人的历史性,马克思认为,历史发展的每一个阶段,都是对前一阶段创造的生产力与生产关系的继承和发展,人的发展同样如此,同时,人还是一种具有超越性和创造性的存在,"每一代一方面在完全改变了的环境下继续从事所继承的活动,另一方面又通过完全改变了的活动来变更旧的环境"[5]。说明人不仅是传承过去更

---

[1] 中共中央马克思恩格斯列宁斯大林著作编译局:《马克思恩格斯文集》,北京:人民出版社,2009年,第531页。
[2] 中共中央马克思恩格斯列宁斯大林著作编译局:《马克思恩格斯文集》,北京:人民出版社,2009年,第209页。
[3] 中共中央马克思恩格斯列宁斯大林著作编译局:《马克思恩格斯文集》,北京:人民出版社,2009年,第501页。
[4] 中共中央马克思恩格斯列宁斯大林著作编译局:《马克思恩格斯文集》,北京:人民出版社,2009年,第526页。
[5] 中共中央马克思恩格斯列宁斯大林著作编译局:《马克思恩格斯文集》,北京:人民出版社,2009年,第540页。

是面向未来的历史性存在。然而，现实中的个人，总是"在一定的物质的、不受他们任意支配的界限、前提和条件下活动着的"个人，是现实的需要进行物质生产并满足人的各方面需求的人。在这里，马克思提醒人们，对于人的认识和把握，既要着眼于人的历史发展，又要关注人的现实存在，只有立足于人的历史发展过程，才能对现实的个人做出客观的富有时代意蕴的阐释和说明。人的历史性和现实性表明，人的内在需求也是历史与现实的统一。一方面，人的内在需求是随着人的历史发展而产生、发展和实现的；另一方面，人的内在需求的产生和实现还受到现实的生存环境和具体条件的制约，也就是说，一个社会能够在多大程度上满足人的内在需求不是由人的主观意志决定的，而是由其特定的生产力和生产关系决定的。因此，对待人的内在需求也应坚持历史与现实辩证统一的观点。

再次，人还是抽象人和具体人的辩证统一。人们通常认为，马克思对人的解读实现了抽象的人向具体的人的转变。事实的确如此。然而，马克思并没有完全抛弃对人的抽象，只是他对人的抽象不同于前人，马克思之前的哲学家仅从先天的抽象的人性出发规定人的本质（如黑格尔将人的本质抽象为"绝对精神"或"自由意识"；费尔巴哈认为人是一种绝对的无差别的类存在），马克思则是从具体的、现实的、历史的人的一般性或共同性来把握人的本质。在《1844年经济学哲学手稿》中，马克思从人的劳动和人与动物的区别出发，认为人的本质在于"自由的有意识的活动"；从《关于费尔巴哈的提纲》开始，马克思抛弃了用人的本质来诠释历史的观点，而转用社会关系和生产实践来阐释人的本性，指出人的本质"在其现实性上是一切社会关系的总和"。说明人的本质与不同的条件相结合会有不同的展现。根据唯物辩证法，一般总是寓于个别之中，并通过个别来体现。我们在肯定抽象的人的一般性的同时，也不能忽视具体的人的特殊性。因为"正是人的特殊性使人成为个体，成为现实的、单个的社会存在物"[1]，并在人的一般性、普遍性中自为地存在着。具体的人的特殊性在现实生活中一般表现为个体内在需求的差异性。不仅不同的个体有着不同的内在需求，即使同一个体在不同的发展阶段也存在不同的内在需求。但

---

[1] 中共中央马克思恩格斯列宁斯大林著作编译局：《马克思恩格斯文集》，北京：人民出版社，2009年，第188页。

无论个体的内在需求如何差异，处在特定历史时空的人总会存在共同的需求和愿望，这些共同需求实际是个体内在需求的集中和概括。坚持人是抽象人和具体人的辩证统一，需要正确处理个体需求和公共需求的关系。

承上所述，人的内在需求，作为人生存发展本能的必然要求和内在期望，是人的本质在需求层面的具体展现。人的复杂、多层面性决定了人的内在需求的复杂多样性。尽可能全面满足人的内在需求，是建设社会主义核心价值体系的重要支撑点。为此，一方面，要正确处理人的自然需求与社会需求、当前需求与长远需求、个体需求与公共需求的关系，实现三者的动态平衡：一是在满足人的基本生存需求的基础上渐次提升人的社会需求；二是尽可能满足人的当前需求，在此基础上鼓励人们超越眼前利益，追求长远需求的实现；三是统筹个体需求和公共需求，尽量满足全体成员的共同需求，同时也要照顾到特殊个体或群体的内在需求。另一方面，也要重点突出，区别对待。从当前人民群众最关心、最迫切、最直接的内在需求出发，着力解决民生需求、社会分配相对不公、贫富差距、权力腐败等问题，构建与社会主义核心价值体系所表达的理想诉求相一致的现实基础，实现人的内在需求的复归，为建设社会主义核心价值体系提供价值支撑，进而促进社会主义和谐社会的构建。

本文与朱晨静合作，发表于《毛泽东邓小平理论研究》2011年第2期。

认识论视阈中的社会主义核心价值体系

社会主义核心价值体系的基本内容包括马克思主义指导思想、中国特色社会主义共同理想、以爱国主义为核心的民族精神和以改革创新为核心的时代精神、社会主义荣辱观四个方面。它们是社会主义意识形态最重要的部分,是建设社会主义和谐文化的根本,是人类精神生活的认识精华,是社会主义意识形态的本质体现。社会主义核心价值体系的提出,是对我国社会主义思想文化建设的继承和创新,是对社会发展和人的认识进一步深化,是"在批判旧世界中发现新世界"[1],是科学社会主义实践过程中对社会发展规律的深刻把握,符合认识发展的一般规律,对于公民道德素养的整体提升,建设社会主义和谐社会,提高中华民族竞争的软实力,具有十分重大的意义。

一、社会主义核心价值体系的提出是人类社会发展的必然结果

社会发展是社会进步的过程,是生产力不断提高,人类认识水平不断提升的过程。马克思主义揭示了人类社会发展的一般规律,为无产阶级和广大劳动人民改造旧社会、建设新社会提供了伟大的认识工具。马克思主义认为,人类社会发展是受一定规律支配的自然历史过程。社会发展规律不仅不以人的意志、意识和意图为转移,反而在很大程度上决定人的意志、意识和意图的实现。在社会发展进程中,每个历史时期都有它自己的规律,有一定的社会有机体产生、生存、发展和灭亡,从而为另一更高的有机体所代替的规律。规律内存于纷繁复杂的事物之中,隐藏于许许多多

---

[1] 中共中央马克思恩格斯列宁斯大林著作编译局:《马克思恩格斯全集》,北京:人民出版社,1956年,第416页。

的偶然性之后，正确认识和把握规律确是一件不容易的事。同自然规律一样，社会规律也具有客观性、普遍性、重复性，不能创造，不能消灭，不能改造。对于社会规律，人们要尊重它，同时发挥主观能动作用，按规律办事。

尽管社会规律有其特殊性，但它仍与自然规律一样，有其客观性。社会规律的客观性表现为它是无数创造历史的个人相互作用的"合力"，它不以任何人的意志为转移。恩格斯说，"历史是这样创造的：最终的结果总是从许多单个的意志的相互冲突中产生出来的，而其中每一个意志，又是由于许多特殊的生活条件，才成为它所成为的那样。这样就有无数互相交错的力量，有无数个力的平行的四边形，由此就产生出一个合力，即历史结果；而这个结果又可以看作一个作为整体的、不自觉地和不自主地起着作用的力量的产物。因为任何一个人的愿望都会受到任何另一个人的妨碍，而最后出现的结果就是谁都没有希望过的事物。所以到目前为止的历史总是像一种自然过程一样地进行，而且实质上也是服从于同一运动规律的"[1]。这就是说，尽管人们都在进行着有目的、有意识的活动，但是社会历史的发展并不取决于人的意识、目的，而是有着它的客观规律，这是因为：第一，人的活动的目的不是主观自生的，而是由人所生活的物质条件所决定的；第二，人们活动的目的是预期的，但活动的结果不是预期的，这说明目的和结果之间并无必然联系；第三，人的有意识的活动可以加速或延缓社会历史进程，但不能改变历史发展的总趋势和总过程；第四，由人们相互作用的合力所形成的客观规律不仅不由人的意志所决定，相反地，它却制约着人们的目的、意志的实现程度和成败，并规定着社会发展的基本趋势。因此，历史规律既形成和实现于人的有意识的活动中，又具有不依赖于人的意识的客观性。

认识论就是探讨人类认识的本质、结构，认识与客观实在的关系，认识的前提和基础，认识发生、发展的过程及其规律，认识的真理标准等问题的哲学学说。人类从它形成开始，一天也没有停止过认识。哲学就是从总体上研究人与世界关系的理论，一部哲学发展史就是一部人类的认识

---

[1] 中共中央马克思恩格斯列宁斯大林著作编译局：《马克思恩格斯选集》（第4卷），北京：人民出版社，1995年，第697页。

史。马克思主义科学认识论把叩问人与世界的关系问题作为认识的开端，认为人类全部生活的历史就是处理人与世界关系的历史，人类不仅通过实践活动现实地改造世界，而且通过认识活动观念地把握世界，人及其感知能力从一开始就以逻辑的出发点而被定位于认识论之中。

辩证唯物主义认识论就是把辩证法应用于认识论，来揭示人类认识的辩证发展规律，科学地说明了主体与客体的辩证关系，既承认主体在认识过程中的能动作用，又坚持反映论的客观性原则。认识只有满足主体改造客体的实践的需要时，才有其价值。认识是在主客体的相互作用中产生的一个辩证的发展过程，在这一过程中存在着两次飞跃，即在实践中从感性认识能动地飞跃到理性认识，又从理性认识能动地飞跃到实践。实践是认识的来源，是认识发展的动力，是检验真理的唯一标准，是认识的目的。整个人的认识就是在实践的基础上由浅入深、由片面到全面、由低级到高级的无限发展的辩证过程。正如毛泽东所指出的那样："实践、认识、再实践、再认识，这种形式，循环往复以至无穷，而实践和认识之每一循环的内容，都比较地进到了高一级的程度。这就是辩证唯物论的全部认识论。"[1]

认识和实践的关系是具体的、历史的统一，坚持认识和实践的统一，理论和实际的结合，是马克思主义认识论最根本的原则。根据马克思主义认识论的基本原理，人的认识、思想都是对客观事物及其规律的反映。这种反映不仅是由不知到知，由知之不多到知之甚多的过程，而且是由已知去探索和把握未知，从而获得新的知识的过程。毛泽东在《实践论》中说："我们的结论是主观和客观、理论和实践、知和行的具体的历史的统一。"[2] 实践是认识的直接来源，认识只有在实践的基础上才能发生，也只有依赖于实践的推动才能发展。实践的需要和发展既不断地向人们提出认识课题，又不断为解决这些课题提供必要的经验材料和必要的工具、手段。随着主体认识能力的发展，认识客体的广度和深度也会因之扩大和加深，从而推动认识更加全面、更加深入地发展。认识的任务是要使主体的思想符合于客体的实际，达到客观真理，并用以指导进一步改造世界的实

---

[1] 毛泽东：《毛泽东选集》，北京：人民出版社，1991年，第296—297页。
[2] 毛泽东：《毛泽东选集》，北京：人民出版社，1991年，第296页。

践,从而达到主观和客观、主体和客体的一致。

认识事物,重在认识事物的本质;把握事物,重在把握事物发展的规律。构建社会主义和谐社会的过程,其实就是要不断认识规律和运用规律的实践过程。马克思指出:"整个所谓世界历史不外是人通过人的劳动而诞生的过程,是自然界对人来说的生成过程。"[1]马克思主义150多年来对人类社会发展规律的认识,是一部马克思主义的唯物史观、认识论与时代融会贯通、不断发展深化的历史,是一个由低级阶段向高级阶段发展的历史进程。只有当人们真正认识到了历史的发展规律时,才能有走历史必由之路的自觉。构建社会主义和谐社会,社会主义核心价值体系的提出是在改革开放和发展社会主义市场经济条件下提出的长期发展战略,是对"以和邦国,以谐万民"中华文明理念的弘扬,是在新的历史条件下坚持与发展唯物史观、不断深化对人类社会发展规律认识的根本表现和规律的把握。只有当我们不断地深化对人类社会发展规律、社会主义建设规律和共产党执政规律这三大规律体系的认识,才能真正建设和发展社会主义核心价值观体系。

二、社会主义核心价值体系体现了以人为本的基本理念

以人为本是马克思主义唯物史观的一个基本命题。马克思主义认为,"人在其现实性上是一切社会关系的总和"[2]。人是社会的人,社会是人的社会,人的发展离不开社会的发展,而社会的发展最终要归结到人的全面而自由的发展。人的本质之所以既是一种关系范畴又是一个动态的范畴,归根到底就在于人的社会生活和整个历史的发展都是在实践中完成的,是实践的过程。人与人之间所结成的社会关系也是"实践的即以活动为基础的关系"[3]。也就是说,人的本质既是由社会关系和历史过程所决定的,又是在自己的活动中所创造的。新时期以人为本的科学发展观的提

---

[1] 中共中央马克思恩格斯列宁斯大林著作编译局:《马克思恩格斯全集》(第3卷),北京:人民出版社,2002年,第310页。
[2] 中共中央马克思恩格斯列宁斯大林著作编译局:《马克思恩格斯选集》,北京:人民出版社,1995年,第56页。
[3] 中共中央马克思恩格斯列宁斯大林著作编译局:《马克思恩格斯全集》(第19卷),北京:人民出版社,1963年,第405页。

出,目的是以人的发展统领经济、社会的发展,使经济、社会发展的结果与我们党的性质和宗旨相一致,使发展的结果与发展的目标相统一。中国共产党十六届三中全会《中共中央关于完善社会主义市场经济体制若干问题的决定》提出的"坚持以人为本,树立全面、协调、可持续的发展观,促进经济社会和人的全面发展"这一新论断,深刻阐明了中国共产党人新发展观的本质特征,是对马克思主义人的全面发展理论的继承、丰富和发展。正如胡锦涛同志所说:"坚持以人为本,就是要以实现人的全面发展为目标,从人民群众的根本利益出发谋发展、促发展,不断满足人民群众日益增长的物质文化需要,切实保障人民群众的经济、政治和文化权益,让发展的成果惠及全体人民。"[1]

坚持以人为本,同我们党全心全意为人民服务的根本宗旨和代表中国最广大人民的根本利益的要求,是一脉相承的。科学发展观明确把以人为本作为发展的最高价值取向,就是要尊重人、理解人、关心人,就是要把不断满足人的全面需求、促进人的全面发展,作为发展的根本出发点。人类生活的世界是由自然、人、社会三个部分构成的,以人为本的新发展观,从根本上说就是要寻求人与自然、人与社会、人与人之间关系的总体性和谐发展。以人为本,不仅主张人是发展的根本目的,回答了为什么发展、发展"为了谁"的问题,而且主张人是发展的根本动力,回答了怎样发展、发展"依靠谁"的问题。人是发展的根本目的,也是发展的根本动力,一切为了人,一切依靠人,二者的统一构成以人为本的完整内容。人民群众是历史的主人,人民群众不仅是社会物质财富和精神财富的创造者,同时也是进行社会变革的主力军和推动社会发展的决定力量。毛泽东指出,"人民,只有人民,才是创造世界历史的动力"[2]。胡锦涛同志说:"相信谁、依靠谁、为了谁,是否始终站在最广大人民的立场上,是区分历史唯物史观和历史唯心史观的分水岭,也是判断马克思主义政党的试金石。"[3] 因此,以人为本,既是一种对最广大人民群众主体作用和地位的肯定,又是一种价值取向,还是一种思维方式。肯定最广大人民群众在社会历史发展中的主体作用和地位,我们就要努力实现好、维护好、发展好

---

[1] 胡锦涛:《在中央人口资源环境工作座谈会上的讲话》,《人民日报》,2004年4月4日。
[2] 毛泽东:《毛泽东选集》(第3卷),北京:人民出版社,1991年,第1 031页。
[3] 胡锦涛:《在"三个代表"重要思想理论研讨会上的讲话》,《人民日报》,2003年7月2日。

最广大人民群众的根本利益，摆正局部利益和全局利益、部门利益和群众利益、眼前利益和长远利益的关系，做到权为民所用，情为民所系，利为民所谋。肯定以人为本是我们思考和行动的出发点和落脚点，我们就要处处讲求尊重人、爱护人、理解人、关心人，乃至依靠人、塑造人，处处从方便、体贴、适合人的需要的角度思考问题、落实决策规划等，既要为人民群众的生存发展创造有利的环境条件，开拓日益广阔的空间，又要充分发挥人民群众的历史主动精神，最大限度地激发和调动人民群众的积极性和创造性。

社会主义核心价值体系体现了以人为本的基本理念。以人为本是中国共产党人在马克思主义的指导下，结合中国实际对以人为本思想吸收、改造、创新的结果，是我国社会价值发展的历史选择，是社会主义社会的本质要求，是构建社会主义核心价值体系的内在品质。它提供了全面衡量人类社会进步的完整评判标准，为构建社会主义的核心价值体系奠定了坚实的思想和理论基础。一个政党、一个国家总要有一种思想作为指导，用以规定政党和国家的性质，用以指明政党的奋斗目标和国家的发展方向。核心价值体系是一个政党的行动指南，是一个民族的灵魂。社会主义核心价值体系，是全面建设小康社会、构建和谐社会进程中的根本思想基础，是中华民族伟大复兴的共同精神力量。马克思指出："理论只要说服人，就能掌握群众；而理论只要彻底，就能说服人。所谓彻底，就是抓住事物的根本。"[1] 建设社会主义核心价值观体系，要始终坚持以不断发展着的马克思主义为指导，将马克思主义与中国特色社会主义实践结合起来，坚持用发展着的马克思主义武装全党、教育人民。正确的思想舆论导向是建设社会主义核心价值体系、促进社会和谐的重要条件。科学正确的价值观念，只有被人民群众普遍接受、理解和掌握，并转化为社会群体的共识，才能为人们所自觉遵守和奉行。

社会主义核心价值体系属于社会主义意识形态范畴，是以马克思列宁主义、毛泽东思想、邓小平理论和"三个代表"重要思想为指导，以人的全面发展为目标，是中国特色社会主义事业的重要组成部分。作为一种以

---

[1] 中共中央马克思恩格斯列宁斯大林著作编译局：《马克思恩格斯选集》，北京：人民出版社，1995年，第9页。

和谐为核心价值理念的文化形态,反映了人们对和谐现象、和谐本质及和谐规律的总体思考和认识,包含着对社会主义和谐社会的总体认识和评价,是维系社会发展的精神支柱和纽带。只有以人为本,一切从实际出发,我们所建设的社会主义核心价值体系才能真正具有群众基础,才能使社会主义核心价值观念最终成为全体人民的思想共识和自觉行动。社会主义和谐社会是以人为本的社会,把促进人的全面发展作为根本目标,把实现最广大人民的根本利益作为出发点和落脚点,从而最大限度地促进人的内在精神上的和谐发展,使建设社会主义和谐社会的过程成为提高人的素质、促进人的全面发展的过程。

三、社会主义核心价值体系是和谐社会的灵魂

核心价值体系是一个国家、社会得以存在和发展的灵魂。"任何一个时代的统治思想始终都不过是统治阶级的思想。"[1] 作为执政党,中国共产党人必须把自己的价值观念、道德规范置于整个思想文化领域的核心地位,引领多样化的社会思潮。一个人为人处世,总要受一定价值观的影响和支配,它就好比人生的指南针,不可或缺。同样,一个国家、一个社会,也需要有社会成员普遍认同的价值体系来维系。在这个体系中居于核心地位、起主导作用的就是核心价值体系,它是维系社会团结和睦的精神纽带、推动社会全面发展的精神动力、指引社会前进方向的精神旗帜、建设和谐社会的精神灵魂。

价值体系是社会意识形态的核心,是社会意识形态的本质体现,决定着社会意识的性质和方向。在社会生活中,社会意识总是包含着各个方面的内容,代表着不同阶级或不同阶层的利益,反映着不同的思想要求和价值导向。社会主义意识形态就是以马克思主义为指导,蕴含着社会理想、社会信念、社会价值观和社会行为准则的基本取向,从不同的侧面反映着社会主义经济政治生活,反映着社会主义制度的本质要求,也反映着广大人民群众的整体利益。社会核心价值体系,是指在社会生活中居于主导和

---

[1] 中共中央马克思恩格斯列宁斯大林著作编译局:《马克思恩格斯选集》,北京:人民出版社,1995年,第292页。

支配地位的社会价值体系，它能够有效地制约非核心、非主导的社会价值体系作用的发挥，能够保障社会经济制度、政治制度、文化制度的稳定和发展，能够主导和支配人们的思想观念、道德追求和行为规范。

党的十六届六中全会明确提出的建设社会主义核心价值体系，是中国共产党在思想文化建设上的一个重大创新，是落实科学发展观，建设和谐社会的精神灵魂。社会主义核心价值体系是一个把历史观与认识论、价值论、实践论相结合，体现中国特色社会主义思想价值、社会价值、民族价值、时代价值的完整而统一的文化价值体系。建设社会主义核心价值体系，最终是要让广泛的社会大众能够形成良好的文化凝聚力与思想向心力。作为社会主义核心价值体系的构成要素的四个方面是相互联系，相互贯通的，共同构成了辩证统一的有机整体。更为重要的是，社会主义核心价值体系作为一个有机统一的整体，不是单一的价值观，而是对不同层次的价值观念进行整合的结果。同时，构成社会主义核心价值体系的四个方面，又是层次分明的，各自有具体的内涵规定。

在社会主义核心价值体系中，马克思主义指导思想居于最高层面，是我们立党立国的根本指导思想，是社会主义意识形态的旗帜，是指对作为认识世界、改造世界强大思想武器的马克思主义的价值认同，从根本上说，是指对人类社会发展规律的价值认同，是社会主义核心价值体系的灵魂，它为我们提供了科学的世界观和方法论，决定着社会主义核心价值体系的性质和方向。在当代中国，坚持马克思主义的指导地位，就是要把马克思列宁主义、毛泽东思想、邓小平理论和"三个代表"重要思想作为党和国家长期坚持的指导思想，坚持以科学发展观统领经济社会发展全局，坚持用发展着的马克思主义指导改革开放和现代化建设实践。

中国特色社会主义共同理想是指对国家、民族追求的未来美好发展前景的价值认同，是保证全体人民团结奋斗、克服困难的强大精神动力，是社会主义核心价值体系的主题。近代史上中国积贫积弱，备受列强欺凌，实现国家富强、民族复兴是全民族最强烈的愿望。社会主义制度保证了最广大人民根本利益的一致，从而为全社会树立共同理想创造了历史条件。我们党在领导人民建设社会主义的过程中，经过艰辛探索，找到了建设中国特色社会主义的正确道路，赋予民族复兴新的强大生机，一个民主法治、公平正义、诚信友爱、充满活力、安定有序、人与自然和谐相处的社会主义展现出灿烂的前景。

以爱国主义为核心的民族精神和以改革创新开放为核心的时代精神，是指对实现共同理想的动力之源的价值认同，这是中华民族生生不息、薪火相传的精神支撑，是当代中国人民不断创造崭新业绩的力量源泉，是社会主义核心价值体系的精髓。面对世界范围各种思想文化的相互激荡，加强以爱国主义为核心的民族精神培育，可以提高人们的民族自尊心、自豪感和自信心，激发人们的爱国热情，增强社会成员的凝聚力，以改革创新为核心的发展、富裕、民主、法治、公平、和谐、文明，以及以人的自由和全面发展为终极目标的时代精神，又是中华民族精神在新的历史条件下的发展。创新是民族进步的灵魂，改革创新是时代精神的核心。只有坚持改革创新，才能冲破一切不合时宜的观念、做法和体制的束缚，破除教条主义、主观主义和形而上学的桎梏，让一切创造新生活的活力和源泉竞相迸发、充分涌流。

社会主义荣辱观指的是对公民思想行为选择标准的价值认同，是对社会主义合格公民应该遵守的基本思想道德规范、法律法规和应该养成的健康文明的生活方式的高度概括，是社会主义核心价值体系的基础。社会主义荣辱观强调的是对祖国的热爱，对人民的奉献，对科学的崇尚，对劳动的尊重，对团结的褒扬，对诚信的恪守，对法纪的遵循，对勤俭的坚持，是社会主义核心价值体系的具体化，是社会主义道德风尚形成的观念基础。以"八荣八耻"为主要内容的社会主义荣辱观，把中华民族的传统美德、党领导人民在长期奋斗中形成的革命道德同社会主义新时代的道德要求紧密结合起来，提炼和概括出八个方面最基本的道德规范，为在当今社会生活中确定价值取向、做出道德判断提供了基本准则。

社会主义核心价值体系四个方面的基本内容，共同构成一个完整的价值体系。这个价值体系应该是相对稳定的，要长期起作用，但又不是一成不变的，必定要随着社会主义的发展、时代的发展和人们社会实践的发展而不断发展。这个价值体系不应该是封闭的，而应该是开放的，必须要吸收人类创造的一切先进、有益的思想文化成果，不断丰富和完善自己，它最根本的出发点和落脚点就是要解决我们的发展过程中所面临的重大实际问题。社会的核心价值体系是引领人们的思想行为、社会的精神风尚和发展方向的灵魂，是维系社会健康协调运转的精神纽带，是建设和谐文化的根本。社会主义核心价值体系的建立,有利于人们形成思想认同和共识。人们有了共同的价值目标和理想追求,就有了超越具体利益关系的精神纽带,就能够宽容谅解、求同存异,团结协作地去化解矛盾、消除冲突。简言之,社会主义核心价值体系是实现社会和谐的强大思想武器,是社会主义和谐社会的灵魂。

本文与王继全合作,发表于《浙江学刊》2009年第1期。

实践论视阈中的社会主义核心价值体系

——从新中国成立 60 年以来的社会主义现代化实践活动看

社会主义核心价值体系是新中国成立 60 年以来的重要经验总结之一,它是引领当代社会思潮的社会主义核心价值观。作为马克思主义中国化的重要理论成果之一,社会主义核心价值体系是"实践—认识—再实践—再认识"不断地循环往复认知的产物。在实践论视阈中,社会主义核心价值体系的理论基础是马克思主义实践论,实践基础是中国特色社会主义现代化实践活动,构建社会主义和谐社会则是其当前最重要的价值诉求。

一、马克思主义实践论:社会主义核心价值体系理论之基

马克思主义的基本立场、观点和方法是建设社会主义核心价值体系的指导思想。马克思主义实践论在建设社会主义核心价值体系过程中具有重要的方法论指导意义。中国共产党十六届六中全会指出:"马克思主义指导思想,中国特色社会主义共同理想,以爱国主义为核心的民族精神和以改革创新为核心的时代精神,社会主义荣辱观,构成社会主义核心价值体系的基本内容。"[1] 社会主义核心价值体系这四方面的基本内容都是在马克思主义实践论指导下逐步形成的。

马克思主义是实践哲学。实践是马克思主义哲学的核心范畴,是马克思主义的实践唯物主义哲学的理论基石。马克思主义实践论内涵丰富,是认识和实践的辩证统一体,它为建设社会主义核心价值体系提供了理论思

---

[1]《中共中央关于构建社会主义和谐社会若干重大问题的决定》,北京:人民出版社,2006 年,第 22 页。

维框架。

其一，实践是物质决定意识的决定性条件。马克思主义认为，在意识与实践的关系中，实践居于首要地位，起着决定性的作用，同时，意识又对实践具有反作用。首先，社会存在决定社会意识。"意识一开始就是社会的产物，而且只要人们存在着，它就仍然是这种产物。"[1] 可见，马克思主义据以解释问题的出发点是现实的人的物质活动即实践。马克思和恩格斯在《德意志意识形态》一文中指出："不是意识决定生活，而是生活决定意识。"[2] 人们的社会生活决定社会意识。其次，社会存在决定社会意识由人的实践活动所决定。毛泽东指出："马克思主义者认为人类的生产活动是最基本的实践活动，是决定其他一切活动的东西。人的认识，主要地依赖于物质的生产活动，逐渐地了解自然的现象、自然的性质、自然的规律性、人和自然的关系；而且经过生产活动，也在各种不同程度上逐渐地认识了人和人的一定的相互关系。一切这些知识，离开生产活动是不能得到的。"[3] 马克思主义者不仅一般地肯定物质决定精神、存在决定意识，而且进一步肯定了实践在其过程中的决定性作用。实践和意识是统一的人的活动的两个方面，二者既对立，又统一，互相依存，相互作用，互相转化。社会主义核心价值体系只有在社会主义建设的实践活动中，才能逐步形成和不断提升。

其二，实践是人能动地改造主观世界和客观世界的活动。马克思主义实践论将实践理解成人的存在方式，将实践的本质理解成是人能动地改造主观世界和客观世界的对象性活动。马克思指出"意识在任何时候都只能是被意识到了的存在，而人们的存在就是他们的现实生活过程。"[4] "全部社会生活在本质上是实践的。"[5] 认为实践是以人为主体，以客观事物为对象，并把人的目的、能力等本质力量对象化为客观实在，创造出一个

---

[1] 中共中央马克思恩格斯列宁斯大林著作编译局：《马克思恩格斯选集》，北京：人民出版社，1995年，第81页。

[2] 中共中央马克思恩格斯列宁斯大林著作编译局：《马克思恩格斯选集》（第4卷），北京：人民出版社，1995年，第73页。

[3] 毛泽东：《毛泽东选集》，北京：人民出版社，1991年，第282—283页。

[4] 中共中央马克思恩格斯列宁斯大林著作编译局：《马克思恩格斯选集》，北京：人民出版社，1995年，第72页。

[5] 中共中央马克思恩格斯列宁斯大林著作编译局：《马克思恩格斯选集》，北京：人民出版社，1995年，第56页。

属人的对象世界，具有主体性的特点。在《1844 年经济学哲学手稿》中，马克思指出："通过实践创造对象世界，改造无机界，人证明自己是有意识的类存在物……"[1] 在马克思的理解中，感性客体不是自然存在物，而是人的感性活动，强调人在实践中的能动性。马克思在《关于费尔巴哈的提纲》一文中强调："哲学家们只是用不同的方式解释世界，而问题在于改变世界。"[2] 显然，在马克思看来，改变主观世界和客观世界是人的主体性力量的彰显，这种人的实践性活动是人的本质使然。社会主义核心价值体系的四大组成部分都是在中国共产党领导下中国人民改造主观世界和客观世界的实践活动过程中所形成的，尤其是其中的重要组成部分之一——以改革创新为核心的时代精神充分彰显了人的主观能动性、积极性和创造性。

其三，实践是检验真理的唯一标准。马克思认为："人的思维是否具有客观的真理性，这不是一个理论的问题，而是一个实践的问题。人应该在实践中证明自己思维的真理性，即自己思维的现实性和力量，自己思维的此岸性。关于思维——离开实践的思维——的现实性或非现实性的争论，是一个纯粹经院哲学的问题。"[3] 在实践与认识的相互关系中，实践是检验真理的唯一标准。毛泽东在《实践论》一文中指出："通过实践而发现真理，又通过实践而证实真理和发展真理。从感性认识而能动地发展到理性认识，又从理性认识而能动地指导革命实践，改造主观世界和客观世界。实践、认识、再实践、再认识，这种形式，循环往复以至无穷，而实践和认识之每一循环的内容，都比较地进到了高一级的程度。这就是辩证唯物论的全部认识论，这就是辩证唯物论的知行统一观。"[4] 实践与认识反复循环的逻辑使得人的认知趋近于真理，正是在总结中国社会主义建设的实践经验基础上，邓小平得出了"实践是检验真理的唯一标准"[5]

---

[1] 中共中央马克思恩格斯列宁斯大林著作编译局：《马克思恩格斯选集》，北京：人民出版社，1995 年，第 46 页。

[2] 中共中央马克思恩格斯列宁斯大林著作编译局：《马克思恩格斯选集》，北京：人民出版社，1995 年，第 61 页。

[3] 中共中央马克思恩格斯列宁斯大林著作编译局：《马克思恩格斯选集》，北京：人民出版社，1995 年，第 55 页。

[4] 毛泽东：《毛泽东选集》，北京：人民出版社，1991 年，第 296—297 页。

[5] 邓小平：《邓小平文选》（第 3 卷），北京：人民出版社，1993 年，第 382 页。

的科学思维方式。社会主义核心价值体系的提出是新中国成立以来，中国共产党带领中国人民在反复的实践过程中逐步形成和发展的科学理论体系。

马克思主义实践论强调实践的第一性，具体表现为三个主要方面，即实践是物质决定意识的决定性条件，实践是人能动地改造世界的活动，实践是检验真理的唯一标准。马克思主义实践论对建设社会主义核心价值体系具有指导意义，其一，社会主义核心价值体系必然是对中国特色社会主义60年来实践活动的客观反映。社会主义核心价值体系并不是凭空产生的，它是中国具体的、历史的社会主义现代化实践活动的产物，正如毛泽东所说："马克思主义只能是资本主义社会的产物。马克思不能在自由资本主义时代就预先具体地认识帝国主义时代的某些特异的规律，因为帝国主义这个资本主义最后阶段还未到来，还无这种实践，只有列宁和斯大林才能担当此项任务。"[1] 显然，社会主义核心价值体系只能在中国社会主义现代化建设的具体的社会历史条件下产生，它是60年来中国社会主义现代化实践活动的客观反映。其二，社会主义核心价值体系是中国人民对中国特色社会主义60年来实践活动的能动反映。对社会主义核心价值体系的"马克思主义指导思想，中国特色社会主义共同理想，以爱国主义为核心的民族精神和以改革创新为核心的时代精神，社会主义荣辱观"四个方面内容的概括，是发挥人的主观能动性、积极性和创造性的结果，是中国共产党人在60年来中国社会主义现代化建设过程中对党领导人民实践活动的能动反映，其中蕴含了中国共产党人勇于创新的思想和精神。其三，社会主义核心价值体系是中国人民对中国特色社会主义60年来实践活动的正确反映。社会主义核心价值体系是在总结中国社会主义建设成功经验和失败教训基础上得出的科学结论。在"实践—认识—再实践—再认识"这一实践和认识的互动过程中，随着实践的不断深化和认识的逐渐提高，社会主义核心价值体系所概括的四个方面的内容才得以确立，并成为当代中国的主流意识形态。

---

[1] 毛泽东：《毛泽东选集》，北京：人民出版社，1991年，第287页。

二、中国特色社会主义实践：社会主义核心价值体系理论之源

新中国成立 60 年来，中国特色社会主义现代化实践活动是社会主义核心价值体系的理论源泉。马克思指出："人的本质不是单个人所固有的抽象物，在其现实性上，它是一切社会关系的总和。"[1]一切社会关系都是人的创造性实践活动的产物，人的实践创造了人类历史，推动了人类历史的进程，人是人类历史进程的主体，人类历史发展的过程就是人不断实践的过程。正是通过人的实践活动，人才成为现实的、具体的社会存在。中国特色社会主义实践过程是中国共产党领导中国人民进行的一场伟大的社会主义建设过程，这一过程既有新中国成立 60 年来成功的经验，也有失败的教训。社会主义核心价值体系是中国社会主义现代化 60 年来不断探索过程的实践经验总结和理论升华。

（一）中国特色社会主义道路的选择确立了马克思主义的指导地位

中国共产党从诞生那一刻开始就以马克思主义作为党的指导思想。60 年来中国社会主义建设的历程已经证明，只要坚持马克思主义，改革和建设就能取得成功，违背马克思主义，改革和建设必然遭受挫折和失败。新中国成立以来，中国共产党的几代领导集体把马克思主义与中国的社会主义建设具体实践相结合，创造性地提出了中国特色社会主义理论，并在这一理论指导下带领全国人民不断地从胜利走向胜利。邓小平理论、"三个代表"重要思想、科学发展观等一系列马克思主义中国化理论成果的创建，不断证明了马克思主义在指导中国特色社会主义建设过程中的决定性作用。在马克思主义中国化理论成果的指导下，中华民族对发展中国特色社会主义充满了信心，为中国选择建设有自己特色的社会主义道路提供了充分的理由。中国特色社会主义道路的选择进一步确立了马克思主义的指导地位，社会主义核心价值体系作为当代中国的主流意识形态和核心价值观，在实践的基础上进一步确立了马克思主义的指导地位。

---

[1] 中共中央马克思恩格斯列宁斯大林著作编译局：《马克思恩格斯选集》，北京：人民出版社，1995 年，第 60 页。

(二) 中国特色社会主义发展态势将共同理想定格为中国特色社会主义

马克思主义认为,事物从低级向高级发展是事物发展的一般规律,人类社会的发展同样遵循这一规律。马克思对人类五种基本社会形态的论述预示了共产主义社会将是人类社会的最高社会形态,并将社会主义社会作为共产主义社会的初级阶段。将中国特色社会主义共同理想作为当代中国人民的追求有其客观必然性。首先,中国特色社会主义共同理想的理想目标的确立符合社会历史发展的客观规律。中华民族在推翻三座大山之后,跨越了资本主义的卡夫丁峡谷,在经济薄弱的基础上建立了社会主义制度,把共产主义作为本民族的崇高信仰,在马克思主义的指导下克服重重困难,战胜一个又一个强大的敌人。但共产主义的远大理想是一个漫长的追求过程,不能逾越基本的历史阶段。胡锦涛同志指出:"必须认识到,我们现在的努力以及将来多少代的持续努力,都是朝着实现共产主义这个最终目标前进的。同时必须认识到,实现共产主义是一个非常漫长的历史过程,我国现在仍处于并将长期处于社会主义初级阶段。我们必须从这个实际出发确定现阶段的奋斗目标,脚踏实地地推进我们的事业。"[1] 在社会主义初级阶段,以中国特色社会主义共同理想来号召和凝聚中国人民共同奋斗有其历史的必然性。其次,中国特色社会主义共同理想是促进当前中国发展的精神支柱。胡锦涛同志指出:"从改革开放的伟大实践中,从历史比较和国际观察中,我们更加深刻地认识到,中国特色社会主义道路是我国进一步实现民族振兴、国家富强和人民幸福的必由之路、成功之路、胜利之路。我们必须从党和国家兴旺发达和长治久安的高度,从中华民族伟大复兴的高度,进一步增强坚持走中国特色社会主义道路的自觉性和坚定性,坚定不移地坚持党的基本理论、基本路线、基本纲领、基本经验,团结带领全国各族人民把中国特色社会主义事业不断推向前进。"[2] 胡锦涛同志用精辟的语言科学地概括了中国当前的现状和未来发展的要

---

[1] 中共中央文献研究室:《十六大以来重要文献选编》(中),北京:中央文献出版社,2006年,第622页。

[2] 胡锦涛:《在中共中央政治局第十七次集体学习时的讲话》,《人民日报》,2004年12月03日01版。

求，用中国特色社会主义共同理想来聚集中国人民的力量，已经被中国社会主义现代化建设的实践活动所证明。再次，中国最广大人民的利益需要在中国特色社会主义共同理想中实现。在马克思主义指导下，中国社会主义现代化建设取得了一个又一个的胜利，这些胜利保护、保证了中国最广大人民群众的利益。邓小平同志说："我们共产党人的最高理想是实现共产主义，在不同历史阶段又有代表那个阶段最广大人民利益的奋斗纲领。因此，我们才能够团结和动员最广大的人民群众，叫做万众一心。"[1] 新中国成立60年的实践已经证明，在当代中国，只有坚持中国特色社会主义共同理想，才能团结最广大的人民群众，促使中国人民在现代化建设中各尽其才，实现其自身利益，从而进一步推动中国特色社会主义的发展。

（三）中国特色社会主义实践为民族精神和时代精神的形成提供实践支撑

从历史上看，旧民主主义革命、新民主主义革命的胜利，社会主义革命、社会主义建设道路的探索，都是中国共产党领导中国人民，在民族精神的强有力的支持下所赢得的胜利。在获取这些胜利的过程中，中华民族伟大的爱国情怀得到了展示，民族精神空前凝聚，民族空前团结的氛围为中国的建设和发展奠定了良好的基础。这种胜利，使得以爱国主义为核心的民族精神成就了人们的创造热情和创新精神，并与民族精神一起成为发展中国特色社会主义的重要精神动力。

"民族精神是一个民族在长期共同生活和实践中形成的思想观念、价值信念与信仰、性格与心理的总和，是这个民族得以生生不息地繁衍和发展的活的灵魂与根本动力，也是该民族所创造的文化和文明的内在核心部分。"[2] 在中华民族的历史上，古有"文王拘而演《周易》；仲尼厄而作《春秋》；屈原放逐，乃赋《离骚》；左丘失明，厥有《国语》；孙子膑脚，《兵法》修列；不韦迁蜀，世传《吕览》；韩非囚秦，《说难》《孤愤》；《诗》三百篇，大抵圣贤发愤之所为作也"[3]。司马迁身受宫刑，忍辱著

---

[1] 邓小平：《邓小平文选》（第3卷），北京：人民出版社，1993年，第190页。
[2] 欧阳康，栗志刚：《核心价值体系研究——民族精神视角》，《江西社会科学》，2007年第2期。
[3] 游光中：《经典散文名句》，成都：四川辞书出版社，2018年，第273页。

成《史记》；司马光虽政治上被贬十多年，但他刻苦勤勉，终成《资治通鉴》。在中国共产党的历史上，从井冈山精神、长征精神、延安精神、雷锋精神、大庆精神、"两弹一星"精神，到众志成城，万众一心的抗洪精神、抗击非典、汶川救援精神等，中华民族在实践中凝聚了自身，这些精神汇集成民族的浩然正气，汇集成具有强大凝聚力的民族精神，反过来，这种精神力量又支撑着中国特色社会主义实践。社会主义核心价值体系中的重要组成部分，以爱国主义为核心的民族精神是中国人民长期实践的产物，尤其是60年来中国社会主义建设实践活动的产物。

中国特色社会主义现代化实践活动已证明，并将进一步证明：创新是民族精神的灵魂，是国家兴旺发达的不竭动力。改革开放的战略思想、社会主义市场经济的宏图大略，"一国两制"的深谋远虑，以及毛泽东思想、邓小平理论、"三个代表"重要思想、科学发展观等一系列马克思主义中国化理论成果的创立，无不显示了中华民族敢为人先、团结奋斗的创新精神。在党的十七大报告中，胡锦涛同志指出："中国特色社会主义事业是改革创新的事业。党要站在时代前列带领人民不断开创事业发展新局面，必须以改革创新精神加强自身建设，始终成为中国特色社会主义事业的坚强领导核心。"[1] 全球化时代的中国现代化建设实践时刻都是崭新的、探索的事业。实践已经证明，在全球化背景下的中国特色社会主义建设离不开改革创新精神。在中国社会主义现代化建设的实践过程中，我们已成功地实现了制度创新和体制变革，并且逐渐地认识到，只有科学地认识自身、认识自身所要追求的事业，我们才能找到自己发展的正确坐标。这种认识需要建立在不断改革创新的基础上，并以改革创新作为其用之不竭的动力。只有坚持改革创新的时代精神，我们的社会主义制度、体制和机制才能不断完善，中国的发展才有可能具有不竭的动力，才能又好又快地发展。

（四）社会主义荣辱观是中国人民具体行为规范的价值导向

以"八荣八耻"为主要内容的社会主义荣辱观是60年来对我国社会

---

[1] 胡锦涛：《高举中国特色社会主义伟大旗帜　为夺取全面建设小康社会新胜利而奋斗——在中国共产党第十七次全国人民代表大会上的报告》，北京：人民出版社，2007年，第49页。

主义现代化建设的经验总结和思想升华。荣辱观是人们世界观、人生观、价值观的集中体现。社会主义荣辱观既是针对中国特色社会主义建设实践活动中出现的某些社会道德约束机制紊乱、价值观偏离、存在一定的不良社会风气的现实状况而提出,也是针对全面建设小康社会,构建社会主义和谐社会的内在需求提出来的。它抓住了当前人民群众普遍关心的社会问题,适应了我国经济社会发展的客观需要,体现了社会主义基本道德规范和社会风尚的本质要求。它把中华民族传统美德、优秀革命道德和时代精神有机地结合在一起,是社会主义世界观、人生观和价值观的生动体现,是发展中国特色社会主义道德体系的核心。社会主义荣辱观作为引领社会风尚的一面旗帜,为全体社会成员判断行为得失、分清是非曲直、辨明真善美假丑恶、做出道德选择、确定价值取向提供了基本准绳,它是中国共产党在带领中国人民进行社会主义现代化实践活动过程中高度概括出的、对中国稳定和发展具有积极意义的行为规范。

综上所述,新中国成立60年来中国特色社会主义现代化实践是社会主义核心价值体系的理论源泉。在领导中国人民进行伟大的社会主义现代化实践的过程中,中国共产党人高度概括了富有中国特色的社会主义核心价值体系理论,旗帜鲜明地坚持以马克思主义为指导思想,坚持以中国特色社会主义共同理想来凝聚中华民族的力量,坚持以爱国主义为核心的民族精神和以改革创新为核心的时代精神来推动中国特色社会主义现代化建设,坚持以社会主义荣辱观来引领社会风尚。社会主义核心价值体系源于中国特色社会主义实践,又必然进一步指导中国特色社会主义实践。

三、构建社会主义和谐社会:社会主义核心价值体系践行之求

社会主义核心价值体系作为当代中国的主流意识形态,是中国先进文化的核心价值观,构建社会主义和谐社会则是其价值诉求。"社会和谐是中国特色社会主义的本质属性,是国家富强、民族振兴、人民幸福的重要保证。构建社会主义和谐社会,是我们党以马克思列宁主义、毛泽东思想、邓小平理论和'三个代表'重要思想为指导,全面贯彻落实科学发展观,从中国特色社会主义事业总体布局和全面建设小康社会全局出发提出的重大战略任务,反映了建设富强民主文明和谐的社会主义现代化国家的

内在要求，体现了全党全国各族人民的共同愿望。"[1] 社会主义核心价值体系从中国社会主义现代化建设的实践中产生，同时，社会主义核心价值体系还要回到实践中，指导中国特色社会主义现代化建设，并在实践中不断丰富内涵。在一定意义上说，社会主义核心价值体系是构建社会主义和谐社会的内在支撑。

（一）马克思主义的指导地位在构建社会主义和谐社会过程中不可动摇

从实践中来，到实践中去，这样循环往复的过程是实践检验真理的标准。马克思主义从一进入中国开始就在反复经历这一过程，其科学性已经并仍然不断地被实践所证明。社会主义核心价值体系是马克思主义中国化重要理论创新成果之一，是中国社会主义建设的经验总结。构建社会主义和谐社会是中国特色社会主义的内在要求和本质属性，它反映了中国最广大人民的根本利益。中国特色社会主义把全面建设小康社会作为重要战略任务，富强、民主、文明、和谐、社会公平正义等价值追求是社会发展的必然规律，也是马克思主义最基本的价值追求。坚持马克思主义在意识形态领域的指导地位，不仅是因为马克思主义在中国革命和建设的过程中发挥过重要作用，而且在当代的发展理论中，还没有哪个理论更适合中国社会主义现代化发展的实际。面对世界多极、多元、多变的发展格局，只有"具体情况具体分析"这一马克思主义活的灵魂才能指引我们正确的前进方向。在社会日新月异的发展中，马克思主义的真理性正在不断被新的研究成果和社会实践所证明。新中国成立 60 年的历史发展的事实证明，坚持马克思主义的指导地位不动摇是中国特色社会主义事业取得胜利的根本保证。

（二）中国特色社会主义共同理想是构建社会主义和谐社会的内在凝聚力

中国特色社会主义是走向共产主义的特定历史阶段。共产主义是人类

---

[1]《中共中央关于构建社会主义和谐社会若干重大问题的决定》，北京：人民出版社，2006 年，第 1—2 页。

共同追求的价值目标,是社会历史发展的必然走向。马克思用他敏锐的眼光发现了通往人类理想归宿的道路,多少年来为人们所向往,人们为了自身的全面而自由地发展历尽艰辛、孜孜以求。新中国成立60年来,虽然共产主义在世界范围内的发展遇到了各种各样的阻力,但仍然有许多国家在积极地探索,中国特色社会主义就是最具代表性的一例。共产主义不是空中楼阁,这一崇高理想需要建立在一定的物质和精神条件基础上,作为一个发展中的民族国家,中国的发展实践亟须团结向上的发展动力、和平安定的发展环境及广大人民的积极参与。通往未来共产主义社会的路上,国富民强是历史发展的要求,和谐发展是必然选择。在一定意义上说,不断构建社会主义和谐社会的过程,就是逐渐走向共产主义的过程。中国特色社会主义共同理想则为构建社会主义和谐社会提供了精神支撑。在世界风云变幻、多极发展的态势下,只有看清主流,廓清思路,才能明确今后的发展方向。"坚持以社会主义核心价值体系引领社会思潮,尊重差异,包容多样,最大限度地形成社会思想共识。"[1]构建社会主义和谐社会既要明确最终目标是实现共产主义社会,又要明确社会主义初级阶段具有不可逾越性。既要把握共产主义主导价值观的地位,同时又不能忽视中国特色社会主义共同理想作用的发挥。在构建中国特色的社会主义和谐社会的过程中,需要以中国特色社会主义共同理想凝心聚力,充分调动和发挥每一个中国公民的主观能动性、积极性和创造性。

(三)以爱国主义为核心的民族精神和以改革开放为核心的时代精神是构建社会主义和谐社会的强大精神动力

源远流长的中华民族文化具有极强的包容性,几千年的民族发展,以爱国主义为核心的民族精神在中华文化的滋润之下展示了极强的稳定性、延展性和包容性、创造性。从国际范围讲,经济全球化时代的到来,自然资源、人力资源及文化资源的全球优化配置,必然刺激新需求的产生。随之发展的信息技术,为世界人民提供了新的学习、交流、借鉴、合作的平台,但以经济全球化为主的全球资源的优化配置并不意味未来的世界大

---

[1]《中共中央关于构建社会主义和谐社会若干重大问题的决定》,北京:人民出版社,2006年,第23页。

同,其本质还是资本主义国家资本的全球运动,目标是榨取超额利润。在某些资本主义发达国家谋求全球霸权的强大势力面前,以爱国主义为核心的民族精神将是认清经济全球化本质、抵御西化、分化外来文化侵蚀、团结中华民族的巨大力量。科学技术的日新月异和经济全球化的挑战,召唤着我们必须以爱国主义为核心的民族精神和以改革创新为核心的时代精神为构建社会主义和谐社会提供精神支撑。

(四)社会主义荣辱观是构建社会主义和谐社会过程中提高全民素质的有力抓手

构建社会主义和谐社会内在地需要良好的社会道德风尚,只有在全社会牢固树立社会主义荣辱观,大力倡导爱国、敬业、诚信、友善等道德规范,积极开展社会公德、职业道德、家庭美德建设,加强和改进青少年思想道德教育,才能形成知荣辱、讲正气、促和谐、求发展的良好社会道德风尚,才能打牢全党和全国各族人民团结奋斗的思想道德基础,才能把中国特色社会主义的道德要求内化为人们的自觉行为。

良好的社会风气是每个人成长的重要条件,它不仅是社会文明的标志,也是人民群众的强烈愿望,是经济发展必要的配套条件。在新的时代背景下,明是非、辨善恶、识美丑;什么该坚持,什么该反对;什么该提倡、什么该抵制,在全体公民的意识中都应该成为常识。以"八荣八耻"为主要内容的社会主义荣辱观内容通俗易懂,便于广大人民理解和实践。社会主义荣辱观代表了中国特色社会主义先进文化的方向,从基本行为规范的角度出发,为以德治国和依法治国的理念的实现提供了有力的抓手。

"从一定意义上可以认为,构建社会主义和谐社会的过程,就是以社会主义核心价值体系为指导,不断协调利益关系、不断化解社会矛盾的过程。"[1]在利益关系多元化、社会思潮多样化、世界发展多极化的时代大背景下,如何最大限度地在思想上形成共识,把社会主义核心价值体系建设成中国特色社会主义的主导价值观,是时代的召唤。新中国成立60年的历史经验启示我们,当代中国社会主义建设实践活动必须以社会主义核

---

[1] 陆树程、王继全:《社会主义核心价值体系与和谐社会构建》,《马克思主义研究》,2009年第5期。

心价值体系为指导。只有坚持社会主义核心价值观，才能确保中国发展的社会主义发展方向，充分发挥人的主观能动性、积极性和创造性，为构建社会主义和谐社会提供价值支撑，从而促进人的自由全面发展，促进当代中国的科学发展、和谐发展。

本文与王淼合作，发表于《江苏技术师范学院学报（职教通讯）》2009年第9期。

论当代大学生社会主义核心价值体系心理认同机制

社会主义核心价值体系是社会主义主流意识形态，是构建社会主义和谐社会的思想基础。当代大学生是中国特色社会主义事业的建设者和接班人，是国家的希望和民族的中坚力量。因而，当代大学生对社会主义核心价值体系的认同和自觉践行，在一定意义上决定着中国的未来。依据当代大学生的心理特点和思想实际，分析探讨当代大学生社会主义核心价值体系心理认同机制，促进当代大学生更好地践行社会主义核心价值体系，具有重大的现实意义。

一

当代大学生对社会主义核心价值体系的心理认同机制是指大学生政治心理、道德心理、学习心理和社会心理中的认知、情感、意志、信念和行为等因素的相互关系和相互作用，进而对社会主义核心价值体系的内心体悟、心理认同和自觉践行，主要包括理性认同机制、情感认同机制、信念引导机制和践行强化机制。从心理发展角度看，大学生正处在迅速走向成熟的过渡阶段，在知、情、意、信、行等心理品质和特征上表现出许多过渡状态。只有在把握当代大学生心理发展特点和思想实际的基础上，才能激发社会主义核心价值体系心理认同机制，促使当代大学生践行社会主义核心价值体系。为此，我们尤其需要从以下几个方面密切关注当代大学生的成长，研究如何充分发挥心理认同机制的作用。

其一，遵循当代大学生的认知特点，充分发挥理性认同机制的作用。理性认同机制是指以社会主义核心价值体系理论的彻底性说服，引导大学生达成理性共识，从而使其在思想上认同社会主义核心价值体系，进而将之作为自身行动指南的机制。马克思说过："批判的武器当然不能代替武器的批判，物质力量只能用物质力量来摧毁；但是理论一经掌握群众，也会变成物质力量。理论只要说服人，就能掌握群众；而理论只要彻底，就能说服人。"[1] 当代大学生对社会主义核心价值体系的认知、认同决定于这一体系的理论彻底性。当代大学生有其认知特点。随着实践经验的丰富和知识的积累，大学生的抽象概括能力逐渐提高，并在思维活动中占据了主导地位。当代大学生乐于思考，爱对各种事物进行分析与比较，以此把握事物的本质，从而加以认同。同时，由于大学生辩证逻辑思维基础尚不深厚，社会经验不足，识别能力有限，因此，在观察、分析事物时也难免出现偏差，过于主观、片面或者过于自信、偏颇。特别是在价值观方面，大学时代是世界观、人生观形成并确立的关键期。社会主义核心价值体系的理论彻底性，在逻辑思维上能深深吸引当代大学生，并逐步积累和构成其正确认识世界和改造世界的思维框架。

人的心理结构是一个有机的整体，其中认知是核心。在认知基础上产生的思想观念是支配和制约其他心理要素的主导力量，是情感、意志、信念形成发展的必要条件。心理认同就是一种情感、态度乃至认识的移入过程，是一种态度的变化过程。"思想政治教育过程既是一种'外炼'的过程，同时也是一种'内化'的过程。"[2] 一般来说，大众接受某一价值体系的过程先是被动地从表面上转变自己的观点和态度，再慢慢地过渡到自愿接受价值体系中的观点和态度，并据此不断修正自己的信念与行为，最后达到真正从内心深处相信并接受这体系，从而把这些新的思想和观点纳入个体的价值体系，成为自身态度体系中的一个有机组成部分。深刻、全面、正确的理性认知会形成人们对事物科学的判断和坚定的政治观点，而这种认知建立在理论的彻底性上才具有吸引力和支配力。因此，当代大学生社会主义核心价值体系理性认同机制必须以理论的彻底性说服、引导大学生达成理性共识，内化为他们的价值认同。

其二，把握当代大学生的情感特点，充分发挥情感认同机制的作用。情感认同机制是指建立在对社会主义核心价值体系的认知认同基础上，充

---

[1] 中共中央马克思恩格斯列宁斯大林著作编译局：《马克思恩格斯选集》，北京：人民出版社，1995 年，第 9 页。
[2] 王礼湛，陈杰，陆树程：《思想政治教育学》，杭州：浙江大学出版社，2004 年，第 23 页。

分调动和激发大学生的愉快、信任、感激、热情与激情等积极情感因子，进而为大学生对社会主义核心价值体系认同的机制铺垫基础。当代大学生的情感丰富，但情绪波动大、控制力较弱。大学时代，他们的社会性情感得到迅速发展和提高，表现为他们对国家的使命感、对社会的责任感、对集体生活的荣誉感和道德感等。社会主义核心价值体系中民族精神、时代精神、荣辱观念等所蕴含的积极情感因素，在情感上能深深吸引当代大学生，并通过情感的作用逐步影响和促进其正确认识世界和改造世界的思维框架的形成。

心理学有关研究表明，情感因素的参与和介入使价值示范的社会导向比理论形态的价值规范的社会导向更有说服力，教育效果更明显。社会主义核心价值体系的情感认同机制，正是针对当代大学生情感丰富、易于激动、易受各种环境、事件的影响等特点，通过日常的和非常的榜样示范，以丰富和具有吸引力的情感因素，强化对社会主义核心价值体系的认知和肯定。大学生政治心理和道德心理中的情感因素是指大学生根据一定的政治主张、思想观点和道德规范对社会和自身的思想、政治、道德行为做出善恶判断、确定爱憎态度时引起的内心体验。正是由于情感源于认识，同时又能强化认识，因此，对行为有强大的调节作用。列宁说过，没有"人的感情"，就从来也不可能有对于真理的追求。充分发挥情感认同机制的作用，通过大学生对社会主义核心价值体系的积极情感体验，来使其政治认知和道德认知符合社会主义核心价值体系的要求，并升华为相应的政治信念和道德信念，同时外化为政治行动和道德行为。

其三，针对大学生的意志和信念特点，充分发挥信念引导机制的作用。信念引导机制是指以社会主义核心价值体系为思维框架，以中国特色社会主义共同理想为核心信念，引导当代大学生不断磨炼意志，在思想观念的矛盾冲突中，逐渐认同社会主义核心价值体系的机制。大学生正处于理想信念成型期，思想活跃，自尊意识突出，成才愿望强烈，意志行动具有较为明确的目的性，意志行动的社会性不断提高，克服困难的毅力也不断增强，但其意志水平的发展也表现出不平衡性。如在处理一些关键问题时往往表现出盲从、冲动、草率或迟疑不决等心理状态。在当代大学生社会主义核心价值体系心理认同机制建设中着重突出社会主义核心价值体系的引领作用，注重信念形成和实践过程的关键环节，使当代大学生在意志品质上不断得到磨炼，促进其内心完成不同行为动机的斗争，从而能正确认识世界和改造世界。

邓小平曾指出："教育全国人民做到有理想、有道德、有文化、有纪律。这四条里面，理想和纪律特别重要。我们一定要经常教育我们的人民，尤其是我们的青年，要有理想。"[1] 理想信念是人们对未来的向往和追求，建立在一定的认识体系的基础上，是认知、情感和意志的有机统一体，支配和左右着人们活动。一个政党、国家或者民族，只有在其内部确立了共同的理想信念，才会有强大的凝聚力和向心力。意志则是在实践理想信念的过程中，战胜困难和克服障碍所表现出来的毅力。顽强的意志源于深刻的认识、深厚的情感和坚定的信念，并指向和体现在行为之中。因此，当代大学生社会主义核心价值体系信念引导机制引领当代大学生以高尚的、理智的、先进的、科学的思想观念战胜和抵制低俗的、欲望的、落后的、愚昧的思想观念，进而制止错误行为的发生，促使其自觉调节言行和情感，克服来自主客观方面的各种干扰和障碍，坚持正确的、以社会主义核心价值观念为核心的思维方式和行为方式。

其四，依据大学生的行为特点，充分发挥践行强化机制的作用。践行强化机制是指在践行社会主义核心价值体系的过程中，通过思维定式和行为习惯的作用，进一步强化对社会主义核心价值体系心理认同的机制。当代大学生不仅敏于思，敏于言，而且敏于行。在相关的实践过程中，大学生能够更深刻地领悟原有的认知。社会实践不仅是大学生形成一定思想政治观念体系的客观基础，也是改变业已形成的政治心理和道德心理及相应观念体系的客观基础。践行强化机制的作用在于使大学生在实践活动中不断体验、反省自己的价值观念是否符合时代发展的要求，是否具有合理性和可行性，并在实践的过程中不断进行自我修正，逐步拥有正确认识世界和改造世界的能力。

大学生在一定的认知、情感、意志、信念的支持下所采取的行动是最终形成其核心价值体系的一个重要环节。行为是主观意识见之于客观的外在表现，是人们内心世界的线路，也是一定的思想体系的综合反映。大学生行为习惯定型之后往往会反过来作用于知、情、意、信的心理过程，对

---

[1] 邓小平：《邓小平文选》（第3卷），北京：人民出版社，1993年，第110页。

于认识的巩固与深化、情感的丰富与升华及意志的锻炼和信念的形成,都起着强化的作用。在实践活动中,大学生对当时的各种社会关系产生了这样那样的政治体验和道德体验,形成了一定的思想政治观念体系。随着实践的继续和体验的深化,大学生的心理倾向具有了稳定和一贯的特征。当前,我国正处于经济体制深刻变革、社会结构深刻变动、利益格局深刻调整、思想观念深刻变化的时期。这一时期,社会主义核心价值体系引领当代社会思潮的功能尤为凸显。推动当代大学生践行社会主义核心价值体系,关键是促使大学生在内心形成对社会主义核心价值体系的深刻理解和认同,使其个体行为逐步趋向社会主义意识形态所认同和倡导的行为,使日常的行为准则符合社会主义核心价值体系评价标准,促进从价值评价向价值行为转化。

二

研究当代大学生社会主义核心价值体系心理认同机制的同时,必须对其运行态势有清醒的认识。心理认同离不开一定的社会氛围和态势,它是形成有效人际互动、建立和谐人际关系的重要心理基础。当代大学生社会主义核心价值体系心理认同机制有其运行态势,主要可以分为文化态势、思维态势、社会态势和政治态势四个方面。

文化态势是指社会主义核心价值体系心理认同机制得以运行的文化氛围和土壤。鲁迅先生曾说:"惟有民魂是值得宝贵的,惟有他发扬起来,中国才有真进步。"[1] 一定意义上说,在当代大学生中建立有效的社会主义核心价值体系心理认同机制,对于凸显社会主流价值观,构筑"民魂"的社会基础,弘扬时代精神具有重大的作用。当今中国文化的总体态势呈现出一元主导、多样并存的局面。张岱年先生曾在多年前特别提出:"我们建设社会主义的新文化,一定要继承和发扬自己的优良文化传统,同时汲取西方在文化上的先进贡献。"[2] 当代中国,在意识到西方文化为中国社会提供了不同的文化视角和思维模式的同时,还应充分认识和运用传统

---

[1] 鲁迅:《鲁迅选集》(第2卷),北京:人民文学出版社,1995年,第244页。
[2] 曹锡仁:《中西文化比较导论——关于中国文化选择的再检讨》,北京:中国青年出版社,1992年,第491页。

文化的积极力量。正如胡锦涛所指出的："要全面认识祖国传统文化，取其精华，去其糟粕，使之与当代社会相适应、与现代文明相协调，保持民族性，体现时代性。"[1] 因此，在当代大学生群体中加强对传统文化的重视和教育，充分运用中国传统文化中强调对国事、天下事高度关注的责任心理意识，以及倡导环境和谐、社会和谐与人际和谐的心理取向等思想精髓，努力在高校中营造继承与创新并重的文化态势，以文化所特有的潜移默化力量提升当代大学生的人文素养，增强对传统文化的认知和体悟，从而有力推动和促进当代大学生社会主义核心价值体系心理认同机制的良性运行。

思维态势是指社会主义核心价值体系心理认同机制得以运行的思维范式和前提。当代中国社会是开放、发展的社会，"在改革开放的历史进程中我们党把坚持马克思主义基本原理同推进马克思主义中国化结合起来"[2]，社会的整体思维呈现出与时俱进、开拓创新的积极态势。对马克思主义指导思想的坚持与发展，为社会主义核心价值体系心理认同机制的有效运行提供了思维的基石和出发点。"要巩固马克思主义指导地位，坚持不懈地用马克思主义中国化最新成果武装全党，教育人民……"[3] 在当代大学生中坚持马克思主义思想的指导地位，坚持用马克思主义指导实践，用社会主义核心价值体系增进共识，在不同层次、不同思想认识水平的大学生中形成心理认同的扩展和深化，有助于积极推动社会主义核心价值体系认同机制在高校的良好运行。

社会态势是指社会主义核心价值体系心理认同机制得以运行的社会动力和基础。"只有社会主义才能救中国，只有改革开放才能发展中国、发展社会主义、发展马克思主义。"[4] 对社会主义制度认识的深化和对改革开放的坚持成为当今中国普遍的社会认知和发展态势。在高校思想政治教

---

[1] 胡锦涛：《高举中国特色社会主义伟大旗帜 为夺取全面建设小康社会新胜利而奋斗——在中国共产党第十七次全国代表大会上的报告》，北京：人民出版社，2007年，第35页。
[2] 胡锦涛：《高举中国特色社会主义伟大旗帜 为夺取全面建设小康社会新胜利而奋斗——在中国共产党第十七次全国代表大会上的报告》，北京：人民出版社，2007年，第10页。
[3] 胡锦涛：《高举中国特色社会主义伟大旗帜 为夺取全面建设小康社会新胜利而奋斗——在中国共产党第十七次全国代表大会上的报告》，北京：人民出版社，2007年，第34页。
[4] 胡锦涛：《高举中国特色社会主义伟大旗帜 为夺取全面建设小康社会新胜利而奋斗——在中国共产党第十七次全国代表大会上的报告》，北京：人民出版社，2007年，第10页。

育中，要通过各种途径帮助当代大学生深刻认识到当今中国的社会现实和发展态势。新中国成立后，中国建立了社会主义制度，这从根本上铲除了社会不稳定的内部和外部根源。改革开放和社会主义市场经济的确立，使中国社会发生了深刻的变革，形成了较为稳定的社会局面、相对丰富的物质基础和共同的思想基础。随着对社会主义制度认识的不断深化，特别是对社会主义初级阶段的认识更加趋于理性和实际，社会公正不断加强。根据当代大学生的思想实际，结合当前的社会现实和改革开放30多年所取得的成就，用事实说话，用数字说话，通过科学的、民主的、平等的方式在大学生中开展教育活动，不断推进社会主义核心价值体系认同机制在高校的良好运行。

政治态势是指社会主义核心价值体系心理认同机制得以运行的政治条件和保证。当今中国的政治态势集中体现在加强党的建设上。胡锦涛指出："党要站在时代前列带领人民不断开创事业发展新局面，必须以改革创新精神加强自身建设，始终成为中国特色社会主义事业的坚强领导核心。"[1] 在当代大学生中，特别是大学生党员中，积极开展相关的教育和实践，有利于社会主义核心价值体系心理认同机制在高校的顺利运行。通过各种途径和教育形式引导当代大学生充分认识到党的工作的根本出发点和落脚点是实现人民的愿望、满足人民的需要和维护人民的利益，了解党的路线、方针、政策，关心党的建设的新进展和蓬勃发展的良好态势，从而在内心增进对党的了解、信任、理解、支持和热爱。不断扩大党在当代大学生群体中的影响力，吸收当代大学生中的杰出人物、先进分子作为党的后备力量，巩固和扩大高校党建工作的基础和成果，为促进当代大学生社会主义核心价值体系心理认同机制的良性运行提供有力的保证。

社会主义核心价值体系是激励全民族奋发向上的精神力量和维系全民族团结和睦的精神纽带。在推动当代大学生践行社会主义核心价值体系的过程中，充分把握心理认同机制在当代大学生践行社会主义核心价值体系过程中的文化态势、思维态势、社会态势和政治态势，对当代大学生社会主义核心价值体系心理认同机制的形成和运行具有积极价值。

---

[1] 胡锦涛：《高举中国特色社会主义伟大旗帜　为夺取全面建设小康社会新胜利而奋斗——在中国共产党第十七次全国代表大会上的报告》，北京：人民出版社，2007年，第49页。

综上所述，当代大学生社会主义核心价值体系心理认同机制主要有理性认同机制、情感认同机制、信念引导机制和践行强化机制。在推动这些机制运行的过程中，应积极把握其文化态势、思维态势、社会态势和政治态势，从而更好地促进社会主义核心价值体系从意识到行动的转化。

本文与李瑾合作，发表于《思想理论教育导刊》2009年第1期。

社会主义核心价值体系心理认同机制在党的建设工程中的运用

社会主义核心价值体系心理认同机制是指社会成员政治心理、道德心理、学习心理和社会心理中的认知、情感、意志、信念和行为等因素的相互关系和相互作用，进而对社会主义核心价值体系的内心体悟、心理认同和自觉践行，主要包括理性认同机制、情感认同机制、利益互动机制和自律转化机制。分析、探讨社会主义核心价值体系心理认同机制在新时期党的建设伟大工程中的价值，对于以社会主义核心价值观统一和深化党员干部的思想认识，引领当代中国的社会思潮，确保我国现代化建设沿着社会主义方向前进，具有重大的现实意义。

一、积极地以社会主义核心价值体系心理认同机制推进新时期党的建设

心理认同是形成有效人际互动、建立和谐人际关系的重要心理基础。就整个社会而言，有效心理认同机制的形成，对于凸显社会主义核心价值观，张扬时代精神具有重大的作用。构建社会主义和谐社会，当前的重要任务之一就是要在中华民族的全体成员中倡导和践行社会主义核心价值体系。因此，充分发挥社会主义核心价值体系心理认同机制在新时期党建中的作用，能够使广大党员干部更充分地认识到广大人民群众是建设中国特色社会主义的依靠力量，坚持立党为公、执政为民，把实现人民的愿望、满足人民的需要、维护人民的利益作为党的工作的根本出发点和落脚点；使党的路线、方针、政策和工作符合最广大人民的根本利益，密切与人民群众的血肉联系，不断巩固阶级基础，扩大群众基础。加强党的执政能力，加强党的建设，坚持和健全民主集中制，建设高素质的领导干部队伍，切实做好基层党建工作，加强和改进党的作风建设，深入开展反腐败斗争，从而使党的建设出现蓬勃发展的良好态势。以上这些对于加强广大人民对社会主义核心价值体系的普遍认同将提供有力的政治和组织保证。总体来说，充分发挥社会主义核心价值体系心理认同机制在党建中的作用关键是要做好以下三个方面的工作。

（1）促进理论创新成果内化为广大党员干部的内心价值认同。建设社会主义核心价值体系可以采取多种途径和措施，大力促进社会主义核心价值体系这一重大理论创新成果向中国共产党党员干部心理形态的转化，使其成为党员干部的心理认同基础和自觉意识，真正发挥社会主义核心价值体系的教化作用和规范功能。从理论形态向心理形态转化，关键在于宣传教育。要坚持把社会主义核心价值体系融入党的教育和建设的全过程、贯穿于党所领导的现代化建设事业各方面。就内容方面而言，要坚持让广大党员干部及时学习、了解马克思主义中国化的最新理论成果，用民族精神和时代精神凝聚力量，尤其要倡导爱国主义、集体主义、社会主义思想，加强理想信念教育，加强国情和形势政策教育，不断增强对中国共产党领导、社会主义制度、改革开放事业、全面建设小康社会目标的信念和信心。就途径方面来说，要充分利用各媒体，尤其是信息网络领域，坚持正确的价值导向，营造良好的舆论氛围。在方法上遵循心理接受的规律，加强党内教育的吸引力、说服力和亲和力，真正提高广大党员干部的精神修养和道德素养。

（2）促进党员的个体行为逐步趋向主导价值观认同倡导的行为。当前，我国正处于经济体制深刻变革、社会结构深刻变动、利益格局深刻调整、思想观念深刻变化的时期。社会主义核心价值体系是一套价值评价体系，是一个参照系。要使社会主义核心价值体系通过广大党员干部的价值行为实际地体现出来，实现从价值评价向价值行为的转化，真正发挥社会主义核心价值体系的实践功能和建设功能。促进个体行为逐步趋向主导价值观认同倡导的行为，根本在于要使广大党员在内心形成对于社会主义核心价值体系的深刻理解和认同。建设社会主义核心价值体系，要使人们的行为准则符合社会主义核心价值体系评价标准，就要用这个系统统一思想、维系人心、指导行动，弘扬真善美，扶正祛邪，形成人人自律的心理氛围。从这个意义上讲，每一位党员的个体行为都具有代表党员群体、代表党的整体形象的特性。因此，充分发挥社会主义核心价值体系心理认同机制的作用，促进党员的个体行为逐步趋向社会主义核心价值体系这一当前中国的主导价值观念，在塑造党的形象、塑造党员干部队伍的全面素质方面意义重大。

（3）促进党员价值规范的订立向树立党员榜样的示范转化。价值规范的订立明确了人们行为的标准和依据，榜样示范则是价值的现实表现，说明了价值的现实规则。心理学研究表明，价值示范的社会导向比理论形态的价值规范的社会导向更有说服力，教育效果更明显。社会主义核心价值体系建设要尽可能地深入实际、深入生活、深入群众，其中领导干部、广大党员的率先垂范、身体力行，可以使价值示范与价值规范相一致，为确立社会主义核心价值体系做出表率，为广大群众的价值行为做出榜样。这不仅有利于促进领导干部作风的进一步好转，而且将为确立社会主义核心价值体系提供良好的现实教材和先进典范，促进全社会确立社会主义核心价值观。

二、社会主义核心价值体系心理认同机制推进新时期党的建设的原则

在积极地以社会主义核心价值体系心理认同机制推进新时期党的建设过程中，广大党员干部应深入学习，加强自律，充分把握和严格遵循以人为本、以德为先、以和为贵三个基本原则。

（1）"以人为本"的人本原则。党的十六届六中全会通过的《中共中央关于构建社会主义和谐社会若干重大问题的决定》指出："坚持以社会主义核心价值体系引领社会思潮，尊重差异，包容多样，最大限度地形成社会思想共识。"[1] 要最大限度地形成社会思想共识，坚持马克思主义在意识形态领域的指导地位，把先进性的要求和广泛性的要求结合起来，牢牢把握"以人为本"的原则。以人为本不仅体现在党通过有效的社会教育形式把社会主义核心价值体系传递给社会成员，实现社会主义核心价值体

---

[1]《中共中央关于构建社会主义和谐社会若干重大问题的决定》，2006年10月11日中国共产党第十六届中央委员会第六次全体会议通过。

系大众化；更要体现在执政过程中党能立足社会生活实际，了解民情、关注民生，全心全意为人民服务，从解决人民群众最关心、最直接、最现实的利益问题入手，努力按照胡锦涛总书记提出的要求，切实做到"认认真真访民情，诚诚恳恳听民意，实实在在帮民富，兢兢业业保民安"，将社会主义核心价值体系与人的全面发展和理想教育结合起来。只有坚定不移地推进改革开放，才能使广大人民在现实生活中真正地从中国特色社会主义的实践中获得实惠和利益；只有持续不断地拓宽社情民意的沟通渠道，才能使广大党员干部深入体察人民群众的意愿，切实维护好、实现好、发展好最广大人民群众的根本利益，积极化解矛盾、消除冲突，才能切实解决当前人民普遍关心的利益问题和普遍存在的思想问题，巩固和扩大群众基础，促进人的全面发展，使人们真诚地拥护社会主义制度、拥护中国共产党的领导，在政治心理、文化心理、道德心理层面认同社会主义核心价值体系。

（2）"以德为先"的德治原则。人类历史上的任何社会都存在多样的价值观念和价值取向，其中的核心部分即社会的整合力量源头和共同的思想道德基础。道德是一定经济基础决定的上层建筑，是维护社会秩序、规范人们思想行为的重要手段。通过采取社会认同的是非、善恶、美丑、荣辱等标尺可以引导人们树立正确的世界观、价值观和人生观。在当代中国，"以德为先"的德治原则集中体现在社会主义核心价值体系中对社会主义荣辱观的倡导和践行上。2006年年初，胡锦涛总书记在全国政协民盟民进联组会上提出"八个为荣、八个为耻"的讲话，涵盖了社会主义道德的方方面面，是对中华民族千年传承下来的优秀价值观的高度概括。"八荣八耻"荣辱观既是对中国儒家"德治"思想的传承，又是对江泽民"以德治国"治国方略的发展和创新，更符合当今构建社会主义和谐社会的时代要求，体现了科学发展观的真谛。社会主义荣辱观涵盖了社会道德的各个方面，将"以德治国"的总原则丰富具体到操作层面，更具现实针对性，合乎当前社会发展趋势，对推动形成良好社会风气，在党的领导下构建社会主义和谐社会，实现全面建设小康社会的宏伟目标，有着极为重要的指导意义，是提高整个民族的道德素质和水平的有效途径。

（3）"以和为贵"的和谐原则。胡锦涛总书记在十七大报告中指出："要最大限度激发社会创造活力，最大限度增加和谐因素，最大限度减少不和谐因素。"[1] 和谐是中华民族人文精神的基本理念和基本价值体现，社会主义核心价值体系心理认同机制在推动践行社会主义核心价值体系的过程中应充分贯彻"以和为贵"的原则，积极构建和谐的社会、和谐的社区、和谐的家庭、和谐的大环境与和谐的小环境。在我们党领导建设社会主义和谐社会的伟大工程中要着力发展和谐文化，使之成为广大人民群众团结进步的重要精神支撑，坚持正确导向，弘扬社会正气。党员干部必须加强和改进思想政治工作，注重人文关怀，加强心理疏导，促进人与人之间和谐关系的营造。广大党员干部要深刻认识到，社会稳定是人民群众的共同心愿，是改革发展的重要前提。建立健全基层社会管理体制，妥善处理人民内部矛盾，重视社会组织建设和管理，加强社会治安，完善国家的安全战略体系。激发社会创造活力、增加和谐因素、减少不和谐因素，是广大党员干部义不容辞的职责所在。在工作的开展中，党员干部要通过各种方式，依靠广大人民，调动一切积极因素，努力形成社会和谐人人有责、和谐社会人人共享的生动局面。

三、社会主义核心价值体系心理认同机制在新时期党的建设中的功能

社会主义核心价值体系，是我国现代化建设应对国际国内各种挑战中保持正确方向的必然要求。充分发挥社会主义核心价值体系心理认同机制在新时期党的建设中的功能，才能在当今世界多极化和经济全球化的时代背景下，在意识形态领域风云激荡的条件下，使广大党员干部保持清醒的头脑，在认清形势的基础上，立足现实、把握时代潮流，坚持马克思主义在意识形态领域的指导地位，以社会主义核心价值体系心理认同机制作为内在践行机制，牢固树立社会主义核心价值观，从而确保我国现代化建设沿着社会主义的方向前进。新时期党建工作中，社会主义核心价值体系心理认同机制的功能主要有以下三个方面。

（1）强大的凝聚作用，引领社会思潮。一个社会内部成员在心理上

---

[1] 胡锦涛：《高举中国特色社会主义伟大旗帜　为夺取全面建设小康社会新胜利而奋斗——在中国共产党第十七次全国代表大会上的报告》，北京：人民出版社，2007年，第41页。

的、价值观上的普遍认同是整个社会和谐的基础和基本保证。心理认同机制的有效运行具有强大的凝聚作用。在我国当前阶段，践行社会主义核心价值体系不仅能够促进广大党员干部、全国各族人民对社会主义核心价值理念的心理认同感，而且能够使全党、全社会形成正确的社会主义核心价值观，从而引领社会思潮。

（2）强大的动力作用，坚定理想信念。人类有意识的心理是人区别于动物的一个根本特征。个体的心理和谐有利于整个社会的群体心理和谐。在价值观念领域，广大党员干部的普遍认同感，有利于在党内形成一致的理想信念，推动社会主义建设事业的不断发展。社会生产力是人类社会发展的根本动力，而在社会生产中，人是起主导作用的决定性因素。践行社会主义核心价值体系，充分发挥心理认同机制的作用，有利于调动每一个党员个体的主观能动性、积极性和创造性，坚定其实现中华民族伟大复兴的强大信念，从而推动整个中华民族不断进步。

（3）强大的价值导向作用，提供道德规范。人的行为受到人的意识和思想的支配。任何一个党员的意识状态必然会影响到党作为一个整体的价值观念、舆论评价和行为趋向，而主流意识形态所倡导的价值观念也必然对所有的党员的思想状况产生重大的影响。促使社会主义核心价值观渗透进每一位党员的内心，使其发挥强大的导向作用，将为社会风气的净化和社会道德水平的提升，为中国共产党的建设，为全社会的和谐发展，提供参照系和评价标准，从而推动我国物质文明、精神文明、政治文明、社会文明、生态文明的不断进步。

本文与李瑾合作，发表于《上海党史与党建》2009年第1期。

论培育和践行诚信价值观的动力机制

诚信因其道德要求的基础性为人们所普遍尊崇和遵循，在保障社会平稳有效运行、协调人际关系等方面发挥着重要作用。然而现今"一些领域存在道德失范、诚信缺失现象"[1]，使得我们需要着力分析和探讨培育和践行诚信价值观的相关问题。培育和践行诚信价值观的动力机制根植于中华优秀传统文化诚信基因，以社会历史发展的总趋势为根本动力，在党的领导、社会推动、公民践行过程中形成和发展。培育和践行诚信价值观动力机制的有效运行，有利于诚信价值观像空气一样无时不在，无处不在，有利于诚信价值观深入人心，促进经济社会健康发展。

一、培育和践行诚信价值观的动力源

诚信价值观的培育和践行不能停留在对失信现象的简单应对上，以就事论事的眼光看待培育和践行诚信价值观是缺乏历史思维和理论深度的。事实上，从历史、现实、未来三个维度看，培育和践行诚信价值观有其内在的动力源。

1. 中华优秀传统文化诚信基因

中华优秀传统文化诚信基因是培育和践行诚信价值观的内在动力源。中华民族浩瀚发展的历史长河留下无数灿烂瑰宝，文明成果的积淀性与延续性举世无双，中华民族也由此具备了独特的精神世界，其中"很重要的一个原因，是我们民族有一脉相承的精神追求、精神特质、精神脉络"[2]。

古代，"诚"与"信"本是一个主内心品质，一个主外在表现的同类

---

[1] 中共中央文献研究室：《十八大以来重要文献选编》（上），北京：中央文献出版社，2014年，第4页。

[2] 习近平：《习近平谈治国理政》，北京：外文出版社，2014年，第181页。

字词，并作为两个道德规范分开使用，后因二者之间的联系性、互通性等诸多共性而被连在一起使用。纵观中华传统道德沿袭进程，五伦、五常、四维、八德中蕴含着丰富的"诚信"因子：五伦之"朋友有信"、五常之"信"、八德之"信"，就此奠定了诚信在中华传统文化中的重要地位。作为中华传统文化的诚信，生成、发展于封建社会，某种意义上来说是糟粕与精华并存的，但诚信没有因历史的发展、社会形态的更迭而黯然退场，反经现代转型后成为中华优秀传统文化的重要组成部分。

现今，激活根植于每一个中国人内心的中华优秀传统文化诚信基因，并使其积极作用于个人、家庭、社会及国家发展的方方面面意义重大。对诚信这一"百姓日用而不觉的价值观"[1]来说，培育和践行工作不可割裂历史、避谈优秀传统文化，亦不能秉持拿来主义对之照搬运用，而需在把握历史发展脉络，适应社会发展规律的基础上促进传统诚信文化的创造性转化和创新性发展，促进诚信基因在新时代表达出新功能。作为中华优秀传统文化基因的诚信，是我们的根本、传统和精神命脉，指导并正面影响着当今社会每一个中国人的社会实践生活。培育和践行诚信价值观与我们的民族、我们的国家历史文化高度契合，是中华民族内在诚信基因使然。无论时间如何推移、时代如何变迁，这种诚信基因都将长久地支持每一个中国人对诚信的不懈坚守。

2. 中国特色社会主义发展目标

中国特色社会主义发展目标是培育和践行诚信价值观的理想动力源。对目标坚韧不拔的追求能产生强大的动力。在追求和实现中国特色社会主义发展目标过程中，离不开诚信价值观的培育和践行。诚信既是中国特色社会主义的应有之义，也是实现中国特色社会主义发展目标不可或缺的因素。在中国特色社会主义发展过程中，市场经济体制不完善等因素致使多种矛盾生成，并在一定的、特定的历史阶段造成公民、社会、国家三个层面中诚信的相对缺失、社会全面发展局面相对失衡。这种缺失与失衡，与资本主义利用剩余价值掩盖剥削的欺诈行为在本质上是不同的，中国特色社会主义可以在内部进行有效调节，促使不诚信行为向诚信转化。现阶段，全面建成小康社会、实现中华民族伟大复兴的目标追求，成为培育和

---

[1] 习近平：《习近平谈治国理政》，北京：外文出版社，2014年，第171页。

践行诚信价值观的内在动力。

讲诚信是经济新常态背景下的基本原则。经济增长有其特定规律。现阶段，如何保持中高速度发展的经济新常态引起广泛深思。如若公民在参与市场交易活动中存在各式各样的诚信缺失、道德失范问题，经济社会的运行成本必然增加、市场秩序也必然随之混乱。这些问题的解决，要求诚信这一市场交易活动中基本的道德品质，在保障交易、维护经济健康发展中发挥出重要作用。

讲诚信是落实全面从严治党战略布局的支撑力量。中国共产党作为中国特色社会主义事业巨轮的掌舵手，其自身建设是当前的重大课题。从客观现实看，党员干部中存在着职业道德素质参差不齐、贪污腐败等问题。通过培育和践行诚信价值观，这些问题才能得以解决，中国特色社会主义事业才能方向明确、路途坦荡。

讲诚信是精神文明建设的构成基础。现今，培育和践行社会主义核心价值观成为意识形态领域的重要工作，作为社会主义核心价值观的重要内容，培育和践行诚信价值观自然成为培育和践行社会主义核心价值观、引领当代社会思潮的应有之义。

讲诚信是构建和谐社会的精神保障。和谐社会涵盖人与自身、人与他人、人与社会等方方面面的和谐，其重要的基本特征即为诚信友爱。离开诚信价值观作用的发挥，全社会互帮互助、诚实守信、全体人民平等友爱的局面则无以达成。和谐社会呼唤诚信价值观在保障社会平稳有效运行、协调人际关系方面发挥重要作用。

讲诚信是人与生态环境友好、实现中华民族永续发展的前提基础。诚信作为重要的道德品质不仅适用于人际交往、经济社会发展领域，同样适用于处理人与自然的相互关系。经济发展的逐利性，造成了生态环境破坏、人与自然关系的恶化。人与自然关系本质上是人与人的关系，背后是利益关系。环境破坏、生态失衡等利益关系失衡现象需要通过诚信价值观的培育和践行实现再平衡。

中国特色社会主义全面发展的目标赋予每一个中国人振兴中华的理想追求，这种追求成为培育和践行诚信价值观的动力源。

3. 人类社会发展总趋势

人类社会发展总趋势是培育和践行诚信价值观的根本动力源。恩格斯在《路德维希·费尔巴哈和德国古典哲学的终结》中指出:"一切依次更替的历史状态都只是人类社会由低级到高级的无穷发展进程中的暂时阶段。"[1]人类社会发展总趋势是作为社会主体的人逐步摆脱对人的依赖、对物的依赖进而实现人的自由全面发展,亦即对共产主义社会形态的不懈追求。人类社会发展的总趋势,不仅是社会发展规律的呈现,而且为人类的奋斗目标增添了更加绚丽多彩的光芒。对这一宏伟目标的追求,离开了诚信价值观就势必黯然失色,显然,要实现人的自由全面发展离不开诚信价值观的内在支撑。这种合规律性的发展趋势成为培育和践行诚信价值观的根本动力源。

马克思认为:"亚细亚的、古希腊罗马的、封建的和现代资产阶级的生产方式可以看做是经济的社会形态演进的几个时代。"[2]在迈向共产主义社会形态的进程中,生产力的发展、文明的更迭使得人们对诚信等道德范畴有了深刻的认识。原始文明时期,因生产力发展水平较低,人们必须相互依存、团结一致,对于诚信等道德范畴的认知处于单纯和朴素状态;农业文明时期,伴随物质资料生产方式的产生发展、私有制的出现,人们对于诚信等道德范畴的认知逐步复杂,并呈现差异性,诚信等道德范畴成为保障国家稳定、提升人民生活水平的重要精神力量;工业文明时期,生产力水平的迅猛提升大大增强了人类的主体力量,同时私有制的多样性助长了人们内心深处对于个人利益的无限追求,诚信等道德范畴在人们追求物质需要的满足中,逐渐被僭越与漠视。从资本主义社会发展到社会主义社会,尤其是伴随着私有制的逐步消灭,诚信价值观逐步得到弘扬。显然,诚信已成为人类社会文明程度的重要标志之一。人类文明发展的态势,世界历史发展的总趋势成为培育与践行诚信价值观的根本动力源。

无论是古代文明转型复兴,还是信息化科技化水平提升带来的创造创新均指向国家实现现代化、社会形态的更迭。在国家现代化的实现、社会形态的更迭过程中,对社会关系高度和谐及人们精神境界极大提高的目标

---

[1] 中共中央马克思恩格斯列宁斯大林著作编译局:《马克思恩格斯文集》(第4卷),北京:人民出版社,2009年,第270页。
[2] 中共中央马克思恩格斯列宁斯大林著作编译局:《马克思恩格斯文集》(第2卷),北京:人民出版社,2009年,第592页。

追求离不开培育和践行诚信价值观。

从历史维度看,中华优秀传统文化诚信基因对诚信价值观的识知、理解、认同具有内化意义;从现实维度看,中国特色社会主义追求全面发展的目标对诚信价值观的培育和践行具有强化意义;从未来维度看,人类社会发展总趋势对诚信价值观这一人类文明成果的认同具有深化意义。在致力于对最终社会形态的目标追寻中,在不断出现矛盾、化解矛盾的实践过程中均无法离开对诚信价值观的弘扬与坚守。中华优秀传统文化诚信基因、中国特色社会主义发展目标及人类社会发展总趋势构成培育和践行诚信价值观的动力源。在动力源的激发过程中,培育和践行诚信价值观的动力要素和动力机制得以形成。

二、培育和践行诚信价值观的动力要素

培育和践行诚信价值观的动力要素是指以培育和践行诚信价值观的动力源为构成基础、旨在促进培育和践行诚信价值观动力机制有效运行的必要因素。基于中华优秀传统文化诚信基因、中国特色社会主义发展目标及人类社会发展总趋势,可将培育和践行诚信价值观的动力要素归纳为三个力:党和国家的领导力、社会氛围的推动力及公民诚信道德素质形成的执行力。在领导力、推动力及执行力各自发挥作用的基础上形成合力,指向国家—社会—公民三位一体诚信生态系统的营造,助推诚信价值观的有效培育与践行。

1. 党和国家在培育和践行诚信价值观中的领导力

坚持中国共产党的领导是我国克服一切困难险阻的决定性因素。党和国家的领导力是指党和国家从顶层设计出发,在全面把握社会群体、公民个体诚信道德素质形成规律的基础上,在宏观层面所发挥的全局统领力和制约力。这种领导力的发挥有助于激活根植于每一个中国人内心的诚信基因、引领中国特色社会主义不断发展。

党的领导地位的确立是历史的抉择和人民的选择,从根本上来说是由党的先进性和权威性所决定的。习近平指出:"在当今中国,没有大于中国共产党的政治力量或其他什么力量。党政军民学,东西南北中,党是领导一切的,是最高的政治领导力量,各个领域、各个方面都必须

坚定自觉坚持党的领导。"[1] 在意识形态建设、思想教育领域中，诚信价值观的培育和践行工作同样不例外。与此同时，依照马克思主义国家理论，国家作为享有多项特殊社会权力的有机整体拥有着不可比拟的强大力量。

作为中国特色社会主义事业领导核心的中国共产党，在意识形态建设、思想教育等方面作用的发挥检验着其执政水平。同时，利用国家这一有机整体，发挥其在培育和践行诚信价值观中的领导力是提升国家文化软实力、综合国力的必然选择。伴随社会主义市场经济体制的建成，我国抓住了改革开放带来的无数机遇，也承受着因社会主义市场经济体制相对不完善而带来的阵痛，较为典型的即为时下各式各样道德失范、诚信缺失现象的产生。因此，党和国家需要从价值观的高度出发，做好顶层设计，加强对社会群体、公民个体的思想引领与行为约束，寻找破解时下诚信困境的突破口。与此同时，政府层面行政工作也发挥着重要作用，"政府作为党和国家政策方针的具体执行者，与民众接触最多、关系最密切，其行为本身就是价值导向"[2]。领导力如果仅仅发挥在政府施政过程中对社会群体、公民个体理论层面的灌输式教育、呐喊式宣传，则无法达到诚信价值观深入人心的效果，作为政府代言人的党员领导干部，若不能以自身先进性的发挥为基础、自觉培育和践行诚信价值观，同样会对党和国家在培育和践行诚信价值观过程中领导力的发挥带来削弱。

党和国家的领导力的发挥兼具合目的性与合规律性，并在培育和践行诚信价值观的过程中起着统摄作用。党和国家在培育和践行诚信价值观中具统摄作用的理论源于中国特色社会主义全面发展的目标追求，符合人类社会发展总趋势。党和国家对培育和践行诚信价值观的统摄有利于激活每一个人体内的诚信基因。

2. 社会氛围在培育和践行诚信价值观中的推动力

社会氛围的推动力是指在培育和践行诚信价值观的过程中从社会大环境中衍生出的制度、法律、政策等外部助推力量，这种推动力为中华优秀

---

[1] 中共中央宣传部：《习近平总书记系列重要讲话读本（2016年版）》，北京：人民出版社，人民出版社，2016年，第101—102页。
[2] 王学俭，杜敏：《培育和践行社会主义核心价值观的动力探微》，《甘肃理论学刊》，2013年第4期。

传统文化诚信基因激活、中国特色社会主义建设及人类社会发展提供了外部保障。

简单来说,社会氛围指的是在经济社会发展大背景下具有社会属性的人,因为与他人或物发生各种各样的联系后生成的一种大环境,内在包含制度、文化风气、道德规范准则等。实际上,就诚信价值观培育和践行过程来看,社会氛围在个体诚信道德素质形成过程中发挥着他律约束的作用,从合规律性的角度来说,他律作用不可替代。因此,培育和践行诚信价值观与诚实守信社会氛围的推动不可分割。

马克思主义认为,"物质生活的生产方式制约着整个社会生活、政治生活和精神生活的过程"[1]。也就是说作为政治生活和精神生活的诚信价值观培育和践行的活动过程必然要受到物质生活生产方式的制约,这要求培育和践行活动必须与社会生产力发展水平相统一、相一致。但物质决定意识,经济基础决定上层建筑并非马克思主义唯物史观的全部内容,意识能够反作用于物质,上层建筑亦能够反作用于经济基础。如何发挥好二者的能动作用,助推诚信价值观培育和践行由他律最终走向自律?社会氛围的推动力不可忽视。

诚实守信社会氛围的营造离不开诚信相关制度法规的制定、实施与反馈,文化的宣传教育及社会诚信的舆论监督等。在这里必须指出的是,在培育和践行诚信价值观过程中不能将社会氛围的推动力与党和国家的领导力进行割裂,两者相互联系、密不可分。事实上,诚实守信社会氛围的营造离不开党和国家的领导力发挥及政府施政层面的力量支撑,譬如对当下各领域失信现象的重典惩治,以及对守信行为的大力倡导均是在党和国家的领导及政府的支持下,营造诚实守信社会氛围的重要举措。因此,在论及社会氛围在培育和践行诚信价值观中的推动作用时不能离开党和国家、政府层面,须知没有党和国家、政府的领导、支持,诚实守信的社会氛围也将无以营造。在党和国家、政府领导支持下的诚实守信社会氛围能够从他律层面有效化解社会生活中存在的各种矛盾、发扬优良社会风气、确立诚信价值典范。

---

[1] 中共中央马克思恩格斯列宁斯大林著作编译局:《马克思恩格斯文集》(第 2 卷),北京:人民出版社,2009 年,第 591 页。

3. 公民在培育和践行诚信价值观中诚信道德素质形成的执行力

公民诚信道德素质形成的执行力是指在培育和践行诚信价值观的过程中，作为个体的公民在诚信道德素质形成上，发挥出的自觉能动的实践能力，这种实践能力在激活内在诚信基因、建设中国特色社会主义、促进人类社会发展方面发挥着作用。由于这种作用源于人的内心，因此，一定意义上，这种作用具有决定性。

在社会系统中，诚信对于人这一有机体的生存发展有着积极意义。"人的活动离不开诚信的道德支持。人的活动只有秉持诚信的理念才有成功的可能，才使活动富有价值的意义，无论做人、做事皆是如此。"[1] 培育和践行诚信价值观如果仅仅发挥党和国家的领导力、社会氛围的推动力而没有公民诚信道德素质形成的执行力，则会造成培育无效、践行无果的局面。执行力与领导力、推动力密不可分，与领导力、推动力相比，执行力是一种个体公民内在的力量，而正是这种内在的力量对于诚信价值观的培育和践行工作起着决定性作用，缺少公民在价值观认同基础上，对于诚信道德素质形成的执行力，培育和践行诚信价值观将主体迷失、举步维艰。

公民诚信道德素质的形成离不开党和国家领导力、社会氛围推动力的外部激发，但诚信道德素质的最终形成关键在于公民自身。通过领导力与推动力的作用发挥，广大公民能够基本识知诚信价值观的内涵、理解培育和践行诚信价值观的必要性、重要性，但这仍不能完全保证其最终认同诚信价值观、自觉践行诚信价值观。关于此问题，可以用马克思主义需要理论来进行阐释，马克思主义认为人的需要分为三大层次：基本生存需要、享受需要和发展需要。在上述三重需要都得到满足的基础上人类将迈进自由全面发展阶段。因此，人的内在需求与现实需要的满足程度应当成为培育和践行诚信价值观的逻辑起点。"人作为生命有机体，生物机制决定了人的物质需要性。"[2] 在尚未完全具备满足人们享受需要、发展需要的经济社会发展条件下，人们内在诚信基因的激活、诚信道德素质的形成很大程度上依赖于对其现实需要的满足，放置市场经济背景下即为人们对正当

---

[1] 余玉花：《论诚信价值观》，《思想理论教育导刊》，2016 第 3 期。
[2] 王淑芹：《培育和践行社会主义诚信价值观》，《伦理学研究》，2015 年第 3 期。

利益的追求,在不与国家整体利益、社会群体利益冲突的前提下,如何回应好人们的价值诉求和利益关切,成为人们诚信道德素质形成执行力的关键。

作为培育和践行诚信价值观动力要素的党和国家的领导力、社会氛围的推动力、公民诚信道德素质形成的执行力是相互联系、相互作用的统一体,其中,党和国家的领导力发挥着统摄作用,社会氛围的推动力发挥着环境助推作用,公民诚信道德素质形成的执行力发挥着内在决定作用,三者共同指向国家—社会—公民三位一体诚信生态系统的营造。为更好地回应培育和践行诚信价值观的现实问题、全方位发挥动力要素作用,培育和践行诚信价值观的动力机制的构建势在必行。

三、培育和践行诚信价值观的动力机制

在动力源、动力要素的相互作用过程中,以思想政治教育为依托的引领机制、以满足人的内在需求为核心的内驱机制及以制度保障为支撑的外推机制构成了培育和践行诚信价值观的动力机制。三种机制相互联系构成一个宏观有机整体,在党和国家的领导力、社会氛围的推动力及公民诚信道德素质形成的执行力的相互作用下,合力提升培育和践行诚信价值观的实效性,进而促进诚信价值观不断深入人心。

1. 以思想政治教育为依托的培育和践行诚信价值观的引领机制

培育和践行诚信价值观的引领机制是指在中国共产党的领导下,以马克思主义理论为指导,遵循思想政治教育规律、人的成长成才规律,运用思想政治教育原理方法及诚信道德建设名片、最美家庭、诚实守信道德模范的评选等具体路径来加强人们对诚信价值观的理性认同和情感认同、引领人们自觉培育和践行诚信价值观。

作为个体的人,其诚信道德素质的形成与思想政治教育实践活动的阶段进程是相互联系相互促进的关系。其一,思想政治教育实践活动致力于推动诚信道德素质的形成和发展,给人以明确的为人处世的根本方向。其二,待诚信道德素质形成后,思想政治教育实践活动随之会进入教育活动的下一阶段,即人们按照正确的方向自觉实践。纵观整个思想政治教育实践活动过程,满足中国特色社会主义全面发展目标的要求是活动开

展的前提条件，教育者合规律性、合目的性地开展对受教育者的教育活动是主要形式，而受教育者形成满足社会所需的一切品质素质则是活动的最终目标。识知、理解诚信价值观、认同诚信价值观、自觉践行诚信价值观是人类社会发展总趋势下，个体的人逐步完善自身的重要体现，而要真正做到这些还需从个体诚信道德素质的形成与发展出发。因此，发挥好思想政治教育实践活动在个体诚信道德素质形成过程中的引领作用意义重大。

马克思指出："批判的武器当然不能代替武器的批判，物质力量只能用物质力量来摧毁；但是理论一经掌握群众，也会变成物质力量。理论只要说服人，就能掌握群众，而理论只要彻底，就能说服人。所谓彻底，就是抓住事物的根本。"[1] 培育和践行诚信价值观工作是一项系统工程，其基本步骤是人们对诚信价值观从识知、理解、认同到自觉践行。首先，理性认同阶段。发挥理论灌输的作用，以理论的科学性、教育引导方式的生活化、基于价值观培育的立场，让人们明了当前所倡导的诚信价值观之于中华优秀传统文化诚信基因激活、中国特色社会主义发展、人类社会的积极意义，不仅要讲清楚培育和践行诚信价值观的必要性、正当性，更要从合规律角度说明其历史必然性，在这样的认知基础上，人们基于自身发展、推动社会历史发展之需，对诚信价值观的认同效应会大幅提升。其次，情感认同阶段。在理论灌输的基础上发挥榜样示范的作用，从感性立场出发，以现实生活中诚信价值观优秀践行者的现实事迹，如最美家庭、诚实守信道德模范评选活动等在情感上创造教育契机来强化人们践行诚信价值观的意识、助推诚信价值观践行活动的产生。

思想政治教育是在党和国家的领导力、社会氛围的推动力及公民诚信道德素质形成的执行力共同发挥作用下的实践活动，对培育和践行诚信价值观工作有着先导性、基础性的积极意义。在具体实践中应当做到提升理论的科学性及说服力，以人民群众喜闻乐见、生活化的方式开展教育活动，同时以典型人物、典型案例的广泛传播作为重要活动形式，来更好地发挥思想政治教育的引领功能，从而促进人们自觉培育和践行诚信价

---

[1] 中共中央马克思恩格斯列宁斯大林著作编译局：《马克思恩格斯文集》，北京：人民出版社，2009年，第11页。

值观。

2. 以满足人的内在需求为核心的培育和践行诚信价值观的内驱机制

培育和践行诚信价值观的内驱机制是指在尊重个体身心发展规律及扭转传统被动式教育形式的基础上,以满足公民内在需求为抓手,来激活植根大众心灵的诚信基因,注重回应人们关心关注的价值诉求、现实问题及切身利益来增强人们诚信道德素质形成的执行力,促进个人的成长成才,进而深化人们对诚信价值观的认同和自觉践行。

如何尊重个体需要,以需要的满足驱动人们自觉践行诚信价值观是诚信价值观培育和践行工作的重要环节。当前,谈及诚信价值观培育和践行工作,总是有着某种惯性思维的导向,这种惯性思维认为,核心价值观的培育和践行工作可以简单表述为教育主体实施的对教育客体的全方位要求。这种惯性思维事实上会带来误区:窄化了诚信价值观的培育和践行工作,更重要的是忽视了培育和践行工作的逻辑起点——人的内在需求、现实需要的满足程度。事实上,诚信价值观的培育和践行工作、公民诚信道德素质的形成与人的内在需求、现实需要的满足程度具有重大关系。

在人的自由全面发展视阈下,作为个体的人既具备如诚实守信、勤奋敬业、团结友善等道德素质层面的内在需要,也有着小到基本生存之需的生存需要或更高层次的享受、发展需要。如何满足人们的合理需要、化解需要与需要满足程度的矛盾成为培育和践行诚信价值观的必答题。诚信本身所具有的利导效应,社会主体往往会在不违反正义原则的前提下,积极通过与其他个体建立诚信关系,以此来最大限度地获取长久且稳定的个人正当利益,并在追求利益的过程中强化这种诚信精神。

在当前的经济社会发展过程中,对正当利益的追求成为时下人们内在需求的突出表现。如何权衡义与利之间的关系,成为影响人们认同诚信价值观的重要影响因素。以正确的义利观为导向,加强人们对诚信的道德认同与道德践行。以实现马克思主义经典作家勾画的人的自由全面发展和社会全面进步为目标,坚持以人们的正当利益为导向,重点解决人们最关注、最期待、最渴求的现实需要。党和国家也需着眼于对社会分配相对不公、贫富差距较大、党员干部贪腐等问题的治理来构建与当前诚信价值观培育和践行工作整体趋势相统一的客观现实基础。同时,要抓住广大公民的思想共鸣点、利益交汇点，让广大公民认识到自觉践行诚信价值观就能够给自己带来正当的切身利益，从而达成践行诚信核心价值观的理论自觉和实践自觉，更好地促进诚信价值观的落地生根。

人与人之间的诚信问题，归根到底是人与人的关系问题，实质上就是利益关系问题。为此，应着力从人的内在需求出发，以满足人们的现实需要、树立正确的诚信行为利益导向，让诚信行为得到应有的利益。与此同时，完善现行市场经济体制，并建立有关诚信奖惩方式方法，引导树立正确的义利观，明确并非得利就不可兼顾义。以利益驱动诚信，促使诚信价值观像空气一样无时不在、无处不在。

3. 以制度保障为支撑的培育和践行诚信价值观的外推机制

培育和践行诚信价值观的外推机制是指通过国家制定相关的制度、法律、政策来发挥对人们行为的限制性作用，促使人们从他律走向自律，从而促进人们自觉培育和践行诚信价值观。制度是培育和践行诚信价值观的保障，有助于诚信价值观绝对权威的确立。"制度具有根本性的决定作用，尤其对于价值观念的建构而言，只有将价值观念体现在具体而又完备的法律法规和规章制度中，赋予其不容置疑的权威性，才能使价值观念得到人们的深刻认同，指引人们的行动。"[1]

人们在日常的社会实践活动中难免会出现诚信缺失的行为，这样会增加社会成本、影响社会的良性运转，进而对培育和践行诚信价值观的实效性造成破坏。在这样的客观情况下，应当通过制度、法律的方式来对于人们的行为进行调节和规范，引导对于诚信价值观的自觉践行并对违反诚信价值观践行的个体进行严肃惩戒，使得培育和践行诚信价值观专业化、制度化。

为更好地适应历史发展潮流、合乎社会发展规律、适应匹配当前的经济社会发展水平，我国在宏观制度保障方面开启了符合自身国情的社会信用体系构建工作。当前涉猎诚信的制度法规存在如下几个方面的问题。其一，现有制度法律法规如《公民道德建设纲要》《民法典》等虽对公民信用、公民诚信道德原则性问题涉猎较多，但尚未形成系统专项制度法规。

---

[1] 王学俭，李东坡：《培育和践行核心价值观的原则、路径和机制研究》，《中国特色社会主义研究》，2014年第3期。

其二，法律法规权威性与操作性的不相统一。在我国经全国人大表决通过的法律法规具有无可争议的权威性，诸多法条虽对诚信原则做了明文规定，但操作性较弱。其三，守信激励与失信惩戒不相统一。现有的法律法规中主要强调对于失信行为的惩戒，缺乏对于诚信坚守者的物质奖励或精神鼓励。其四，失信群体信用信息知情度与公民知情权不相统一。现今，银行、金融等领域率先使用征信制度，对于公民的信用进行评分，但失信群体信用信息的知情度较低，广大公民无法及时获知信息做出行为判断。因此，为加强诚信价值观培育和践行工作，需要从制度制定、制度实施、实施反馈等方面加以着手。

需要修订《社会主义诚信价值观培育和践行细则》专项制度法规，以明确的法律权威保障诚信价值观的培育和践行工作，通过细化的条文规章，以相关奖惩制度的设立为支撑，及时对外公布特定区域内的相关失信人信息及其失信行为，进一步明确真善美的地位与作用，反对假丑恶，通过制度的保障将诚信价值观渗透到经济、政治、文化、社会、生态等方方面面，努力营造诚实守信的社会氛围，进一步强化人们对于诚信价值观的认同，进而自觉践行。

在诚信相关的制度、法规健全并得到严格执行之后，诚信问题定会在很大程度上得到缓解，但制度的构建与其作用的发挥承担的是社会道德治理工程中他律的作用，仍然需要自律作用的发挥来加以稳固规制的长效性。这就需要与前述培育和践行诚信价值观的引领机制、内驱机制形成良好互动与回应。由引领机制、内驱机制及外推机制构成的培育和践行诚信价值观的动力机制，从符合社会发展总趋势的规律性出发，强化人们对诚信价值观的识知与理解，深化人们对诚信价值观的认同，进而保障和促进人们践行诚信价值观。

综上所述，培育和践行诚信价值观是一项系统工程。培育和践行诚信价值观的动力机制构建以动力源为出发点，以动力要素为重要保障，在动力源、动力要素的相互作用过程中，培育和践行诚信价值观的动力机制得以形成和运行。培育和践行诚信价值观的动力机制以激活中华优秀传统文化诚信基因为起点，遵循社会发展的总的规律，在引领机制、内驱机制和外推机制三大动力机制的有机整合运行中，助推人们识知、理解、认同、自觉践行诚信价值观。认识和运用这三大动力机制，对促进个体的健康成长，促进我国经济社会健康发展具有积极价值。

本文与张鹏远合作，发表于《苏州大学学报（哲学社会科学版）》，2017年第4期。

（该文被《新华文摘》2017年第20期第161页"论点摘要"转载。）

第二部分
生命哲学研究

科技发展与当代环境科技观

长期以来，由于人与自然关系和人与人之间社会关系的矛盾复杂，一些人和社会势力的科技发展视野只是局限于科技自身，而置生态环境于不顾。科技发展在深刻地改变人类生活的同时，对生态环境的影响也日益广泛而深远，并对环境产生了负面影响，这种负面影响甚至危及人类生存。如核武器有可能对人类赖以生存和发展的基础——生态环境产生毁灭性的破坏，使地球进入核冬眠状态。这种情况表明，科技发展必须与生态环境发展相匹配和协调，当代科技发展需要环境科技观作为方法论指导。

人类社会的发展不仅要考虑到当代人的发展，而且要考虑到后代人的发展；不仅要考虑到人类自身的发展，而且要考虑到与人类生存和发展密切相关的其他物种的发展。这是《里约宣言》可持续发展理论的核心思想。人类社会的可持续发展与科学技术的发展息息相关。人类只有使科学技术的发展与生态环境达到平衡协调，才有可能实现可持续发展。为此，就应该将当代科技观置于生态环境下考察，简言之，确立与生态环境相适应的当代环境科技观。

首先，树立科学技术适度发展观。"科学研究无禁区"，这是传统上认为绝对正确的观念。然而，当代科学技术的发展出现了新特征，这些新特征对传统观念提出了挑战。其一，科技研究向宏观和微观两极深化，其研究对象大到宇宙大爆炸、黑洞理论，小到基因、纳米技术，使人类对科学技术发展的某些后果很难想象和预测，可控制性大大下降，而一旦失控（如基因库的流失，物种之间的交叉感染，新物种的诞生等），灾难性的后果就可能随之而来。其二，各研究领域高度渗透与整合。一些重大科技成果的获取，往往是多学科整合创新的结果。信息科技、生命科技、纳米技术等的相互渗透和相互整合，DNA生物计算机、微机器人、人机合一的整合体，甚至我们今天无法想象的一些新物种都有可能创建和出现。届时人类社会将不会再像今天这个样子，生态环境也将彻底变样，这对人类是祸是福将是一个未知数。其三，"科学革命——技术革命——产业革命"周期大大缩短，并对人类社会和生态环境的影响越来越大。18世纪欧洲掀起了近代第一次科技革命，从牛顿创立力学运动定律到瓦特发明蒸汽机从而带动产业革命，大约花了100年的时间。如今科学革命不仅导致技术革命，而且科学与技术正在融合，即科学的技术化，技术的科学化，并且科技产业化进程大大加快。20世纪80年代信息科技兴起，在不到20年的时间内信息产业就遍布全球。信息科技将从根本上改变人类社会的生产方式和生活方式，它对环境的影响将从机械时代的破坏自然环境、电子时代的适应环境，转变到信息时代的创建新的环境[1]。其四，科技成果全球性快速传播与资源共享。科技对人类社会和生态环境的影响已打破了国家和区域的边界。信息网络化已使地球村成为现实，任何国家公布于世的科技成果很快传遍全球，而由此带来的负面效应往往是全球性的。温室效应，转基因植物、动物及其食品对人与有益动物的安全性危机，都成为全球性问题。这些新特征警示我们：科学技术的发展必须适度。科学技术的发展应是人类知识、认知水平可预测、可控制的一定度内的发展，超过一定度，带来的将不是福音，而是灭顶之灾。

其次，树立科技发展与生态环境协调发展观。现代化初始阶段，人类在片面追求经济增长的过程中，人的科学技术活动对生态环境的破坏，也正是对人类自身生存环境的破坏。人类社会是以人为核心，以人的活动为主体，生存于生态环境之中，不断与环境进行物质、能量、信息交换的开放而复杂的巨系统[2]。根据人的科技活动、经济活动、社会活动，可以把人类社会发展过程看作科技系统、社会系统、经济系统三大系统与生态环境系统相互渗透、相互作用、共同发展的过程。从历史上看，18世纪近代第一次科技革命，工业大机器解放了人的体力；20世纪中叶以来，新科技革命又解放了人的脑力，使人的智力得到放大。然而，人类在取得一系列辉煌成就的同时，由于社会强势集团利益驱动，片面追求经济发展目标，造成了整个人类社会与生态环境的发展失衡，扭曲了人与自然的关

---

[1] 周光召：《信息科技与我们的未来》，《中国妇运》，1998年第4期。
[2] 魏宏森，姜炜：《科技、经济、社会与环境持续协调发展的反馈机制研究》，《系统工程理论与实践》，1996年第6期。

系,严重破坏了人类社会赖以生存和发展的空间——生态环境。生态环境的结构与功能遭受破坏,产生了人口爆炸、粮食危机、能源枯竭、环境污染等威胁人类社会生存的危机。随着信息科技、生命科技、纳米技术的突飞猛进,如果不注重科学技术与环境的可持续、协调发展,这种危机将进一步凸显,甚而导致人类社会的毁灭。1972年6月,联合国在瑞典斯德哥尔摩发表了《只有一个地球》的宣言,1992年7月,又在巴西里约热内卢召开了世界环境与发展大会,通过了《里约宣言》与《21世纪议程》等文件,标志着人类已高度重视科技发展与生态环境协调发展问题,标志着人类文明的觉醒。中国是一个处于发展中的国家,生态环境日益恶化。据国家环境保护总局2000年6月5日公布,我国环境形势相当严峻。[1]科技发展与生态环境协调发展问题在中国更为突出。中国制定的《中国21世纪发展议程》明确规定:科学技术、经济、社会、环境可持续、协调发展为中国社会发展的宏观战略目标。这一方面说明现实中确实存在科技发展与生态环境不协调的问题,另一方面也标志着人们已开始注重物质文明、精神文明、生态文明的共同创建。

再次,树立科技发展与人文发展统一观。一个半世纪以前,马克思曾指出:"在我们这个时代,每一种事物好像都包含有自己的反面……技术的胜利,似乎是以道德的败坏为代价换来的。随着人类愈益控制自然,个人却似乎愈益成为别人的奴隶或自身的卑劣行为的奴隶。甚至科学的纯洁光辉仿佛也只能在愚昧无知的黑暗背景上闪耀。"[2] 这揭示了人的本质力量不仅具有"外化""物化"的性质,同时还具有"异化"的性质。人的科学技术活动的异化现象之一就是反人化。弗洛姆、马尔库塞和哈贝马斯等人认为:科学技术在机器大工业中的应用使人成了机器的零件和物的奴隶;科学技术对人的奴役广泛地侵入人的日常生活世界,造成人的焦虑、不安、孤独等各种精神疾病,使人成为单向度的人。随着当代信息科技和生命科技的迅猛发展,这种反人化的现象将会更加明显,这就需要人文科学的发展来正确导向,使其回归而返向人化。人类最终必然要灭亡,但这种灭亡由人类自身造成就大可不必。如同个体在走完自然赋予其应有的生

---

[1] 《科技日报》,2000年6月13日。
[2] 中共中央马克思恩格斯列宁斯大林著作编译局:《马克思恩格斯全集》,北京:人民出版社,1979年,第4页。

命过程之前，可能因为患病而提前死亡一样，人类也可能由于没有能控制住科学技术活动的反人化倾向而患病，自己否定自己，走向自己的反面。科学技术活动的反人化是由人的实践活动造成的，可以也应该由人的实践活动——人文科学活动来加以克服。从某种意义上来讲，科技发展与人文发展统一观是当代人文精神的必然要求，是人之所以成为人的一种本质使然。

此外，科技发展必须关注人类后代的自然生态环境和人化生态环境，确保当代人留给后代人的生态环境是对后代人有利无害的。忽视后代人的生态环境及其利益，将可能导致人类社会提前终结。

最后，应当强调的是，对于以上所述环境科技观问题，要有一个彻底的解决，必须坚持唯物史观。科技和生态环境的关系方面产生的问题，绝不仅仅是认识上的问题；产生这种问题的根源，也绝不仅仅出于人与自然的关系，而是还有更深刻的社会根源。发展科学技术导致环境破坏，是人类活动特别是经济活动引起的。而人类活动、特别是经济活动，并不仅仅是人与自然关系的展开。正如日本学者岩佐茂所指出的："人类活动发生在人与自然和人与人的'二重关系'中，所以，环境思想研究不光要把人与自然的关系纳入视野，也必须把人与人的社会关系纳入视野。"因此，"环境思想的研究不能只停留在自然观上，还有向社会观展开的必要"，探讨"如何实现环境保护型社会"[1]。这就需要研究人与自然的失衡、科技和生态环境失衡，以及科技反人文性的社会根源。马克思早在一个多世纪以前就指出，自然科学作为一切知识的基础，是在资本主义生产的基础上发展的。"由于自然科学被资本用作致富手段，从而科学本身也成为那些发展科学的人的致富手段，所以，搞科学的人为了探索科学的实际应用而互相竞争。另一方面，发明成了一种特殊的职业。因此，随着资本主义生产的扩展，科学因素第一次被有意识地和广泛地加以发展、应用并体现在生活中，其规模是以往的时代根本想象不到的。"由于科学成为资本致富的手段，"科学对于劳动来说，表现为异己的、敌对的和统治的权力"[2]。

---

[1] 刘大椿，[日] 岩佐茂：《环境思想研究——基于中日传统与现实的回应》，北京：中国人民大学出版社，1998年，第259页。

[2] 中共中央马克思恩格斯列宁斯大林著作编译局：《马克思恩格斯全集》，北京：人民出版社，1979年，第572、571页。

在合理的社会关系下，劳动作为人和自然之间合理的物质变换，不至于导致如今这样的生态环境破坏。今天，科学技术在生产和生活中的发展和应用，科学技术的发展和应用的负面影响，对生态环境的破坏，更是马克思的时代根本想象不到的。随着经济全球化的进程，这个问题已经成为全球性问题之一。因此，只有变革社会关系，致力于实现环境保护型的社会，才能使科技适度发展观、科技发展与生态环境协调发展观、科技发展与人文发展统一观，成为占主导地位的价值观，杜绝科技的负效应，使科技永续地造福人类。

本文发表于《哲学研究》2002 年第 6 期。

敬畏生命与生命价值观

随着当代生命科技的迅猛发展，人类主体性力量日益彰显，生命样态正在从自然进化走向人工安排。在这一历史进程中，人们的生命价值观也在发生着变化。从生命价值观的原点出发，以"敬畏生命"的历史内涵为思维框架，重新审视人类的生命科技活动，唤起人们"敬畏生命"的理性精神，对尊重生命和推动人类社会健康永续发展具有积极价值。

一、敬畏生命：生命价值观的原点

敬畏生命能否构成生命价值观的原点？要回答这一问题，首先需要对生命价值观进行概念分析，以明确生命价值观的一般意义，这是从源头上对生命价值观进行探析的前提。

生命价值观，从字面上看，包括"生命"和"价值观"两个概念，对"生命"这一概念的理解从不同视角有不同的观点。亚里士多德倾向于用生物的潜能来解说生命，他指出："所谓生命，乃是指那种自身摄取营养、有生灭变化的能力。"[1] 这样的实体可以称为生命体；恩格斯从生命的存在方式出发，认为："生命是蛋白体的存在方式，这种存在方式本质上就在于这些蛋白体的化学成分的不断的自我更新。"[2] 上述对生命的一般界定包括人的生命和一切非人的生命，其中新陈代谢是生命最基本的特征。在生命伦理学视域中，邱仁宗先生认为，"生命主要指人类生命，但有时也涉及到动物生命和植物生命以至生态"[3]；韩跃红教授也认为生命主要

---

[1] 苗力田：《古希腊哲学》，北京：中国人民大学出版社，1989年，第473页。
[2] 中共中央马克思恩格斯列宁斯大林著作编译局：《马克思恩格斯选集》（第3卷），北京：人民出版社，1995年，第422页。
[3] 邱仁宗：《生命伦理学：一门新学科》，《求是》，2004年第3期。

是"人的生命形式,并且主要是指尊重人类每一个个体的生物学意义上的生命存在和健康利益"[1]。综上所述,生命是以人类生命为核心的一切生命存在物的总和。至于"价值观",通常指"在一定社会条件下,人的全部生活实践对自我、他人和社会所产生的意义的自觉认识"[2]。由此,我们可以得出这样一个基本概念:生命价值观是指人们对生命存在形式的总的价值判断,是指在一定的社会历史条件下,生命体(以人为主)的全部生命活动对生命自身,以及生命对其他生命存在物(包括他人和社会)的意义的自觉认识。

以上述生命价值观为基础来追寻生命价值观的源头,最早可以追溯到原始社会采集经济时代的图腾崇拜时期,当时的原始初民受科技发展水平和思维水平的限制,对生命奥秘所知甚少,人们的生命价值观主要源于"万物有灵论",并由此产生对生命的敬畏感。在原始初民看来,"不仅神秘的生命现象是神圣的,而且一些特别的石头、树、鹰、老虎、月亮、太阳,等等,皆具有神圣性,都成为人们顶礼膜拜的对象"[3]。这一点集中体现在原始社会早期的各种图腾崇拜、自然崇拜、神灵崇拜、生殖器崇拜上。尽管崇拜的对象不同,但都认为有神秘的"灵"或"灵魂"存在。这实际上说明"原始人已有'万物有灵'和'灵魂不灭'的观念"[4]。这种观念让原始人觉得不仅人有灵魂,而且动植物乃至自然界的一切事物都有灵魂居住其中。由此不难看出,原始初民所信奉的"万物有灵论",是他们对人自身的生命并未形成自觉的认识,因此,从生命价值观的基本概念来看,这一时期人们对生命的"神秘性"感知还不能称为真正意义上的生命价值观。

真正意义上的生命价值观源于种植经济时代人们对生命的理性认知,这一思想在西方可以追溯到古希腊早期的哲学思想中,普罗泰戈拉提出,"人是万物的尺度"[5];毕达哥拉斯也主张:"生命是神圣的,因此我们不

---

[1] 韩跃红:《尊重生命》,《光明日报》,2005年4月12日。
[2] 朱贻庭:《伦理学大辞典》,上海:上海辞书出版社,2002年,第58页。
[3] 郑晓江:《学会生死》,郑州:中州古籍出版社,2007年,第38页。
[4] 张曙光:《个体生命与现代历史》,济南:山东人民出版社,2007年,第320页。
[5] 北京大学哲学系外国哲学史教研室:《古希腊罗马哲学》,北京:商务印书馆,1961年,第138页。

能结束自己或别人的生命。"[1]

中国古代的思想家们也认为人是"万物之灵"。孔子曾提出,"天地之性,人为贵"[2];中国医学的奠基之作《黄帝内经》中也有记载,"天覆地载,万物悉备,莫贵于人"[3],等等。这些思想说明人们对生命的认识已经从原始的神秘主义转向突出人的主体性地位的理性认知上。

这种理念尤其在人类早期的医学实践中得到彰显。在西方,被誉为医学之父的希波克拉底在其誓言中谈道:"我决尽我之所能与判断为病人利益着想而救助之……我亦决不给任何人以毒药……我决不行堕胎之术。"[4]中国历史上被后世尊为"药王"的唐代名医孙思邈也说过:"人命至重,有贵千金,一方济之,德逾于此。"[5]这些思想高度张扬了生命的神圣不可侵犯性,从某种意义上讲,当时人们就将生命神圣奉为圭臬。根据生命价值观的一般意义,以上所有敬畏生命的思想突出了人之生命的至高无上性,人之生命在世界万物中具有最高价值,因而是神圣的。这一思想凸显了人的崇高地位,体现了人们对生命的一种自觉认知,符合生命价值观的内在逻辑,因此,可以视为生命价值观的原点。

生命价值观最初源于生命神圣思想。然而,这一原点与敬畏生命有什么关系?从语义和生命伦理思想史看,敬畏生命思想与生命神圣思想两者密不可分。

其一,从语义上讲,敬畏生命,就是人们对生命的敬重和畏惧。这里实际上包含着两层意思:一是敬重生命,二是畏惧死亡,而且人们对死亡的畏惧往往通过对生命的敬重表达出来,敬生畏死是人类最基本的认知和生存情态。西方存在主义哲学家克尔凯郭尔认为,"畏"是人类最本真的生存方式,它不同于害怕,"畏"没有具体所畏的对象,人类最大的"畏"莫过于死,正是这种对死亡的恐惧让人类对生命产生了深深的敬重。

其二,在生命伦理学视域中,"敬畏生命"是指敬畏自然界的一切生

---

[1] 伍天章:《医学伦理学》,北京:高等教育出版社,1998年,第261页。
[2] 杜占明:《中国古训辞典》,北京:北京燕山出版社,1992年,第100页。
[3] 王庆其:《〈黄帝内经〉文化专题研究》,上海:复旦大学出版社,2014年,第102页。
[4] [意]卡斯蒂廖尼:《医学史》(上册),程之范主译,桂林:广西师范大学出版社,2003年,第115页。
[5] 沈铭贤:《生命伦理学》,北京:高等教育出版社,2003年,第270页。

命，尤其是人的生命。历史上最早直接提出"敬畏生命"观念的是法国医学家、哲学家阿尔贝特·施韦泽，在她看来，敬畏生命，意味着对一切生命，不仅指人的生命还包括其他动物和植物的生命，都应该保持敬畏的态度。在生命伦理思想史上，她是第一个明确指出应该把伦理的范围扩展到一切动物和植物的人，在她看来，只涉及人对人的行为的伦理学是不完整的，也不可能具有充分的伦理动能。在《敬畏生命》一书中，她指出："实际上，伦理与人对所有存在于他的范围之内的生命的行为有关。只有当人认为所有生命，包括人的生命和一切生物的生命都是神圣的时候，他才是伦理的。只有体验到对一切生命负有无限责任的伦理才有思想根据。"[1] 在这里，敬畏生命，从对人的生命的敬畏扩展到对一切动植物的生命的敬畏，敬畏生命理念至此被施韦泽提升为一种最高的伦理原则。她认为："善是保存生命，促进生命，使可发展的生命实现其最高的价值。恶则是毁灭生命，伤害生命，压制生命的发展。这是必然的、普遍的、绝对的伦理原理。"[2]

其三，作为一种道德观念，敬畏生命有着深厚的历史文化渊源。从远古时期的生殖崇拜到神灵医学模式时期的生命至上主义，从宗教思想中的生命神圣意识到康德"人是目的"的实践理性观念的提出，敬畏生命，作为一项基本的伦理原则，贯穿在人类探索生命奥秘的实践过程中。从历史源头进行探究，可以发现，与生命神圣思想相似，敬畏生命思想最早也可以追溯到原始社会的图腾崇拜时期。当时，社会生产力水平低，科学不发达，生命对于人类充满了极大的神秘性，正是这种神秘性派生出人们对生命的敬畏感。从人类学的角度看，无论东方还是西方，生活在世界各地的远古之人基本上都有生殖崇拜现象，这种现象发展到后来便构成了神灵医学模式时期的生命至上主义。因此，从历史发展纬度看，敬畏生命这一理念与生命价值观的原点——生命神圣思想有着不谋而合的一致。不仅如此，从内涵上讲，二者也具有一致性：敬畏生命即人们对生命的尊重和畏惧；生命神圣中"所谓神圣性，指人类对某种现象发自内心的敬畏和崇

---

[1]〔法〕阿尔贝特·施韦泽:《敬畏生命》，陈泽环译，上海：上海社会科学院出版社，2003年，第9页。
[2]〔法〕阿尔贝特·施韦泽:《敬畏生命》，陈泽环译，上海：上海社会科学院出版社，2003年，第9页。

拜；生命的神圣性，当指人类对自身生命的敬畏和崇拜"[1]。因此，无论从历史渊源看，还是从本质内涵探究，敬畏生命思想与生命神圣思想都是可以等同的。不言而喻，生命价值观起源于生命神圣思想，一定意义上讲，敬畏生命，构成了生命价值观的原点。

从生命价值观的内在逻辑看，生命价值观作为人们对生命价值的根本观点和看法，无论人们对生命价值持何种观点，都隐含了一个基本的理论前提，即生命是有价值的。问题在于，怎样证明生命是有价值的呢？当前学术界主要是从主-客体之间的相互关系来进行论证。要论证这一问题，还要从对"价值"的界定出发，根据马克思主义的观点和当今价值哲学的基本成果，价值，基本上被定义为客体对主体需要的满足效应。马克思认为，价值概念"是从人们对待满足他们需要的外界物的关系中产生的"[2]；刘奔先生认为，"价值是事物满足人的需要的属性，是事物与主体（人）的需要之间的关系。这关系是肯定与否定关系，即利害关系"[3]；王玉先生也认为，"价值"是一个关系范畴，"价值存在于主体与客体的相互作用中"[4]。从主-客体之间的关系来看，个体生命对他人、社会需要的满足和贡献，即意味着个体生命价值的实现，这种贡献越大，个体的生命价值也就越大。当前学术界主要是依据这一理论来论证人的生命价值的。显然这种生命价值理论只是把生命置于客体地位，只看到了生命的效用价值、工具价值，而忽视了人的生命存在本身就是有价值的，即生命的尊严、地位和权利，这是任何其他价值都无法替代和弥补的。在康德看来，"人类以及一般地说来每一个理性存在者，都是作为自身即是一目的而存在着，而不仅仅是作为由这个或那个意志随意使用的一个手段而存在着"[5]。也就是说，人本身就是目的而不仅仅是手段，如果仅把人看作满足他人和社会需要的手段，而无视人作为本体论意义上的生命存在，无疑会大大贬低人的生命价值。因此，生命本身是无价的、至高无上的，

---

[1] 郑晓江：《学会生死》，郑州：中州古籍出版社，2007年，第38页。
[2] 中共中央马克思恩格斯列宁斯大林著作编译局：《马克思恩格斯全集》（第19卷），北京：人民出版社，1965年，第406页。
[3] 刘奔：《当代思潮反思录》，保定：河北大学出版社，2005年，第2页。
[4] 王玉梁：《当代中国价值哲学》，北京：人民出版社，2004年，第169页。
[5] [德] 伊曼努尔·康德：《道德形而上学基础》，孙少伟译，北京：九州出版社，2007年，第83页。

生命具有最高价值，离开生命，生命价值观便无从谈起。无论何种生命价值观，其存在的前提是生命的存在和发展，有生命才能有价值，生命是价值存在的前提和基础，所以我们要"敬畏生命"。显然，从生命价值观的内在逻辑看，敬畏生命，可以构成生命价值观的原点。

二、敬畏生命与生命价值观的内在张力

生命价值观，作为人们对生命存在样态的总的价值判断，是历史的、具体的。敬畏生命，表达了传统社会中人们视生命神圣不可侵犯、生命价值高于一切的一种伦理观念。然而，这一伦理观念随着现代医学和生命科技的迅猛发展，逐渐凸显其内在的局限性，取而代之的是生命质量论和生命价值论。生命价值观在这一历史演变过程中渐渐远离了敬畏生命的原点，从而使敬畏生命与生命价值观之间的内在张力日益凸显。然而，要促进生命科技的进一步发展，需要适度保持二者之间的内在张力。张力过大，则不仅会消解生命的神圣性，甚至会给人类带来灭顶之灾；张力过小，则会阻碍生命科技的发展，最终也不利于人的生命质量的提高和生命价值的实现。因此，保持敬畏生命与生命价值观之间必要的、适度的内在张力是时代的呼唤。

在唯物史观视阈中，敬畏生命与生命价值观之间的内在张力是生命价值观变化、发展的内在动力。生命价值观作为一种社会意识，最终由社会存在决定。正如马克思所言："不是人们的意识决定人们的存在，相反，是人们的社会存在决定人们的意识。"[1] 因此，生命价值观不可能永远固守原始社会敬畏生命的原点，它必然会随着人类实践活动、科学技术的发展而不断发展。

迄今为止，人类历史上出现过三种不同的生命价值观：其一是生命神圣论，生命神圣论认为"生命是神圣不可侵犯的，具有至高无上的价值"，并"无条件地主张尊重生命和关爱生命"[2]。这与敬畏生命的思想是一致的。但是，这种生命价值观易导致片面追求生命数量，而忽视生命质量。

---

[1] 中共中央马克思恩格斯列宁斯大林著作编译局：《马克思恩格斯选集》（第2卷），北京：人民出版社，1995年，第32页。
[2] 朱贻庭：《伦理学大辞典》，上海：上海辞书出版社，2002年，第186页。

同时，过度强调生命神圣不可侵犯，也不利于医学研究的开展，在一定程度上阻碍了医学科学的进一步发展。其二是生命质量论，它是对生命神圣论的扬弃。生命质量论主张"以人的体能和智能等自然素质的高低、优劣为依据，衡量生命对自身、他人和社会存在的价值"[1]。从生命质量论的产生来看，它是伴随着20世纪中期以来世界人口的迅速膨胀、医疗卫生资源的短缺、人口老龄化社会的出现等一系列社会问题的产生而发展起来的。与生命神圣论相比较，生命质量论对生命的关注由生命存在的数量转向对生命质量的追求，这不仅适应了当时人类生存发展的需要，为人类控制人口过度增长而采取避孕、流产、节育等措施提供了道德支持，而且为医务人员对不同生命质量的病人采取不同的治疗方式提供了一定的道德取舍标准。同时，这一生命价值观有利于实现医疗卫生资源的合理配置，符合现代医学科学的长远发展。然而，仅以生命质量的高低为标准来对生命存在加以取舍，实际上抹杀了生命的神圣性，在一定程度上降低了人们对生命的敬畏感。而且生命质量论只看到了生命的自然属性，忽视了生命的社会属性，不可避免地带有一定的历史局限性。其三是生命价值论，生命价值论是现代生命伦理学的核心理念，它是对前两种生命价值观的扬弃。生命价值论主张以生命价值为标准来衡量生命存在的意义，强调生命对他人、社会的贡献。"判断生命价值的依据主要有两个因素：一是生命本身的质量；二是某一生命对他人、社会的意义。生命本身的质量，智力和体力状态决定了生命的内在价值；生命对他人和社会意义决定了生命的外在价值。"[2]生命价值论体现了生命内在价值和外在价值的统一。从生命价值观的发展来看，生命价值论实际上"把生命的神圣性建立在生命的质量和生命的价值辩证统一之上"[3]，它并不否认生命的神圣性，仍然是以对生命的敬畏为前提的。只不过，生命神圣论是以宗教等神秘主义为基础，认为生命的神圣性在于人之生物学意义上的生命是神灵恩赐的，因而是神圣不可侵犯的。而生命价值论认为，生命神圣的根基在于人所具有的特定的尊严和权利，在于人本身的主体性和创造性，在于人因此而具有的潜在的和现实的价值；没有这些，生命的神圣性便无从谈起。

---

[1] 朱贻庭：《伦理学大辞典》，上海：上海辞书出版社，2002年，第186页。
[2] 朱贻庭：《伦理学大辞典》，上海：上海辞书出版社，2002年，第190页。
[3] 陆树程：《克隆技术的发展与现代生命伦理》，《哲学研究》，2004年第4期。

上述分析表明，当生命价值观发展到生命价值论阶段时，人们对生命神圣性的理解已经与原始初民的理解明显不同，对生命的敬畏程度自然也有所改变，此时，回聚敬畏生命的原点，无疑会发现生命价值观的发展与其原点之间的距离变得越来越大，二者之间的张力也越来越凸显。

追根究底，造成敬畏生命与生命价值观之间的内在张力不断凸显的主要原因，是科学技术的迅猛发展及人们思想水平的相对滞后。近代以来，科学技术获得了突飞猛进的发展，不仅为人类创造了前所未有的物质财富，极大地丰富了人们的物质生活，同时，也导致了"科技至上主义"的盛行。无论何种领域，也无论对象是物还是人，科学的态度、方法和原则都被提升到了绝对至上的地位，并最终导致人的异化和科技的异化。马克思曾对这种异化现象做出深刻的批判，他指出，"物的世界的增值同人的世界的贬值成正比"[1]；"在我们这个时代，每一种事物好像都包含有自己的反面……技术的胜利，似乎是以道德的败坏为代价换来的。"[2] 德国著名哲学家奥特弗利得·赫费也认为："科研越现代化，就越深入地进到物质的基石之中，越深入地渗透到生命的基因中，就越严重地出现道德的可错性。"[3] 这似乎是科技发展必须要付出的代价。随着科学技术尤其是生物技术的飞速发展，这种异化现象也渗透到现代生命科技领域，其突出表现为生命的"对象化"，即现代生命科技已达到对人之生命由外而内，由部分到整体的全面改造这一水平。从人体生命的外部特征看，现代医学科技不仅可以对其外形进行修饰和完善（如医学整容），而且可以对人体器官进行移植和再造，其中人类自身性别的改变在技术上也已经成为现实。从生命的内在本质看，基因科技的发展使人类实现了在分子水平上对生命进行操控，这使我们不得不面对这样的现实："不管这需要多长时间，但今天任何人都不得不承认：早晚有一天，能够通过技术对人进行彻底的'改良'。"[4] 不管这种改良最终能否实现，可以肯定的是，生命科技的发

---

[1] 中共中央马克思恩格斯列宁斯大林著作编译局：《马克思恩格斯全集》（第42卷），北京：人民出版社，1979年，第90页。

[2] 中共中央马克思恩格斯列宁斯大林著作编译局：《马克思恩格斯选集》，北京：人民出版社，1995年，第775页。

[3] ［德］奥特弗利得·赫费：《作为现代化之代价的道德》，邓安庆，朱更生译，上海：上海译文出版社，2005年，第81页。

[4] ［德］库尔特·拜尔茨：《基因伦理学》，马怀琪译，北京：华夏出版社，2000年，第82页。

展的确提高了生命质量,增强了人们改造生命、完善生命状态,甚至创造生命的能力。但同时,生命的神圣性也随着生命科技的发展而逐渐被消解,原来附于其上的各种神秘性光环也在这一解魅的过程中逐渐消失,生命最终被对象化为一堆碳水化合物,一抔 DNA。这不仅大大降低了人们对生命的敬畏感,而且直接影响了人类生命价值观的演变,从而使敬畏生命与生命价值观之间的内在张力日益凸现。

要促使生命科技的发展始终沿着有利于人类健康发展的方向前进,就要适度维持敬畏生命与生命价值观之间的内在张力。如果二者之间的张力过大,则容易产生生命是完全可以被技术操作的错误倾向,这不仅会使人类面临许多新的选择困境,而且一旦技术超出人类认知水平可预测、可控制的范围,很可能会给人类带来灭顶之灾。反之,如果二者之间的张力过小,则不利于生命科学技术的进一步发展。医学史上不乏这样的教训:受生命神圣论的影响,尸体解剖实验曾遭到许多人的反对,解剖学的发展也因此受到一定影响。直到今天,生命神圣的价值观念仍在影响着器官捐献活动的开展,造成了供体器官来源不足,这既影响了医学正常功能的发挥,也妨碍了生命科技的进一步发展。可见,对待人之生命,既不能因为敬畏它的神圣性而否定科学技术的相关研究,也不能指望用科技手段来解决生命历程中的一切问题。毕竟,生命不只是科学的对象,它还蕴含了文化价值。因此,要合理把握敬畏生命与生命价值观之间的内在张力,必要的、适度的张力是维护人类尊严、推动人类社会健康永续发展的基本动力。

三、敬畏生命:当代生命价值观的理性回归

现代科学技术的发展呈现双重纬度:一方面,人类利用对科学技术的控制不断实现着为人类造福的梦想;另一方面,人类却被科学技术控制而走向"反人化"的方向。贝尔纳·斯蒂格勒揭示了存在于当前科学技术中的这一悖论,他指出:"技术既是人类自身的力量也是人类自我毁灭的力量。"[1] 这一悖论在当代生命科技领域突出表现为人的主体性力量过度张

---

[1] [法]贝尔纳·斯蒂格勒:《技术与时间》,裴程译,南京:译林出版社,2000 年,第 100 页。

扬的发展态势，这种态势如果不加限制，则可能会给人类带来毁灭性灾难。因此，要保证当前生命科技的健康、永续发展，有必要从理性层面重新恢复人类对生命神圣的体认，重建敬畏生命的理念，这是实现当代生命价值观理性回归的一个重要路向。

马克思在《关于费尔巴哈的提纲》一文中指出："人的本质不是单个人所固有的抽象物，在其现实性上，它是一切社会关系的总和。"[1]而一切社会关系并非天然就存在，它是人类创造性活动的产物。因此，从一定意义上讲，人的本质在于创造。任何科学技术活动归根到底都是人的一种创造性活动，人的创造性活动开展的过程同时也是人的主体性力量得以彰显的过程。从当前生命科技的发展来看，人的主体性力量呈现过度张扬的发展态势。不可否认，人的主体性力量的扩张在提高生命质量、完善生命状态等方面确实为人类带来许多便利和好处。但是，任何事物的发展都是有限度的，人的主体性力量的张扬也不能超过必要的限度，否则，它给人类带来的将不是福音而是灾祸。这一点尤其体现在基因科技的发展上。现在基因技术的发展不仅实现了在分子水平上对人类遗传物质进行操纵和修饰，而且"可以通过施行遗传控制的繁殖过程，全面再造整个物种"[2]，这样一来，不仅生命可以被创造，甚至整个物种都可以被创造，过去人类数百万年的进化历程现在通过基因操作技术在短时间内就可以达到，生命的神圣性将被彻底解蔽，人们对生命的敬畏感也将随之淡化。而且新创造的生命、物种能否适应发展相对缓慢的社会、自然环境，也是人类现有的知识水平和认知能力难以预测、难以控制的。因此，要保障人类健康繁衍、发展下去，有必要适度限制人的主体性力量的扩张，这里的度"应是人类知识、认知水平可预测、可控制的一定度内的发展"[3]，否则，超过一定的度，真弄出个"弗兰肯斯坦"式的怪物来，人类将反祸其身。科学技术本来是造福人类的有力武器，现在却有可能成为人类健康发展的威胁力量。面对这一悖论，我们不得不沉思：人类将走向何方？生命将何以自处？

---

[1] 中共中央马克思恩格斯列宁斯大林著作编译局：《马克思恩格斯选集》，北京：人民出版社，1995年，第60页。
[2] 张春美：《DNA的伦理地位》，上海：上海书店出版社，2006年，第473页。
[3] 陆树程：《科技发展与当代环境科技观》，《哲学研究》，2002年第6期。

当今世界是现代性与后现代性并存的世界，以现代性、后现代性语境反思当代这一科技悖论的形成，可以发现，科技进步固然有其逻辑必然性，但现代性本身所蕴含的矛盾和冲突也是不容忽视的深层次原因。对此，西方许多思想家进行了批判性的揭示和反思。

德国著名社会学家马克斯·韦伯以"理性化"为核心，深刻揭示了现代性本身所蕴含的两难悖论：在他看来，现代性的本质在于合理性，西方资本主义国家正是利用合理性的技术手段构建起理性化的经济、政治制度和社会、文化秩序，这在一定程度上大大促进了资本主义文明的发展；但与此同时，这种理性化的技术手段即"工具合理性"也造就了以官僚制为核心的现代行政管理体制，而且这种体制的合理性越大，对个人的自由、尊严造成的威胁也就越大，韦伯将这称为"铁笼"。铁笼意味着一种宿命，即在庞大的现代制度机器里，个人只是其中的一个齿轮或螺丝钉，只能听命于这架机器的指令，在这种非人格力量的统治下，个人自由的丧失是现代人难以逃脱的宿命。韦伯深刻揭示了现代性本身所蕴含的内在矛盾和冲突，他的这一理论不仅为后来学者研究现代性问题提供了一个理论基点，而且成为他们进行"技术理性"批判的主要理论来源。存在主义哲学家海德格尔提出了与"铁笼"类似的观点，他认为，"技术之本质并非任何技术因素"[1]，技术在本质上是摆置人的"座架"，"座架意味着对那种摆置的聚集，这种摆置摆置着人，也即促逼着人，使人以订造方式把现实当作持存物来解蔽"[2]。在这里，海德格尔以"座架"的形式揭示了现代技术的社会背景是技术主义的，在这一背景下，技术是主动的，人是被动的，技术的本质威胁人的本质，危及人类的命运。当代美国哲学家马尔库塞也在此基础上进一步分析了思想工具化的倾向，他指出："政治意图已经渗透进处于不断进步中的技术，技术的逻各斯被转变成依然存在的奴役状态的逻各斯。技术的解放力量——使事物工具化——转而成为解放的桎梏，即使人也工具化。"[3] 人的工具化意味着人的生命价值的弱化、人的尊严的消解。哈贝马斯认为，人的尊严是必须要维护的，对人的生命彻底干预

---

[1] [德]海德格尔：《海德格尔选集》（下），孙周兴选编，上海：三联书店，1996年，第954页。
[2] [德]海德格尔：《海德格尔选集》（下），孙周兴选编，上海：三联书店，1996年，第938页。
[3] [美]赫伯特·马尔库塞：《单向度的人》，刘继译，上海：上海译文出版社，2006年，第145页。

是不可行的，在对人的生命进行干预的问题（如克隆人问题）上，他指出："我们要么称之为一个制造产品的设计者，要么称之为拥有终审权的法官，这个形象和宗教还是很切近的。但这些隐喻都和以人换物的奴隶主这一隐喻一样来得不够透彻，因为它们所揭示的都是人与人之间的决定关系。它们忽略了，现在与一去不复返的过去之间有着一段距离——也就是说，在出生之前的决定与后来永远都要受影响的生活历史之间有一个距离。真正让我们坐卧不宁的，难道不正是这个准确的形象所缺少的主要内容吗？我在这里所说的是其他某个人对'我'的专断决定所发挥的影响（这种影响将伴随'我'整个一生，在一定意义上还是不可逆转的）。一旦我出生了，这种影响难道不就成了不再是针对'我'，而是针对'我'的自我理解的主要条件吗？"[1] 哈贝马斯在这里突出了历史的、具体的、现实的人的独特性，对人的生命的尊重正是基于这种个体的独特性。

上述思想说明，无论现代性还是后现代性，它都表征着一种时代精神，在这一背景下反思当代科技悖论的形成，可以发现社会技术化、思想工具化不仅构成了现时代的精神状况，而且是当代科技悖论形成的深层次原因。后现代主义哲学家们从不同视角对"现代性"问题进行了不同的批判和反思，其目的旨在唤醒人们对生命尊严的关注，由此使人认识到生存的真正意义、生命的真正价值，进而寻求摆脱现代性困境的出路。在这一时代背景下反思当代生命科技的发展，需要我们重新唤起人们敬畏生命的理性精神，重塑生命的神圣性，实现当代生命价值观的理性回归，即重归敬畏生命——这一生命价值观的原点。

当然，重归敬畏生命的原点，并不意味着要像人类之初那样对生命现象盲目迷信、崇拜，而是突出对生命神圣的科学体认，即从理性层面把握生命生成、演变的内在规律并尊重它；重归敬畏生命的原点，也不意味着生命是绝对神圣、不可认识、不可改造的，而是强调对生命的技术操作甚至创造，应该与当时生命存在的客观生活环境、人们的生命价值观念相一致，不能太过超前或滞后；重归敬畏生命的原点，更不是简单的回归，而是要唤起当下被"技术理性""工具理性"所遮蔽的"价值理性""人道尊

---

[1] [德]尤尔根·哈贝马斯：《后民族结构》，曹卫东译，上海：人民出版社，2002年，第227—228页。

严"的追求,从人道主义出发,恢复人类对生命神圣的体认,维护生命本身的尊严、地位、权利,反对生命被完全"工具化""对象化"的倾向,使生命科技的发展与敬畏生命之间保持适度的张力,使人的主体性力量的扩张和生命神圣理念的张扬之间保持适度的张力,只有这样才能避免生命被异化,才能把人们对生命的敬畏和对生命的科学认识、改造有机结合起来,才能真正实现当代生命价值观的理性回归。

本文与朱晨静合作,发表于《社会科学》2008年第2期。
(该文被《新华文摘》2008年第10期,第34—37页转载;人大复印资料《伦理学》2008年第6期,第77—83页全文转载。)

全球发展视阈中的敬畏生命观

在全球化视域中,随着生命科技、信息科技的迅猛发展,国家和地区之间科技和思想观念的相互交融、相互影响,人们对生命本质的认识正在发生改变,人类生命的状态已经或正在从"天择时代"走向"人择时代"。"人择时代"是人类走出"物竞天择"的达尔文主义,自我主体能动性充分张扬,生命状态进入人类可以干预的时代。生命状态在"天择时代"遵循自然发展规律,而"人择时代"的生命发展状态有可能被人为干预,甚至肆意操纵,随之其合道德性、合规律性等问题引起全球关注,"敬畏生命"成为当下研究热点。

法国的阿尔贝特·史怀泽是最早提出"敬畏生命"伦理思想的学者[1]。从目前的相关研究看,对敬畏生命观的研究集中于对史怀泽敬畏生命观的解读[2],对中国古代哲学思想中蕴含的敬畏生命思想的挖掘[3],以及在人的主观能动性发挥的时代背景下,在原有的敬畏生命观的基础上提出的后敬畏生命观等。这些研究虽然触及了倡导敬畏生命观理念的研究,对敬畏生命观的内涵和外延做出了阐释,丰富和发展了敬畏生命观,但遗憾的是都没有从全球发展视阈中对敬畏生命观的嬗变逻辑及其各个发展阶段的特征进行勾勒,尤其是没有关注随着科技的飞速进步与全球的迅

---

[1] [法]阿尔贝特·史怀泽:《敬畏生命》,陈泽环译,上海:上海社会科学院出版社,1992年。
[2] 陈泽环:《否定生命·肯定生命·敬畏生命——施韦泽的叔本华和尼采伦理思想研究》,《伦理学研究》,2013年第1期。陆树程:《论敬畏生命与生命伦理共同体》,《道德与文明》,2009年第1期。陆树程,朱晨静:《敬畏生命与生命价值观》,《社会科学》,2008年第2期。夏东民,陆树程:《敬畏生命观与生态哲学》,《江苏社会科学》,2008年第6期。刘科:《施韦泽敬畏生命伦理的话语分析及其社会底线价值》,《伦理学研究》,2014年第1期。
[3] 陈泽环:《施韦泽的中国思想研究——一个初步探讨》,《中国哲学史》,2009年第4期。胡发贵:《论儒家"敬畏生命"的伦理情怀》,《江海学刊》,2007年第6期。徐春:《儒家"天人合一"自然伦理的现代转化》,《中国人民大学学报》,2014年第1期。夏东民,陆树程:《后敬畏生命观及其当代价值》,《江苏社会科学》,2009年第5期。

猛发展，敬畏生命观的理论需要在新的境遇下进一步演进与升华。"在认识论上和在科学的其他一切领域中一样，我们应该辩证地思考，也就是说，不要以为我们的认识是一成不变的，而要去分析怎样从不知到知，怎样从不完全的不确切的知到比较完全比较确切的知。"[1] 因此，在全球发展的视阈下，需要对敬畏生命观的演变过程和发展态势加以研究和预测。一种指导生命体在"道择"时代和谐共生的理论，亦即合道德性、合规律的敬畏生命观理论的提出，不仅符合发展敬畏生命观理论研究的思路，也将在现实中对实现人与自然界的和解，实现人类生命的永续健康发展，具有重要意义。

一、天择时代：以生命神圣为核心的敬畏生命观

生命形态在其本质意义上是一种合自然发展规律的存在，生命在很漫长的一个时期是受自然左右的，这一时期可称为"天择时代"。"天择时代"是指生命的状态不受人的干预，完全按照自然规律形成和发展的时代。在"天择时代"，由于人的知识结构和认知水平的局限，生命神圣不可侵犯成为这一时代的主导生命观。这一生命价值观是在人对生命认识有限的背景下形成的。人们将生命的"神秘性"等同于"神圣性"，将自身的命运交付给上天。身处"听天由命"的"天择"时代，其最明显的表现是"敬生畏死"。

其一，以生命神圣为核心的敬畏生命观源于"生命神秘"。在生产力尚未取得突破性进展时期，全球的发展在以宗教为代表的各种文明的冲突中逐步推进。作为人们精神力量的集中表达，宗教主要是不同文化对生命产生、发展做出的一种解答。从其在全球发展的过程来看，敬畏生命观中最早产生的生命神圣的思想，也应源于宗教。"现代生命伦理语境中的生命神圣思想，只有到了基督教的出现才开始真正产生。"[2] 宗教文化在理解生命意义时一般会将不能进行科学认知生命的"神秘性"上升为"神圣

---

[1] 中共中央马克思恩格斯列宁斯大林著作编译局：《列宁专题文集：论辩证唯物主义和历史唯物主义》，北京：人民出版社，2009年，第24页。

[2] 陆树程，杨佳丽，冯李：《论西方生命神圣思想及其当代价值》，《医学与哲学》，2015年第8A期。

性"。生命的"神秘性"使人们的敬畏之心不断放大,并逐渐形成以生命神圣为核心的敬畏生命观。如基督教文化中有"神造人"思想,这为生命神圣论的产生奠定了基石。对神的敬畏衍生出对神所创造的生命的敬畏,尤其是对人的生命的敬畏。另外,佛教"众生平等"的思想也是对生命神圣的诠释,尤其中国佛学将"有情众生"与"无情众生"平等融入众生平等的思想中,促使了佛教生命神圣思想的发展,也将所有生命视为不可分割的、处于自然大系统中的有机整体。一方面,佛教的"众生平等"思想是对生命的敬畏,生命神圣的诠释;另一方面,这一思想根源于对生命"神秘性"的敬畏,为生命神圣增添了宗教的色彩。史怀泽敬畏生命思想的萌芽,其实也有浓厚的宗教背景,"当时,我们的晚祷只为人类祈祷,这使尚未就学的我感到迷惑不解。为此,在母亲与我结束祈祷并互道晚安后,我暗地里还用自己编的祷词为所有生物祈祷"[1]。史怀泽敬畏生命的思想,在人与动物平等这一方面,与佛教的"众生平等"有异曲同工之效。正是对宗教的信仰,对生命神秘的认同,为其敬畏生命思想的萌芽准备了条件。生命神圣为核心的敬畏生命观最初源于宗教,源于对"生命神秘"的敬畏。

其二,以生命神圣为核心的敬畏生命观囿于"认知不足"。对于经过数亿年演化和发展而形成的生命,人们对其的认识是极其有限的。人们对许多无法通过自身的知识和已经形成的认知解释的现象,往往将其背后的动因归结为精神力量的作用。这种认知上的缺失,使得以生命神圣为核心的敬畏生命观长期统治和影响着人们对生命的认识。从全球视阈来看,在不同的社会形态中,受生产力发展水平、科技发展水平等客观条件的影响,人们在不同发展阶段对生命的认识水平也不同。马克思认为:"物质生活的生产方式制约着整个社会生活、政治生活和精神生活的过程。不是人们的意识决定人们的存在,相反,是人们的社会存在决定人们的意识。"[2] 由于受客观物质条件的制约,人们的主观认识相对有限,知识结构、认知水平相对欠缺,在一定意义上,人不可能穷尽对生命的认识。因

---

[1] [法]阿尔贝特·史怀泽:《敬畏生命》,陈泽环译,上海:上海社会科学院出版社,1992年,第1页。
[2] 中共中央马克思恩格斯列宁斯大林著作编译局:《马克思恩格斯文集》(第2卷),北京:人民出版社,2009年,第591页。

而，在"天择时代"，正是由于人们认知上的不足和自身能力尚未发展到对生命的过程加以干预的程度，生命的状态基本不会受到人的主观因素的干预，而是按照自然规律的运行而形成和发展。一方面，不是人在主观上没有干预生命状态的意愿，而是由于全球生产力水平的发展程度相对较低，人的能力尚未达到干预其他生命体的水平，因此，此时关于生命的思想仍然是以生命神圣为核心的敬畏生命观；另一方面，在客观上，人的认知水平在各种条件的制约下不可能穷尽对生命发展规律的认识。对于未知的事物，人们最初普遍怀有一颗敬畏之心，尤其是在生命的"神秘性"长期影响人们对生命的认知的背景下，人们对生命的认知所持有的态度是谨慎的。因而，以生命神圣为核心的敬畏生命观之所以能够在"天择时代"长期影响人们对生命的认识，主要基于当时的社会生产力水平、科技发展水平尚未达到一定高度，人们的"认知不足"。

其三，以生命神圣为核心的敬畏生命观表现为"敬生畏死"。从全球看，以生命神圣为核心的敬畏生命观，是一种传统生命观。生命神圣观把生命看作神圣不可侵犯的，生命具有高于一切的价值。在这一生命观中，一方面将生命的神圣不可侵犯作为重要组成部分，使认同这一观念的人在精神上皈依生命的神圣性；另一方面又将生命的价值放置于最高的势位，使人们的主观认识和伦理思想都在生命神圣的思维框架中衍生与发展。"敬生畏死"成为这一时期生命观的主要特征。人们敬重"生"，畏惧"死"，都以生命神圣为原点，成为相互统一的整体，也是敬畏生命观的雏形。对"生"的敬重是对"死"的畏惧的表达，对"死"的畏惧是对"生"的敬重的印证，"敬生畏死"成为以生命神圣为核心的敬畏生命观的具体表现。这在中外大家的思想里都可见一斑。以卢梭"回归自然"的思想、梭罗"崇敬生命、保护荒野"思想为代表的西方伦理思想，体现了人依赖、束缚于自然，从而引申出敬畏自然、敬畏生命的生命观。在中国古代哲学中，"天人合一"的思想作为占主导地位的思想之一，认为人源于自然，并依赖、束缚于自然，人与自然不可分割。这使人在敬畏自然、顺从自然的同时，形成了对生命神圣性的认同和对所有生命体的敬畏。无论是"天地者，万物之父母也"[1]，还是"凡人之生也，天出其精，地出其

---

[1] 孙通海译注：《庄子》，北京：中华书局，2007年，第279页。

形,合此以为人"[1]的表述,都集中表达了人依赖、束缚于自然的思想。这反映了人尚处于顺从自然、依附自然的"天择时代"。在这一时代,人们对于生命所持的态度是敬畏的,孔子"未知生,焉知死?"[2]的表述便隐含着对于"生"的敬重和对"死"的规避,这种规避在一定程度上便是一种畏惧。无论是西方还是中国古代,"敬生畏死"是以生命神圣为核心的敬畏生命观的具体表现。

二、人择时代:以人的主体性为核心的敬畏生命观

"天择时代"由于人类对生命的本质不能做出科学解释,所以表现为"敬生畏死"。而伴随科技发展,人类主体性不断张扬,科学技术工具性被不断放大,人类进入了可以对生命进行操纵的时代,即"人择时代"。"人择时代"是指随着人的主体性力量的不断增强,生命的状态受到人的直接干预,生命体的形成和发展无不打上人类印记的时代。在全球发展的态势中,随着人类的认知水平不断提高和生命科技、信息科技、纳米技术的迅猛发展,尤其是克隆技术、合成生物学和基因编辑技术的迅猛发展,传统的生命神圣观受到巨大冲击。人类由"天择时代"已经或正在过渡到"人择时代",这决定了这一时期的敬畏生命观以人的主体性发挥为核心。

其一,人的主体性发挥创造了迅猛发展的生命科技。"生命科技的发展使生命的原貌逐渐呈现在人们面前,生命对于人的秘密越来越少,然而随着生命的神圣性逐渐被'解蔽',随之而来的是人们对生命的敬畏感也在逐渐淡化。"[3]马克思认为,资本"创造了这样一个社会阶段,与这个社会阶段相比,一切以前的社会阶段都只表现为人类的地方性发展和对自然的崇拜。只有在资本主义制度下自然界才真正是人的对象,真正是有用物;它不再被认为是自为的力量;而对自然界的独立规律的理论认识本身不过表现为狡猾,其目的是使自然界(不管是作为消费品,还是作为生

---

[1] 李山译注:《管子》,北京:中华书局,2009年,第271页。
[2] 张燕婴译注:《论语》,北京:中华书局,2006年,第157页。
[3] 郭良婧:《敬畏生命:生命伦理学的价值之维》,《兰州学刊》,2014年第8期。

资料）服从于人的需要"[1]。伴随着全世界生产力水平的普遍提高和生产社会化程度的不断加深，人们对自然界、对生命的改造能力也不断提高，人的主体性力量得以彰显。尤其是随着科学技术水平的提高，人对包括自身在内的生命体的认知水平相较于"天择时代"大大提高，人们开始充分发挥主体性力量，创造了迅猛发展的生命科技。生命科技的发展增强了人们认识生命、干预生命的能力。以克隆技术、合成生物学和人类基因编辑技术为代表的生命科技，在医疗、科研等领域广泛应用，在挽救人的生命、创造新的生命等方面发挥了重大作用，人们对生命的认识逐步深入，人的知识结构和认知水平不断提高，这都是人的主体性力量发挥的结果。同时，生命科技的迅猛发展，使生命的状态开始不断地受到人的直接干预，生命体的形成和发展无不打上人类活动的印记，生命的神圣性在一定程度上被削弱，人的主体性力量的发挥成为"人择时代"敬畏生命观的主要表现。

其二，伴随人的创造性而来的风险挑战着传统生命观。人的主体性发挥，也可以说是一把"双刃剑"。人的创造活动不仅给人类带来福音，而且会给人类命运共同体带来风险。"科学技术的发展应是人类知识、认知水平可预测、可控制的一定度内的发展，超过一定度，带来的将不是福音，而是灭顶之灾。"[2] 传统生命神圣观因生命科技发展的冲击而逐渐遭受质疑，人对生命科技的无限度、无规律地使用，造成人对生命的过分干预，进而使得生命神圣与人的主体性发挥之间的内在张力不断扩大以致失去平衡，"人定胜天"的思想不断得到张扬，人类与自然界其他生命体的共生共存受到威胁，"人择时代"的敬畏生命观开始在敬畏与不敬畏之间徘徊。"20 世纪 50 年代以来流行的'人定胜天'，其含义是'人一定能战胜自然'……大量的事实可以证明，在处理人与自然关系的活动中，它已成为指导性的观念，几十年来产生了广泛的影响，很有必要进行历史的反思和深入的批判。"[3] "人定胜天"思想开始成为人肆无忌惮发挥主体性的推动力，在生命科技赋予人以强大的力量后，人对生命的改造欲望和干

---

[1] 中共中央马克思恩格斯列宁斯大林著作编译局:《马克思恩格斯文集》（第 8 卷），北京：人民出版社，2009 年，第 90—91 页。
[2] 陆树程:《科技发展与当代环境科技观》,《哲学研究》，2002 年第 6 期。
[3] 罗见今:《对"人定胜天"的历史反思》,《自然辩证法通讯》，2001 年第 5 期。

预欲望得到满足,进而出现了包括人自身在内的生命体也可以逆固有的规律而行的现象,生命体的运行轨迹发生改变,甚至生长的方式也受到干预。转基因食品的出现、克隆羊"多利"的诞生,以及试管婴儿等辅助生殖技术的使用都是人主观性张扬和干预生命的表现。一方面,这象征着人类文明的进步,生命科技为有特殊需求的群体带来了福音,例如,辅助生殖技术为不孕不育者带来生育的可能。在生命科技运用上取得的成就使人们逐渐发现,生命并不是神秘而不可改变的;另一方面,人的主体性的史无前例的发挥,使生命原有的神圣性遭受了前所未有的挑战。随着人们认知的深入,囿于"认知不足"的生命神圣思想逐渐走向了另外一个极端,人们逐渐对生命失去了原有的敬畏之心,"敬生畏死"的生命观开始出现衰退。此时的敬畏生命观围绕人的主体性而建立,在全球发展视阈中,人的主体性发挥成为主流,对规律的遵循、对生命的敬畏声音与"人定胜天"的思想相互斗争。"人择时代"敬畏生命观的双刃剑特性逐渐凸显。

其三,敬畏生命观在主体性的矛盾冲突中发生改变。人的创造性与随之而来的风险之间的矛盾冲突,使得敬畏生命观在"人择时代"表现为以人的主体性发挥为核心的生命观。一方面,人的主体性发挥对人类社会的进步做出了重要贡献;另一方面,出现了科技越发达人类越脆弱的表象,不仅使生命神圣不可侵犯受到挑战,而且人的主体性究竟应该如何发挥也受到质疑。人的主体性应如何发挥、发挥到什么程度取决于敬畏生命观的内涵与外延。美国学者伊恩·莫里斯对人类价值观的演变进行了独到的概括,他认为,人类社会组织形式可以划分为采集者、农夫与大工业三个时代,"与每一种价值观相关联的是一种特定的社会组织形式,而每一种组织形式又是由人类从周遭世界获取能量的特定方式决定的"[1]。一个社会阶段的结束和另一个社会阶段的开始,意味着生产力发生了变化,人类从周遭世界获取能量的方式也发生了变化。"人择时代""天择时代"是在考察人这一主体对生命是否进行干预、干预程度如何的基础上,对不同阶段的敬畏生命观进行概括总结,这必然以生产力的变化为前提。敬畏生命的价值观作为上层建筑,无法脱离经济基础的影响。敬畏生命观演变的过程

---

[1] [美]伊恩·莫里斯:《人类的演变:采集者、农夫与大工业时代》,马睿译,北京:中信出版社,2016年,第6页。

在一定程度上显现了人类社会的演变历程，反之，人类社会的演变历程决定了敬畏生命观的改变过程。因而，人类社会在人的主观能动性发挥的矛盾冲突中，尤其是在生产力与生产关系的矛盾运动中发生变化的同时，人呈现了不同的形态，人类价值观也发生了演变，这决定了人的生命观也必然随之变化。人的主体性发挥的矛盾冲突直接推动社会形态的变化，间接地推动了敬畏生命观的改变。从完全"敬生畏死"到人发挥主体性对生命加以干预，从"天择时代"到"人择时代"敬畏生命观的发展过程看，全球视阈中的敬畏生命观伴随社会历史条件的发展呈现在"敬畏"与"不敬畏"之间相互斗争的特点，这归根到底是人的主体性发挥、人对生命科技的运用应该把握怎样的尺度的问题。在"否定之否定"的过程中，敬畏生命观的发展呈现螺旋上升的态势，最终指向人合规律地运用生命科技。

三、道择时代：以合规律为核心的敬畏生命观

人类在可能左右生命的进程的同时，也应思考如何在"善"的理念下促进生命的发展，也可以说是让生命在合乎规律之"道"的框架内发展。更高的"敬畏生命观"的探求时代背景应进入"道择时代"。"道择时代"是指结合"道法自然"的思想，在"否定之否定"的思维框架下，对传统的敬畏生命观加以扬弃，此时生命的状态不仅受到人的干预，而且这种干预完全符合自然发展规律和社会发展规律，最终走向各种生命体共生共存共荣、追求全球共同福祉的时代。在全球发展的态势中，作为命运共同体的人，从"人择时代"走向天人和解的"道择时代"，树立具有全球意义的敬畏生命观，不借助生命科技有意伤害其他生命，才能实现所有生命体的共生共存。"道择时代"敬畏生命观是对以生命神圣为核心和以人的主体性发挥为核心的敬畏生命观的扬弃，是以关爱生命、尊重生命、敬畏生命为价值评判原则的现代生命观。现代生命观的最终形成，是全球对理性中心主义的反思，走向天人和解、追寻合规律的"道"成为超越理性的人性光芒的绽放。道择时代最核心的理念正是人们在改造客观世界的过程中，不仅关注人的主体性，而且高度关注合规律性，即人的主体性在充分发挥的同时，应该考虑到自然法则和社会发展规律的制衡。"道择时代"敬畏生命观中的"道"，是合规律的道，它以追寻人心向善为基础，坚持

适度原则为保障，追求共同福祉为目标。

其一，追寻人心向善，这是合规律的基础。敬畏生命在对象指向上，应包括一切生命体，尤其是具有主体性的人的生命。人在解决因自身主体性发挥而带来的生命敬畏问题上，必须设定一种终极目的，那就是对"真、善、美"的追求上，其中"真"是"善"的前提，"美"是"善"的归宿，对生命的关爱、尊重和敬畏在实质意义上是"善"的表现。因此，不以损坏其他生命体为前提来优化自身的生命体，是人在"道择时代"发挥主体性的基本准则，是敬畏生命观理性回归的必然要求，也是在生命科技迅猛发展背景下构建全球发展态势中敬畏生命观的必然选择。"善是保持生命、促进生命，使可发展的生命实现其最高的价值。恶则是毁灭生命、伤害生命，压制生命的发展。这是必然的、普遍的、绝对的伦理原理。"[1] 史怀泽的敬畏生命观，对"善"进行了诠释，这种"善"是人对所有生命体应该持有的态度，尤其是在"人择时代"的末期，人在如何处理人与所有生命体的关系的问题上遇到了瓶颈，史怀泽对"善"的阐述对我们现代生命观的形成提供了参考。人心向善，表现为对所有生命体尤其是人的生命的关爱、尊重和敬畏，这是在全球发展视阈中，生命科技仍在飞速发展的背景下，敬畏生命观从"人择时代"走向"道择时代"的必然要求。一方面，追求人心向善之"道"，建立在生命体的"本真"基础上，这种"本真"要求保持生命合适的状态，不以优化人的生命体为追求去损坏其他生命体，使所有生命体既不超出自身应有的价值，又能够使自身价值得以充分发挥；另一方面，追求人心向善之"道"，以实现所有生命体的共生共存为"美"，这种"美"的境界，是"善"的最终归宿，所有生命体的和谐共生是全球发展视阈中的敬畏生命观追寻的"大美"境界。显然，人心向善的"道"是"道择时代"敬畏生命观的基础。

其二，坚持适度原则，这是合规律的保障。在以知识文明为现时代标志的背景下，随着人们知识结构的丰富和认知水平的提高，人们发现的规律将越来越多，同时人类的认识又不可能穷尽所有规律，所以人们的创造性活动应该有一个度，应坚持适度原则，对生命体的改变宜慎之又慎。这

---

[1] [法] 阿尔贝特·史怀泽：《敬畏生命》，陈泽环译，上海：上海社会科学院出版社，1992年，第9页。

一适度原则，体现了对已知生命规律的遵循和对未知规律的敬畏，是敬畏生命观的基本要求，不因人类的私利而干预和改变其他生命体的发展规律是敬畏生命的基本准则。适度原则散发着"道择时代"的理性光芒。子曰："天何言哉？四时行焉，百物生焉，天何言哉？"[1] 四季的更替和万物的生长都有其固有的规律，这些规律是客观存在的，需要人们在坚持适度原则的基础上加以遵循。人们意识到，虽然人的主体性在增强，"但是我们不要过分陶醉于我们人类对自然界的胜利。对于每一次这样的胜利，自然界都对我们进行报复"[2]。当今世界，正在从工业文明时代步入知识文明时代，人的知识结构得以完善，认知水平不断提高，对生命体运行规律的认识程度进一步加深，"人择时代"肆无忌惮地对生命体加以改造和干预的极端是可以被规避的。遵循自然规律和社会发展规律对生命体进行"适度"干预可以成为主流敬畏生命观。作为质和量的统一，度是事物保持其质的量的界限、幅度和范围。一方面，对已知生命体的形成和发展规律，人们可以在度的范围内充分利用，并使得自身的行为在规律的指导下进行；另一方面，对未知生命体的形成和发展规律，人们将持有敬畏之心，不超出度的范围，这既是对未知的规律本身有所敬畏，更是对生命体本身的敬畏。马克思指出："人们自己的社会行动的规律，这些一直作为异己的、支配着人们的自然规律而同人们相对立的规律，那时就将被人们熟练地运用，因而将听从人们的支配。"[3] 无论是自然的运行还是社会的发展，乃至全人类社会形态的演变，都有其固有的规律，坚持适度原则才能真正遵循并利用好规律。

其三，追求共同福祉，这是合规律的目标。随着人们理性认识的提高，理性的回归驱使人的主观能动性发挥，既不是像"天择时代"，任由自然决定生命的存在与消亡；也不是像"人择时代"的极端，在发挥主体性作用过程中发生对生命的过度干预；而是随着知识文明的发展，在人们追求与所有生命体共生共存的过程中，追寻共同福祉。敬畏生命观的理性

---

[1] 张燕婴译注：《论语》，北京：中华书局，2006年，第272页。
[2] 中共中央马克思恩格斯列宁斯大林著作编译局：《马克思恩格斯文集》（第9卷），北京：人民出版社，2009年，第559—560页。
[3] 中共中央马克思恩格斯列宁斯大林著作编译局：《马克思恩格斯文集》（第3卷），北京：人民出版社，2009年，第564页。

回归不是表现在某个生命体的存在，而是所有生命体的共生共存共荣，要实现各个生命体生存和发展中的平衡，达到一种和合状态。"人法地，地法天，天法道，道法自然。"[1] 人作为宇宙中的一员，最终必须按照自然规律和社会发展规律来指导自身的行为，其中"道法自然"便是强调"道"的重要性，"道"按照"自然而然"的样子指导万事万物趋向于和谐共生。"万物负阴而抱阳，冲气以为和。"[2] "道"本身便是规律，在"道"的指导下追寻"和合"状态。这种状态是现代生命观对"善"的追寻、对适度原则的坚守，更是对万事万物共同福祉的追求，是敬畏生命观在全球发展态势中的更高境界的价值追求。在知识文明时代，对天人和解境界的追求，需要在合规律的"道"中追寻全球的共同福祉。一方面，现代生命观走向"道择时代"是对传统的生命神圣和以人的主体性发挥为核心的敬畏生命观的扬弃；另一方面，所有生命体的共生共存是未来人类社会发展的必然走向，人类对包括自身在内的所有生命体关爱、尊重和敬畏，是对现代生命观的建构。因而，在全球发展视阈中，现代生命观应该与时俱进，确立追求所有生命体共生共存共荣，追求全球共同福祉实现的敬畏生命观。

四、小结

全球发展视阈中的敬畏生命观，经历了从"天择时代"到"人择时代"的历史进程，可以走向"道择时代"。"在当代市场经济达到了空前程度的全球化之后，经济增长和物质财富似乎能够解决一切问题，各种社会理想都被作为乌托邦而被人们扔在一边。在这样的情势下，是否应该仍然坚持探寻和追求崇高的社会理想？笔者的回答是肯定的。"[3] 以改善生命状态、拯救生命为目的的，既符合自然规律又符合社会发展规律，并以追寻各生命体共生共存为价值追求的对生命的干预，是一种在更高境界意义上而达成的"关爱生命、尊重生命、敬畏生命"共识。"道择时代"敬畏

---

[1] [魏]王弼注，楼宇烈校释：《老子道德经注校释》，北京：中华书局，2008年，第64页。
[2] 饶尚宽译注：《老子》，北京：中华书局，2006年，第105页。
[3] 陈泽环：《道德·文化·生命·中国——施韦泽敬畏生命思想的时代意义》，《中国地质大学学报（社会科学版）》，2012年第5期。

生命观的提出，不仅符合当下时代发展的境遇，也对提高人的思想境界、规范敬畏生命行为及促进经济社会永续健康发展具有积极价值。当然，也许随着全球的发展，尤其是伴随科技的进步、人的主体性力量的壮大，敬畏生命观将受到前所未有的挑战，"道择时代"敬畏生命观的最终形成和广泛认知、传播、践行仍需要一个曲折的过程。但是，对更高境界的关爱生命、尊重生命、敬畏生命的追寻，是面对挑战与曲折的法则，是全球发展视阈中敬畏生命观发展的必然态势。

本文与李佳娟、尤吾兵合作，发表于《科学与社会》2017 年第 4 期。

（该文被《新华文摘》2018 年第 7 期"论点摘要"转载；被《新华文摘·网刊》2018 年第 10 期全文转载。）

关于自然内在价值的哲学反思

人具有内在价值和外在价值，这已成为人类的共识。然而，人的生存和发展状态与大自然的状态密切相关，自然[1]是否具有内在价值已成为处理人与自然关系时必须关注的重大问题。在当代环境伦理学中，自然是否具有内在价值是人类中心论者与非人类中心论者争论的焦点与核心问题，如J·奥尼尔所言："持一种环境伦理学的观点就是主张非人类的存在和自然界其他事物的状态具有内在价值。这一简洁明快的表达已经成为近来围绕环境的哲学问题讨论的焦点。"[2] 人类中心论者主张所有价值都是对人而言的，自然只对人有工具价值，它不能成为价值主体，离开人自然就毫无价值。而非人类中心论者主张自然可以成为价值主体，可以有内在价值。非人类中心论者在论证自然具有内在价值时所遇到的最大障碍是在传统哲学中"价值"确实是为人而创，是专属人的概念。所以，要证明自然具有内在价值就要对传统观点有所突破。由于说"自然具有内在价值"的直接目的是想说明"自然和人一样具有内在价值""自然和人具有的内在价值是同质的"，所以，论证"自然具有内在价值"时所要求的"对传统观点有所突破"并不意味着抛离传统的"内在价值"或者修改"内在价值"的本质含义，而是要对传统"内在价值"的本质含义进行考察，以获得"人具有内在价值"得以成立的根本性内在逻辑，并以此为标准来判定自然是否具有内在价值。

---

[1] 本文所指的自然是相对于人与自然关系中的自然。人当然也是自然存在物，但人具有改造自然的能力，人的这种特殊性使其有别于其他一般的自然存在物，这就使人们在主观概念上出现了人与自然的关系。本文在证明自然具有内在价值时所指的自然，特指除了人类之外的自然生命体。
[2] 徐嵩龄：《环境伦理学进展：评论与阐释》，北京：社会科学文献出版社，1999年，第135页。

一、"人具有内在价值"得以成立的内在逻辑

对"人具有内在价值"的内在逻辑的探究,首先要以"价值"概念的界定为出发点。"价值",按现今价值哲学的研究成果,基本含义是客体对主体需要满足的效应。刘奔认为,价值是事物满足人的需要的属性,是事物与主体(人)的需要之间的关系。这关系是肯定与否定关系,即利害关系[1]。王玉梁先生在总结国内价值哲学研究对"价值"本质的界定时说,在各种价值论中"影响最大的是以满足主体需要界定价值的观点"[2]。赖金良先生也认为这种对价值本质的界定在学术界已得到公认[3]。此外,对价值本质的界定也说明"价值"是一个关系范畴,"价值存在于主体与客体的相互作用中"[4]。王海明先生认为,"价值只能用主客体关系模式来界定"[5]。上述价值哲学的研究成果将是我们对"自然具有内在价值"进行论证的起点。

根据"价值"的基本含义,当说"X 具有价值"时意味着 X 作为客体满足主体 Y 的需要。内在价值毕竟是价值的一种,其本质含义必定应该从"价值"的基本含义出发得到揭示。同时,内在价值又叫目的价值,是相对于工具价值、外在价值而言的,而工具价值是"指作为达到目的的手段的价值"[6]。内在价值是指"由其本身而具有价值,不涉及其结果"[7]。因此,当说"X 具有内在价值"时则意味着:X 作为客体的同时作为目的性事物满足客体 Y 的需要。根据主体 Y 与客体 X 的关系,"X 具有内在价值"有两种含义:当 Y 和 X 不是同一实体时,X 是仅仅作为客体对主体有目的性价值;当 Y 和 X 是同一实体时,X 是作为客体对自身的需要的满足,对自身具有目的性价值。传统哲学中"人具有内在价值"是指后者

---

[1] 刘奔:《当代思潮反思录》,保定:河北大学出版社,2005 年,第 2 页。
[2] 王玉梁:《当代中国价值哲学》,北京:人民出版社,2004 年,第 166 页。
[3] 王玉梁,[日]岩崎允胤:《中日价值哲学新论》,西安:陕西人民教育出版社,1994 年,第 47 页。
[4] 王玉梁:《当代中国价值哲学》,北京:人民出版社,2004 年,第 169 页。
[5] 王海明:《伦理学方法》,北京:商务印书馆,2003 年,第 195 页。
[6] 冯契:《外国哲学大辞典》,上海:上海辞书出版社,2000 年,第 27 页。
[7] 冯契:《外国哲学大辞典》,上海:上海辞书出版社,2000 年,第 88 页。

即人自身就作为目的，每个人自身对本身有价值，这种观点源于康德。人类中心论与非人类中心论者争论的自然是否具有的"内在价值"也是这种含义。在这种意义上的内在价值中，X 既是主体又是客体，主体客体是同一的，这是内在价值的根本特性。所以，当说"X 具有内在价值"时，X 必定具有主体身份，由此可以推论，"X 为主体"是"X 具有内在价值"的必要条件。另一方面，如果 X 为主体，它必定能够以自身为目的，它自身的某种状态或者属性即对它自身有着内在价值，所以，"X 为主体"是"X 具有内在价值"的充分条件。简言之，"X 为主体"是"X 具有内在价值"的充分且必要条件，这是"X 具有内在价值"成立的根本性内在逻辑。

"人具有内在价值"就遵循这种逻辑。首先，人作为主体，继而以"人为主体"为依据推论出"人具有内在价值"。同理，要判定"自然具有内在价值"是否成立就要看这个命题是否符合上述内在逻辑，即看自然是否能够成为主体。由于主体性是主体之所以为主体的根本特性，因此，人类中心论与非人类中心论争论的焦点便由"价值"转向"主体"和"主体性"。

二、对"自然具有内在价值"的判定

传统观点认为主体即人，只有人是主体，其理由在于只有人才有主体性，而主体性只能是人所特有的认识和实践能力，这一点正如李连科所言："主体之所以成为主体，是由于它有认识和实践的本性和力量。"[1]又如李德顺先生所言："毫无疑问，在任何意义上说，主体都只能是广义的人（包括人的各种社会集合形式），而不是神、'客观精神'、其他生命形式和物。因为只有人才是实践者、认识者。"[2]这种关于主体性的观点是人类中心论者认为自然无内在价值的最终依据。非人类中心论者要证明自然具有内在价值，就必须推翻"主体性只能是人所特有的认识能力和实践能力"和"主体只能是人"的观点。于是，两派的争论似乎变成了对"主体性""主体"概念使用权的争夺："主体性"的本质含义是什么？是

---

[1] 李连科：《哲学价值论》，北京：中国人民大学出版社，1991年，第74页。
[2] 李德顺：《价值论》，北京：中国人民大学出版社，1987年，第59页。

否"主体性"和"人的认识、实践能力必然全等?""主体性"是否只是人的认识和实践能力的另一种说法?对这些问题的回答,我们应该从对"主体""主体性"概念产生和使用的历史回溯开始。

"主体"这个概念最早由亚里士多德在逻辑意义上使用,他认为主体是命题的主语,与谓词相对,主语表示的是存在于世界中的实体,是某种特性和状态的承担者。而"主体性"这个概念则在柏拉图的理念论中初步涉及。此后,这两个概念的含义多有变化,在笛卡儿那里主体是事物本身;康德则认为主体是思维能动的综合作用,主体性是认识的能动性;黑格尔认为主体是一种精神实体,主体性是一种纯粹精神运动;只是到了马克思那里主体才成为人,主体性才专指人的认识和实践能力;但是现代西方有些学者则反对主客两分,把主体性理解为人和世界结合起来,如克尔凯郭尔认为主体性是个人生存中的矛盾、孤独、苦闷和荒诞。从这种概念的历史回溯可以看出,"主体"和"主体性"并不必然指向人及其认识和实践能力。这两个概念是相对灵动和开放的,其每一种具体含义都凝聚着一定程度的主观赋予,其完全合法性都必须在其所属的思想体系中获得,所以每一种"主体""主体性"的含义都是相对具体的且其完全成立依赖于其所属的思想整体,它们不应该在完全独立的意义上使用。

根据这种分析,把"主体"界定为人,"主体性"界定为人所持有的认识和实践能力的观点是不宜作为判定自然是否为主体的直接考量的。因为这种意义上的"主体"和"主体性"概念虽然比以往更完善、稳定,可以在更普遍化、一般化的意义上使用,但它们仍然带有特定社会历史条件的色彩,与特定的学术立场、哲学思想体系相关联,作为其中一环节而获得成立的合法性。这种概念的使用仍然有其理论域。"自然是否可以为主体"是人类前所未遇的、接近于事实判断的问题,为了保证判断有最大限度的合理性、客观性,就必须把其含义赋予最大限度的普遍性、一般性,以最客观中立性的"主体"和"主体性"概念作为判定"自然是否可以为主体"的标准。也就是寻求"主体性""主体"概念最基本、最本质的含义,这种含义是对所有在具体意义上使用的"主体性""主体"的含义进行抽象的结果,它是"主体性""主体"概念的最根本指称物,是其得以生成和存在的最终依据。对于这种含义,学界已有论述:"每一有限的物质存在物,都与他物即周围别的存在物发生作用。在这种作用中,作用的发出者、主动者即为作用主体，而作用的接受者、被动者则为相应的作用客体。"[1] "所谓主体，一从哲学的角度来讲是相互作用的双方处于主动者的一方。"[2] 相应地，主体性应该为主动性。这种意义上的主体及相对应的客体被有的学者称为"广义的主体和客体"，而传统意义上的主客体被称为"狭义的主客体"，且"广义的主客体关系包含着狭义的主客体关系，狭义的主客体关系是广义的主客体关系中由于人的活动而凸显的特殊部分"[3]。这意味着，狭义的主体性即人的认识和实践能力是广义主体性的一部分，是它的具体表达和高级形态，狭义主体性在广义主体外延之中，广义主体性是一种更为抽象和更普遍化、一般化的哲学概念。所以，广义的主体、主体性是更为严格意义上的"主体""主体性"。在严格意义上，并非只有人是主体，"人"和"主体"这两个概念并不完全、必然相等，这一点正如黑格尔所言："人实质上不同于主体。因为主体只是人格的可能性……人是意识到这种主体性的主体。"[4] 在逻辑上说人是主体，没有问题，但说主体是人，在严格意义上是犯了以偏概全的逻辑错误。当人类中心论者将人及其人的认识和实践能力看成主体和主体性的唯一含义并以之作为判定"自然可否为主体"的标准时，其实也犯了同样的错误，对于这一点，王海明先生说得很明确："把主体界定为'具有实践能力和认识能力的活动者'，是以偏概全。"[5] 因此，在"自然可否为主体"的判断中，广义的主体、主体性才应该是判定的标准。

　　自然是否具有主动性？这更是一个事实经验性的问题。对于自然界中的非生命存在物而言，它们显然在一般意义[6]上没有任何主动性，因而没有主体性，因而也就不是主体、没有内在价值。而对于自然界中非人类的生命体来说，答案显然是肯定的，这可以从现代科学成果得到证明，如生物学、生态学、系统论乃至物理学的支持：自然生命体的以促进自身保

---

[1] 郭湛：《主体性哲学：人的存在及其意义》，昆明：云南人民出版社2002年，第10页。
[2] 张登巧：《发展伦理学的人学蕴涵》，《道德与文明》，2005年第1期。
[3] 郭湛：《主体性哲学：人的存在及其意义》，昆明：云南人民出版社，2002年，第14页。
[4] ［德］黑格尔：《法哲学原理》，张企泰译，北京：商务印书馆，1961年，第46页。
[5] 王海明：《伦理学方法》，北京：商务印书馆，2003年，第212页。
[6] 之所以说是一般意义，因为动物、植物具有类似人类的主动性是显而易见的，然而，非生命存在物（如岩石、水流、土壤等）也必然不断地正在与生命存在物发生着相互作用，生命存在物的主动性与非生命存在物的相互关系是很密切和微妙的。

存和延续为目的的行为或活动使它可以以周围环境的无机物质为对象，且与环境中的其他生命体处于互为对象的关系之中，自然生命体的这种行为或活动有着确定的指向对象，并对对象物发生作用，使之发生特定程度、形式的改变，因而，它也可以看作一种对象性活动。这种对象性活动是自然界中非人类生命体的主动性的集中体现。由此可得出这样的结论，即"在自然界的物质存在物中本来就存在着能动性，从而在特定的相互作用关系中区别出主动一方和被动一方，即相对而言的主体和客体"[1]。如前所述，"X 成为主体"是"X 有内在价值"的充分必要条件。而我们已经证明自然界中的非人类的生命存在物可以为主体，所以，必然可以推论出非人类的生命体具有内在价值。这种推理的逻辑是和"人具有内在价值"成立的内在逻辑相一致的，拉兹洛曾说，"如果我们承认人都有主体性，那么我们就必须承认，猩猩和狗也有主体性"[2]，同样，我们可以说，如果我们承认人有内在价值，那么我们就必须承认自然界中的非人类生命存在物也具有内在价值。根据以上分析也可以看出，当说"自然具有内在价值"时，这里的"自然"显然只能专指自然界中非人类的生命存在物，如动物、植物等。

"自然"具有内在价值的客观基础是人和"自然"各自拥有的最基本的生命逻辑是相同的，即有生命的自然存在物的活动和行为也以自身为目的，它们拥有属于自身的"好"，并能以之为标准来认知、选择和行动，最终是促进自身的保存和延续。尽管从表面看，关于"自然"是否具有内在价值的争论是对"主体"和"主体性"概念使用权的争夺，但在最根本的意义上，是人类是否具有承认自身之外的生命存在物拥有与人相同生命逻辑的良知的展现。

三、"自然具有内在价值"在哲学发展一般性规律角度的进一步确证

马克思主义认为具体科学是哲学的基础，哲学以具体科学的成果为自

---

[1] [美] 拉兹洛：《用系统论的观点看世界》，闵家胤译，北京：中国社会科学出版社，1985 年，第 78 页。

[2] [美] 拉兹洛：《用系统论的观点看世界》，闵家胤译，北京：中国社会科学出版社，1985 年，第 78 页。

身生长的土壤。因此，当具体科学发生变革时，哲学中的某些结论必然也要发生变革。这是哲学观念发展的一个一般性规律，当然，这种一般性规律只是对哲学发展大致趋向的一种抽象，原则上，哲学命题是不能从具体科学知识直接推导出来的，但"自然具有内在价值"作为一个哲学命题，其成立是可以从"具体科学与哲学的关系"、哲学发展的一般性规律的角度得到进一步确证的。因为，由于价值毕竟是一种客观存在，因此，"自然具有内在价值"作为一个关于事物本身的哲学命题，其性质更接近事实判断，所以，对其进行的判定当然要以对事物本身即"自然"真实面貌的认知为依据，这必然要涉及关于自然本身的具体科学知识。

传统人类中心论认为，自然不是主体，因而自然没有内在价值，只有对人而言的工具价值，这是机械自然观的哲学表达。这种机械自然观主要植根于18世纪之前的牛顿机械力学，它用机械、孤立、静止的观点解释一切现象，把自然视为一部机器，当成人类达到其目的的工具，这样就把自然彻底客体化、外部化了。非人类中心论认为，自然可以为主体，因而自然具有内在价值，这是一种全新的哲学观念，是现代科学知识特别是生态学、生物学、系统论乃至物理学的产物。它从现代科学成果中获得坚实基础，这在现今的非人类中心论环境伦理学著述中表现得非常明显：它们在证明自然具有内在价值时都以现代科学的最新成果来证明自然存在物具有主动性如苦乐感受力及与之相关的主动选择和行动能力，以自身为目的，有的甚至具有不同程度的类似于人类特有的主体性的特性，如具有一定程度的情感和智力。既然"自然不是主体，因而自然没有内在价值，只有对人而言的工具价值"作为一种哲学观念是基于一定时代的自然科学知识及与之相应的思维方式，那么，当科学知识发生变革时，这种观念也就失去了成立的根本基础，因而是迟早要消退的。而现代科学则使我们对自然有更准确、完整和真实的了解：自然存在物也具有主动性，有苦乐感受力，以自身的保存和延续为目的，有的甚至具有一定程度的感情和智力，所有这些新的具体性认知上升到哲学层面必然导致哲学观念的变革：否定传统的观点，而认为"自然可以为主体，自然具有内在价值"。"自然具有内在价值"不但具有理论上成立的必然性和合理性，而且在人们的实际观念意识中也正在逐渐取代那种认为自然只有工具价值的传统观念。表现得明显的是1982年联合国大会通过的《世界自然宪章》，其中五大原则的第一条便是"应尊重自然"，这里用了"尊重"一词，那么我们在什么情况下才会对事物持有尊重的态度？答案恐怕还是在它有内在价值时。《世界自然宪章》的通过还表明，"自然具有内在价值"的观念不再是个别人对自然抱有的特定情感的抒发，而正在通过成为全人类的理性共识。

"自然具有内在价值"作为一种哲学观念，其产生和成立是符合哲学发展一般性规律的，现代具体科学为其成立提供了有力支持。反观人类中心论对"自然具有内在价值"的反驳是无力的。当非人类中心论者以现代科学知识为依据来论证自然的内在价值时，反驳者通常不能针对这一点提出反证，而只是在偏执一词地强调，"价值只是对人的，离开人不可能有任何价值"，如果追问："为什么价值只是对人的？"理由便是："主体只能是人，主体性只能是人的认识和实践能力。"这是人类中心论的最终依据，但这已经被证明是在严格意义上犯了以偏概全的逻辑错误的，是不能作为判定"自然是否为主体"的标准的。从具体科学与哲学的关系、哲学发展的一般性规律的角度来看，相对于认为自然只有对人而言的工具价值的传统观点，"自然具有内在价值"有现代科学成果作为其基础，因而更为进步、合理，更具有真理性。

四、结语

"自然可以为主体，自然具有内在价值"，这一观点在处理人与自然的关系中具有重大的理论和实践意义。既然"自然具有内在价值"，人类就更应该尊重自然、爱护自然，更应该注重人与自然的协调发展。中国正在构建社会主义和谐社会，人与自然的协调发展是其基本内容之一。在"自然具有内在价值"的理念下，人类才能在大自然中摆正自己的位置，把自己看作大自然中的普通一员，是整个生物链中的普通一环，才可能走可持续发展的道路。当然，认同"自然可以为主体，自然具有内在价值"，并不是将主体泛化从而消解人的主体地位。其一，承认"自然具有内在价值"的目的之一在于对人和自然的关系乃至人自身在世界中的位置、角色有一个更合理、清晰的认识。罗尔斯顿说得很明白："我们想根据大自然来理解我们自身,而不仅仅是根据我们来理解大自然。"[1]因此,承认"自然具有内在价值",有助于对人的主体地位真实面貌的认识和揭示,其最终结果是对人的主体地位的更为合理和客观的确认。其二,人的主体地位也是不可消解的,无论如何,人必定会从自身的利益、立场、视角去看待万物,这是人类一切思想和行为的基点,这种意义上的"人类中心"是不可能动摇的。为了其自身利益,人类必定需要从自然界中获取资源以维持自身的生存和发展,这是无可厚非的。对于人类中心论,持"自然具有内在价值"的环境观反对的只是把自然仅仅作为人类任意驱使的工具的观念,它并不否认人类利益之于人类自身的首要性。"自然具有内在价值"为维护自然中非人类生命体的生命利益及整个生态系统的完善和稳定提供了坚实的价值观基础,而对自然系统的维护最终还是有利于人类自身的生存和发展的。

对自然内在价值的哲学反思,引发了"自然具有内在价值"观念的确立,这为非人类中心论的环境伦理思想存在的合法性,提供了一定的理论基础,这是人类伦理观念由"人际伦理"向"种际伦理"跨进的第一步。但是,由于人类伦理观念本身的复杂性和自然本身的复杂性,非人类中心论环境伦理学的发展还需要面对一系列理论难题,如非人类的自然生命存在物虽具有内在价值,却没有道德能力,它们如何进入人类的道德领域?是否所有自然存在物的内在价值都是一样的?是否在伦理道德上应该一视同仁?并且自然存在物与人类自身利益的关系究竟如何处理?等等。非人类中心论环境伦理最终会呈现怎样的面貌,还需要做艰深的理论探讨。

本文与崔昆合作发表于《社会科学》,2006年第2期。

(该文于2006年5月被《新华文摘》2006年第9期,第37—40页全文转载,于2006年8月被《中国社会科学文摘》2006年第4期,第36—38页部分转载,权威核刊。)

---

[1] [美]霍尔姆斯·罗尔斯顿:《环境伦理学》,杨通进译,北京:中国社会科学出版社,2000年,第41页。

关于自然权利的哲学反思

人与自然的和谐发展是人类社会可持续发展的必要条件，分析探讨自然权利问题是正确处理人与自然关系进而达到人与自然和谐发展的重要前提。从宏观上看，"自然内在价值"与"自然权利"是迄今为止生态伦理学的两个核心概念，对非人类中心论体系的合法性的探讨就是通过对这两个概念的论证完成的。我们已经论证了自然具有内在价值。[1] 然而，当证明内在价值确实存在于自然界之后，是否可以说已经完成对非人类中心论这一理论体系合法性的论证？对于另一个核心概念即"自然权利"是否还有必要再去论证？自然权利概念究竟能否成立？若成立，自然权利具体内容为何？其主体可由何种自然存在物承担？通观迄今为止的生态伦理学中人类中心论与非人类中心论对立、争论的状态，这些问题仍然悬而未决，需要对自然权利概念的上述主要相关问题进行更为系统、深入的考察和论证。

一、"自然权利"概念在非人类中心论体系中的确立

"自然权利"概念首先是非人类中心论内部存在的一个问题。在非人类中心论内部，自然权利概念对于非人类中心论体系建构的必要性、有效性，是受到质疑的。也就是说，"自然权利"概念作为非人类中心论体系两大理论支柱之一的地位并非像通常所说的那样确定无疑，无可争议。这是非人类中心论内部的一个问题。

一种观点是认为"自然内在价值"概念可以单独构成非人类中心论体系的内核，对它的充分论证就是对非人类中心论体系本身辩护的充分条

---

[1] 陆树程，崔昆：《关于自然内在价值的哲学反思》，《社会科学》，2006年第2期。

件，因而对"自然权利"的论证没有必要。但他们对此所持的依据又有所不同。一派认为"自然内在价值"与"自然权利"这两个概念是同一的，对此，深层生态学家 A. 纳斯说："形而上学的最大容量将包含所有生物的内在价值属性。生存权利是这种评价的不同表达。"[1]而 J. B. 克利考特也有类似表述，他认为物种拥有权利这一判断只是物种拥有内在价值这一判断的一种象征性表达[2]。他们都认为对自然内在价值的论证与对自然权利的论证是等效的，如果我们能够证明前者，那么就可以不用再论证"自然权利"也能达到同样的理论目的。如果说克利考特他们还并未完全否定"自然权利"的必要性的话，那么另一派观点则直截了当认为"自然权利"概念在非人类中心论体系中的出现是多余的，甚至有害的，它会使非人类中心论思想的表达和论证遇到困难，持这种观点的是 P. 泰勒与 H. 罗尔斯顿[3]。泰勒认为权利概念难以运用到非人类存在物，对此他列出四个理由：第一，道德权利拥有者具备这样一种可能性，要求道德代理人承认其权利；第二，"道德权利这一概念与自我尊重这一概念有着内在的联系"；第三，如果一个主体是道德权利拥有者，他就必须能够主动地行使或停止行使这种权利；第四，权利主体必须具有发出抱怨、要求公正、使其权利得到法律保护的能力。这些条件都是自然存在物不能满足的。据此，泰勒认为把权利延伸到自然物会遇到无法克服的理论困境。罗尔斯顿认为，权利概念是一种历史产物，出现在近代西方文化中。权利只能用来保护那些与人格相联系在一起的价值，而不能用于那些无须人类评价，更不具有人格意义的自然客观价值。因此，罗尔斯顿建议，环境伦理学家最好停止使用作为名词的"right"（权利）。在环境伦理学中，"对我们最有帮助且具有导向作用的基本词汇却是价值。我们正是从价值中推导出义务来的"[4]。

可以看出，罗尔斯顿等人比克利考特他们更为彻底地、直接地主张把

---

[1] 曾建平：《自然之思：西方生态伦理思想探究》，北京：中国社会科学出版社，2004 年，第 171 页。
[2] 何怀宏：《生态伦理—精神资源与哲学基础》，保定：河北大学出版社 2002 年，第 467 页。
[3] [美] 霍尔姆斯·罗尔斯顿：《环境伦理学》，杨通进译，北京：中国社会科学出版社，2000 年，第 4—6 页。
[4] [美] 霍尔姆斯·罗尔斯顿：《环境伦理学》，杨通进译，北京：中国社会科学出版社，2000 年，第 2 页。

"权利"这一概念从非人类中心论体系中剔除出去,其理由可以归结为一点:权利概念强烈的属人性使它与非人类中心论体系不相容,它的使用会有碍于非人类中心论体系的严密性与说服力。其实,泰勒等人的观点与人类中心论者对"自然权利"的批评有着某种一致性,人类中心论者也主要是以"权利"属人性为由反对自然权利说的。比如J.帕斯莫尔在《人对自然的责任》一书中认为:"权利思想完全不适用于非人类存在物,人类之外的生命认识不到彼此之间的责任,也没有能力交流对责任的看法。"[1]

那么这种以权利属人性反对自然权利的观点能否成立?自然权利概念是否不应保留?首先,如果因权利属人性放弃自然权利概念,那么自然内在价值概念也应该放弃,因为"价值"概念也具有同样强烈的属人性,但罗尔斯顿等人在使用这个概念,这显然是矛盾的。而自然内在价值论可以通过论证的事实也说明,用价值概念属人性来反对自然内在价值是不成立的,这一点没有理由不同样适用于自然权利概念。而之所以概念的属人性不能必然成为"自然内在价值""自然权利"具有合理性、合法性的障碍,就在于"非人类中心主义主要是从元伦理或道德哲学的角度来反思人类中心主义的"[2]。它着力于元伦理层面的思考与论证,从而力图对传统伦理理论有所突破,而形成一种新的伦理范式,正是在这个意义上非人类中心论常被称为一种新型伦理学。正像罗尔斯顿自己所说的那样,非人类中心论是革命性的,所以没有必要因概念属人性就将自然权利概念从非人类中心论体系中剔除。

以上分析只是表明,"自然权利"是可以与非人类中心论体系相容的,那么它是否像克利考特等人所认为的是与自然内在价值等效的一个概念呢?如果是这样,那么"自然权利"即使能够保留下来,也可能会成为一个对非人类中心论体系建构可有可无的"摆设",因为按照克利考特的观点进行推论,当我们能够证明自然内在价值时,就已经为非人类中心论做出了辩护,也就不需要再去论证自然权利概念。但事实并非如此,自然权利概念在非人类中心论体系中有其独特地位,这一点将从它与自然内在价

---

[1] 傅华:《生态伦理学探究》,北京:华夏出版社,2002年,第208页。
[2] 何怀宏:《生态伦理——精神资源与哲学基础》,保定:河北大学出版社,2002年,第362页。

值的关系的分析中得到证明，而这就涉及对"自然内在价值"与"自然权利"进行深层定位的问题。

对于自然内在价值，有些学者认为对它的论证是将存在论等同于价值论，这是犯了自然主义的错误[1]。对此，我们首先对所谓自然主义谬误中的"事实"与"价值"进行分析。众所周知，价值也是一种客观事实，所以它在价值哲学中又被称为"价值事实"，而与之相对的那个"事实"又叫作"非价值事实"。两者都属于广义事实，两者的区别在于价值是有主体性因素（诸如主体的需要、欲望及其各种变形）参与的事实，而非价值事实没有这些主体性因素的参与。另一方面，众所周知，在这个"事实"与"价值"相区分的传统哲学问题（由于是休谟最早提出，因而又叫"休谟问题"）中，"价值"意味着"应当"，而应当如何的问题却只存在于人类中，按本能活动的自然物则不存在这个问题，所以，在休谟问题中所涉及的"价值"确实是专指传统哲学中专属人的价值，它所包含的主体性只是人的主体性因素。结合上述两方面，可以看出，由于自然内在价值中并不包含人的主体性因素，因此，它不属于休谟问题中的"价值"，而属于这个问题中的"事实"范畴。也就是说，自然内在价值确实是对人而言的一种生态事实（即休谟问题中不包含人的主体性因素的那个狭义事实），是自然界具有的对人而言的一种实在性。但它又确实如已经证明的，因符合传统内在价值概念的根本性内在逻辑而是一种价值性存在。但是这两种属性并不矛盾，因为它们的成立并不是在同一参照系中，前者是从传统的"事实与价值区分"问题的角度来定位自然内在价值，而后者则是因符合价值概念根本性内在逻辑而成立的。由此，可以认为作为以人的内在价值为范本向自然界延伸的结果，自然内在价值确实是一种全新类型的价值，确实与传统价值概念有着很大差别，这个差别主要在于"主体""主体性"概念外延上的不同。并且由于"自然内在价值"只相当于休谟问题中的"事实"，因此，从"事实"与"价值"相区分的传统哲学问题来看，对自然内在价值的证明并不是把事实等同于价值，并不是把存在论等同于价值论，而是对一种事实（休谟问题中的狭义事实）的证明，所以也就不存在自然主义谬误的问题。事实上，用传统的事实与价值相区分的休谟问

---

[1] 刘福森：《自然中心主义生态伦理观的理论困境》，《中国社会科学》，1997年第3期。

题本身来看待自然内在价值的合法性的做法并不恰当，它只应是作为一个辅助性角度或参照系，以便人们能够更好地理解自然内在价值的定位。因为传统的休谟问题是专门针对属人性价值概念提出的，它有其特定的论域即只适用于人性价值领域。总之，自然内在价值对人类而言是一种事实，而对自然物本身而言又是一种价值性存在，这是自然内在价值的根本特殊性所在。

既然自然内在价值，只属于休谟问题中的"事实"而非"价值"，它本身并不意味着"应当"，而生态伦理学作为一种专属人类的伦理学理论，其直接目的就是为人本身在人与自然关系问题上提供道德意义上"应当如何"的引导，是为人类提供道德行为规范而非为自然界立法，自然本身不存在"应当如何"的问题。这一点是不能仅仅通过论证"自然内在价值"这个对人而言的"是"所直接达到的，它是通过对"自然权利"的论证完成的，因为自然权利直接对应了人类对自然界的义务或责任问题，这时才出现了对人类行为应该如何的道德性引导与规范。所以克利考特等人认为的自然内在价值与自然权利等同的观点是错误的，这是将存在论和价值论等同起来。那么这个自然权利的"应当"是如何确定的呢？其根据在哪里呢？虽然"事实"与"价值"区分一直是传统伦理学的基本问题，但是将两者完全割裂的做法是受到普遍质疑的，人们大多认为虽然不能将两者直接等同，但"价值"的根据来源于"事实"，这已成为一个基本共识。同理，自然权利这个"应当"也植根于某种"事实""是"，而这个"事实"就是自然内在价值，自然权利就是以自然内在价值为根据经过某些环节推导出来的。自然内在价值在某种意义上对非人类中心论体系的建构是工具性、手段性的存在，自然权利才是非人类中心论之树上的最终果实。这就是"自然权利"不但应该保留下来，而且成为非人类中心论之核心概念的最根本的原因。只有当我们这样定位"自然内在价值"与"自然权利"概念的本质特性及两者的相互关系时，才会使得非人类中心论的理论框架成为一个内部有机关联的致密整体。

当然，"自然权利"与"自然内在价值"关系理解尚未得到充分证明，还只算作一个假设，因为我们即使能够说明自然内在价值属于"事实"，自然权利属于"价值"，也只是表明两者属于不同层面，但这并不意味着自然权利之"应当"一定要从自然内在价值之"是"中推导出来，它也可能以其他的"是"为依据,两者可能毫无关联。在生态伦理学的研究中,也确实存在这样的观点,有人提出:"即使自然界具有自身的'内在价值'或价值,也不能由此过渡到自然界应当拥有道德地位和道德权利的观点,因为二者之间没有内在的、必然的联系。"[1] 为此,就有必要详细证明自然权利是如何从自然内在价值中推导出来的,这其实也就是对自然权利何以可能的论证。

二、从"自然内在价值"到"自然权利"

对自然权利何以可能的探究必定先以对"权利"本质的考察为前提和出发点,但是"权利"概念如同"价值"一样都是内涵极为纷繁芜杂的概念。人们从不同思想体系或理论立场出发运用各种方法对"权利"本质进行探究,结果出现了各种各样关于权利的定义,林林总总,难于统一。格劳修斯认为权利是一种道德资格,霍布斯和斯宾诺莎及洛克把自由视为权利的本质。康德与黑格尔也以自由解释权利,但他们强调意志自由。德国法学家耶林则将利益作为权利的本质,他认为权利就是法律保护的利益。我国学者关于权利的界定也是纷繁多样,莫衷一是。于是有学者将这些关于权利的界定做了总结、分类,比如有"天赋权利""利益说""意志说"的分类,也有资格论、自由论、利益论、法力论、可能论、规范论和选择论的分类,等等,当然这些分类并未从根本上改变关于权利本质探讨的复杂局面。

针对这种状况,夏勇先生认为,以往的种种界定都"只是各从一个侧面来描述权利的属性","权利的本质是由多方面的属性构成的。对一项权利的成立来讲,这些属性是一些最基本的、必不可少的要素"[2]。他把这些要素归结为五个[3]。第一个是利益。一项权利之所以成立是为了保护某种利益。第二个要素是主张。一种利益若无人提出对它的主张或诉求,

---

[1] 高懿德,李文义:《西方生态伦理观念评议》,《齐鲁学刊》,1997年第5期。
[2] 夏勇:《人权概念起源——权利的历史哲学》,北京:中国政法大学出版社,2001年,第46页。
[3] 夏勇:《人权概念起源——权利的历史哲学》,北京:中国政法大学出版社,2001年,第47—48页。

就不可能成为权利。第三个要素是资格。提出利益主张要有所凭借，也就是要有资格。资格分为道德资格与法律资格。第四个要素是权能。"权能首先是从不容许侵犯的权威或强力意义上讲的。其次是从能力的意义上讲的"[1]，即"权利主体还要具备享有和实现其利益、主张或资格的实际能力或可能性"[2]。第五个要素是自由，指"权利主体可以按个人意志去行使或放弃该项权利，不受外来干预或胁迫"[3]。夏勇先生认为："对于一项权利的成立来讲，这五个要素是必不可少的。以其中任何一种要素为原点，以其他要素为内容，给权利下一个定义，都不为错。"[4] 这种观点影响颇大，在某种程度上使得关于权利本质争论不休的局面变得明朗起来，成为后来对权利本质研究的一个重要参考。本文关于"权利"本质的界说就是以对这种观点的分析为基础的。

虽然夏勇先生说权利五要素都是构成权利本质"最基本的，必不可少的"，但事实上它们并非并列、平等的关系，其中，利益要素可以看作最核心的。虽然确实并非所有利益都构成权利，但是凡权利必定指向某种利益，是毫无疑问的，这一点正如余涌先生所言："无论是法律权利还是道德权利，若离开与利益的相关性，是很难得到恰当的说明的。一项权利之得以成立，总是为了保护某种利益，总是体现一种利益与其中。"[5] 相比之下，"自由与主张"因素却不是真正必不可少的，其实从内容上看两者可归为一类，即主动行使或维护权利的可能性，具体说来就是权利主体本身是否拥有维护权利的能力，以及这种能力是否受到限制。正如夏勇先生自己认为的，有些权利主体并不具备这种主动能力，如精神病人，同时也说不上自由，但这并不否定权利的存在。所以，在某种意义上，"主张"和"自由"并非必不可少。"资格"与"权能"也可归为一类，因为它们都可算作对权利所指向的利益的限定。如上所述，并非所有利益都可成为

---

[1] 夏勇：《人权概念起源——权利的历史哲学》，北京：中国政法大学出版社，2001年，第48页。

[2] 夏勇：《人权概念起源——权利的历史哲学》，北京：中国政法大学出版社，2001年，第48页。

[3] 夏勇：《人权概念起源——权利的历史哲学》，北京：中国政法大学出版社，2001年，第48页。

[4] 夏勇：《人权概念起源——权利的历史哲学》，北京：中国政法大学出版社，2001年，第48页。

[5] 余涌：《道德权利研究》，北京：中央编译出版社，2001年，第36页。

权利，但权利必定指向某种利益，这就表明只有当利益具有某种特定规定性时才以权利形式表达出来。"资格"与"权能"要素都是对这种规定性的表达。"资格"要素表示权利主体具有某种资格使其自身的某种利益符合某种规定性而成为权利，"权能"要素就表明对权利主体"资格"的承认或保障。并且当说权利主体具有"资格"时，必定是因为他得到了"权能"的承认，而"权能"要素对某主体持肯定态度时必定会出现"资格"问题，所以"资格"与"权能"乃是同一内容的不同形式的表达而已。在权利的五大要素中，它们都是对"利益"要素的限定，是对某种利益因何成为权利的一种补充说明，所以，它们都是从属于"利益"要素，相当于前缀"利益"的限定词。

根据这种分析，在权利五要素中，只有"利益"是最核心的，其他的要素要么并不是必不可少的，要么就只是利益要素的补充说明，且可被其他更为直接、简洁的限定词所取代。所以我们赞同关于权利界定的"利益说"，认为利益是权利的核心要素，而权利就是特定的利益。那么，究竟什么样的利益才能成为权利？众所周知，权利问题与公正、正义问题有着极为紧密的联系，一项权利通常就意味着某种"应得""应予"，而这里的"应当"也就意味着"公正的""正义的"，因为正义的基本定义就是："给每个人——包括给予者本人——应得的本分。"[1] 夏勇先生认为："正义概念是权利概念的逻辑基础。在历史上，有什么样的正义观，就有什么样的权利义务观。权利现象的不同历史类型，实际上也是正义观念的不同历史类型。"[2] 这就意味着，公正原则作为基本精神内蕴于权利概念中，权利必定是遵从公正规则而成立的。因此，一项利益如果想要成为权利，就必须被证明其本身是符合公正原则的，而又由于正义指的不过是我们通常所说的"正当""应该""合理"。所以一项利益只有被证明是正当的时候才成为权利，权利就是指被证明具有正当性的利益。而这里的"正当性"就是"资格""权能"要素对"利益"进行限定所要表达的内容。

某种利益是否具有正当性，并不能以其本身正当与否为依据得到说

---

[1] [美] A. 麦金太尔：《谁之正义？何种合理性？》，万俊人，等译，北京：当代中国出版社，1996年，第56页。
[2] 夏勇：《人权概念起源——权利的历史哲学》，北京：中国政法大学出版社，2001年，第28页。

明，"正当与否"的问题只出现于一定社会关系或利益关系中。只有当某一主体存在于一定社会关系中，其自身的某种特定利益因其与其他主体的利益处于特定状态而能被这个共同体成员普遍认可其合理性时，才有了正当性。单纯某种独立于社会关系之外的主体及其利益是谈不上正当与否的问题的，也就无所谓权利问题。而如果利益主体能够进入社会关系，其本身就必然存在权利问题，因为社会关系是一种相互利益关系，其间必定存在"应得""应予"，即利益正当性的问题，否则这种社会关系将难以维持。而一个利益主体存在于社会关系这一事实本身就意味着他必定拥有某种正当的利益，因而就必然出现权利问题，否则他自身就无法存在。

总之，判定某一利益主体是否存在权利问题，关键点在于它是否在一定社会关系中，是否具有进入这一共同体的资格。对后者的确证同时也就意味着前者的成立，前者的成立也必然意味着后者的存在，两者互为充分必要条件。

根据这种理解，对"自然权利"是否存在的证明也就是要证明自然物的某种利益是否具有正当性，而为此就要进一步证明它们与人类之间是否存在某种社会性关系。由于生态伦理学中的"自然权利"是指自然存在物的道德权利，因此，对自然权利的证明最终聚焦在自然存在物是否能够进入道德共同体中，它们是否与人类之间存在伦理性关系。而这就需要考察传统道德共同体或伦理关系其成员是因何资格而居于其中。

人类中心论者主要是把理性能力作为进入道德共同体的资格，这一点正如杨通进先生所总结的："现代人类中心论用来证明人的优越性和人的特殊地位的证据主要是理性或理性的某种变种。"[1]并且这种理论的核心观念是："人由于具有理性，因而自在地就是一种目的。人的理性给了他一种特权，使得他可以把其它非理性的存在物当作工具来使用。"[2]所以，他们认为非人类自然物不能进入道德共同体中。以这种观念为核心还引申出其他相关理论，傅华教授认为："伦理关系是主体与主体之间有着自觉意识和自主意志的双向互动、平等对应的社会关系。在一定的伦理关系中，甲乙双方都把自己作为伦理主体，同时都把对方看作是与自己一样

---

[1] 杨通进：《人类中心论：辩护与诘难》，《苏州铁道师范学院学报》，1999年第5期。
[2] 杨通进：《人类中心论：辩护与诘难》，《苏州铁道师范学院学报》，1999年第5期。

的具有能动性的主体,甲乙双方既都是道德的执行者,又都是道德的承受者。"[1] 这种观点归根结底就是认为只有理性存在才能进入伦理关系,并且认为道德客体与道德主体是同一的,这两种身份必定同时存在于同一主体之内。对此,如果理解为从总体态势与基本精神的意义上把握伦理关系,那么它是合理的。但这种观点没有涵盖所有伦理事实,在人类社会中,确实有些不具有健全理性能力的人,他们并未因此就被排除在伦理关系之外。他们无法成为理解、践行道德规范的道德主体,但他们具有道德权利、受到道德关怀的事实说明他们可以成为道德客体。这就说明理性能力并不必然是进入道德共同体的唯一资格,并且道德主体与客体并不必然同时存在于某一主体之内。可以说,道德客体在外延上大于道德主体,这两者道德身份的错位,也就为论证非人类自然物进入伦理关系打开了缺口。那些并不具有健全理性能力的人之所以能成为道德共同体一员,乃是因为人们普遍承认他们是有内在价值的,对他们的道德关怀实质是对其内在价值的承认与尊重,并且对那些具有理性、可以为道德主体的人们而言,他们受到道德关怀时也同样是他者对其内在价值的承认。所以内在价值才是进入伦理关系、成为道德共同体成员的资格,可以说,"主体与主体之间有着自觉意识和自主意志的双向互动、平等对应"只是伦理关系得以生成和维持的方式,而对内在价值的确认和尊重才是伦理关系最深层的精神蕴含。其实以内在价值为基准的观点是人类中心论者自己也承认的,只是他们以理性能力为内在价值得以生成的唯一依据。

总之,在传统人类道德共同体内部,内在价值是成为其成员的资格,而作为道德共同体成员,其必然具有内在价值。这是传统道德共同体遵循的最根本的逻辑。以之为标准,当人类遇到同样具有内在价值的自然物时,就"应该"承认人与自然物之间存在了伦理性的关系,自然物可以进入道德共同体中,继而根据上述的"伦理关系是道德权利充分必要条件"观点,就必然能够推导出自然权利确实是存在的。

在这里我们从自然内在价值过渡到了自然权利,但如前所述的有些人并不认为从自然内在价值可以推导出自然权利,那么我们就有必要阐明为什么这种过渡有必然性。其实这源于非人类中心论对人性的特定预设,对

---

[1] 傅华:《生态伦理学探究》,北京:华夏出版社,2002年,第144页。

人类自身完满形象的描绘:"动物与它自己的生命活动是直接同一的,这种本能性质的生命活动驱使着它把自然界中的弱者变成维持自己生存的手段。人的生命活动不同于动物的生命活动,人能够超越生命本身,主宰并支配自己的生命活动。人能够超越自然必然性的束缚,不再将自然物仅仅视为维持自己存在的手段。"[1] 正是基于此,非人类中心论者认为当遇到同样具有内在价值的自然物时,应该把自身道德共同体所遵循的逻辑贯彻到底,只有这样人才算真正实现他自身,正如罗尔斯顿所言:"一个人,只有当他获得了某种关于自然的观念时,他的教育才算完成;一种伦理学,只有当它对动物、植物、大地和生态系统给予了某种恰当的尊重时,它才是完整的。"[2] 可以说,这种关于人性的预设,是非人类中心论的出发点与根基所在,如曹孟勤教授所言:"人对自然物的道德义务只能以人类对自身的基本信念和价值理解为前提。""人类为自然物承担道德义务的关键,是人确定自己拥有怎样的人性。"[3] 或如日本学者高田纯所言:"人类对自然的义务就是建立于道德的自律之上的,此外便不会产生。"[4] 非人类中心论认为,如果像人类中心论所主张的,我们不承认自然权利,那么我们就是在对具有内在价值的人类自身一套逻辑,而对同样具有内在价值的自然物另一套逻辑,我们违背了自身的逻辑而滑入了物种歧视主义或物种利己主义,这是有损于人对自身完整形象的描绘的,甚至在某种意义上把人降低到动物层面:"人类中心主义实质上等同于物种主义或动物主义。"[5] 也就是卢风先生所说的"人类中心论是一种道德错误"[6] 的根本原因所在。总之,在自然内在价值成立的前提下,人类"应当"承认自然具有进入道德共同体的资格,承认自然权利是有根据的,甚至是必然的。因此,作为非人类中心论中的两个理论支柱,"自然内在价值"与"自然权利"有着必然的内在关联:由前者以一定条件为中介必然能够推

---

[1] 曹孟勤:《人未到场的生态伦理学研究》,《伦理学研究》,2004年第5期。
[2] [美]霍尔姆斯·罗尔斯顿:《环境伦理学》,杨通进译,北京:中国社会科学出版社,2000年,第261页。
[3] 曹孟勤:《人未到场的生态伦理学研究》,《伦理学研究》,2004年第5期。
[4] [日]高田纯:《自然具有内在价值吗?——关于环境伦理的争论》,《人文杂志》,2004年第4期。
[5] 郑慧子:《论人类中心主义的反人类性》,《河南大学学报(社会科学版)》,2003年第6期。
[6] 卢风:《论环境伦理学的哲学基础》,《学术界》,2002年第4期。

导出后者。

至此，我们已经完成了对自然权利存在的论证，同时也展现了自然内在价值与自然权利之内在关联。但是鉴于生态伦理学研究中对自然权利争论的复杂性，有必要对自然权利的一些相关问题进行补充说明，从而完善关于它的论证。

三、关于自然权利的其他相关问题

自然权利是指自然物具有的正当性的利益，那这种利益究竟是什么？对此，大部分生态伦理学家意见基本一致，认为是自然物的基本生存利益。如深层生态学认为："每一种生命形式在生态系统中都有发挥其正常功能的权利，或'生存和繁荣的平等权利'。"[1] 叶平教授认为自然权利主要有生物生存的权利与自主权利，即按照其种群的生态活动追求自由之权利[2]。但是自然的这种利益具有正当性上升为权利并不是无条件的、绝对的，也就是说并非自然物所有的利益都是权利，只有当人与自然物的利益关系达到一个特定状态时，自然物的利益才获得其正当性。如果超出这个自然物与人类利益相平衡的结合点，那么很可能自然物的利益将失去其正当性而不能成为一种权利，这在传统人际伦理中也同样如此：并非每个人的所有利益都可称为权利，只有当其利益与他人利益、与社会利益处于某一特定状态或者说符合某项特定道德原则时才会得到普遍认同而获得其正当性而成为权利。那么，人与自然处于什么利益关系或者符合什么道德原则才会出现自然权利？

对此，生态伦理学家做了深入的、有益的探讨，如泰勒提出的处理人与自然关系的五项原则，余谋昌先生也提出了，"在涉及上述两种利益相冲突时，人类生存的基本需要高于生物和自然界的利益；但是生物和自然界的生存高于人类的非基本需要"[3] 的指导性原则。这些观点是调整人与自然关系的初步探索，都产生了一定的影响力。这些原则彰显了人类的

---

[1] [美] R. 纳什：《大自然的权利：环境伦理学史》，杨通进译，青岛：青岛出版社，1999年，第177页。
[2] 叶平：《非人类的生态权利》，《道德与文明》，2000年第1期。
[3] 余谋昌：《生态文化论》，石家庄：河北教育出版社，2000年，第242页。

利他精神而又不失自利性。当然,鉴于人与自然之间自然性、伦理性关系的交融,人类利益与实践活动的多样性、复杂性,自然存在的复杂性、多样性等因素,这种原则的最终确定也要经过一个长期而复杂的过程。调整人与自然关系的伦理原则将是人类利益、自然利益、自然生态规律、社会性规律、人类利他性、自利性等多种因素的最佳结合点。自然物的利益在符合这些原则时便具有"正当性"而成为一种权利,否则就不存在这种权利。

根据上述分析可以看出,"自然权利"包含了人的尺度,且因生物自我中心的本能,这种尺度在总体上具有优先性。这就是为什么当人类自身的生命与健康受到某些自然存在物诸如病毒的危害时可以消灭或抑制它们而不负道德责任,因为此时,这些自然物的利益不具有正当性而不能成为一种道德权利,就如同人际伦理中,如果某个体损害了他人的正当利益比如杀死了无辜者时,其自身的利益因此就丧失了正当性,也就丧失了道德权利,甚至在危重情况下其生命存在也需要被剥夺,而这种情况并不被认为是一种道德性错误。并且自然物的正当性只能在其与人类利益的关系中产生,离开了人的参与,自然就无所谓自然权利的问题。这就能解释为什么在没有人类因素参与的自然界食物链,弱肉强食并不是对某些自然物权利的侵犯,因为此时谈不上自然权利问题。总之,"自然权利"不但不排除人的尺度而且必须以之为必要条件。所以,人类中心论者在对非人类中心论进行批评与质疑时,不厌其烦地重复的观点诸如认为"自然中心主义(或自然主义)的生态伦理观完全抛开人类生存利益的尺度"[1],认为如果按照非人类中心论的观点;"以此推论,使自然界中非人类的成员及自然生态得到最佳保障的最彻底的办法,就是让所有的人都从地球上消失!"[2],认为非人类中心论"放弃人类的主体地位,赋予自然以独人格,以求得人与自然的和谐发展"[3];认为"维护自然权利的最好办法就是消灭人类"[4]等观点,应该可以停止了。这不仅像李培超先生所说的是对非人类中心论的误解:"那些主张走进人类中心主义的论者,他们的担忧

---

[1] 刘福森:《自然中心主义生态伦理观的理论困境》,《中国社会科学》,1997 年 3 期。
[2] 王彩云:《走出"人类中心主义"是否可能?》,《人文杂志》,2003 年第 5 期。
[3] 周兰珍:《理想与幻想的交融》,《自然辩证法研究》,1999 年第 10 期。
[4] 傅华:《生态伦理学探究》,北京:华夏出版社,2002 年,第 236 页。

只是在于认为走出人类中心主义就是放下了人的价值尺度,就是让人按照物或自然界的尺度来行动,这种担忧应当说是对走出人类中心论的误解。"[1] 这也是对人类自身的道德理论特别是道德权利的误解。

自然权利是存在的,但是这种权利的主体是什么?从非人类中心论几大派别内容来看,意见并不统一,有的认为是动物个体,有的认为是生物个体,也有主张一切自然物包括岩石河流之类也是权利主体,也有的侧重物种、生态系统本身为权利主体。根据我们对自然内在价值的论证,岩石、河流等非生命存在不具内在价值,直接说来它们不可能存在"自然权利"的问题,但人类无论采取何种行为对待自然环境的无机物,都必然会影响生存于其中的生命体,这也涉及人的价值的实现。所以也可以由此推出对待自然界无机物的行为也具有一定伦理意义。而对于生物物种与生态系统却似乎可以推导出它们的"权利"问题,因为它们虽然直接说来不具有内在价值,却是这种内在价值的特定集合形式或包含内在价值于其中,并且以生物物种与生态系统为权利主体似乎更符合人们的道德直觉。当然,这种整体主义的观点也会受到质疑,比如有人认为它可能导致环境法西斯主义。其实,关于整体主义与个体主义的争论即使在人际伦理中也一直存在,但无论如何我们必须明确个体权利与整体权利在总体上并非互斥的,因为正如马克思所说:"应当避免重新把'社会'当作抽象的东西同个人对立起来。"[2] 这种建议同样适用于非人类中心论中个体主义与整体主义的争论。

此外,对自然权利特性的探究也是一个重要的问题。以往人们大多认为自然权利的最主要特征是其自然性,这种观点的典型在刘湘溶教授那里:"生物权利的本质特征是它的自然性,其含义有二:一是指生物权利是自然意志的体现,它源于自然运行的法则,由自然力量所支撑;二是指生物按生态规律的存在都是权利与义务的统一,这种统一是自然的统一。"[3] 这种观点影响颇大,我国许多学者如李建珊、曾建平、李培超等都持此观点。其实这种关于自然权利之自然性的主张是从他们关于自然权

---

[1] 李培超:《自然与人文的和解》,长沙:湖南人民出版社,2001年,第126页。
[2] 中共中央马克思恩格斯列宁斯大林著作编译局:《马克思恩格斯全集》(第42卷),北京:人民出版社,1979年,第122页。
[3] 刘湘溶:《生态伦理学的权利观》,《道德与文明》,2005年第6期。

利何以可能的论证中引申出来的,他们认为自然之所以具有权利是出于以下的理由:"每一种生物都有自己适应环境的特殊方式,称为生物的种族特征,它是自然竞争与自然选择的结果。生物的种族特征使生物在自然中占据着属于它们自己的应有位置——生态位,生态位概念揭示了特定的生物在自然中存在的合理性。"[1] 总而言之,"所谓自然权利就是自然有着按照自然当理之理(规律)的生存资格或利益。是人类不可否认的'天赋权利'"[2]。显然,这种对自然权利的论证与西方传统理论中对人的"天赋权利"进行论证的自然法理论同出一辙,它们都是以权利主体本身为依据来论证其权利的合理性,所以有学者认为,西方环境伦理思潮与西方自然法传统应当是有关联的。但是,即使在传统理论中,那种以"天赋权利"来说明权利现象的自然法理论的论证方式也是有着难以克服的困境:"毫无疑问,像自然权利论(这里的'自然权利'是指自然法理论中的自然性权利而非生态伦理学中的'自然界的权利'——引者)那样把个人权利说成是天赋的、不可让渡的,使之绝对化,这是站不住脚的。任何权利在根本上都是社会性的,也就是,它们只能体现在一定的社会关系中,先于社会存在的纯粹的自然权利是不存在的。"[3] 这同样适用于生态伦理学中对自然权利的论证。

根据我们对自然权利的分析,自然权利作为传统权利概念的延伸,必定要符合权利原来的本质规定性,它必定也是一个关系范畴,其成立必须是在人与自然的利益关系中得到证明,离开了人类尺度,根本无所谓权利。自然权利并非仅仅是自然意志的体现,它并非仅仅来自自然物的"生态位"或在生态系统中特定的作用。可以说,自然物本身、自然规律只是自然权利形成过程中的重要参考因素之一而非全部,自然权利自然性的观点将之绝对化、唯一化,必然会陷入困境。总之,自然权利并非纯自然性的。

至此,我们已经完成了对自然权利的基本论证。"扩展伦理范围,人与自然之间存在伦理关系"的观点是非人类中心论的基本精神,是这个理

---

[1] 刘湘溶:《生态伦理学的权利观》,《道德与文明》,2005 年第 6 期。
[2] 曾建平:《自然之思:西方生态伦理思想探究》,北京:中国社会科学出版社,2004 年,第 173 页。
[3] 余涌:《道德权利研究》,北京:中央编译出版社,2001 年,第 86 页。

论体系的一级命题,而"自然内在价值"与"自然权利"概念可被看作从这个一级命题引申、凸现出来的二级命题,是其具体体现,对非人类中心论基本精神的证明是通过对"自然内在价值"和"自然权利"的论证完成的。由于如果从传统价值与事实区分的休谟问题的角度来看,自然内在价值属于"事实"范畴,而自然权利才对应于人对自然的道德义务,才属于价值论层面,才是非人类中心论的最终果实。而扩展伦理范围的基本精神也是价值论命题,所以更严格说来,"自然权利"概念才是非人类中心论基本精神的直接体现。因此,要证明非人类中心论的基本精神,就必须证明自然权利概念,并且这两者是相互通达,互为充分必要条件的,或者说两者只是对同一内容的不同表达而已。对自然权利何以可能的论证同时就等于对这个基本精神进行证明,对自然权利的论证过程,本身就包含了对"人与自然有伦理关系"的证明的内容。总之,自然权利概念的成立是对非人类中心论体系合法性的有力证明。确认自然权利概念,应该并能够成为人类的共识,这对我们正确处理人与自然的关系具有重大的理论价值和实践价值。

本文与崔昆合作,发表于《社会科学》2007年第2期。

(该文于被《新华文摘》2007年第12期,第161页"论点摘要"转载,人大复印资料《伦理学》2007年第5期,第73—81页全文转载。)

关于克隆技术发展和应用的美学价值分析

随着生命科学的迅猛发展,克隆技术与基因研究正呈现相互渗透、相互交融的态势,这一态势促使自然界生命的状态正在从自然进化走向人工安排。1997年2月,《自然》杂志报道英国爱丁堡罗斯林研究所以羊的已分化了的体细胞,于1996年7月5日利用克隆技术成功地培养出"克隆羊"多莉[1]。这一克隆技术的重大突破,标志着克隆技术与基因研究相互交融的态势已经形成。处于这一大背景下的克隆技术的发展和应用,既可以给人类社会带来无限的益处(如应用于组织器官的移植等治疗性克隆),又可能给人类带来灭顶之灾(如造成生物的单一性而走向灭绝等)。直面这一客观现实,克隆技术发展与人类社会发展的关系问题,已成为当代必须说明的重大问题。2003年2月14日,克隆羊"多莉"过早死亡的消息震惊了世界,引发了一场关于克隆技术的社会伦理影响的大讨论,众说纷纭,亦喜亦忧。对克隆技术的讨论现已波及全球范围,引起了政治家、法学家、伦理学家、人类学家、社会学家及有关国际组织的广泛关注。克隆技术是人的理性思维和实践活动相结合所创造的结晶,必然有其存在的合理性和不容抹杀的价值,尤其是其美学价值。

一、克隆技术美学价值的评判基础

克隆是英语Clone的音译,是指通过无性繁殖技术,从一个细胞或一个个体,培育出与细胞提供者遗传特征相同的细胞群或个体群。克隆主要表征为:一是亲子代遗传物质在理论上相同,即具有相同的基因型;二是

---

[1] Wilmut, I. Schnieke et al. Viable Offspring Derived from Fetal and Adult Mammalian [J]. *Nature*, 1997, (385): 810-813.

克隆可以大批量产生基因型相同的个体，即形成个体群或细胞群，也称为"无性系"。目前，一般认为克隆技术就是用细胞融合技术把一个体细胞核移植到另一个去核的成熟卵细胞中，其遗传特征与体细胞核供应者相同，新的个体的发生不是卵子和精子的结合，而是一个已存在的基因型的拷贝。形象地说，克隆技术是用"优秀"基因的个体细胞复制出许多"优秀"的个体，深一层地说，克隆技术就是在研究某一DNA基因片段具有何种功能的基础上加以应用的关键性技术。可见，克隆技术是与基因研究密切联系的，尤其是人类基因组图谱草图绘制的完成，更为克隆技术的发展提供了契机，干细胞、转基因的应用研究正在向纵深发展。在现代生物学中，克隆技术又被称为"生物放大技术"。克隆技术的产生源于对生物遗传性质的研究和利用，它经历了植物克隆、微生物克隆、生物大分子克隆和动物克隆[1]。目前对克隆技术的价值讨论主要侧重于动物克隆。动物的体细胞已高度分化，失去了全能性，要使它分化发育成新个体，非常困难。由于它仅含有父本或母本单方面的遗传信息，因此，是一种真正意义上的无性繁殖，这就打破了高等动物传统的有性生殖方式，这既是克隆技术的价值所在，也是它引起伦理争论的原因。

马克思认为："'价值'这个普遍的概念是从人们对待满足他们需要的外界物的关系中产生。"[2] 当主客体之间形成某种特定效用关系时，主客体之间便形成了一种价值关系。从价值的一般哲学界定来看，价值表达的是客体中所具有的价值对象性与主体需要的一种属人关系，是指客体的存在、作用及他们的变化，对于一定主体需要及其发展的某种适合和一致。简言之，价值就是客体满足主体需要的实践关系和效用关系。克隆技术为什么具有美学价值呢？人们普遍认为，美是人的本质力量对象化的感性显现。"人的本质力量对象化是美的内容，具体事物的感性显现是美的形式"[3]，美学价值即人的本质对象化为客体后再反映到主体中，"使主体感受到主客体之间的融洽与和谐，从而产生情感上的愉悦。这种情感愉悦

---

[1] 徐宗良，刘学礼，瞿晓敏：《生命伦理学》，上海：上海人民出版社，2002年，第167页。
[2] 中共中央马克思恩格斯列宁斯大林著作编译局：《马克思恩格斯全集》（第19卷），北京：人民出版社，1963年，第406页。
[3] 杨俊一，陈超南：《真善美的求索——面向21世纪的马克思主义哲学的新思考》，上海：上海人民出版社，2002年，286页。

在主体内形成美感，同时赋予客体以美"[1]。简言之，是客体满足了主体审美的需要。由此可见，美学价值并不是一种实体的存在，而是客体对于主体反映和被反映的一种关系。克隆技术是人的理性思维高度张扬的产物，克隆技术之所以具有美学价值，首先是因为它是人的一种创造性活动，而人的创造性活动过程也是追求美的过程，因为"人是按照美的规律来塑造物体"[2]的。从哲学意义上来讲，求真、求善的活动本身就具有美学价值。真是科学技术追求的目标，是指客观事物的本质及其规律，既包括自然界的客观事物的本质及其规律，又包括人类社会发展的本质及其规律。善是伦理道德所追求的目标，是"对外部现实性的要求，这就是说善被理解为人的实践要求和外部现实性"[3]。善是人实践活动的目的，符合人的目的的实践及其结果，以其所具有实用价值而对人有益，因而具有善的价值。真是善的前提，善是美的基础，美就内含于既合真又合善的活动或事物中。克隆技术作为一种创造性活动，其目的是探求生命的奥秘，是求"真"的；其结果是为了更好地满足人们的需要（当然也包括人们审美的需要），是求"善"的。因此，克隆技术本身就是一种真与善的统一，而真与善的高度统一正是美的内涵底蕴的真谛所在。从一定意义上讲，克隆技术的本质就是创造美。

生命价值论认为生命的价值取决于两个方面，一方面是生命的自身价值，另一方面是生命对人和社会的意义。二者兼备即具有了美的基础。克隆技术创造的成果就是生命和生命活动，或者说是有生命力的细胞和生物，其本身就具有内在的价值，同时，克隆技术以其广泛的应用前景而具备了对社会的有用性，从而也就具备了美的意义和价值。

二、克隆技术发展和应用的美学价值分析

克隆技术发展到动物克隆是对传统的有性生殖方式的一次重大突破，

---

[1] 杨俊一、陈超南：《真善美的求索——面向 21 世纪的马克思主义哲学的新思考》，上海：上海人民出版社，2002 年，286 页。
[2] ［德］马克思：《1844 年经济学——哲学手稿》，刘丕坤译，北京：人民出版社，1979 年，第 51 页。
[3] 中共中央马克思恩格斯列宁斯大林著作编译局：《哲学笔记》，北京：人民出版社，1973 年，第 229 页。

是人类创造性思维充分发挥的产物。美学是研究美、美感和与美、美感相关问题的科学，其研究对象是人们在长期社会实践中所形成的，各种社会关系中所表现出来的美和与美相关的社会关系，即人对社会现实的审美关系。从克隆技术所采用的抽象的生命科学理论到实践中运用这些理论进行克隆的过程，再到顺利完成克隆技术操作使人的本质力量得到充分体现——克隆成果的诞生，都不断显现出美的价值。

（一）克隆技术的理论美

克隆技术所运用的理论，是当今生命科学发展的最前沿理论，它体现了人们改造客观世界、征服自然的无畏精神和巨大力量。克隆技术的发展和成功是人类理性的胜利，是科技的胜利，是科学在探求真理道路上的巨大进步，是人类对客观世界认识上的巨大完善，而"美学的目的是感性认识本身的完善（完善的感性认识），这完善就是美"[1]。美的本质是人的本质力量的对象化。克隆技术的本质是在对生命的本质和生命活动客观规律的认识、利用和驾驭的基础上，为实现人类的根本利益所进行的自由的、有意识的创造性活动。生命科学是现代科学技术革命的中心和热点之一，以克隆羊为代表的无性生殖技术的成功正是这场革命的重大突破。我们承认克隆技术理论是科学，实际上就承认了它内含的美学价值，因为科学总是不自然地散发出美的价值。蔡元培先生在《美术与科学的关系》一文中认为："科学虽然与美术不同，在各种科学上，都有可以应用美学眼光的地方。"[2] 科学发展的规律性向人们展示了它在社会历史中的发展脉络及它与其他社会因素之间的内在联系，在对科学总体发展进行反思的过程中，人们发现，科学不但具有认识功能，而且具有审美功能。拥有"现象学美学之父"头衔的盖格尔认为："美学是关于价值的科学。它是一门科学，这意味着知识是它的目标。"[3] 克隆技术所运用的生命科学理论，是人类知识宝库的一部分，它的创建目的就是为了更好地满足人类的需要，当然也包含了人们审美的需要。克隆技术理论本身就是人类理性的伟

---

[1] ［德］鲍姆嘉滕：《美学》，简明、王旭晓译，北京：文化艺术出版社，1987年，第169页。
[2] 季羡林：《文理交融是必由之路——〈科学与艺术的交融〉读后感》，《新华文摘》，2002年第4期。
[3] ［德］盖格尔：《艺术的意味》，艾彦译，北京：华夏出版社，1999年，第36页。

大创造,这个理论本身就蕴含着一种理性美。

(二) 克隆技术的过程美

克隆技术的美学价值不仅体现在理论层面上,更重要的还体现在克隆技术的运用过程中。所谓克隆技术的过程美也就是人们对克隆技术理论在实践层面上进行操作所体现出来的美。克隆是人对自然生物的利用和改造,在克隆过程中,人在相关生物技术理论的指导下,通过一定程序和工具直接作用于目的物,使其变成对人有用的相应成果。因此,克隆技术的过程美本质上是一种劳动美。创造性的劳动具有美学价值,它体现着人的本质,具有审美价值。克隆技术在遵循自然规律的基础上发挥了人的自由创造性,显示出美的魅力。在克隆的过程中人们付出了体力、脑力和情感,克服了重重困难,变无用为有用,化腐朽为神奇。在此过程中,人们感受到创造的乐趣、劳动的光荣,体验到自我的价值、人生的幸福,总之,在享受到美的熏陶的同时培养和丰富了美感。克隆技术的过程美在克隆技术的美学价值框架中还扮演着一个非常重要的角色,即起到了联系克隆技术的理论美和成果美的桥梁的作用。没有克隆技术的运用过程,克隆就会仅仅停留在理论层面上,克隆成果也不会产生,从而克隆技术的成果美也就无从谈起。

(三) 克隆技术的成果美

克隆技术的成果是人们进行克隆活动的结晶。克隆技术的成果美直接来自进行克隆活动者的技艺美。技艺美是克隆活动的技术和艺术的统一,譬如《庄子》中讲述的庖丁解牛游刃有余的技艺之美,就是技术水平相当高超已接近完美的艺术境界。克隆技术的成果美,首先体现在克隆技术成果的设计方面。这一设计既要具有满足人类社会发展的客观需要的实际功能,又要注意成果的美学价值,满足人们审美的需要。其次,克隆技术的成果美还体现在成果的功能方面。功能美是一种特殊形态的美,它寓于克隆成果符合美的规律的造型和制作之中。因此,克隆成果本身也包含着艺术美,是功能美和艺术美的统一。克隆技术成果的功能美主要依托于该技术的科技价值。克隆技术总是与基因研究结合在一起的,这对于生物科学和生物医学的发展具有极为重要的意义。克隆技术为医学提供了希望和机会，它可以查明一些疑难病症的致病机制，如癌症和遗传性疾病，并延伸而至，就有可能找到治疗方法。克隆技术的其他潜在应用前途也很大，如克隆动物可推动医用生物制品的发展；利用克隆技术培育转基因猪，一旦成功，即可为人体器官移植提供充分的不会发生排斥反应的动物器官和组织，解决器官移植过程中供体远远供不应求的矛盾；还可利用克隆技术培育牛和羊等，为手术和治疗提供备血，以解决医疗过程中血制品稀缺的难题。另外，克隆技术在农业、畜牧业、环境保护及在抢救濒危物种等方面也有很大的应用价值。克隆技术在更好地满足人们物质需要的同时也在满足着人们精神上的需要，其中很大一部分是人们审美的需要。实际上，克隆技术的科技价值与美学价值在很大程度上是相互联系、相互渗透、密不可分的。此外，克隆成果作为人的创造性劳动的产物不仅是人的本质的对象化，而且是创造者个性的对象化。科技工作者从事克隆活动的目的之一就是追求和创造美，爱因斯坦说："真正投身于科学事业的人是对自然和谐与美的追求。"[1] 作为克隆活动的直接产物——克隆技术的成果也必然体现出科技工作者从事创作的目的之一——美学价值。从事克隆活动的科技工作者在克隆过程中付出了自己的脑力和体力劳动、思想和感情，将自己的自由创造的力量和道德人格投入克隆过程中，物化在克隆成果之中。当人的本质对象化于劳动成果之中时，劳动成果就凸现出美来。

三、克隆技术美学价值评判的现实意义

克隆技术就如同其他许多重大科技发明一样，都是人类铸造的双刃剑，对它的研究和应用，既可造福人类，亦可给人类带来祸患。克隆技术的发展必然伴随着对传统伦理道德的冲击和影响，这种负面影响主要体现在人们对克隆人的担忧上，其负面作用不容忽视。对人的克隆有两种类型：治疗性克隆和生殖性克隆，前一种克隆主要是为了解决医学上器官研究和器官移植面临的诸多问题，是对人体器官和组织的克隆；后一种克隆是对完整人体的克隆，目前还没有这方面获得成功的被社会所公认的正式

---

[1] 季羡林：《文理交融是必由之路——〈科学与艺术的交融〉读后感》，《新华文摘》，2002年第4期。

报道。但是人们已经对克隆人的出现所可能带来的种种危害做了大量的预测。尽管如此，发展克隆技术的益处要远远大于其潜在坏处，就像当初核能的应用、器官移植和试管婴儿的出现曾经不止一次地引起人们的恐慌和忧虑，然而后来事情的发展并没有像当初想象的那样可怕，因为人们会理智地在法律和伦理的双重制约下，将其引向正确的发展方向，造福于人类。人类历史永远记住了这一天——1978年7月25日深夜，世界第一位试管婴儿路易丝·布朗来到人间。她的母亲说，在路易丝2岁的时候，"街上的人盯着她，就像是在看动物园里的猴子"。路易丝·布朗在20岁生日即将到来之际说出心里话："我很高兴妈妈和爸爸能够受益于试管授精。"[1] 生命科学的发展为改善人类的健康状况开辟了广阔前景，但克隆技术的发展，尤其是人的生殖性克隆问题，从个体出发，对后代人有可能造成权利的侵犯，具有负价值；从对生命奥妙的探索和全人类的共同利益出发，有可能是人道的，符合伦理观念的，具有正价值。这就有一个适度发展的问题，即生命科技的发展"应是在人类的知识、认知水平可预测、可控制的一定度的发展，超过一定度，带来的将不是福音，而是灭顶之灾"[2]。然而，我们不能因为克隆人可能会给人类社会带来危害就禁止克隆技术的发展，"克隆技术的突破是一项重大科技成果，人类有能力正确运用这种技术，有能力防止它危害人类"[3]。关键就在于一个"度"的问题，这也是我们分析克隆技术美学价值的现实意义所在：即在克隆技术的研究和应用中，每时每刻都要考虑到其美学价值，用美学价值的内在要求来匡正克隆技术发展的方向，以达到一种追求真与追求善的高度统一，进而达到美的理想状态。

克隆技术是人的创造性活动，体现了人的本质，人的本质就在于创造。马克思说："人的本质并不是单个人所固有的抽象物，在其现实性上，它是一切社会关系的总和。"[4] 而一切社会关系并不是天然存在的，它恰恰正是人类创造性活动的产物。人总是处在一定的自己所创造的社会关系

---

[1] 姜岩：《克隆人侵犯人类尊严》，《新华文摘》，2003年第3期。
[2] 陆树程：《科技发展与当代环境科技观》，《哲学研究》，2002年第6期。
[3] 赵洪文：《克隆技术何时走出阴影》，《望新闻周刊》，2000年第2期。
[4] 中共中央马克思恩格斯列宁斯大林著作编译局：《马克思恩格斯选集》，北京：人民出版社，1972年，第18页。

中，并不断地以自己的创造性活动改变着这种社会关系。从原始社会的刀耕火种到今天的基因研究，人类社会的每一次进步无不渗透着人类的创造性活动。克隆技术作为一种创造性活动，决不会停留在目前的发展阶段，而必然会获得进一步的发展。需要指出的是这种发展如果跳出美学的视野、脱离美学价值的要求，必将带来灾难性的后果。因此，克隆技术的发展必须要以美学价值为指导，以满足人类社会发展的需要为基本前提，否则就会导致技术的异化，使人们受到它的奴役。因此，如何正确处理发展克隆技术和社会进步二者之间的关系，使二者相互促进、共同发展，顺应人类社会发展的要求，是一个非常现实而又重要的问题。克隆技术的美学价值要求我们必须按照美的标准来发展克隆技术。克隆技术的突破牵涉到人类的生存和发展，稍不小心就会导致无法弥补的危害和损失，但也不能因噎废食，使克隆技术在造福于人类的方面受到限制。人们可通过美学、伦理学、法学等多重视野来达成共识，从而控制或约束克隆技术所带来的潜在危害，抑制或克服其消极影响，使克隆技术更好地为人类服务。我们完全应该也有可能顺应克隆技术美学价值的要求，大力发展有利于人类社会发展的克隆技术，促进克隆技术更好地服务于人类，为人类社会的健康生存和永续发展造福。

本文与闫勇合作，发表于《南京医科大学学报（社会科学版）》，2004年第2期。（该文被《中国社会科学文摘》2004年第6期第28—29页转载。）

关于公平、公正、正义三个概念的哲学反思

随着利益多元化趋势逐渐凸显,公平、公正、正义成为当今社会的热点问题,同时又是哲学、社会学、政治学、经济学等学科应用中的难点问题。如何科学揭示并厘清公平、公正、正义三个概念各自的内涵实质,如何在社会发展中保障公平、公正、正义的切实实现,已成为构建社会主义和谐社会中的重大问题。但目前学界同仁对此问题尚未引起高度重视,有些学者对公平、公正、正义三个概念并未做严格区分,以致对相关的理论阐述表述不清。

一、关于公平、公正、正义三个概念的研究述评

对公平、公正、正义的探讨古已有之。《荀子·正名》曰:"正利而为谓之事,正义而为谓之行。"[1] 这里公正(正)被当成一种应当的价值取向,公平(公)视为一种"不偏不倚"的行为,而正义代表着一种高尚的德性。人们对于公平、公正、正义的认识具有历史性、相对性和阶级性。近代以来,关于公平、公正、正义的研究更加广泛。公正用于指给每个人他(她)所应得,公平指对待人或对待事要"一视同仁"。关于两者的区别吴忠民教授指出:"公正侧重社会的'基本价值取向',公平强调衡量标准的'同一个尺度'……公正的'应然'成分多一些,公平的现实成分多一些。"[2] 而正义近代大多数伦理学家都倾向于理解为对"公共的善"的维护。这种公共的善其实就是爱尔维修所说的"公共利益"、培根所说的"全体福利"、边沁所说的"最大多数的人的最大幸福"和费尔巴哈所说的

---

[1] [战国]荀子著,[唐]杨倞注:《荀子》(卷十六),上海:上海古籍出版社,1989年,第130页。
[2] 吴忠民:《关于公正、公平、平等的差异之辨析》,《中共中央党校学报》,2003年第4期。

"合乎人情的利己主义"[1]。现代正义的概念越来越多地被专门用作评价社会制度的一种道德标准。罗尔斯指出："正义是社会制度的首要价值,正像真理是思想体系的首要价值一样。"[2] 针对这三个概念的异同,王桂艳指出："正义包含着一切美好的事物和信念,体现着真、善、美的全部内涵,更具有理念色彩;公正是一种社会普遍认同的并与一定的制度性因素相联系的正义;公平主要关乎的是人们日常生活操作层面的事情,它只需遵循同一标准规则的相同对待。"[3] 还有的学者认为,公平强调的是态度、规则、程序的同一性,公正是对行为结果的评价及对不公正行为的惩罚,正义是保证公平、公正得以实现的道德基础。在"社会公平正义与政治文明建设"全国学术研讨会上,俞吾金教授指出,关于公平正义的任何表达首先都需讨论其理论预设,并提出了社会公平正义的四种理论设定:一是要有普适性;二是要确立人权概念;三是道德实践主体与法权人格的确立;四是要有一个强大的公民社会。郭齐勇教授和张怀承教授认为,在不同的政治文明中社会公平正义的概念是不同的。[4]

学界对公平、公正、正义进行了广泛的研究,并取得一定的成果。但是大多数学者的理论思维主要停留在单向度的层面,宏观上缺乏一种整体系统的把握,抑或这种整体把握还不够细致和深入,没有具体地历史地把握概念的发展过程,致使这三个概念混淆使用的现象仍有发生。事实上,公平、公正、正义这三个概念各自有其边界,只有厘清它们之间的联系和区别后,才能在理论的构建和阐述上更加准确和严密,这对构建社会主义和谐社会等问题的理论阐述和实践应用具有积极价值。

二、公平、公正、正义的内涵

公平、公正、正义这三个概念在不同的学科领域有不同的具体内涵,

---

[1] 孙友祥,戴茂堂:《论西方正义思想的内在张力》,《伦理学研究》,2009年第4期。
[2] [美]约翰·罗尔斯:《正义论》,何怀宏,何包钢,廖申白译,北京:中国社会科学出版社,1988年,第3页。
[3] 王桂艳:《正义、公正、公平辨析》,《南开学报(哲学社会科学版)》,2006年第2期。
[4] 范虹:《"社会公平正义与政治文明建设"全国学术研讨会综述》,《哲学动态》,2008年第8期。

但都是在价值系统中对事物所做的道德认知与评价。在一定意义上，这三个概念是对人与人、人与社会、人与自然关系中人的主体行为的一种价值评判，只是在不同出场语境下，其具体内涵是不同的。

(一) 公平

公平指"处理事情合情合理，不偏袒任何一方"[1]。从伦理学视阈看，"在集体、民族、国家之间的交往中，公平指相互间的给予与获取大致持平的平等互利，同时还包含有对待两个或两个以上的对象时的一视同仁。在个人与社会集体之间的关系上，公平指个人的劳动活动创造的社会效益与社会提供给个人的物质精神回报的平衡合理。在个人与个人之间的关系上，公平指他们之间的对等互利和礼尚往来"[2]。西方早在古希腊罗马时期，就把处理人与人之间关系的基本准则纳入公平范畴。《雅典政制》记载，在梭伦时期多数人被少数人奴役，为了调整社会关系避免两极分化，梭伦采取适度侵犯所有制的方式。他认为要做到公平，只有在穷人和富人之间不偏不倚[3]。孔子也说过"有国有家者，不患寡而患不均，不患贫而患不安"[4]。公平含有从公正的角度出发，平等地善待每一个与之相关的对象的意义[5]。公平的内涵包括两个方面。其一，社会地位上平等。社会中一切成员在社会地位上是否被平等地认可和尊重，这是最基本的平等。马克思认为，"这种平等要求更应当是从人的这种共同特性中，从人就他们是人而言的这种平等中引申出这样的要求：一切人，或至少是一个国家的一切公民、或一个社会中一切成员，都应当有平等的政治地位和社会地位"[6]。其二，社会财富的分配上公平合理。公平用在衡量利益分配时指的是付出与回报之间的相等。社会财富分配上的公平是具体的社会历史条件考量下的公平。

---

[1] 《新华汉语词典》，北京：商务印书馆，2007年，第339页。

[2] 朱贻庭：《伦理学大辞典》，上海：上海辞书出版社，2002年，第45页。

[3] [古希腊] 亚里士多德：《雅典政制》，日知，力野译，北京：商务印书馆，1959年，第8—13页。

[4] [春秋] 孔子撰，冯国超译注：《论语》，北京：华夏出版社，2017年，第214页。

[5] 朱贻庭：《伦理学大辞典》，上海：上海辞书出版社，2002年，第45页。

[6] 中共中央马克思恩格斯列宁斯大林著作编译局：《马克思恩格斯选集》（第3卷），北京：人民出版社，1995年，第444页。

公平可分为起点公平、过程公平和结果公平三个层次。起点公平是最起码的条件上的公平，指在相同的机制设置和规则约束下，人人享有同等的权利和机会，从而摒弃先赋性因素造成的不平等状况。过程公平指分配形式上公平，即在机会均等、竞争规则相同的条件下，每个人获得与自己投入相称的利益，即等量劳动获得等量报酬，等量资本得到等量利润。结果公平是对分配结果而言，即每个人最终得到的利益相当，差距不大。公平虽强调平等，但人和人在遗传禀赋、智力、境遇和所拥有的财富、地位等方面具有差异，因此，把公平理解为绝对平等是荒谬的。美国学者孟旦指出："平等或公平性可以与交换中的量的差别和平共处。"[1]

（二）公正

从历史上看，公正是作为个人美德概念出现的。孔子云："子帅以正，孰敢不正？"[2] 这里的"正"意指个人的正直品格。在西方，"公正"一词内含个人正直美德和社会正义秩序的双重意思。亚里士多德指出："公正是德性之首，比星辰更让人崇敬。"[3] 从行为科学看，公正是处理人与人之间利益关系的伦理原则。公正作为道德范畴，既指符合一定社会道德规范的行为，又主要指处理人际关系和利益分配的一种原则，即"一视同仁"和"得所应得"[4]。公正首先起源于人们之间的利益分配。陈家刚认为："社会公正是社会的政治利益、经济利益和其他利益在全体社会成员之间合理的分配，它意味着权力的平等、分配的合理、机会的均等和司法的公正。"[5] 可见公正是在一定社会范围内，通过对社会资源的公平合理分配使每一个成员"得所应得"。其所分配的社会资源，主要是指社会权利和义务。王海明指出："权利与义务的交换或分配是公正的根本问题。"[6] 公正就是对社会主体间权利与义务的配置比例是否恰当，差别是否合理的一种价值评判。同时公正也是利益分配过程中必须遵守的分配原则。"任何利益交换……必须遵

---

[1] [美]孟旦：《实际可行的伦理准则及其进化论基础》，安延明译，《世界哲学》，2009年第1期。
[2] 张燕婴译注：《论语》，北京：中华书局，2007年，第179页。
[3] [古希腊]亚里士多德：《尼各马可伦理学》，廖申白译，北京：商务印书馆，2003年，第130页。
[4] 朱贻庭：《伦理学大辞典》，上海：上海辞书出版社，2002年，第45页。
[5] 陈家刚：《生态文明与社会公平》，《新华文摘》，2008年第2期。
[6] 王海明：《伦理学与人生》，上海：复旦大学出版社，2009年，第180页。

守一定的规范、原则才能够进行。那么规范我们一切交换行为……的总的道德原则是什么呢？就是同等的利害相交换，就是等利交换与等害交换，就是公正。"[1] 公正就是利益分配的合比例，就是根据每个社会成员的具体贡献进行有差别的分配。但同时公正又要求在利益分配上做适度的调节。每个人在社会生活中利用的社会公共资源多少是不同的，利用多的人收益就高，这在无形中就侵占了较少利用社会公共资源的弱势群体的权利和利益，那么适当的补偿就是必要的。

按照公正的分配原则是否能达到公正的分配结果，就涉及公正的程序设计问题。顾肃认为公正应分为实质公正和程序公正。[2] 实质公正是就分配结果而言，指社会资源在社会成员中得到合理分配，而程序公正更关注分配的程序是否符合公正的要求。实质公正是程序公正最终追求的结果，而程序公正又是实质公正得以实现的前提和保障。实现最终意义上的社会公正，需要两者有机地统一起来。

（三）正义

正义是对人类德性反思的结果，目前人们主要关注的是社会正义。社会正义分为理念正义、制度正义和社会生活正义三个层面，其核心是制度正义。关于正义，柏拉图认为："正义就是给每个人以适如其分的报答。"[3] 乌尔比安也指出："正义是给予每个人应得的部分的这种坚定而恒久的愿望。"[4] 穆勒认为："坚持给予每个人应得之物的原则……不但是我们业已界定的正义理念中不可分割的一部分，而且也是正义感指向的正确目标。"[5] 可见，正义就是给予每个人其应得部分的那种德性。近现代西方思想家主要用"正义"作为评价社会制度的一种道德标准。罗尔斯在《正义论》说："本章一开始将首先描述正义在社会合作中的作用，简要的说明作为正义的主要问题的社会基本结构……正义是社会制度的首要

---

[1] 王海明：《伦理学与人生》，上海：复旦大学出版社，2009年，第175页。
[2] 顾肃：《论社会公正与自由的关系》，《学海》，2004年第2期。
[3] [古希腊] 柏拉图：《理想国》，郭斌和、张竹明译，北京：商务印书馆，1986年，第7页。
[4] [美] 博登海默：《法理学—法哲学及其方法》，邓正来、姬敬武译，北京：华夏出版社，1987年，第253页。
[5] [英] 约翰·斯图亚特·穆勒：《功利主义》，叶建新译，北京：九州出版社，2007年，第141页。

价值，正像真理是思想体系的首要价值一样。"[1] 因此，正义被用于社会的基本制度安排上。

全面把握正义概念应该从三方面切入。对于正义问题应从理念、制度及日常生活三个层面进行考察。[2] 第一，理念层面：正义是一种理念具有理想性的价值取向，其表现形态是作为一种观念化的正义理念与价值评价标准而存在。作为理念的正义，它宏观勾勒出具体正义层面所指向的终极目的是什么，昭示出人们在各个领域所寄予的理想状态。因此，这种正义理念具有强大的凝聚力和号召力，可以激励人们为理想生活而努力奋斗。第二，制度层面：作为制度层面的制度正义是社会制度中的核心。"正义的主要问题是社会的基本结构，或更准确地说，是社会主要制度分配基本权利和义务，决定由社会合作产生的利益之划分的方式。"[3] 制度正义指的是社会基本结构的正义，它的使用范围包括社会政治制度、经济制度、法律制度等。制度层面的正义为正义的具体实施过程提供制度性的保障。第三，生活层面：正义是对政治、经济、法律、道德等领域中的是非、善恶的一种道德认识和价值评价，既指符合一定社会道德规范的行为，又是处理人际关系和利益分配的一种原则，即"一视同仁"和"得所当得"[4]。但什么是一个人"应得的东西"，只有在具体的社会历史条件和特定情境中才是明确的。

三、公平、公正、正义的异同

公平、公正、正义这三个概念之间有着千丝万缕的联系，以至于在某些语境中可以相互替换。万俊人亦指出："在汉语语境中，正义、公正、公平和公道这些概念几乎可以通用，它们都表示个人行为的无私、品德的正直和人际关系中相互对待的公平合理。"[5] 实际上这三者之间既具有内

---

[1] [美] 约翰·罗尔斯：《正义论》，何怀宏，何包钢，廖申白译，北京：中国社会科学出版社，1988年，第3页。
[2] 王桂艳：《正义、公正、公平辨析》，《南开学报（哲学社会科学版）》，2006年第2期。
[3] [美] 约翰·罗尔斯：《正义论》，何怀宏，何包钢，廖申白译，北京：中国社会科学出版社，1988年，第7页。
[4] 朱贻庭：《伦理学大辞典》，上海：上海辞书出版社，2002年，第44页。
[5] 万俊人：《义利之间——现代经济伦理十一讲》，北京：团结出版社，2003年，第74页。

在的逻辑关系，又在使用对象、使用范围和侧重点上存在差异。

（一）公平与公正

公平与公正作为区分对象，其一，两者侧重点不同。公平侧重地位上"一视同仁"和衡量标准的"同一个尺度"，即在普遍人权、独立人格、人与人之间地位等方面上保证起点上平等，而公正强调给每个人得其所应得，侧重于分配领域，所涉及的对象是社会资源，主要是社会权利和义务。其二，两者的价值取向不同。公正比公平价值导向性强，公平的客观性相对明显。吴忠民指出："公正带有明显的'价值取向'，它所侧重的是社会的'基本价值取向'，并且强调这种价值取向的正当性；而公平则带有明显的'工具性'，它所强调的是衡量标准的'同一个尺度'，用以防止社会对待中的双重（或多重）标准问题。"[1] 其三，两者追求的分配结果不同。党的十七大报告指出："初次分配和再分配都要处理好效率和公平的关系，再分配更加注重公平。"[2] 这里的公平追求收入分配的均等化，目的是防止收入悬殊，导致两极分化。而公正作为利益分配的原则强调利益分配的合比例，即根据每个社会成员的具体贡献进行分配，这有利于调动社会成员的积极性，同时又注重对利益进行适当的调节，最终实现社会的整体公正。

公平与公正虽有以上差异，但彼此之间具有内在的关联性。其一，公正的基本价值取向引导公平的真正实现。"如果没有公正、正义的基本价值取向，就不会有真正意义上的公平即正向意义上的公平，剩下的可能只是'公平'的游戏规则。"[3] 没有公正引导的公平，就有可能被别有用心的人所利用，从而有损社会公正的实现。其二，公正的实施过程需要借助于公平。公正作为利益分配中的一个原则和衡量标准，首先必须确保准入机制上的公平，即人人享有同等的机会和权利，地位上的"一视同仁"和衡量标准的"同一个尺度"，只有做到起点上的公平才有可能在利益分配中实现公正。由此可见，公正之中必定内含着公平，公平同时表征着公正。

---

[1] 吴忠民：《社会公正论》，济南：山东人民出版社，2004年，第103页。
[2] 胡锦涛：《高举中国特色社会主义伟大旗帜 为夺取全面建设小康社会新胜利而奋斗——在中国共产党第十七次全国代表大会上的报告》，《人民日报》，2007年10月25日。
[3] 吴忠民：《社会公正论》，济南：山东人民出版社，2004年，第104—105页。

(二) 公平与正义

公平与正义的区别显而易见。其一，两者的理论品行迥异。正义具有理念色彩，带有明显的价值导向性，寄托着人们对理想社会制度和美好生活的向往；而公平强调客观性，注重的是衡量标准的"同一个尺度"，带有明显的中性和"工具性"意味。其二，两者在使用对象上有所差异。公平一般用于具体的操作层面，而正义一般用于制度层面。万俊人指出："实现社会公平正义的根本途径是正义的制度构建。"[1] 这实际上阐明了制度正义的重要性和必要性。作为一种制度层面的正义，制度正义是社会制度中最重要、最关键的一环，是实现每个人真正的自由和真正的平等的必要条件。公平则贯穿于人们社会生产和日常生活的始终。其三，两者的追求目标不同。公平追求基本权利上的平等及利益上的均衡，提倡公平是为了缩小贫富差距，缓和社会矛盾。正义追求社会制度的正义安排，利益分配上的对等，即付出与回报之间的相适应。公平追求的目标是微观具体的，而正义是在一个宏观视域下着眼于整个社会来考量制度安排与利益分配问题。

公平与正义之间又具有内在的逻辑关系，两者虽不在一个层面上，但也不是毫无关系的。其一，正义是公平的立论根据，缺乏正义的公平是无源之水、无本之木，最终可能沦为平均主义。没有正义价值导向下的公平，就有可能被怀有不良企图的人借口公平的规则为自己谋利，这样"一视同仁"的公平规则就失去了存在价值。其二，公平是正义实施过程中的必备环节。在正义的实施过程中，社会基本制度的安排及社会生活中利益的分配等方面都需要借助公平这一工具，没有公平在具体操作层面做奠基，正义就有可能被架空。

(三) 公正与正义

利用概念的界定方法——种属定义法，公正与正义在种属关系及内涵、外延上都是不同的。冯颜利指出："公正与正义是属种关系，而不是种属关系，也不是交叉关系。正义的内涵比公正丰富，而公正的外延比正

---

[1] 万俊人：《论正义之为社会制度的第一美德》，《哲学研究》，2009 年第 2 期。

义大,是正义的一定公正,公正的未必正义,不公正的一定不正义,不正义的未必不公正。"[1] 两者除了概念上的区别外,在侧重点上和使用对象也不同。公正如前所说的侧重于分配领域,而正义则侧重于社会制度的安排,包括社会的政治制度、经济制度、法律制度等,而且正义作为社会所倡导、弘扬的一种理念比公正的感情色彩要强,凝聚力和号召力要大。在使用对象上,正义一般用在比较庄严重大的场合,比如说正义战争、为正义而战,而不说"公正战争"。这里正义的"义"就带有一种强烈的感情色彩,它赋予一种行为以合乎人道的立场,预示着这就是人们所追求和向往的理想状态。公正相对于正义价值导向性和感情色彩没那么浓重,客观性更明显一些。

虽然两者有以上诸多差异,但其都是一种理想的价值取向。康德说:"如果公正和正义沉沦。那么人类就再也不值得在这个世界上生活了。"[2] 正义作为一种观念形态的正义理念与社会的政治和伦理的评价标准而存在,在基本社会制度安排上具有宏观指导意义,但在具体操作过程中,正义又必须以公正为基本依据和基本出发点。因为公正能使宏观上抽象的正义理念贯彻到微观的具体社会制度安排与政策制定上。"实现社会公平正义的根本途径是正义的制度建构,即按照正义的基本原则体系,做出公正的制度安排和调整。"[3] 所以说正义的目标的实现,需要在实践中把公正作为一个扎实的落脚点,也只有基于公正的制度安排和政策制定,才能使多元利益主体的利益分配得当,进而为社会正义的实现奠定基础。由此可见,公正以正义为旨归,为最终实现社会正义服务;正义作为一种最高的价值导向航标,又为公正的实施指明道路和前进方向。

四、厘清公平、公正、正义三个概念的价值

当代中国在取得举世瞩目成就的同时,贫富差距拉大、就业、失业,以及社会保障等问题日益凸显,这引发我们反思发展的目的是为了什么?胡锦涛同志在党的十七大报告中指出:"要通过发展增加社会物质财富、

---

[1] 冯颜利:《公正(正义)研究述评》,《哲学动态》,2004年第4期。
[2] [德]康德:《法的形而上学原理》,沈叔平译,北京:商务印书馆,1991年,第165页。
[3] 万俊人:《论正义之为社会制度的第一美德》,《哲学研究》,2009年第2期。

不断改善人民生活,又要通过发展保障社会公平正义、不断促进社会和谐。实现社会公平正义是中国共产党人的一贯主张,是发展中国特色社会主义的重大任务。"[1] 这明确表达了发展的目的是为了社会的和谐与人民的幸福。"我们在何种程度上重视我们自身的幸福和福利,我们就必定在何种程度上欢呼正义和人道的实践,惟有通过这种实践,社会的联盟才能得到维持,每一个人才能收获相互保护和援助的果实。"[2] 人是处在一定社会关系中的人,任何一个人的幸福都离不开社会的公平、公正和正义。梳理、剖析公平、公正和正义三个概念的内涵及其异同,对进一步维护社会正义、促进社会和谐,无论在理论上还是在实践上都具有积极价值。

从理论上看,厘清公平、公正、正义这三个概念,有助于在概念的把握上有个宏观的框架,在相关问题的理论阐述上用词更加准确恰当。公平指社会地位上平等和社会财富的分配上合理,公正是处理人与人之间利益关系的伦理原则,正义是一种理念存在,主要用于社会制度层面。三者虽属于不同的层面,但又是相互联系、相互依赖、密不可分的。公平以公正和正义为价值导向,公正又以公平为其内涵,最终以正义为旨归。在实现社会正义的过程中,社会公正是其必要条件,社会公平是其应有之意。因此,处于不同层面的三个概念,如果在理论阐述上被混淆使用,无视它们之间的区别和联系,就很容易引发歧义和理解偏差;如果在理论构建上偷换概念,就可能导致制度安排和政策制定偏离既定轨道,从而造成利益冲突和社会混乱。

从实践上看,建立在正确概念基础上的科学理论才易于被人们所认同和接受,从而制定的路线、方针、政策才能在实践中被人们坚持和执行。为了缩小贫富差距,保护弱势群体的权益,缓和社会矛盾,实现社会和谐,正义作为社会制度的德性、作为社会制度的首要价值应该是前提性的条件。万俊人认为:"良好的社会生活秩序取决于制度本身的正义设计、正义安排和正义运行的规范有效性。社会生活秩序的根本或基础是社会基本制度安排的正义,其长久稳定性也取决于社会基本制度的正义运行和作

---

[1] 胡锦涛:《高举中国特色社会主义伟大旗帜 为夺取全面建设小康社会新胜利而奋斗——在中国共产党第十七次全国代表大会上的报告》,《人民日报》,2007年10月25日。
[2] [英]休谟:《道德原则研究》,曾晓平译,北京:商务印书馆,2001年,第65—66页。

用。"[1]因此，在制度的安排上必须高度重视正义。公正作为利益分配的原则和衡量标准是基础性的。如果一个社会没有公正或者说缺乏公正的分配原则，那么在社会中这个"蛋糕"做得再大，也不能确保每一个社会成员分到应得的蛋糕份额。社会竞争导致优胜劣汰，利益分配相对不均衡，公正对利益分配进行适当的调节，使各阶级、阶层和不同利益群体对利益分配的不均衡保持在"可容忍"的范围内。这样既能最大限度地调动社会成员的积极性，保持竞争力以促进经济发展，又能维护社会稳定。公平作为社会生产和生活的可操作层面的概念，包括公平就业、公平分配、公平交易、公平消费等，从而保障每一个人在基本权利上平等。

综上所述，公平、公正和正义在社会定位和价值目标的追求上不尽相同，正义是前提性的，侧重于社会基本结构安排的正义；公正是基础性的，侧重于利益分配上的对等；公平是条件性的，侧重于社会成员在基本权利上的平等。在构建社会主义和谐社会过程中，我们必须坚持制度安排的正义、利益分配的公正、基本权利的公平，只有把这三者有机地统一起来，更好地贯彻落实到党的各项路线、方针和政策中去，才能不断推进社会主义和谐社会的建设。

本文与刘萍合作，发表于《浙江学刊》2010年第2期。

---

[1] 万俊人：《论正义之为社会制度的第一美德》，《哲学研究》，2009年第2期。

论人类中心论的本质

——关于生态伦理学论争的一个反思

引言

人类中心论与非人类中心论的对立是现今生态伦理学的基本格局，人类中心论本质问题是生态伦理学理论探讨的一个基本前提。但是目前学界对于人类中心论本质界定最大的问题就是，以为人类中心论就是"以人为中心"，把"维护人类利益特别是其长远整体利益"作为其本质，这很大程度上是一种望文生义式的理解。实际上，人类中心论与非人类中心论的本质区别，根本说来，并不是由"对人类单方面利益的态度"所决定的，而是由它们对其所共同面对的"人与自然关系的本质"问题的解答所决定的：非人类中心论认为非人类自然存在同样为主体，存在着自然的内在价值，应该将道德关怀扩展到自然存在；人类中心论则认为非人类自然不可能是主体，人是唯一价值主体，人与自然之间是一种纯粹目的与工具、主体与客体的关系。在此，"坚持人类是唯一的价值主体"是人类中心论的最根本观点，因此，其本质就是一种绝对主体主义。

但是，问题在于，现今生态伦理学中对于人类中心论的理解是一个非常复杂的问题。因为人类中心论概念本身就存在诸多形态，并且与其他的一些概念、问题如与人类沙文主义、非人类中心论、人类整体主义连接、纠缠在一起，于是呈现出一种枝节横生、纷繁复杂的局面。据此，对于人类中心论本质的探究，主要需要经过"一个定位""两个对比"的过程：对人类中心论范畴性质的定位，人类中心论与人类沙文主义的本质对比，人类中心论与非人类中心论的本质对比。通过定位与对比，对人类中心论概念进行梳理，对相关问题进行澄清，进而对人类中心论本质问题的干扰因素进行剥离，抽象出人类中心论本质的核心问题，最后明确人类中心论的本质及其与非人类中心论的根本区别所在。这是对人类中心论本质进行探究论证的一个基本思路。

一、生态伦理学中的人类中心论是一个价值论命题

生态伦理学中的"人类中心论"本身就是一个复杂的概念，它曾在不同层面、不同意义上被使用，于是，出现了各种名目，各种形态的人类中心论。因此，首先需要确定生态伦理学中此概念自身的性质及使用界限。

按照《伦理学大辞典》的解释，"人类中心论"的含义大致有：①人在空间范围的意义上是宇宙的中心；②人是宇宙中一切事物的目的；③按照人类的价值观解释或评价宇宙间的所有事物，即在"价值"意义上，一切从人的利益和价值出发，以人为根本尺度去评价和对待其他所有事物。[1]也有一些学者根据个人理解对人类中心论所涉及的层面进行宏观把握，比如曾有人指出"人类中心论"应该有三个层次[2]：一是本体论上的；二是认识论上的；三是伦理学意义上的。另外，国外学者W. H. 默迪也有一种分类，即前达尔文式的人类中心主义，达尔文式的人类中心主义，现代人类中心主义。

实际上，以传统哲学理论中的三大论域即本体论、认识论、价值论为标准来划分"人类中心论"是较为合理的，这三个传统哲学范畴由来已久、内涵相对明晰，可以全面涵盖"人类中心论"的使用范围，且容易为人们所理解和接受。本体论上的人类中心论是对人类与宇宙世界之间自然性关系的把握，它包含两种含义：一是地理意义上的人类中心论，二是目的论意义上的人类中心论。认识论意义上的人类中心论指人类必定以自身的角度来认知万物，任何思想都是由人提出的，都不可避免带有人的烙印；而价值论意义上的人类中心论就是主张人的一切活动均以人的利益为出发点，都是为了满足人的需要与目的。

---

[1] 朱贻庭：《伦理学大辞典》，上海：上海辞书出版社，2002年，第159页。
[2] 李寿德：《中国环境伦理学研究进展》，《自然辩证法研究》，2000年第6期。

生态伦理学中的人类中心论主要是指一个价值论命题。因为生态伦理学作为一门伦理学分支是研究价值论问题的，其中的人类中心论与非人类中心论所争论的主要就是人与自然之间是否存在道德关系的问题。有学者认为非人类中心论者是"从本体论的角度批判和全盘否定人类中心主义"，"从本体论的角度批判价值论的人类中心主义，张冠李戴，言不及义"[1]。针对这一点，本文对"人类中心论"概念进行简单梳理的意图除了对其有一个较为清晰的宏观把握之外，还意在澄清：作为一种价值观念，非人类中心论所针对的就是价值论层面的"人类中心论"。

把人类中心论定位于一个价值论命题的意义在于，抛开本体论与认识论层面的影响，对人对于生态伦理中的人类中心论本质理解的干扰因素初步剥离。这是对人类中心论本质探究的一个基本逻辑前提。

二、人类中心论与人类沙文主义没有本质区别

价值论意义上的人类中心论从其纵向发展历程来看也呈现过不同的形态，因此，需要进一步探究价值论层面的人类中心论诸种形态的相互关系，这其中主要是澄清人类中心论与人类沙文主义的关系问题，人类中心论与人类整体主义的关系问题。在此基础上，进一步剥离上述诸形态对于现代生态伦理学中的人类中心论本质理解的干扰。

对于价值意义上的人类中心论的诸种形态，国内外学者曾有多种分类。如诺顿曾将其分为强人类中心论与弱人类中心论，国内则有绝对人类中心论与相对人类中心论、虚假的人类中心论与真实的人类中心论的划分等。这些对人类中心论形态的划分，主要意在说明价值论意义上的人类中心论不可一概而论，它既有合理形态又有不合理形态，而那种不合理形态的人类中心论对于环境危机的形成难辞其咎，应予以批判和否定。这就是自近代以来，伴随着工业文明的兴起与自然科技发展运用而出现的近代人类中心论，又被称为"人类沙文主义""人类专制主义"等。其主要特征是无限高扬人类的主体性力量，无视自然生态规律，也未对人自身需求进行理性审视和适当节制，以通过科技力量征服自然来满足人类任何需求。

---

[1] 傅华：《生态伦理学探究》，北京：华夏出版社，2002年，第248页。

在现代生态伦理学中,无论是人类中心论还是非人类中心论都对这种人类沙文主义大加批判。为了避免遭到不应有的责难,现今人类中心论旗帜鲜明地与人类沙文主义划清界限,比如有学者就认为"真正该对如今的生态和人类社会环境危机负全责的应该是绝对人类中心主义,或者说我们可以并且应该超越的是那种以机械论自然观为基础的特殊的人类中心主义"[1]。人类中心论者的这种言说,其目的是想指出:人类中心论并不是环境危机的必然根源,他们所持有的是一种在对人类沙文主义进行反思与批判的基础上,重新建构成的现代意义上的合理形态的人类中心论,它就可以应对当前人类面临的环境危机,进而说明非人类中心论对人类中心论的批判是没有道理的。

由于人类中心论与非人类中心论都对人类沙文主义或近代人类中心论持批判否定态度,因此现今生态伦理学中,与非人类中心论相对而言的人类中心论,严格说来是现代意义上的人类中心论。它是人们面对环境危机,对人类以往价值观念展开自省、批判、前瞻的思想成果之一,也是人类中心论面对种种批判而进行现代建构的结果。那么,现代人类中心论的核心思想是什么?它与以往的人类中心论究竟有何种区别?

在人类中心论的现代建构中,比较典型的是诺顿的"弱人类中心论"和默迪的"现代人类中心论",我国一些学者也对人类中心论进行了现代阐释,比如"所谓环境人类中心主义,就是坚持以人类整体利益为中心,把人类整体利益作为处理人与外部生存环境的根本价值尺度……这是一种把整个人类的生存和发展的需要作为人类实践的终极价值尺度的伦理学思想"[2]。从这些具体观点主张来看,现代人类中心论的核心理念在于两方面。一方面,从现代人类中心论对近代人类中心论的批判、改进来看,它们都主张对人的需求进行理性审视、适当节制,深化了对自然价值与自然生态规律的认识。它们都以人类整体、长远利益为根本价值尺度,追求自然资源在代内与代际公平合理的分配,追求人类发展的可持续性。但另一方面,现代人类中心论又与传统人类中心论有着更为深层的一致性:它们都认为,人是唯一的价值主体,是唯一具有内在价值的存在物,其他一切

---

[1] 逯明:《论相对人类中心主义与科学发展观的同一性》,《理论月刊》,2009年第8期。
[2] 王凤珍:《论类本位的环境人类中心主义》,《哲学研究》,2010年第5期。

事物都只具有对人类而言的工具价值。它们都主张与道德相关的唯一因素就是人类利益（只是在传统人类中心论中，它指人类的任何需求，而现代人类中心论主张的是人类整体、长远利益）；人与自然存在之间不存在任何伦理关系，只存在以自然物为中介的人与人的道德关系。上述两方面构成了现代人类中心论的基本内容。然而，现代人类中心论对传统人类中心论进行改造的那一部分似乎不能构成其本质，因为非人类中心论也主张要对人的需求进行理性审视和节制，也主张要遵从自然生态规律行事，并且可以说比人类中心论更为激进。从现代人类中心论与传统人类中心论的对比来看，它们的相通之处是更为根本和深层的，可以说这构成了现代人类中心论的核心理念与基本精神。相比之下，现代人类中心论的改进之处是较为表层的，是对这种核心理念的一种变形，从而展现为一种现代形态。

至此，可以得出两个结论。其一，虽然现代人类中心论者极力与传统人类沙文主义划清界限，但这不能掩盖两者深层的一致性。从最根本意义上说，人类沙文主义其实与现代人类中心论在本质上是一样的，只不过一种是这种本质的狭隘的极端不合理的表现形式，而另一种则是在反思与批判过去的基础上形成的一种相对合理形态而已。其二，非人类中心论与现代人类中心论对应之处不在于后者对人类沙文主义改进之处，而在于它与人类沙文主义的一致之处。而这一部分便是一般意义上的"人类中心论"概念的实质，也是现代人类中心论的实质。所以，尽管现今人类中心论者对"人类中心论"做出多种形态的划分，并声称现代人类中心论与近代人类沙文主义有着根本区别，将生态伦理学中的"人类中心论"定位于现代意义上重新建构的人类中心论。但是这并未根本改变人类中心论与非人类中心论的对立。

对现代人类中心论本质理解的另外一个干扰因素，就是把人类整体主义作为人类中心论的本质。一些学者在界定人类中心论时认为，这个概念中的"人类""是个整体性、全体性概念，指的是生活于我们这个地球上的一切地方、一切时期的人的总和"，所以真正的人类中心主义是以全人类整体长远利益为出发点，"但由于财产私有等诸多社会因素，这种真正意义上的人类中心主义在实践上并无出现"。以往历史上出现的所谓的人类中心主义只是某些集团、阶级、民族、国家的中心主义，它才是生态危机的罪魁祸首[1]。"人类目前所面临的窘境，主要不是太以人类为中心，而是还没有真正以全人类的利益为中心。"[2] 因此，人类中心论不能走出，反而要走入真正的人类中心论。这种观点确实看到了环境问题的一种原因，但是它对人类中心论本质的理解是有问题的。根据肖中舟的观点："'人类'一词的合法使用其实早已被整合到历史地形成的两个不同维度的结构之中：一个是人与非人的自然界关系的维度结构，在这一维度结构中，'人类'一词是相对于'非人的自然界'而言的；另一个是人与人之间的关系的维度结构，在这一结构中，'人类'作为'人类全体'或'全体的人''整体的人'的同义词，是相对于'非人类全体（如个体的人、现代人、阶级、民族、种族、国家等）'而言的。"[3] 而前述观点显然是在第二个纬度即人与人的关系上界定人类中心论，但是在生态伦理学中，无论是人类中心论还是非人类中心论，它们所直接面对的问题是人与自然的关系，两者是在这个问题上正相对的，所以生态伦理学中的"人类中心论"概念中的"人类"应该是与非人类自然存在物相对而言的类存在，那种将"人类"界定为"全体人类"，从而主张走进真正人类中心主义的观点所面对的与人类中心论、非人类中心论相对立时所面对的并不是同一问题。

人类整体主义的出现是人们对生态伦理学中的现代人类中心论本质理解上的一个横生枝节，将生态伦理的核心问题引向了其他方向，对此种观点需要给予适当剥离。

三、人类中心论与非人类中心论的对立

通过上述人类中心论与人类沙文主义的对比可以看出，人类中心论总是以"维护人类整体长远利益"作为其根本，掩盖它与人类沙文主义的相通之处。这一点同样存在于人类中心论与非人类中心论的对立与论争当中。由于非人类中心论的一个突出特征（而非其本质）在于对非人类自然存在的道德辩护，很多人便想当然地以为，作为非人类中心论的对立面，

---

[1] 佑素珍：《人类中心主义与环境危机》，《兰州学刊》，2002年第3期。
[2] 张敏：《对人类中心主义历史演进的梳理和反思》，《甘肃社会科学》，2003年第3期。
[3] 肖中舟：《"人类中心主义"辨义》，《人文杂志》，1997年第3期。

人类中心论的根本当然是以维护人类利益自居:"人类中心论就是'以人为中心'。"于是,一个看似顺理成章的结论就是:非人类中心论是一种反人类性的理论,如果非人类中心论也主张维护人类利益,那么它就是一种假命题,其本质还是一种人类中心论。这是对于人类中心论本质理解的一个最大迷误,需要我们在两种理论的对比中加以澄清。

非人类中心论的核心理念在于:并非只有人类的利益才是环境道德唯一相关因素,其他生命的生存和生态系统的完整也直接参与到环境道德价值尺度中,人与自然之间存在着一种直接的有实质意义的伦理关系,因此,"人把这种对他人的关怀扩展到其他存在物身上,于是形成了生态伦理"[1]。这展现了一种全新的人与自然关系状态。这种伦理精神的理论支撑是"自然内在价值"和"自然权利"。它们是非人类中心论体系的核心概念,其合理、合法与否直接决定着非人类中心论是否可能的问题。正如刘湘溶所说:"自然权利与自然的价值是自然道德的基础,离开了这一基础,自然道德就无法建立。"[2]

人类中心论对非人类中心论的批判主要是围绕着这两个概念进行。对于自然权利,帕斯莫尔认为,"权利思想完全不适用于非人类存在物,因为人类之外的生命认识不到彼此之间的责任,也没有能力交流对责任的看法"[3],国内也有很多学者认为权利是一个社会法律关系或道德关系范畴,不存在于非人类自然界,自然权利的提法会要求人应如自然动物一样,被动适应自然,剥夺了人之为人的权利。对于自然内在价值,人类中心论者认为人是唯一的价值主体,非人类存在物不具有成为价值主体的资格,自然内在价值是不能成立的。比如韩东屏认为:"离开人谈主体、谈价值,不仅会造成已有概念的混乱,而且毫无实际意义。"[4]另外,也有学者指出内在价值实际上是一种客观事实,"是实存而不是对人的要求",而道德权利概念则属于应然层面,"重在指自然对于人的作为(作为和不作为)要求"[5],两个概念是不同层面的。人类中心论者就此指出非人类

---

[1] 易小明:《两种内在价值的通融:生态伦理的生成基础》,《哲学研究》,2009年第12期。
[2] 刘湘溶:《生态伦理学》,长沙:湖南师范大学出版社,1992年,第69页。
[3] 傅华:《生态伦理学探究》,北京:华夏出版社,2002年,第208页。
[4] 韩东屏:《质疑非人类中心主义环境伦理学的内在价值论》,《道德与文明》,2003年第3期。
[5] 傅华:《生态伦理学探究》,北京:华夏出版社,2002年,第181页。

中心论是犯了自然主义谬误的错误："能否从'是'中推导出'应当'……这是自然主义生态伦理观所面对的一个最主要的理论难题。"[1]

实际上，人类中心论这种批判，除了一些对概念的理解、界定及使用等因素外，主要可归结为一点：非人类中心论完全取消了人类的地位和利益。比如，反对自然内在价值的成立是因为，有人认为这会导致主体泛化从而消解人类主体地位；反对自然权利是因为，有人认为会由此推导出"为了维护自然权利最好的办法是消灭人类"的结论；认为非人类中心论之所以犯了自然主义谬误也是因为它抛离人类的利益和人的主体性因素。但是，这种观点在很大程度上是一种误解，从现今非人类中心论几大派别的具体内容来看，它们并未抛弃人的价值尺度，也主张在人类基本利益与非人类自然物基本利益发生冲突时以前者为优先。所以，当人们把非人类中心论所持的价值尺度定位为以"自然为中心"时，这里的"自然"实际上包括人类在内的整个自然生态系统，而不是指除人之外的自然存在物。但是，这种对非人类中心论的辩解反而会使之遭受似乎更为致命的批判。有人指出，如果非人类中心论的价值尺度仍然是以人类为中心，那么它就应该仍属于人类中心论的范围，只是换了一种表达方式，例如吴宏政认为："一般所说的自然中心主义实际是虚假的自然中心主义，因为其背后仍然是'人类中心主义'。"[2]

那么，非人类中心论是否就是人类中心论的另一种特定表述方式？是否两者最终没有根本性的区别？此问题涉及对人类中心论更为深入理解的问题。之所以非人类中心论被认为仍属于人类中心论，主要是因为它仍旧在总体上主张人类基本利益的优先性。也就是说，人们认为"主张人类利益的总体优先性"，"以人类为中心"就是人类中心论。这种观点看似理所当然、不言而喻，但事实并非如此。人类之所以在其某种基本利益（如生命存在、健康等）与其他自然物发生冲突时会以自身为优先，总体上仍以人的基本利益为中心，乃是源于生物性本能，所有生命存在都是如此。这种生物性自我中心也可称为生物学意义上的人类中心主义，并且"生物学意义上的人类中心主义是反对不了的……在生物逻辑的范围内，人是没有

---

[1] 刘福森：《自然中心主义生态伦理观的理论困境》，《中国社会科学》，1997年第3期。
[2] 吴宏政：《发展伦理学中伦理主体的拓展》，《自然辩证法研究》，2005年第3期。

选择自由的"[1]。人类中心论者正是基于此认为人类中心论是无法反驳的,非人类中心论脱离不了人类中心论范围。但这种对人类中心论自身的定位是有问题的,因为在生态伦理学中,无论是人类中心论还是非人类中心论都是作为一种价值观念,并且只有在价值领域,人类才拥有选择的自由和可能,这是人们的共识。既然生物学意义上的人类中心论是源于人类的本能,是无法选择的,那么它就不应当属于生态伦理学领域中作为一种价值观的人类中心论。所以,当人类中心论者口口声声说"人类中心论是走不出的","因为人总要维护人类自身利益"时,其实他们并未明了自身所持的人类中心论究竟是哪一种意义上的。那种把非人类中心论仍归于人类中心论的观点其实犯了混淆生物学意义上的人类中心论与价值论意义的人类中心论的错误,他们是把自己所持的人类中心论定位于生物学意义上。这种对自身的定位在人类中心论中十分常见,典型如 W. H. 默迪:"所谓人类中心主义就是人类被人评价得比自然界其他事物有更高的价值……人理所当然是以人为中心,而蜘蛛是蜘蛛中心论的。这一点也适用于其他的生物物种。"[2]

综上,人类中心论并不完全等同于"以人为中心",坚持"以人为中心"的立场也并未使非人类中心论滑向人类中心论,这也就意味着两者是存在根本区别的。

结论:人类中心论的本质是一种绝对主体主义

我们可以根据以上对于人类中心论与人类沙文主义、非人类中心论的对比,做一个总结:人类中心论者最通常的一个理解就是,以维护人类利益特别是其长远整体利益自居,作为自己的本质,比如肖中舟认为,"人类中心主义这一价值论的主张,在本质上不过是强调人类的价值是本位价值"[3],"人类中心论要把人类整体利益作为生态伦理学的理论基础,认为惟其如此才能使生态伦理学的研究成为可能"[4]。但根据我们的分析,

---

[1] 何怀宏:《生态伦理—精神资源与哲学基础》,保定:河北大学出版社,2002年,第361页。
[2] [美] W. H. 默迪:《一种现代人类中心主义》,《哲学译丛》,1999年第2期。
[3] 肖中舟:《"人类中心主义"辨义》,《人文杂志》,1997年第3期。
[4] 肖中舟:《"人类中心主义"辨义》,《人文杂志》,1997年第3期。

非人类中心论其实也不排除人类基本利益的本位性、优先性，并且这并未使得其成为一种假命题。所以维护人类利益并不是人类中心论的本质，这是它与非人类中心论的共通之处。对两者本质区别的探究，并不是以其对人类单方面利益的态度为标准，而是由它们对其共同面对的问题即"人与自然关系本质"问题的解答决定的，两者对此问题的回答构成其各自的核心理念和本质，也就是两者的根本区别：人类中心论认为人是唯一价值主体，人与自然之间是一种纯粹的目的与工具的关系。而非人类中心论主张，非人类的自然存在也可成为主体，应该对非人类自然物贯彻道德关怀。

根据两派的基本理念，联系上述生物学意义上的人类中心论，可以说，两者都包含了这种生物性的自我中心，这是它们的共同起点。但当它们面对"人与自然关系"这个问题时却沿着不同方向发展出两种对立的理论。人类中心论走向了极端，即只承认人类的主体地位，其他一切皆为工具性存在，在直接意义上与道德相关的只是人的利益。此处它表现的绝对性、唯一性便是人类中心论的本质特征，因此，人类中心论的本质就在于一种绝对主体主义的立场。这正如卢风所说："当人成了惟一的主体时，便有了真正的人类中心主义。"[1] 或如李承宗教授的观点："'人类中心主义'生态伦理观走入了'一切为了人'的极端之中。"[2] 人类中心论的这种绝对主体主义实际上是在主张：人类就应该是一个自私自利的物种，人类只应该关心自己的利益，不需要其他自然存在的利益负责，即使关心其他物种利益，关注自然保护，归根到底也是为了自己的利益。当然这种立场是不是一种道德上的错误，关键在于"自然内在价值""自然权利"能否成立，这需要另外的探讨。

总之，人类中心论对自身最大的误解就在于总是以维护人类利益特别是其长远整体利益自居，作为自己的本质，并以此来声称非人类中心论的本质是"反人类性"。造成这种误解的根本原因就在于以对人类单方面利益的态度为标准，从而代替了真正的界定标准：人类中心论与非人类中心论对其共同面对的问题即"人与自然关系本质"问题的解答。这是学术界

---

[1] 卢风：《论环境哲学对现代西方哲学的挑战》，《自然辩证法研究》，2004年第4期。
[2] 李承宗：《生态伦理学的终结和重构》，《湖南大学学报（社会科学版）》，2009年第5期。

界定人类中心论及其与非人类中心论本质区别时的最大迷误,需要我们警惕。人们通常认为的"人类中心论与人类沙文主义存在本质区别""非人类中心论或者是一种反人类的理论或者是一种虚假的理论"等观点实际上都是从这个迷误中推论出来的。明确这一点会有助于生态伦理学论争的局面变得相对明朗。

本文与崔昆合作撰写,发表于《伦理学研究》2011年第2期。

论西方生命神圣思想及其当代价值

生命神圣思想作为一条古老的伦理观念，逐渐发展成为人们应对各种生命伦理难题的重要理论参考。然而现阶段从生命神圣思想的具体应用来看，人们对它的内涵解析较为直观、表浅，而且对其历史演进过程也没有形成统一定论。这种对生命神圣思想的模糊认识又在一定程度上使人们在思考和解决具体生命伦理难题时遇到障碍。因此，对西方生命神圣思想的演进过程进行历史考察以明确它的基本内涵，重新认识这一思想之于现代社会的重要价值，对于生命伦理学的发展和应用具有现实意义。

一、西方生命神圣思想的历史演进

对"生命神圣"进行概念解析，是考察其历史演进过程的基本前提。"生命神圣"包含两个基本概念，即"生命"与"神圣"。现代医学语境中的"生命"通常是指人作为生物体的存在，即人的自然生命。但人不仅是一种生物存在，更是一种社会存在。在某些情况下，"生命"也指称人的自然生命与社会生命的统一体。至于"神圣"概念，按照鲁道夫·奥托的观点，"是一个宗教领域特有的解释范畴与评价范畴……包含着一种十分特殊的因素或'要素'……并且由于不能用概念来加以领会，所以也是不可言说的"[1]。但我们可以确定，"神圣"，从根本上说，产生于人心与某物的相遇，这个物不是被传授的，"它只能在心中被激起，被唤醒"[2]，并被个体认同为一种超越性的存在。因此，"生命神

---

[1] [德]奥托：《论"神圣"——对神圣观念中的非理性因素及其与理性之关系的研究》，成穷、周邦宪译，成都：四川人民出版社，1995年，第6页。
[2] [德]奥托：《论"神圣"——对神圣观念中的非理性因素及其与理性之关系的研究》，成穷、周邦宪译，成都：四川人民出版社，1995年，第9页。

圣"的一般含义就是，人的生命在与某超越性存在的联系中获得其神圣性。

基于"生命神圣"的一般意义，有学者认为，生命神圣思想最早起源于神灵主义医学模式时期，因为在那时便出现了原始初民对超自然神灵的崇拜。"生活在各个地区的远古之人基本上都有生殖崇拜的现象，这正是生命神圣性体认的表现。"[1] 然而，这种观点是有问题的，因为在远古时期，人们对生命现象的敬畏感是一种无意识的情感，受思维水平的限制，当时的原始初民并未对自己的生命有明确的认知，也未意识到自身的生命高于其他自然万物，因为他们所普遍信仰的万物有灵论甚至"把无生命的对象、也把死者看作有生命的、能动的"[2]。从严格意义上来说，这一时期并未出现关于人类自身的生命神圣思想或意识。

在西方发展史上，基于理性主义的生命神圣思想最早源于古希腊哲学思想，毕达哥拉斯曾说："生命是神圣的，因此我们不能结束自己或别人的生命。"[3] 这种观点的确影响到了当时的医学实践，如《希波克拉底誓言》强调："我不得将危害药品给他人，也不作该项之指导，虽有人请求亦不与之。尤不为妇人施堕胎手术。"[4] 这种医学道德规范要求医生在任何情况下尽力延长病人的生命，实际上排除了安乐死及堕胎的可能性，这的确是对生命神圣思想的体认和践行。这种医学道德规范与现今医学实践中以生命神圣思想为指导所衍生出的医德要求，诸如"强调爱护人的生命，重视人的生命，努力解除病人的痛苦和伤病，帮助他们早日恢复身心健康"[5] 等基本医学道德规范具有一致性，但就生命神圣思想的基本内涵而言，两个时期的理论存在本质上的差异。这一点可以从希腊时代的生命观说起。

从古希腊神话时代开始，古希腊人就持有肉体高于灵魂的生命观，并

---

[1] 郑晓江：《论现代人之自杀问题及其对策》，《南昌大学学报（人社版）》2001年第32期。
[2] [德] 奥托：《论"神圣"——对神圣观念中的非理性因素及其与理性之关系的研究》，成穷，周邦宪译，成都：四川人民出版社，1995年，第143页。
[3] 伍天章：《医学伦理学》，北京：高等教育出版社，1998年，第261页。
[4] 夏东民，张致刚，陆树程，等：《医学伦理学》，北京：北京燕山出版社，1993年，第305页。
[5] 李振良，李肖峰，席建军：《医学人道主义视阈下生命伦理学的思考》，《医学与哲学》，2014年第35期。

且此时还未出现灵肉分离、对立的观念。但由于古希腊人过分注重对自然形态的崇拜、对感性生活的热爱，导致其宗教缺乏彼岸精神和超越意识，它把彼岸生活看作对现世生活的一种简单延续。而古希腊人所信奉的诸神也与人同形同性，是人的一种理想化形象。可见，古希腊宗教里的人性与神性，此岸与彼岸，并未拉开距离。超越意识、形而上性的缺乏使得希腊人的宗教"几乎完全不具有宗教气息"[1]。由此可见，在此种宗教观念影响下，古希腊人的生命观，仅仅是一种带有感觉主义性质的对自然肉体的简单崇拜，不符合生命神圣思想的根本规定性。因此，生命神圣的意识在这一时期还未真正出现。

公元前6世纪，希腊人的生命观开始由灵肉和谐、重视肉体价值转变为灵魂肉体分离且对立。毕达哥拉斯学派主张灵魂是不朽的，是独立于肉体而存在的，可以进行循环往复的轮回转世。这种思想为柏拉图所继承，他认为虽然生命产生于肉体与灵魂的结合，但这种结合是一种堕落、忘却真理的过程，而回忆真理就是摆脱肉体欲望的束缚，净化灵魂。可见，柏拉图的观点具有十分明显的灵肉二元对立，贬低肉体、抬高灵魂的倾向。亚里士多德则明确反对灵魂不朽、灵魂转世等观点，认为灵魂与肉体是一个不可分割的整体。但他又明确指出灵魂是肉体的形式，是生命的本质，是生命中积极能动的部分，而肉体则是灵魂的工具，是生命中消极被动的存在。亚里士多德将灵魂分为三类，只有理性的灵魂是人区别于万物的根本规定性。这种生命观反映了希腊人对理性精神的推崇，如果以这种生命观为基础来理解古希腊哲学思想中蕴含的生命神圣思想，可以认为在希腊人的生命观中，人的生命的神圣性就在于人是理性的存在，所以古希腊所谓的"生命神圣"既不是指人的自然生命的神圣，也不是人的整体生命的神圣，而仅仅是人之理性灵魂的神圣。这种解释是古希腊灵肉二元对立生命观的必然结论。

总之，古希腊时期无论是基于自然肉体崇拜的生命观，还是基于灵肉二元对立的生命观，都不符合现代意义上的生命神圣思想的一般规定。现代生命伦理语境中的生命神圣思想，只有到了基督教的出现才开始真正产生。只有到了基督教那里，人的自然肉体才与灵魂一起被看作神圣的，并

---

[1] 赵林：《西方宗教文化》，武汉：武汉大学出版社，1997年，第59页。

且生命神圣思想在基督教完整庞大的理论体系和言之凿凿的解释框架中日益发展成熟，成为西方历史上一项重要的生命伦理原则而延续至今。

二、基督教生命神圣思想的内涵阐释

在基督教思想体系中，上帝是神圣的，是绝对完善的终极实在。基督教中"神圣"的基本含义就是"为上帝分别出来"[1]，只有被上帝拣选使用的人或物，才具有区别于其他一切事物的神圣性。例如，《新约》中"圣徒"不是指特别虔诚，而是指被挑选出来侍奉上帝的基督徒。在世俗语境中，凡所谓神圣者都必定与上帝有联系。从这个意义上说，生命是神圣的，就在于它与上帝存在着某种关联。这种关联主要通过《圣经》中两个隐喻得到阐释。

其一，"道成肉身"。在基督教教义中，"道"与上帝是一致的，上帝借助肉身，使原有的生命之道被人们所感知和体会。因为人的肉身为上帝所使用，而成为沟通上帝与万物的中介，所以人的肉身即自然生命也就获得了神圣性。其二，人是按照上帝的形象被创造的。上帝用尘土造人，用自己的生气赋予人灵魂，使人成为有灵的生命体。上帝创造世间万物之后，就交由人类统管，因为"人是上帝按照自己的肖像创造的，被赋予了自由意志，是所有造物中最高级的，最优越的"[2]，于是人就代替上帝统治和管理尘世，人的生命也就具有了神圣性。

但是，基督教内部对"人的生命也就具有了神圣性"的理解是存在分歧的：在上帝创造人的过程中，人的生命是灵魂与肉体的结合，那么生命的神圣性究竟体现在哪一部分？基督教是希腊精神与犹太教圣教历史的融合，所以在基督教时代初期，他们继承了古希腊时代推崇理性灵魂而贬低自然肉体的传统，认为人的肉体是来自物质世界的尘土，所以肉体是消极的、败坏的，灵魂的神圣才是生命神圣的真正内涵。然而这种观点，在基督教的教父时代遭到反驳。基督教早期的教父德尔图良与奥古斯丁都认为，这种否定肉体价值去分裂灵魂与肉体的观点是与基督教基本教义相矛

---

[1] 丁光训，杨慧林，曹利群，等：《基督教文化百科全书》，济南：济南出版社，1991年，第10页。
[2] 田薇：《试论基督教的神圣原则》，《世界宗教研究》，2006年第2期。

盾的。因为按照上帝"创世纪"的说法，肉身和灵魂都是上帝怀着善的目的，按照"天主"的形象创造出来的，所以都是神圣的。因此，为避免基督教思想体系内部自相矛盾，肉体也是神圣的观念就被确立起来。从这个意义上来说，基督教思想体系中的生命观建立在身心统一的整体性基础上，与希腊人的生命观具有本质差别。人的生命包括肉体在内，都是上帝的"神圣恩赐"，人的肉体所有权根本上是属于上帝而非个人的。但上帝造人的目的是为了让人能够作为其代表而管理统治世界，而作为上帝的代表，人应该是一种独立自由的存在，能够反思和规划自身，所以人类完全可以敬畏生命，并对生命进行管理和改造而不违背甚至正符合上帝的意志，这是基督教生命神圣思想的基本含义。

这种将人的肉体神圣化的生命道德原则在西方历史上产生了巨大影响。一方面，借助信仰的力量，人们意识到生命的重要性，培养了爱护生命的人道主义情感，促进了人类的繁衍和兴旺。另一方面，在医学实践中，单纯强调肉体是神圣不可侵犯的，必然会造成片面强调生命数量而忽视生命质量的结果，同时也会阻碍医学科学的发展，如人体解剖研究一度被禁止。这种状况源于人们把生命神圣思想从完整的基督教思想体系中简单割裂出来，进而导致对它的理解和践行出现了片面化、绝对化的倾向。事实上，如果将生命神圣思想重新置于基督教的思想体系中可以发现，源于基督教传统的生命神圣思想与人们通常所说的"把生命置于绝对不可侵犯的地位，人除了有尽力延长生命存在的义务外，不能对自然形成的身体有任何触动和改造"等观点并无必然的逻辑关联，也就是说，从演绎推理来看前者并不必然推导出后者。

其一，虽然人的生命是神圣的，是世俗中最重要的善，但它不是最高价值，只有上帝的意志才是最终极的价值标准，"基督宗教伦理在天主的意旨内为人生和历史寻求一个终极的目的与意义……彰显天主的光荣是万物存在的原因"[1]。由此可见，人的自然生命在一定程度上只是一种手段性的存在，只有当它服务上帝时才具有神圣性。这就意味着，对人的自然生命的保存、延续并不是毫无条件。其二，在基督教教义中，死亡是与上

---

[1] [德] 白舍客：《基督宗教伦理学》，静也，常宏译，上海：华东师范大学出版社，2010年，第90页。

帝的合一,"在基督徒看来,死亡则标志着一个人与上帝关系的重新开始,从此善人将永远与上帝生活一起"[1]。死亡不再是令人害怕的仇敌,而是人脱离尘世的希望。此外,由于死亡是由上帝决定的,因此,人为地延长自然生命倒可能违背上帝的意愿。换言之,基督教传统意义上的生命神圣思想虽然要求人们保存和延续自然生命,但这种要求不是绝对的,它必须以上帝为最终评判标准。

综上所述,在基督教思想体系内,生命神圣思想因为获得了完整的理论基础和明确的解释框架而影响深远,但即使在基督教体系中,生命神圣思想也不应该被绝对化。西方历史上,生命神圣思想所造成的负面影响,正是人们在医学实践中片面地、绝对地理解与践行生命神圣原则的结果。

三、生命神圣思想的当代价值

生命神圣思想是现代社会一项重要的伦理原则。尽管生命神圣思想的存在饱受争议,但在现今生命伦理领域,尤其是与生命价值观相结合的前提下,它仍具有重大的现实意义。

(一)生命神圣思想是生命质量论和生命价值论的基础

以生命神圣思想作为指导原则,便衍生出了以"无条件地延长人的自然生命"为中心的一系列相应的传统医学道德规范。但是,对这些医德规范的片面理解使人们长期忽视生命质量,而只强调生命存在、生命数量。随着现代生命伦理学的不断发展,生命价值观又经历了生命质量论和生命价值论两个发展阶段,并且生命价值论成为当代生命伦理领域的核心观念。

然而,生命价值观的发展历程不是一种对生命神圣论的全盘否定,而是一种哲学意义上的扬弃,并且为了使现代生命价值观发挥更积极的作用,必须将生命神圣论与生命质量论、生命价值论作为一个系统整体来考察。然而,有人认为:"生命之所以神圣是因为它有质量、有价值,离开

---

[1] 林中泽:《〈新约〉中的死亡观及其历史影响》,《四川师范大学学报(社会科学版)》,2013年第40期。

了生命质量和生命价值的生命并不是神圣的生命。"[1] 这种将生命价值和质量看作生命神圣的原因和前提的观点是错的。因为，仅仅用生命的质量和价值去解释生命的神圣，实质上是否定了生命神圣论，取消了生命神圣论的相对独立性。我们不能因为某个病人的生命质量极低，就去否定他的生命神圣性，并将其等同于普通物品而任意处置。对此，已有学者指出："仅仅以质量和价值来衡量人的生命，有可能把人降低到一般动物的水平，甚至会导致不可想象的结果。"[2] 这就是即使在与现代生命价值观相结合的情况下，生命神圣论仍具备相对独立的意义和价值。

强调生命神圣思想的相对独立性，就是强调尽管生命质量论、生命价值论在现代社会占主导地位，但它们得以成立的基础或前提就是生命神圣论，"人的生命的价值来源于人类生命的神圣性"[3]。生命神圣论的这种基础性地位是不能被动摇或以任何形式加以消解的，它的相对独立性必须得到维护。承认生命的神圣性，也就是肯定了人是世间万物中最宝贵的存在，在此基础上人才有质量和价值可言。所以有学者指出："将生命质量和价值理解为生命神圣的原因是错误的。"[4] 生命神圣论才是生命质量论、生命价值论的前提与基础。

强调生命神圣思想的基础性作用，不是取消后者在现代医学实践中的主导地位，而是使具有可操作性的生命质量、生命价值标准的制定和践行不会过于宽泛和轻率，从而避免出现对某些生命的漠视。现代生命科技的发展使人类干预和改造自身生命的力量和能力空前膨胀，但也"存在医学技术异化的现象，存在着'医学技术解决一切'的观念和医学技术过度商业化倾向，偏离了医学对'人'的生命和健康的守护，沦为医学技术主体化和资本主体化的附庸"[5]。倡导生命神圣思想，与其说是现今生命科技发展的阻力，倒不如说，它在生命的神圣性与生命的可操作性之间保持了必要的张力，使人类始终对自身生命的改造保持一种谨慎、严肃的态度。

---

[1] 马文元，王振方，郭明：《医学伦理学》，大连：大连出版社，2002年，第34页。
[2] 伍天章，刘俊荣，孔志学：《生命道德的理论支持》，《中国医学伦理学》，2002年第16期。
[3] 邱仁宗：《生命伦理学》，上海：上海人民出版社，1987年，第162页。
[4] 梁中天：《正确理解生命质量、生命价值与生命神圣的关系》，《医学与社会》，2002年第15期。
[5] 张洪雷，张宗明：《医学技术化与人：医学哲学的反思》，《医学与哲学》，2014年第35期。

(二) 生命神圣思想彰显医学人道主义的优良传统

在生命质量论与生命价值论大行其道的当代社会，提倡和正确理解生命神圣思想，充分彰显了医学人道主义的优良传统，可以保证现代社会对每个人的生命都给予最大限度的尊重，尤其是可以避免对某一部分生命质量低下的病人或者有先天缺陷的新生儿等的生命权利的漠视和剥夺。不可否认，"人与人之间存在着自然天赋上的差异；同时，在人类社会经济发展的一定水平上，人们的社会地位、经济实力存在着差异……这就造就了强势人群和弱势人群的差异"[1]。弱势人群在现代医学中的表现往往是那些由先天或后天因素而导致的生命质量低下的病人，如果单从生命的质量或者价值来说，这些弱势人群将会被社会所遗弃。但是，这是违背人道主义的。医学人道主义要求关怀和尊重每一个人，因为所有人的价值都是平等的。我们普遍赞同生命具有内在价值，"人类生命具有与生俱来、内在的价值；本身就是神圣的"[2]，即我们敬畏生命不仅是因为生命对人类的重要性，更是因为生命本身的神圣性值得我们这么做。由此可见，生命神圣性就是生命存在的内在价值，且每个生命的内在价值都具有普遍平等性。"所谓普遍平等，是人类学意义上的，指每一个人作为人存在都是平等的……平等的核心是权利平等……权利平等亦是人类学普遍意义上的，即每一个人只要作为人存在就拥有平等的权利。"[3] 在普遍平等的现代价值诉求基础上，每个人的生命权或者生命健康权作为人的权利的一种基本表现形式，都是平等的，都是神圣不可侵犯的。也就是说，只要人类的生命一旦开始，就具有其内在固有的神圣性。

就生命存在的外在价值而言，判断一个人的社会价值并不仅仅表现为他已经为社会创造了多少价值，更重要的还表现为他可能会创造多少价值，生命的神圣性"在于人所具有的潜在的和现实的价值，在于作为道德

---

[1] 陆树程:《克隆技术的发展与现代生命伦理：兼与姚大志先生商榷》,《哲学研究》, 2004 年第 4 期。
[2] 曲娜:《生命的神圣价值：德沃金的生命伦理学思想解读》,《医学与哲学（人文社会医学版）》2011 年第 32 期。
[3] 高兆明:《当代中国语境中的"平等"》,《华东师范大学学报（哲学社会科学版）》, 2012 年第 6 期。

主体的人所具有的特定意义的人格和尊严"[1]。根据这一标准，每个人的生命，包括生命质量低下的弱势人群，都是神圣不可侵犯的。因为，每个人的潜在价值都不可估量，英国剑桥大学著名的物理学家史蒂芬·霍金即明证。

强调生命神圣思想并不意味着一味保存或延长人的自然生命，更多的是表现为人们在任何情况下都始终对他们的生命保持严谨、尊重的态度，即肯定与重视他们的人格尊严。"人的尊严就在于彼此尊重，以及透过彼此尊重所表现出的平等人格。不能将人的先天基质、自然禀性等简单视为一种绝对的权利。我们对于自然禀性、自然生命体的某种积极干预本身亦是为了维护人的生命存在及其尊严。"[2] 如我们对先天生命质量低下的病人采取积极的治疗干预，本身就是保持其生命存在尊严的有效手段。

综上所述，生命神圣思想源于基督教思想体系，并随着社会历史条件的发展逐渐成熟完备，成为解决当前生命伦理难题的重要思想。在生命质量论、生命价值论占主导地位的现代社会，重归生命神圣的认识原点，恢复和重视人类对生命神圣思想的体认和实践，才能使人类对自身生命始终保持谨慎、严肃的态度，同时又尽力维护他人的生命、尊严和权利，这就是生命神圣思想之当代价值。

本文与杨佳丽、冯李合作撰写，发表于《医学与哲学》（A）2015年第8期。

---

[1] 孙慕义，张金钟，边林，等：《医学伦理学》，北京：高等教育出版社，2004年，第116页。
[2] 高兆明：《克隆人权利及其诉求问题：与甘绍平先生商榷》，《中国社会科学》，2004年第5期。

女性主义关怀伦理视阈下对人工流产的辩护

"人工流产"是指在胎儿仍未可以离开母体独立生存时，便故意地以人工的方法终止妊娠，令胎儿死亡。故此，人工流产亦被称为"堕胎"。人工流产分为治疗性人工流产和非治疗性人工流产。出于医学上的原因，就是治疗性的人工流产，比如由于母亲的身体不适合妊娠，或是胚胎本身有遗传性疾病；而非治疗性人工流产是指出于治疗以外的其他目的而人为地终止妊娠。如作为对避孕失败或是未婚先孕的一种补救措施。对于前者在道德上一般争议不大，当胎儿的发育使母亲的生命受到威胁时，就是在最保守的宗教方面也同意在这种情况下的流产是可以被允许的，但对于后种情形下人工流产的道德依据是什么？在伦理学上应该如何进行辩护？从近代启蒙时代以来，西方思想大力张扬人权的地位，当这种权利扩展到胚胎时，人工流产随即成为一个具有很大争议的话题，即争论胚胎与母亲的权利孰轻孰重？在传统道德理论中，对人工流产的争议主要也是围绕着胎儿的生存权和妇女的选择权而展开的。

一、传统伦理学视阈下对人工流产的论辩

在对人工流产的传统争论中，对人工流产持反对态度的观点主要源于三方面：宗教方面、哲学方面和世俗方面。从宗教方面看，西方主要是宗教文化，几种主要的宗教（尤其是基督教）对人工流产持强烈的反对态度。基督教教义宣称生命是上帝赐予的，是神圣不可侵犯的，胎儿的生命即上帝赐予的，胎儿就是人，具有与成人一样的权利，任何人都没有权利对胎儿的生命造成威胁，一切形式的人工流产都是不道德的。所有的生命都来自上帝，这就是生命的神圣性，任何人都无权以任何理由加以剥夺，所以，宗教界认为流产无异于谋杀，这当然是不符合伦理的。而哲学理论

中关于事物的内在价值的思想为生命的这种神圣性提供了理论支持。人们认为,由于一个人的生命具有内在价值(即使当这个生命处于尚未成形的、极早的、刚刚生成的胚胎阶段时),所以堕胎不应该发生,否则就是对生命神圣性的抹杀。生命的内在价值还有另一层含义,这就是他的未来生活中将展现出来的种种能力及由此将获得的种种体验乐趣等,而杀人就使这种价值丧失殆尽。基于生命的内在价值,人工流产是不道德的,因为它剥夺、践踏了一个胚胎的内在价值。所以,生命的神圣性及其内在价值决定了任何情况下的人工流产都是被禁止的,否则就会贬低生命的价值,生命的尊严会被随意践踏。从世俗方面看,人权是对人工流产持反对态度的人们所持有的最重要的理论武器。反对者主要是提出对人权问题的强调,提出关于胚胎的地位问题,认为胎儿从受孕一开始就是人,它具有了人的基本权利,包括生命权,而生命权是神圣不可侵犯的,如果人工流产被允许,那么就造成对人的生命权的不尊重,进而导致对人的生命尊严的践踏。人们认为,如果连人的生命权都得不到保障,那么其余的人权将是空中楼阁,是根本不可能实现的。基于这样的理由,反对者认为人工流产在任何情况下都是不被允许的。

赞成人工流产的主要理由是认为胚胎并不是完整意义上的生命,它只能说是潜在的、能发展为人的人,而不是真正的、现实的人。基于这样的理念,第一,"当胎儿的生命危及母亲的生命安全或者说胎儿的继续生存严重威胁着母亲的身心健康、胎儿的生存严重违背母亲的意愿与利益时,胎儿的价值就大大降低,甚至为零。这时剥夺胎儿出生权利即人工流产对母亲来说是道德的,可以接受的"[1]。第二,认为在一定条件下不让胎儿出生在道德上是容许的,当胎儿的生命质量极低时,如胎儿患有先天性残疾,胎儿作为潜在的价值主体就很难成长为真正的现实的价值主体,或者说胎儿成为现实的价值主体的可能性很小,这时胎儿的生命价值即其自身内在价值就很小,剥夺胎儿出生权利对胎儿、母亲、社会来说都是道德的。第三,胎儿的价值取决于社会的价值取向。人类的繁衍,社会的生存与发展,都必须有新的生命的不断孕育和诞生。但当人口增长过快,造成现实社会生产及相应的环境资源无法承受的压力,人们不得不为保持生命

---

[1] 崔瑞兰:《对人工流产的"普遍伦理"的思考》,《中国医学伦理学》,2001年第5期。

而苦苦挣扎时，人的尊严、价值本身就大大降低。人类文明发展到今天，社会的存在和发展必须保持人口与环境、资源的相对平衡，人类不应该陷入这种被自然淘汰机制强制毁灭人类生命的悲惨境地。因此，胎儿的价值不得不受到社会价值的制约，即当一个社会的人口过度膨胀，过多胎儿的出生会直接影响到社会生产和人民生活时，有计划地、自觉地控制人口的增长就是必要的。这种情况下放宽对人工流产的限制作用为避孕失败后的辅助措施应该被社会所认可，有选择地剥夺部分胎儿的生命权利就成为必要的、合法的措施。

传统道德理论对人工流产的论辩是有缺陷的，一方面，传统伦理学强调以普遍的道德原则为基础进行抽象逻辑分析，注重权利、地位、权力之间的对立和冲突，在对待人工流产问题上，其争论的焦点就集中在母亲和胎儿的权利或价值何者更为优先的问题上，但这些道德权利或价值的地位或重要性相当，就一般意义而言无法判断其优劣轻重，所以各种地位或道德价值相当的权利之间的冲突就成了人工流产的道德困境，它使得人们对人工流产的道德性问题一直争论不休，悬而未决，终无定论。另一方面，由于传统伦理学无论是从肯定方面还是否定方面的论证都强调权利，以普遍的规则应用于一切人工流产的问题，而不对具体的情境进行分析，所以容易漠视当事人的情感和体验，这就导致很多情况下会给当事人带来很深的伤害，这也暴露出传统伦理学及正义伦理学的局限性。在当代社会中，一些与女性相关的道德事务，如"生命伦理学中的人工流产、体外受精、代理母亲等道德问题的解决，必须有女性主义的视角。因为伦理学家们发现传统伦理学家的方法原则在分析此类道德事务时非常有限，并不能真正表达出女性的体验，体现女性的利益。而且他们认为，正因为缺乏'女性'思维的角度，传统的伦理学模式是有偏向的，它不能真正处理与解决当代价值多元化背景下的价值冲突遇到的困境"[1]。为了能够更好地解决问题，减少各方所受的伤害，就需要女性主义视角的介入。

女性主义关怀伦理学是伴随西方女性主义运动发展而出现于20世纪70年代的一种新的伦理理论，是当代伦理学中反主流规范伦理学中的一支。它的主要代表是卡罗尔·吉利根、内尔·诺丁斯、萨拉·拉迪克等

---

[1] 罗蔚：《当代西方女性主义伦理学方法论探微》，《国外社会科学》，2004年第6期。

人。她们将女性身份作为反思西方社会生活的一个符号代码,批判了规范伦理学的普遍主义理论体系与论证方式,质疑了主流伦理理论的基本预设与价值建构。

二、女性主义关怀伦理视阈下对人工流产的伦理辩护

女性主义关怀伦理理论是以女性的性别视角来主张强调责任、关怀、联系及情境的关怀伦理学,突出女性独特的道德体验和直觉,它提出了与传统伦理不同的视角。第一,女性主义伦理学家批评了传统伦理学中的性别偏见,认为传统伦理学是女性缺席的伦理学,是缺少了女性的声音的伦理学。如肖巍指出,"从前人们认为伦理学是客观的、属于整个人类的真理,男人已经习惯了把自己所研究的知识说成人类的知识,把自己的观点当作人类的观点,而妇女也习惯于通过男人的眼睛看待世界,看待自我和社会。女性主义伦理学家则通过重新审视伦理学理论发现,在这些客观性、人类性和真理性的背后,原本基于一种男性偏见使用的男性探讨世界的方式。""传统伦理学把男性在竞争着的市场中所获得的体验当成人类的体验,使理论充斥着男性化的概念,如自主性、公正、平等、个体性等,同时主张与他人的分离和权利的等级排列等。"[1] 第二,女性主义关怀伦理学与传统伦理学及主流伦理学具有不同的理论论证角度。首先,传统伦理学分为目的论和义务论两大派别。这两大派别的集中代表是作为结果论的功利主义及康德的首义论,这两种理论模式都属于规范主义伦理学,规范伦理学注重的是普遍主义的理论体系和论证方式。而女性主义关怀伦理学则注重情境分析。女性主义关怀伦理学从人与人相关的认识论出发。强调正确的伦理学结论存在于与道德事件有关的人与人的关系中激起的情境关系中,因此,强调依据情感、态度、情境作为道德推理基础的重要性。其次,传统伦理学比较注重权利、地位、权力之间的竞争,在竞争中常常得出谁应赢得这个权利或权力。而女性主义者则注重关系伦理,它强调道德是基于人与人之间相互依赖的关系及由这种关系产生的互相责任的意识,道德责任是对他人的需要做出的反应。第三,女性主义关怀伦理学并

---

[1] 肖巍:《女性主义关怀伦理学》,北京:北京出版社,1999 年。

不是试图建构一种女性的伦理学，它并不是要论证女性如何成为像男人那样的道德主体，而是思考如何重建一种能体现女性价值、不漠视女性利益的道德理论。美国哲学家、教育学家内尔·诺丁斯认为把关怀伦理学描述为女性伦理并不意味着是对所有的妇女来说的一种主张，或者排除了男人，这表明她力图避免把关怀伦理性别化。所以女性主义关怀伦理是一种道德思维的模式，而不是以性别来划分的伦理学。女性主义关怀伦理学与以原则、契约、理性和权利见长的传统伦理学相互补充，为伦理学研究，为解决现代西方社会的种种道德困境开辟了新的方向和道路。

在面对人工流产问题，在解决协调各方利益的矛盾及原则之间的冲突时，女性主义以关怀伦理作为道德判断的新视角，是通过对事件发生的具体情境和相关人员关系的分析，来得出对事件处理的结论的。关怀视角强调对事件情境关系进行细致分析的推理模式，意图使与事件相关的每一个人员的利益兼顾，力争形成一个使各方利益冲突达到最小的事件处理方案。关怀视角用以纠正原则伦理学只着眼于利益冲突的不足，增加道德经验、道德情感、道德情境在解决利益冲突中的作用，期望达到一个不同的兼顾各方利益的道德结论。所以女性主义关怀伦理学在面对人工流产问题时则认为，首先应该考虑的不是谁赢得权利或权力，而是认识到胎儿与母亲的关系就变成了注意力的中心，应该怎样防止这种竞争，问题变成了是否是负责任的，是否是关怀的，以及是否延长或结束这种关系的问题。女性主义认为道德问题来自冲突着的责任而不是竞争着的权利，解决道德问题需要一种联系情境的及描述性的思考方式，而不是一种形式的或抽象的思考方式。这一关系关怀行为的道德概念围绕着对责任和关系的理解确立起道德发展的核心，正像公平的道德概念把道德发展同权利和准则联系起来一样。"女性的"道德是基于人与人之间相互依赖的关系及由这种关系产生的互相责任的意识，道德责任是对他人的需要做出反应，女性把道德看作网络性的关系结构，把道德选择和判断视为关系中的理解和对话，强调人与人之间的相互依赖来凝聚人际关系。女性是人工流产的主体，但她们在面对人工流产的问题时首先考虑的并不是女性的权利，而是考虑如何能够无私、负责任地解决问题，从具体的情境出发，她们往往会考虑到自己对其爱人、家庭及胎儿的责任冲突，尝试以对人和对己的关怀来解决这些冲突，她们不希望任何人受到伤害，希望每个人能获得应有的关怀。女性是人工流产的主体，同时她们也是以母亲的身份出现的，基于人性的一种基本知识，母爱是每一个人与生俱来的天性，一般情况下她们当然不会漠视自己腹中的小生命，所以女性如果选择了人工流产，那是她们经过各种利益权衡的结果，考虑到对每个人的最小伤害而做出抉择，是她们经过各种权衡之后的无奈之计，所以我们不能只因为强调公正、权利等原则而否定女性所做出的决定。总之，女性主义伦理学的关怀理论提出了对事件的境遇要"审慎裁夺"，对关系中的人及其境遇关系的权衡，可能会达到一个兼顾各方利益的不同于现代功利主义的道德结论。

三、伦理论证之外的思考

首先，本文从女性主义关怀伦理视角对人工流产进行辩护并不是赞成任何形式下的人工流产。人工流产会对母亲的身体造成一定的伤害，这是一个医学问题，这虽然在伦理上不造成争议，但它的确应该得到慎重对待。因为两性间的结合是一件神圣的事情，当事人必须充分考虑其后果并对此付出足够的责任和爱心。如果所有的结果（比如怀孕）都能被轻巧地打发掉（通过一次不走运的手术），这将意味着一个人不再勇于为他的行动承担责任，这就是一个失去分量和意义的世界。一个令人遗憾的事实是，当现代文明高扬"自由"这面大旗时，责任问题就被轻轻地带过了。

其次，在现实的生活中我们应尽量减少人工流产的发生率，尽管人工流产能够从女性主义关怀伦理学视角得到辩护，但这毕竟是对生命的一种伤害，人们在感情上付出的代价是难以弥补的。当前由于青少年性行为的提前，性教育不当，青少年对性知识和避孕知识知之甚少，很多人在不知不觉中怀孕，未婚青少年的人工流产数量呈逐年上升的趋势。对此，一方面必须利用各种渠道如广播、电视、报纸、杂志等大力宣传避孕知识，对青少年可在学校、家庭采取形式多样的性知识和避孕知识的教育，特别是强化学校教育，最大限度地减少盲目怀孕和盲目人工流产。另一方面，开发和研制新的避孕药具，寻找到一种真正安全、有效、可靠、对身体无副作用的避孕药具，减少甚至杜绝意外怀孕，从而最大限度地减少和杜绝人工流产的发生。

再次，对于医务人员而言，在面对做人工流产的女性时不要因其未婚先孕或避孕知识缺乏等导致的怀孕而对其表现出鄙视的表情和语气；如果面对一个处于犹豫状态的女性，一定要耐心地多给她一些时间考虑，尽量做到关怀。

本文质疑了传统伦理学的理论规则，认为传统伦理的某些伦理学原则太普遍、太绝对，不但不考虑后果，而且很难解决特殊情境下的问题，而女性主义关怀伦理理论有很大的优越性。关怀理论以关怀作为道德判断的出发点，通过对事件发生的具体情境和相关人员关系的分析，来得出对事件处理的结论。这个理论强调对事件情境关系做细致分析的推理模式，意图在于关怀与事件发生相关的每一个人的利益，并力争使各方利益冲突达到最小，形成一个事件处理的最佳方案。女性主义关怀伦理在解决这些特殊化问题及各种利益冲突难题中，对传统伦理学的不足进行了补充。

本文与张艳合作撰写，发表于《中国卫生事业管理》2006年第11期。

生命伦理发展与当代伦理共同体的重建

——兼与甘绍平先生商榷

《中国社会科学》2003年第4期发表了甘绍平先生的大作《克隆人：不可逾越的伦理禁区》（以下简称《甘文》）。这篇文章以其对当代生命科技迅猛发展所带来的重大伦理问题的高度敏锐性而令人折服。对文中的某些观点我们也是认同的，但其对克隆人的总体伦理定位，引发了我们的一些不同思考和看法。笔者认为，克隆人并不是不可逾越的伦理禁区，而是暂且不可逾越的伦理禁区。《甘文》通篇分析论述基本上都是以现有的科技水平和传统的伦理观念及伦理原则为依据。然而，当代生命科技正在不断发展，而当代生命伦理观念是由当代社会经济结构和经济关系所决定的，它在本质上是与时俱进和不断变革、发展的。当代生命伦理不仅要保障生命科技沿着有利于人类社会健康生存和永续发展的方向前进，而且应该并能够成为推动生命科技不断发展的动力。在一定意义上，当代生命科技的发展，需要人们达成新的道德共识，呼唤着当代生命伦理的不断创新，而当代伦理共同体的重建，则是人们达成道德共识、形成新的伦理观念的必然路径和目标。

一、人的创造性活动与当代生命伦理发展

《甘文》认为"克隆人的方案单从技术的层面来看就面临着一个无可逾越的伦理难关"（《甘文》，第55页）。我们认为这个论点是值得商榷的。从历史上看，生命伦理是伴随着生命科技的诞生和发展而逐步形成和发展的。当代生命科技和生命伦理都是人的创造性活动。从一定意义上讲，人的创造性活动体现了人的本质。马克思在《关于费尔巴哈的提纲》一文中

指出:"人的本质不是单个人所固有的抽象物,在其现实性上,它是一切社会关系的总和。"[1]而一切社会关系并不是天然存在的,它恰恰是人类创造性活动的产物。人总是处在一定的人类所创造的社会经济结构和经济关系中,并不断地以自己的创造性活动改变着这种关系。《甘文》认为克隆人首先存在着"技术层面的伦理难关",而技术层面的伦理难关,来源于技术上的不完善。我们认为这种技术上的不完善,随着人的创造性活动及生命科技的不断发展,势必会得到解决,技术层面的伦理难关也就会随之消解。生命科技研究和应用的事实表明,任何一项应用于人体的生物技术,必须遵循"仪器实验——动物实验——健康人实验——患者实验——临床推广应用"的科学程序,同时,必须在常规动物实验取得成功之后才可以在人体上试验,并只有当人体试验成功后才可以在临床上推广应用[2],小到抗生素的应用,大到肾脏、肝脏、心脏等重要人体器官的移植手术无一例外。我国著名泌尿外科学专家吴阶平于1960年在北京友谊医院成功地施行了我国首例肾脏移植手术,在此之前,吴阶平和北京友谊医院的同事们首先进行了大量的动物实验,在动物实验成功并日趋成熟和完善之后,才开始进行了这一在我国具有首创性的肾脏移植人体试验。克隆动物的技术一旦成熟,从生命科学发展和相关技术应用的常规历程看,克隆人技术层面带来的伦理难关必将不复存在。从这一层面讲,克隆人只能是暂且不可逾越的伦理难关。

从唯物史观出发,生命伦理是不断发展的。伦理观念决不会静止不变。恩格斯在《反杜林论》一文中指出:"人们自觉地或不自觉地,归根到底总是从他们阶级地位所依据的实际关系中——从他们进行生产和交换的经济关系中,获得自己的伦理观念。"[3]当代人的伦理观念,一方面必然会继承传统的伦理观念,然而"一切以往的道德论归根到底都是当时的社会经济状况的产物"[4]。由此推论,当代人必然会从现实的经济结构和

---

[1] 中共中央马克思恩格斯列宁斯大林著作编译局:《马克思恩格斯选集》,北京:人民出版社,1995年,第60页。
[2] 夏东民,张致刚,陆树程,等:《医学伦理学》,北京:燕山出版社,1993年,第127页。
[3] 中共中央马克思恩格斯列宁斯大林著作编译局:《马克思恩格斯选集》(第3卷),北京:人民出版社,1995年,第434页。
[4] 中共中央马克思恩格斯列宁斯大林著作编译局:《马克思恩格斯选集》(第3卷),北京:人民出版社,1995年,第435页。

经济关系中整合出崭新的伦理观念。正是在这个意义上,恩格斯指出:"我们拒绝把任何道德教条当作永恒的、终极的、从此不变的伦理规律强加给我们的一切无理要求。"[1] 生命伦理学归属于应用规范伦理学,而生命技术的发展和应用是一个无限的过程,相应的生命伦理必然具有显著的时代性。当代生命伦理的变革和发展是现实社会经济结构和经济关系变化的内在要求,并必然是一个对传统生命伦理观念扬弃的过程。

《甘文》在阐述反对克隆人的伦理依据时,强调了尊重人的自由、自主性、自决权的伦理基本原则,并以传统的道义论、后果论对某些具体克隆问题进行了分析(《甘文》第 60、62、63 页)。尊重人的自由、自主性、自决权的伦理原则,无疑在当代社会已形成共识。问题在于,《甘文》在以后代人的自由、自主性和自决权反对克隆人时,恰恰忽略了当代人的自由、自主性和自决权。从人的创造性活动视野出发,这里有三个层面的问题需要探讨。

其一,当代人对生命科技创新活动是否具有自由、自主性和自决权问题。生命科技创新活动无疑是对前人生命科技创新成果的继承和发展,也必然会对后代人产生深刻影响,但它首先是当代人的社会实践活动。当代人的社会实践活动既包含认识世界,又包含改造世界,后者更集中地体现了人的本质。马克思曾尖锐地指出:"哲学家们只是用不同的方式解释世界,而问题在于改变世界。"[2] 世界的改变,正是在人的创造性活动中完成的。在此意义上,江泽民多次强调:"创新是一个民族的灵魂,是一个国家兴旺发达的不竭动力。"[3] 然而,创新活动一刻也离不开创新活动主体的自由、自主性和自决权。当代人对生命科技创新活动是否具有自由、自主性和自决权?从以唯物史观为基础的生命伦理出发,回答应该是肯定的。

其二,当代人与后代人的利益关系主体性问题。当代人对生命科技创新活动具有自由、自主性和自决权,是否会侵犯后代人的自由、自主性和

---

[1] 中共中央马克思恩格斯列宁斯大林著作编译局:《马克思恩格斯选集》(第 3 卷),北京:人民出版社,1995 年,第 435 页。
[2] 中共中央马克思恩格斯列宁斯大林著作编译局:《马克思恩格斯选集》,北京:人民出版社,1995 年,第 61 页。
[3] 江泽民:《论"三个代表"》,北京:中央文献出版社,2001 年,第 46 页。

自决权？这实际上是涉及当代人与后代人发生利益关系甚至利益冲突时，何者起主导作用的主体性问题。对此，仁者见仁，智者见智。但归根到底，它得由社会的、历史的实践所决定。恩格斯不仅认为，"人们自觉地或不自觉地，归根到底总是……从他们进行生产和交换的经济关系中，获得自己的伦理观念"[1]，而且认为："善恶观念从一个民族到另一个民族、从一个时代到另一个时代变更得这样厉害，以致它们常常是互相直接矛盾的。"[2] 也就是说，人们的伦理观念必然由人们的社会实践、社会关系所决定，必然是与时代俱进的。如果我们假设当代人对生命科技创新活动具有的自由、自主性和自决权，在实施中与后代人发生利益冲突，那么以当代人的社会实践和社会关系为依据，无论从实然，还是从应然出发，当代人的利益通常都会优先于后代人的利益。事实上，《甘文》也体现了这一伦理观念。《甘文》认为："人类对早期人类胚胎无疑拥有尊重与保护的义务，因此以经济或其他医疗之外的科研为目的的胚胎研究是不道德的，是绝对要禁止的。但这种保护在某种特定的情况下也允许有例外，那就是它必须服从于一个更高的道德目的，这个目的就是解除人类遭受病魔摧残的痛苦，挽救无数病人宝贵的生命。也就是说，在病人急需医治这一特殊的情况下，胚胎的生命应让位于病患者的生命。我们之所以在胚胎与病人的权益发生冲突时，赞同选择牺牲前者而保障后者，理由与堕胎的理由是相类似的。在对不同的人类生命形态的抉择上，很难能有什么纯粹理性的理由，起决定作用的是人类的感受性——这包括感知者主体的感受性与被感知者自身的感受性，前者往往取决于后者，正像在孕妇难产，医生只能保住一条性命之时，任何人也不会认为保胎儿舍孕妇的决定是正常的那样。"（《甘文》，第56页）这实际上强调了当代人的利益优先性。

其三，尊重人的自由、自主性、自决权的伦理原则之本源问题。尊重人的自由、自主性、自决权是当代人对人的基本权利的认同，是人类共同体已形成的道德共识，它根植于当代社会的经济结构及由经济结构制约的社会文化发展。马克思在《哥达纲领批判》一文中曾指出："权力决不能

---

[1] 中共中央马克思恩格斯列宁斯大林著作编译局：《马克思恩格斯选集》（第3卷），北京：人民出版社，1995年，第434页。
[2] 中共中央马克思恩格斯列宁斯大林著作编译局：《马克思恩格斯选集》（第3卷），北京：人民出版社，1995年，第433—434页。

超出社会的经济结构以及由经济结构制约的社会的文化发展。"[1] 权力与权利相互联系、相互渗透、相互促进、密不可分。从一定意义上讲，权利受制于权力，人们都是在一定的权力制约下享有相应的权利的。从唯物史观出发，人的自由、自主性、自决权决不能超出社会的经济结构及由经济结构制约的社会的文化发展。尊重人的自由、自主性、自决权的伦理原则，同样不能超出社会的经济结构和经济关系。因此，尊重人的自由、自主性、自决权的伦理原则，根源于一定的社会历史条件，其内涵也是与时代俱进、不断发展、不断丰富的。随着克隆技术和基因研究等生命科技的相互渗透和发展，当代生命伦理观念也必然是不断变革、发展的。人的创造性活动不断改变着社会历史条件和社会经济结构，成为推动生命科技和生命伦理发展的原动力。

二、当代生命伦理发展应该以整体系统观为指导

《甘文》一方面认为"克隆人的方案单从技术的层面来看就面临着一个无可逾越的伦理难关"，另一方面认为克隆人是"公民社会的人道灾难"，并列举了人们支持克隆人的四个比较流行的理由。《甘文》按支持克隆人理由的强烈程度，"排列依次是：第一，为了满足不孕夫妇生儿育女的需求；第二，为了怀念故人；第三，为了让单身男女留下后代；第四，为了塑造'新人'。"（《甘文》，第57页）针对这些理由，《甘文》进行了逐一驳斥。《甘文》驳斥的理由暂且放置一边，其思考问题的方法值得商榷。使我们非常惊讶的是，姚大志先生曾在《哲学研究》2003年第1期发表了《人类有权利克隆自己吗?》一文（以下简称《姚文》），其通篇论述对"克隆人"表示支持态度，认为"克隆人类在道德方面并不存在无法逾越的障碍"（姚大志，第85页），并指出，"从道德上看，反对克隆人类的最主要理由有三个"："第一个理由认为人是神圣的，人拥有尊严，而克隆人类破坏了人的神圣性和尊严"，"第二个理由是关心克隆人的人格健康

---

[1] 中共中央马克思恩格斯列宁斯大林著作编译局：《马克思恩格斯选集》（第3卷），北京：人民出版社，1995年，第305页。

问题"（姚文，第82页），"第三个理由是宗教的"（姚文，第83页）。《姚文》与《甘文》对克隆人的审视角度正好相反。《甘文》是批驳支持克隆人的理由，《姚文》是批驳反对克隆人的理由，这两者在审视问题的方法论上均存在片面性和局限性。从马克思主义关于全面的观点出发，对克隆人问题的分析论证的视野，不仅要从支持克隆人的理由出发，而且要从反对克隆人的理由着手。从正、反两方面进行全面分析，进而以整体系统观来进行分析论证，才有可能真正具有较强的说服力和真理性。

其一，正面与反面的理由审视。沈铭贤先生在上海交通大学所做的《从克隆人之争看生命伦理学》的讲演，对克隆人问题从方法论上兼顾了反对者和赞成者的理由。他既风趣又尖锐地指出："更有趣，也更发人深思的是，反对者和赞成者都举起了科学和人道这两面大旗。赞成者认为，克隆人有助于深入认识人的生老病死，体现了科学不断进取的精神和科学自由的原则，是阻挡不了的。同时，对于那些无法生育的人和痛失亲人的人，生殖性克隆是福音。""反对者有不同的理解。他们强调为人类造福是科学的最高目的，科学进取精神和自由原则也不能背离这一目的。克隆出畸形、残疾、夭折的人，会败坏科学的形象和声誉，反而不利于科学发展。禁止生殖性克隆，正是为了科学更健康更有序地发展。从极少数用辅助生殖技术仍无法生育的夫妇看，克隆人也许是福音，但从整体看长远看，会不会对人类生存和发展带来灾难呢？两相比较，哪一个更人道并不难选择。"[1] 从正面和反面的理由来审视克隆人问题，不难得出，就当前的生命科技水平和社会历史条件讲，人的生殖性克隆是违背当代生命伦理观念的，但随着生命科技的发展和社会历史条件的变化，有条件有制约地进行人的生殖性克隆，将有可能符合社会共同认同的生命伦理观念。

其二，科学与技术的视野审视。科学与技术是两个既有联系，又有区别的概念。科学是关于各种事物是怎样互相联系、互相制约的知识，属于"是什么"的问题，它所追求的是真理。从认识论和方法论方面看，科学知识具有可检验性、系统性和主体际性等主要特征。技术是改造世界的物质力量，从其本源上看，技术是人类在利用和改造自然的劳动过程中所掌握的物质手段、方法和知识等各种活动方式的总和。虽然科学技术化，技

---

[1] 沈铭贤：《从克隆人之争看生命伦理学》，《文汇报》，2004年1月4日06版。

术科学化已成为当代社会科技发展的总趋势,但严格讲,科学与技术毕竟有所不同,而且有本质的区别。科学以认识自然、探索未知为目的。尽管科学的发展有其内在的规律,却有它的不可预见性。而技术是以对自然界的认识为根据,利用得到的认识来改造自然为人类服务,由于它有了科学的根据,从总体来说有它的可预见性。[1] 从一定意义讲,科学研究是价值中立而无禁区的[2],而技术应用具有积极或消极价值,这是由技术活动的主体具有价值取向所决定的。但我们不能因为技术应用有消极价值,而禁止对其进行科学研究。正像核武器能大规模杀伤,甚至毁灭人类,但我们不能就此禁止对核能的研究一样,我们不能因为对人的克隆技术可能会带来消极价值,而禁止对人的克隆技术的科学研究。问题的关键,在于我们在进行科学研究的同时,应该对相关技术应用给予适当有限的控制和制约。在探讨克隆人的问题上,伦理学家不仅要从伦理学的角度出发,而且应树立大科学、整体系统的观念。沈铭贤先生提出了伦理学家要"优化知识结构,变革伦理观念",要"与时俱进,不断充实自己,尤其要向科学学习,向科学家学习",要"与科学家、法学家密切合作","要加强与公众的沟通,听取公众的意见"等思想[3],是很有见地的,体现了唯物史观和整体系统观的理念。

其三,局部和整体关系的视野审视。世界是一个整体,是一个大系统。整体和局部相互依存。克隆技术的研究和应用也是如此。《甘文》认为:"伦理学界一些支持克隆人实验的文章,常常弄不清基本的技术层面的问题,而将'生殖性克隆'(即克隆人研究)和'治疗性克隆'(即从克隆胚胎中提取干细胞,然后使之培养成人们所需要的各种人体器官)混为一谈,用支持治疗性克隆的理据来论证生殖性克隆。"(《甘文》,第55—56页)并认为"在我国治疗性克隆问题并没有引发多少伦理论争,可以说支持治疗性克隆研究已经成为一种普遍的社会共识"(《甘文》,第56页)。事实上,人的生殖性克隆和人的治疗性克隆,从科学研究视角看,都是探索人的生命的奥妙和内在规律性。并且,从对人的生命现象的科学研究讲,人的生殖性克隆(克隆人的个体)相对于人的治疗性克隆

---

[1] 邹承鲁、王志珍:《科学与技术不可合二为一》,《新华文摘》,2003年第11期。
[2] 李醒民:《科学无禁区》,《科学时报》,2002年7月19日。
[3] 沈铭贤:《从克隆人之争看生命伦理学》,《文汇报》,2004年1月4日06版。

（克隆人的器官），就是整体与局部的关系。既然在我国支持治疗性克隆研究已经成为一种普遍的社会共识，那么，从局部离不开整体而言，对人的生殖性克隆的科学研究也同样应该得到支持。更何况目前世界上美国、法国等7个国家的科学家正在同时从事人的生殖性克隆和治疗性克隆研究。如果我国一味坚决遏止对人的生殖性克隆的科学研究，那么，不难预测，我国的生命科技发展必然会与世界一流水平的差距越来越大。它可能造成的影响不得不引起我们的高度重视。

其四，个体与社会关系的视野审视。《甘文》认为："由于每个人都是一位拥有着神圣不可侵犯权利的主体，任何人都不愿将自己也无权将别人——以牺牲生命和幸福为代价——作为科学研究的试验品，作为科学研究统计结果中的一个简单的数目，就此而言，克隆人的方案单从技术的层面来看，就面临着一个无可逾越的伦理难关。"（《甘文》，第56页）事实上，在医学科学发展史上，个体自愿地冒着一定的生命危险而参加人体实验，促进医学科学的发展，以谋求和推动社会的公益事业是经常发生的。在人体实验之前，尽管已经经历了仪器实验和动物实验，并获得了成功，但人体实验仍然是有风险的，也正因为如此，人体实验一定要遵循知情同意的原则。人体实验过程中确实存在着受试者的利益与社会公众利益的矛盾冲突。然而，医学科研的科学性和人道性能缓解这一冲突。也就是说存在着个人利益向人类共同利益让渡的情景，从社会公益原则来看，这是完全符合伦理的。

其五，当代人与后代人关系的视野审视。人类社会的发展不仅要考虑到当代人的发展，而且要考虑到后代人的发展，不仅要考虑到人类自身的发展，而且要考虑到与人类生存和发展密切相关的其他物种的发展。这是《里约宣言》可持续发展理论的核心思想。人类社会的可持续发展与科学技术的发展，尤其与生命科学的发展是息息相关的。当代人既不应该只考虑自身的发展而不顾后代人的发展，也不应该只顾后代人的利益而制约当代人的发展。这里蕴含着生命科技的发展有可能引发当代人与后代人的某些利益冲突，尤其是人的生殖性克隆问题，从个体出发，对后代人有可能造成权利的侵犯，具有消极价值；从对生命奥妙的探索和全人类的共同利益出发，有可能是人道的，是符合当代生命伦理观念的，具有积极价值。这就有一个适度控制和适度发展的问题，即生命科技的发展"应是人类知识、认知水平可预测、可控制的一定度内的发展,超过一定的度,带来的将不是福音,而是灭顶之灾"[1]。

综上所述,从唯物史观和整体系统观出发,对人的生殖性克隆问题不能简单地下肯定或否定的结论,必须从历史的、发展的、整体的、系统的观点来进行伦理审视。就当前的生命科技发展水平和社会历史条件而言,对人的生殖性克隆技术研究和应用,应该进行有限控制。有限控制意指用法律和伦理双重规范来引导和约束克隆技术的研究和应用,以保障克隆技术的发展和应用造福于人类,而不是危害人类。从这一意义上讲,目前禁止克隆人实验是符合伦理的。2003 年 6 月 27 日,我国卫生部《卫科教发〔2003〕176 号文》发出《卫生部关于修订人类辅助生殖技术与人类精子库相关技术规范、基本标准和伦理原则的通知》,相关规范明确指出:禁止以生殖为目的对人类配子、合子和胚胎进行基因操作;禁止开展人类嵌合体胚胎实验研究;禁止克隆人。这些规范是从法律的角度做出的对克隆技术的约束。但仅靠法律的约束是相对不够的,还应有伦理的约束。必须要有充分的理由来说服人们,使社会成员形成道德共识,从而促使人们把法律意识转化为自觉行为。只有在法律和伦理的双重约束下,才有可能使克隆技术沿着健康的道路发展。然而,随着生命科技尤其是克隆技术的不断发展和完善,以及社会的经济结构及其生命伦理观念的变革与进步、法律的健全与完善,对人的生殖性克隆的科学研究是应该允许的。目前,克隆人只是暂且不能逾越的伦理禁区。自然科学家和社会科学家当下的任务是,使全人类都认识到现代科技的伦理价值和有限控制的现实意义,在全人类共同利益的基础上,达成道德共识,创建当代伦理共同体。

三、克隆技术的发展呼唤当代伦理共同体的重建

"克隆人"问题是随着克隆技术的发展而渐渐凸显的。从历史发展的轨迹看,克隆技术源于对生物遗传性质的研究和利用。它从植物克隆、微生物克隆、生物分子克隆到动物克隆,进而涉及人的克隆。长期以来,人们普遍认为低等动物在自然界以无性生殖的方式繁殖后代,而高等动物,

---

[1] 陆树程:《科技发展与当代环境科技观》,《哲学研究》,2002 年第 6 期。

尤其是哺乳动物，由于细胞高度分化，遗传信息多而复杂，因此，在自然界中严格按照有性生殖方式繁殖后代。直到 1996 年 7 月 5 日，英国科学家维尔·穆特将绵羊的乳腺细胞移植入去核的成熟卵细胞中复制了多利羊，才证实了即使高度分化的哺乳动物的体细胞也能以无性生殖方式产生新个体[1]，从而引发了"克隆人"问题。动、植物的克隆尤其是人的克隆，引发了一系列人与自然、人与人、人与社会的矛盾冲突。在人与自然、人与人的"二重关系"中，起决定作用的是人与人的关系。人与人的关系错综复杂，但核心的是人与人的利益关系。克隆技术的发展可给市场经济带来巨大的活力，而市场经济势必造成多元主体间的利益多元化。利益多元化必然带来社会内部的矛盾冲突，导致社会规则的合法性危机，这一态势呼唤着伦理共同体应对原子主义社会。

伦理共同体是伴随着人们的交往实践活动而产生的，它是指人们为了实现共同的利益和价值目标，通过成员的共同参与、真诚合作所形成的成员之间及成员与共同体之间在伦理和神上整体的相互依存关系，它的关键在于从道德上表达成员之间相互依存的关系和组织高度整合的状态，"伦理共同体的所有成员认同共同的规则、共同的目标、共同的制度……每个人内在地尊重道德法则，社会实行德治，人人成就德性。全体的幸福源自大家的德行，每个人就是他自己及他人的持久福祉的创造者"[2]。伦理共同体是交往共同体的内在支撑，其核心是利益共同体。当代伦理共同体从宏观结构看，呈现为"交往共同体——伦理共同体——利益共同体"；从层次结构看，呈现为"全球伦理共同体——国家伦理共同体——社会组织伦理共同体"；从基础看，是交往实践过程中的多元主体性；从内在机制看，是从虚假的伦理共同体走向真实的伦理共同体。

当代伦理共同体创建的基础是多元主体性，这是对单质社会、血缘社会的否定。多元主体在相互交往中形成交往共同体，交往共同体得以存在的核心是多元主体间达成共识。达成共识的基本前提是多元主体持有相同的道德价值判断。一般来讲，所谓"价值"是指客体对满足主体需要、实现主体欲望、达成主体目的的效用性，它体现的是主客体之间的一种效用

---

[1] Wilmut, f. Schnieke, AE, McWhir, J, Kind, AJ&Campbell, KHS: Viable Offspring Derived from Fetal and Adult Mam-malian, Nature 385 810-813, 1997.
[2] 黄显中：《康德德治观引论》，《求索》，2002 年第 2 期。

关系。道德价值作为价值的一个范畴,是指道德客体(行为及其品质)对于道德主体(社会)制定道德的需要、欲望、目的的效用性,也就是行为及其品质对于道德目的的效用性[1]。善与恶、正当与不正当是道德价值的两对基本范畴。凡是符合道德目的者,便是善的、正当的,具有积极的道德价值;反之,则具有消极的道德价值。但是,善与恶、正当与不正当的道德价值判断标准并不是唯一的,持有不同的道德价值评判依据将会做出不同的评判结果。邱仁宗认为:"当代伦理学的主要成就是道义论和后果论。"[2]。从道义论和后果论出发既可以做出相同的道德价值评判结论,又可以得出不同的道德价值评判结论。道义论认为,一个行为的正确与否,并不是由这个行为产生的后果所决定,而是由这个行为的动机、特性所决定,即这个行为的动机是否善的,行为本身是否体现一定的道德准则[3]。后果论则是指一种以道德行为的目的性意义和可能产生或已经产生的实质性价值(效果)作为道德价值评价标准的伦理理论。它着重的是人们道德行为和道德生活中所体现的目的性价值和意义,关注的重心是行为对行为者自身和他人或社会所带来或可能带来的实质性利益[4]。

显然,后果论强调将行为的后果作为道德价值评判的标准,而道义论则将行为的动机作为道德价值评判的标准。因此,若是在动机与效果一致的情况下,道义论和后果论对同一项行为所做的道德价值评判结论就必然是一致的;若是在动机与效果不一致的情况下,两者所做出的道德价值评判结论就有可能迥然不同,甚至截然对立。由于持有不同的道德价值判断标准,因此,当前有些人认为克隆技术具有积极的道德价值而全力支持对它的开发和应用,也有些人则认为克隆技术具有消极的道德价值而极力加以反对。面对这一众说纷纭、相互对立的局面,我们应该跳出那些只顾个人或小团体利益或只着眼于当前利益的狭隘圈子,立足于社会历史发展的必然性,以全人类的共同利益(既包括当代人的利益,也包括后代人的利益),同时以当代社会普遍公认的一般伦理原则作为道德价值判断的依据。凡是符合全人类的根本利益和长远利益,有利于人的全面发展,有利于人

---

[1] 王海明:《新伦理学》,北京:商务印书馆,2001年,第41页。
[2] 邱仁宗:《21世纪生命伦理学展望》,《哲学研究》,2000年第1期。
[3] 龚群:《当代西方道义论与功利主义研究》,北京:中国人民大学出版社,2002年,第3页。
[4] 万俊人:《寻求普世伦理》,北京:商务印书馆,2001年,第130页。

类文明进程的可持续发展，并与现行的普遍伦理原则不相违背的，我们就称之为具有积极的道德价值，反之则具有消极的道德价值。多元主体以这一价值评判标准为根据，在相互对话、交流、沟通的过程中，逐步达成道德共识，形成共同认同的道德规范，在此基础上，创建当代伦理共同体。

当代伦理共同体的核心是利益共同体。伦理共同体的各主体之所以认同共同的规则、共同的目标、共同的制度，关键在于各主体之间存在共同利益，可以形成利益共同体。即各主体都要求实现自身生存与发展的利益，但是，国家离不开全球，个体不能脱离社会，各主体要实现自身利益必须通过交往与合作，同时实现其他主体的利益，如果脱离甚至损害了社会其他成员的利益，片面追求自身利益，必然走向如霍布斯所说的"人对人像狼"的战争状态，最终背离各主体自身的利益，走向自我毁灭。而伦理共同体本质上就是个体利益向社会共同利益的让渡，个体通过追求社会共同利益来保证自身利益的实现。当代伦理共同体呈现"差异共识"，其内在理据是"和而不同"与"重叠共识"。伦理共同体的意义在于通过一定的伦理道德规范，把个体对自身利益的不合理的过度追求约束到最大限度实现社会共同利益的轨道中来，协调个体、群体和社会内部及相互之间的利益关系，形成一种全球、国家、社会或组织的内稳态，最大限度"求同"，实现全球、国家、社会或组织的共同利益。国际政治有一条原则："没有不变的敌人，也没有不变的朋友，只有不变的国家利益。"伦理学也应认同："没有不变的善，也没有不变的恶，只有不变的利益。"从这一意义上讲，多元主体谋求自身的利益是无可非议的，但多元主体间只有通过谋求共同的利益，相互达成道德共识，形成利益共同体，才有可能在形成各主体自觉遵守自行约定的道德规范的基础上，在互利的条件下，获取并保障自身的利益。当代伦理共同体正是在当代社会历史条件下所形成的，它是当代社会成员共同利益的外在表现形式，是当代社会成员共同意愿的具体体现。当代伦理共同体是当代社会所有成员追求共同利益、遵循共同规则的产物。这一规则体现了个体美德（自律）与社会要求（他律）的统一。克隆技术的发展既要考虑当代社会各个国家、各个群体、每个社会成员的切身利益，又要考虑后代人的切身利益。围绕利益共同体，建构当代伦理共同体，是解决生命科技发展所带来的一系列矛盾冲突的必然路径。

伦理共同体不是一成不变的，它有自己变化的轨迹。这种变化源于多元主体所认同的道德价值评价标准并不是一成不变的，它是以当时的社会历史条件为依据，以当时人们的共同利益为基础，并随着社会历史的发展和人们的共同利益的变化而变化的。虽然道德价值判断是指向整个社会和全人类的共同利益的，但由于不同的道德主体所认同的立场、观点和持有的价值观不同，他们对道德价值判断标准的认知、认同具有差异性，因此，对同一客体所做的道德价值判断也不尽相同。由于克隆技术可以直接影响到动物和人类的健康发展和繁衍，因而它的应用风险性很大，引起的争议最多，受关注度极高，其具有的道德价值也极具复杂性。面对克隆技术的迅猛发展，我们必须学会预测它的后果，看到克隆技术发展背后的利益关系和利益变化。随着时代的发展，社会的进步，我们应不断变革那些严重阻碍科技进步的落后陈腐的伦理观念和规范，使之更好地引导科技沿着"善"的轨道健康发展。我们强调对克隆技术的研究和应用进行科学合理的价值分析和判断，就是要使社会伦理规范成为引导克隆技术健康发展的导航灯，通过对话、交流、沟通，在谋求全人类的共同利益的基础上不断求同存异，达成新的道德共识，从而促进生命科技更好地为人类社会的健康生存和永续发展造福。

本文与夏东民合作撰写，发表于《社会科学》2004年第12期。

（该文被《中国社会科学文摘》2005年第2期，第25—26页部分转载，《新华文摘》2005年第6期，第159页"论点摘要"转载。）

第三部分
共同体和新现代化研究

市民社会与当代伦理共同体的重建

一、市民社会的历史内涵

市民社会与资本主义的形成及国家演化有着历史渊源，其含义在不同的时代亦有所不同。市民社会最早产生于欧洲中世纪的自治城市，与城市的经济功能和市民利益集团密不可分。在 17 世纪，市民社会指人们生活在政府之下的一种状态，是与自然状态相对立的一个概念。在 18 世纪，市民社会则是指一种社会。亚当·佛格森认为当时的市民社会被看作一种城市生活和商业活动繁荣的社会，它是多元的，是一个具有众多私人活动的社会。这些活动在家庭之外，且未被纳入国家之中，以商业为目的是这种社会的主要特征。

到 19 世纪，市民社会的内涵发生了很大变化。罗马天主教把市民社会视为与教会对立的国家政体，黑格尔则认为"市民社会是处在家庭和国家之间的差别的阶段"[1]，是国家的有限性领域。黑格尔指出，市民社会的法规和利益都从属于、依存于国家权力，"作为差别的阶段，它必须以国家为前提，而为了巩固地存在，它也必须有一个国家作为独立的东西在它面前"[2]。国家构成市民社会的内在目的。市民社会是市场、社会的商业部分，是市场得以运作及其成员得以保护所必需的制度和机构。在这里，市民社会与政治社会相对，与国家政权相对。在黑格尔的视野中，国家和法决定着市民社会。市民社会处于个人与立法机构之间，立法机构调节个人与国家之间的利益关系；在市民社会内部发生冲突时，如果没有强大的国家，这种冲突将导致市民社会的毁灭。因此，黑格尔认为国家的存

---

[1] [德] 黑格尔：《法哲学原理》，张企泰译，北京：商务印书馆，1961 年，第 197 页。
[2] [德] 黑格尔：《法哲学原理》，张企泰译，北京：商务印书馆，1961 年，第 197 页。

在是为了保护公众的共同利益，同时通过干预市民社会的活动来限制它们。黑格尔把市民社会和政治社会的分离看成一种矛盾，矛盾的解决标志着社会的发展。

马克思对18、19世纪尤其是黑格尔有关市民社会的认识进行了反思，他把市民社会看作从低级状态向高级状态发展的过程。市民社会"这一名称始终标志着直接从生活和交往中发展起来的社会组织"，而"真正的"市民社会或者说"资产阶级社会只是随同资产阶级发展起来的"[1]。在马克思看来，市民社会等同于资产阶级，并且是生活关系（交往形式）的同义词。他说："在过去一切历史阶段上受生产力制约同时又制约生产力的交往形式，就是市民社会。"[2]

哈贝马斯对市民社会的认识侧重于它的结构性要素及其特征：公共领域。他认为公共领域是介于私人领域和公共权威之间的一个领域，是一种非官方的公共领域。它是各种公众聚会场所的总称，公众在这一领域对公共权威及其政策和其他共同关心的问题的评判。自由的、理性的、批判性的讨论构成这一领域的基本特征。哈贝马斯之后，市民社会成为学界关注的重要问题，其讨论大致可以归为两类：一类是建立在国家和社会的二分法基础之上，市民社会意指独立于国家但又受到国家保护的社会生活领域及与之相关联的社会价值或原则；另一类则是建立在国家、市场和市民社会的三分法基础之上，市民社会意指介于国家和家庭或个人之间的一个社会相互作用领域及与之相关联的社会价值或原则。戈登·怀特认为，市民社会是"国家和家庭之间的一个中介性的社团领域，这一领域由同国家相分离的组织所占据，这些组织在同国家的关系上享有自主权并由社会成员自愿结合而形成以保护或增进他们的利益或价值"。他同时认为应将企业或经济机构同市民社会区分开来，前者作为经济社会或经济系统构成市民社会之基础。[3] 本文根据市民社会历史内涵的发展及新全球化时代人类高度交往的总趋势，将市民社会界定为独立于国家政府领域和市场经济领

---

[1] 中共中央马克思恩格斯列宁斯大林著作编译局：《马克思恩格斯全集》（第3卷），北京：人民出版社，1960年，第41页。
[2] 中共中央马克思恩格斯列宁斯大林著作编译局：《马克思恩格斯选集》，北京：人民出版社，1995年，第87—88页。
[3] [英]戈登·怀特：《公民社会、民主化和发展：廓清分析的范围》，何增科译，[英]《民主化》，1994年第3期。

域之外的社会领域，其主要结构性特征为：私人领域、志愿性社团、公共领域、社会运动及非政府组织；其文化特征为：独立性、自主性、个体性、多元性、公开性、开放性、参与性和法治性；其基本理念是国家、市场、市民社会三大体系（领域）合作互补，共同推动经济社会向前发展。

二、国家、市场、市民社会三大领域，三大规则

国家、市场、市民社会分属三个不同的领域，并按各自的规则独立运行；如果划界不清、相互侵占，则有碍社会的稳定和发展。比如，苏联在创建以机器—电力大工业为轴心的工业文明过程中，国家政府采取高度集权的政治体制，把高度集中的行政权力支配的经济体制的形式扩展到市场经济领域，造成僵化的苏联经济模式，把大一统的思想意识形态扩展到市民社会领域，造成人们的思想僵化和保守，引起社会动荡和倒退，最终走向解体。因此，国家政府领域、市场经济领域、市民社会领域必须清楚区分，协调运行，社会才可稳定发展。

国家是阶级矛盾不可调和的产物。[1] 国家政府领域的主导游戏规则是依法治理国家事务。在后工业文明—工业文明的结构中，法律既体现了人民的共同意愿，又是国家政府有效治理和管理国家事务的武器，后者体现了国家的至高无上的权力。古德诺认为，"在所有的政府体制中都存在着两种主要的或基本的政府功能，即国家意志的表达功能和国家意志的执行功能。""为了方便起见，政府的这两种功能可以分别称作'政治'与'行政'。政治与政策或国家意志的表达相关；行政则与这些政策的执行相关。"[2] 这种国家意志的表达和执行的根本原则就是治理国家事务。在国家政府领域中，行政管理机关和行政管理人员是其主体，任何主体都没有超越宪法和法律的特权。把个人意志代替国家意志或凌驾于法律之上的行为，都是违法行为。国家政府领域正是通过系统的、强有力的代表国家意志的法律制度的全面执行，达到治理国家事务、巩固国家政权、促进社会

---

[1] 中共中央马克思恩格斯列宁斯大林著作编译局：《马克思恩格斯选集》（第4卷），北京：人民出版社，1995年，第170页。
[2] ［美］古德诺：《政治与行政》，王元，杨百朋译，北京：华夏出版社，1987年，第12、10页。

稳定和发展、维护人民权利等目的。

市场领域是随着制造经济的发育和成长而逐步建立和完善起来的，其发展的原因则在于社会的分工及其各自的利益不同。市场经济领域的主导游戏规则是生产主体和消费主体在市场中遵循价值规律而从事各种活动。价值规律是市场经济运行的基本规律，它的基本内容是：商品的价值量决定于社会必要劳动时间，商品实行等价交换。在市场经济领域，尽管随着市场上商品供求关系的变化，商品价格会上下波动，这种商品价格的波动总是围绕它们各自的价值而上下波动，等价交换是市场经济中不以人们意志为转移的客观规律。物与物交换关系的背后是人与人之间的关系。在理性化的正常状态下，市场经济领域的主体，即每个生产者（同时又可能是另一生产者的消费者）都在追求着利益最大化。从某种角度来讲，"自利作为人们在市场活动中产生的一种必然性的行为倾向，是支配每个市场主体的一切行动、使其在某一问题上根据利害观点采取某一行动的原则"[1]。然而，这种对"自利"的追求，仍然须在遵循价值规律的前提下才能达到。"等价交换"本身就体现了互利。没有"互利原则"，"自利"是难以实现的。"交相利"是对市场行为的最好诠释。

市民社会领域是人类普遍交往的必然产物。马克思认为，"'市民社会'这一用语是在 18 世纪产生的，当时财产关系已经摆脱了古典古代的和中世纪的共同体。真正的市民社会只是随同资产阶级发展起来的；但是市民社会这一名称始终标志着直接从生产和交往中发展起来的社会组织，这种社会组织在一切时代都构成国家的基础以及任何其他的观念的上层建筑的基础"[2]。在这里，市民社会与私有财产密切相关，与包含着生产关系、交往关系的社会组织密切相关。随着人类高度交往的新全球化时代的到来，市民社会领域不仅独立于国家政府领域，而且独立于市场经济领域。戈兰·海登认为，"市民社会成了全球发展话语的一部分"，他因此把市民社会区分为国家层次（the country level）、社团层次（the

---

[1] 张阳升：《熟知并非真知——关于市场经济社会的内涵及其本质规定的探讨》，《中国社会科学》，1999 年第 2 期。

[2] 中共中央马克思恩格斯列宁斯大林著作编译局：《马克思恩格斯选集》，北京：人民出版社，1995 年，第 130—131 页。

associational level）和全球层次（the global level）。[1]

市民社会领域的主导游戏规则是以当代伦理道德观念来处理人与人之间的关系。市民社会领域是人们普遍交往活动的领域，它渗透于人们日常生活的一切领域。日常生活领域是多极生活主体交往的领域，它既不可能由单一主体臆想而生成（主体生成论），也不可能由自然天道恩赐（客体派生成论），而是多极主体经过中介客体而交往实践的产物。它发端于各个体的创新的生活方式，经过交往的双向建构和双重整合作用，使个体的生活方式在接受大众的交往整合过程中逐渐地转化为大众的生活方式；同时造就按新的方式生活和交往的共同体，并由此产生支配共同体生活的规范，即伦理道德。社会的发育必须快于经济的发育，没有伦理道德的支撑，经济社会很难正常维持或继续发展。在市民社会领域，法律、价值规律无能为力之处，正是伦理道德显示其力量之地。

国家、市场、市民社会三大领域均有各自独立的活动范围和游戏规则，但在维持人类社会相对稳定的秩序、促进社会不断发展的人类社会目标上又是相互渗透、相互整合、相互作用、密不可分的。它们有着自己独特的结构和功能，又要达到共同的人类社会目标，彼此不能割离。但当前尚未引起人们重视的是市民社会领域及其伦理共同体的构建问题。

三、市民社会的主导规则是伦理

市民社会是人类社会发展到一定历史阶段，交往行为和交往关系越来越深入和广泛的产物。它从人类社会发展体系中，分离于国家、市场而成为一个独立的体系（领域），既是历史的必然，又是其内在本质所使然。市民社会是人类社会进行交往实践最普遍、最深入的一个领域，渗透于人们日常生活的方方面面。这个领域的主导规则是伦理；离开了伦理，人类社会将无法有序地生存下去。市民社会的本质是伦理，而不是道德。道德仅仅是道德主体的观念、原则和规范，以及由此支配的道德实践，伦理则是由道德实践在市民社会领域内交往结构的整合形态。从一定意义上来

---

[1] ［英］戈兰·海登：《公民社会、社会资本和发展：对一种复杂话语的剖析》，《国际比较发展研究》，1997年春季号。

讲，市民社会体系的重建，就是当代伦理体系的重建。

（1）交往实践观视野下的市民社会。市民社会是人们进行普遍交往的一个领域，其内在核心概念是"交往"。交往指认一个系统，包括物质交往、精神交往和语言交往三个层次，而物质交往实践是人们之间互为主客体的物质交换过程，它构成精神交往与语言交往的基础。运用交往实践来反思和把握人类社会的观念即交往实践观。从交往实践观出发，市民社会是人与人，或者说是个体、群体与他者通过物质、语言等客体（中介）而发生交往实践的场所（领域）。因此，市民社会必然具有交往实践的某些特征。

互为主客体性。市民社会是人们交往实践关系的整合形态。互为主客体，是指在市民社会交往实践中，交往者是一些具有社会差异和特质、彼此处于交往关系中的个体或群体，彼此既相互差异，又在交往实践中通过改造共同的物质客体的中介而彼此关联，伦理在其中发挥着维系其正常秩序的作用。

社会交往性。市民社会中任何个人、群体或民族的实践都与他者的实践相衔接，每个人以作为客体的他人为中介，人与人之间的交往成为市民社会多层次结构的一个环节，而其自身同时在社团、国家、全球多层次的市民社会内实现着人与人之间的交往关系。与此相应，其内在支撑亦从私人伦理、一般伦理走向普遍伦理。

社会历史性。市民社会中多层次交往活动内容是随社会历史的不断发展而发生着历史性的变化，其交往形式也必然会发生变化。马克思主义认为：社会经济形态的发展是一种自然历史过程。不管个人在主观上怎样超越各种关系，他在社会意义上总是这些关系的产物。市民社会的社会历史性，决定了其伦理价值尺度具有社会历史性。正是在这个意义上，恩格斯认为恶也是历史发展的杠杆。但是，在不同的社会历史条件下，善、恶等伦理价值尺度是不尽相同的。

双向建构性。市民社会从其结构性要素和特征来看，主要有私人领域、志愿性社团、公共领域、非政府组织等。各结构主体在交往实践过程中，一方面建构市民社会共同体，另一方面又以交往实践的返身性而达到各结构主体的自我重构，构建具有独特个性的多层次主体形态。在双向建构中，每一个人都应该得到人道的对待；己所不欲，勿施于人的全球伦理原则逐渐深入人心，成为市民社会伦理共同体的基础。如果没有这种伦理，这种普遍交往活动及在此之上形成的市民社会是无法想象的。

（2）道德与伦理的联系和区别。道德与伦理是交往活动中的双重系列，两者既相关联，又相区别。把握道德与伦理的主体性辩证关系，是理解"市民社会的主导规则是伦理"这一时代性话语的重要环节。

道德是由经济基础决定的上层建筑和特殊的社会意识形态，是通过社会舆论、传统习俗和内心信念来维系的，是对人们行为进行善恶评价的心理意识、原则规范和行为活动的总和。从道德直接的存在形式来看，它是道德主体的观念、原则和规范及由此支配的道德实践。伦理是解决人与人之间的道德实践中的矛盾冲突及作为其基础的利益冲突所应遵循的行为准则。伦理的基础是道德，它是由道德实践在社会活动中通过解决各种矛盾冲突而形成的交往结构的整合形态。伦理本质上是道德主体在道德实践中产生的社会行为结构和行为规范。从一定意义上讲，脱离了道德主体性，就根本不可能存在伦理关系。然而，在交往实践观的视野中，道德和伦理又是区别的，两者不能混为一谈。[1]

首先，道德指向个体自我，而伦理则指向他人。道德是主体的内在本性要求，是其内在良心、善、知、仁、勇等的自律规范，它直接源于人的个体的内在心声。而伦理则是人的内在道德的外在化表现形式，是主体道德实践的对象化、实体化，因而对道德主体起着外在、他律的制约作用。只有当具有道德品质的个体间发生交往实践关系时，才引发伦理。

其次，道德具有主观性，而伦理则具有客观性。道德是主体的主观原则、精神要求。推而知之，群体化道德规范也是多极主体道德观念交往的产物。道德具有强烈的价值导向和规范整合性，本质上是一种体现主体要求的"应当"，而伦理则是一种客观现实，它是由人们的实际的道德实践交往关系整合的实体结构。

再次，道德具有多层次性，伦理则具有一元性。道德的多层次性由每个人的社会历史条件不同所决定，不同的文化传统、生活方式致使道德呈现多样性。在不同的时空中，各利益个体或集团，都有不同的甚至对立的道德原则。而对某一历史阶段的社会来说，伦理关系却仍然是一元的。其

---

[1] 任平：《广义认识论原理》，南京：江苏人民出版社，1992年，第287—309页。

根本原因在于伦理关系服从于人们化解道德矛盾冲突的道德实践交往关系的整合。在社会交往实践碰撞中,在共同的利益驱使下形成一种通行的行为规范或行为方式。进而,伦理一旦形成之后,就必然以铁的必然性,在社会范围内"裁决"社会公道,设定"道德"与"不道德"的最低客观标准,呈现出一元性。

从道德和伦理的联系和区别中可以看出,在市民社会领域中,道德只能是各交往主体的内在基础或一种境界,伦理才是各主体在交往实践活动中的核心。而这种伦理恰恰是伦理共同体的核心内容和主要内涵。当然,这种所谓伦理共同体在当今世界发展中各种矛盾加深并日趋激化的背景下存在着许多困难,以致它看上去像是一种远离实际的设想或理想。但是我们必须看到的是,随着全球化进程的深入,世界的各种矛盾固然在不断激化,可世界的相互联系和相互依赖也在不断加深,和平与发展不仅成为世界的主题,而且成为世界人民的共同意愿和共同利益。在此基础上,从人们的交往实践关系中抽绎出规则,整合出伦理,以期共创世界人民美好的未来,是一个值得认真对待的时代课题。

本文发表于《哲学研究》2003 年第 4 期。

论敬畏生命与生命伦理共同体

一、当代生命科技发展产生的伦理问题

当代生命伦理研究面临的突出难题集中体现在现代生命科技对生命由外而内、由部分到整体的全面改造上，其中涉及的问题主要有：一是由于生命科技对生命过程的介入而引发的一系列与生命有关的伦理问题，如干细胞研究、人畜混杂嵌合体研究带来的伦理问题；二是与生命诞生相关的辅助生殖技术、基因技术、克隆技术等高新技术带来的家庭、血缘伦理的混乱及生命的尊严等问题；三是"人造生命"引发的"人类能否扮演上帝"所衍生出的一系列问题，尤其是如何处理当代人与后代人关系的问题。对这些问题的应答，国内外学者主要从原有的理论成果进行分析论证。现代西方境遇伦理学强调一切事物或行为的正当与否应该完全由境遇来决定，反对用既定的道德原则或规范来约束人们的行为，主张原则服从情境、理论服从现实。这一理论为解决原则主义冲突提供了现实主义选择路径，但也容易导致方法上的相对主义。邱仁宗先生认为："当代伦理学的主要成就是道义论和后果论。"[1] 虽然这两种理论不是很完善，但当代生命伦理研究经常以这两种理论为依据。甘绍平从人权理念出发，认为后果论考察问题的方式偏重于对结果的理性计算，体现不出对个体生命的人道关怀；道义论虽然超越了功利主义趋利避害、重利轻义的弊端，但存在将道德动机、道德法则形式化、抽象化的局限，也"难以为人们充满着两难抉择的社会生活实践提供具体有效的行为指导"[2]。因此，这两种理论均很难体现出生命价值的独特性，不能作为生命价值的评价标准和依据。

---

[1] 邱仁宗：《21世纪生命伦理学展望》，《哲学研究》，2000年第1期。
[2] 甘绍平：《应用伦理学的论证问题》，《中国社会科学》，2006年第1期。

在他看来，人权理念及其相应的理论建构是人类文明史上的伟大成就之一，生命权是人权理念的最高体现，人的生命是唯一的、不可逆的、无可补偿、无可替代的，生命的这些独特性决定了不能仅仅以后果论和道义论看待问题的方式来对待生命。只有从人权理念出发，以人的生命为基点，才能对生命的存在和价值做出终极性的道德论证。上述两位学者从不同角度对当代生命伦理研究经常引证的两种基本理论进行了评析。事实上，这两种理论都存在着历史局限性，已不能解答当代生命科技迅速发展所产生的伦理问题。对此，徐宗良先生站在哲学的高度指出：生命伦理学的坚实理论基石绝不只是简单的两三条伦理原则或某个道德标准，生命伦理学的基本原理也不可能是固定不变、凝固死板的，它的理论之根必须深深地扎入道德哲学、生命哲学的肥沃土壤之中……道德哲学、生命哲学为生命伦理学提供了基本的原理和方法论指导[1]。樊浩则认为，要走出现代高技术的伦理困境，必须向传统的中道哲学寻求伦理智慧。"中道"作为一种形上方法和形上境界，"是一个由'历史理性—理论理性—实践理性'构成的完整结构。它关注并立足于特定的历史情境，在终极的意义上追究其合理性，最后作用于人的情感、态度与行为"[2]。其实质是在"为"与"不为"、"技术合理性"与"伦理合理性"之间寻求平衡点，以达成技术与伦理之间的动态和谐，这对当下正确处理高技术与伦理的关系，有具体且现实的指导意义。

综上所述，我们不难看出当前人们对生命伦理理论的研究，其理论依据大多停留在原有的理论成果上，无论是境遇伦理理论、后果论、道义论、人权理论，还是道德哲学、生命哲学、传统中道哲学，都在一定程度上为解决"原则主义"冲突提供了理论来源。然而，这些理论成果源自不同的社会文化背景，作为历史的产物，一旦脱离其产生、存在的社会历史条件，便难以真正发挥其理论指导作用。以原有理论成果来化解原则纠纷的思维进路本身是一种"向后看"的思维方式，这种思维方式并不能真正解决当代生命科技活动中的伦理难题。因此，当代生命伦理研究必须转换"向后看"的思维模式，以敬畏生命为基点，着眼于当代人与

---

[1] 徐宗良：《浅论生命伦理学理论的哲学之源》，《道德与文明》，2003年第1期。
[2] 樊浩：《高技术的伦理中道》，《道德与文明》，2004年第4期。

后代人的长远发展,全面审视当代生命科技发展的伦理困境,研究、创造适合生命科技发展的生命伦理理论。

二、敬畏生命伦理思想

敬畏生命伦理思想最初由诺贝尔和平奖获得者阿尔贝特·施韦泽提出。1915年施韦泽创造性地提出了"敬畏生命"的伦理思想。他认为:"有思想的人体验到必须像敬畏自己的生命意志一样敬畏所有的生命意志,他在自己的生命中体验到其他生命。对他来说,善是保存生命,促进生命,使可发展的生命实现其最高价值。恶则是毁灭生命,伤害生命,压制生命的发展。这是思想必然的、绝对的伦理原理。"[1] 这是施韦泽敬畏生命伦理思想的核心理念。他的敬畏生命伦理思想隐含了生命至高无上与敬畏一切生命的思想,但他忽略了人的生命的优先性。笔者认为生命至高无上性、敬畏一切生命体生命、人的生命优先性三者的辩证统一是敬畏生命伦理思想的当代解读。

生命至高无上性是生命神圣论的彰显,它要求人们在处理人与人、人与社会、人与自然关系的过程中坚持生命至上、生命神圣的道德理念,敬重生命、珍惜生命、关爱生命,维护和尊重一切生命正当的生存权和发展权。敬畏一切生命体生命是指人类在一切实践活动中,要对一切生命体生命予以敬畏,即不仅敬畏人的生命,而且要敬畏一切其他生命体生命。马克思主义认为,任何事物都是相互联系的,恩格斯在阐述19世纪三大发现时指出:"达尔文第一次从联系中证明,今天存在于我们周围的有机自然物,包括人在内,都是少数原始单细胞胚胎的长期发育过程的产物,而这些胚胎又是由那些通过化学途径产生的原生质或蛋白质形成的。"[2] 这种人与自然界的不可分割性已成为人们的共识。美国麻省理工学院资深教授彼得·圣吉指出:"人类只是重要的物种之一,而所有的物种都是相互

---

[1] [法]阿尔贝特·施韦泽:《对生命的敬畏——阿尔贝特·施韦泽自述》,陈泽环译,上海:上海人民出版社,2007年,第128—129页。
[2] 中共中央马克思恩格斯列宁斯大林著作编译局:《马克思恩格斯选集》(第4卷),北京:人民出版社,1995年,第245—246页。

依赖的。"[1] 人的生命离不开自然界其他生命体的存在。因而，人们不仅要敬畏自身的生命，而且要敬畏其他人的生命；不仅要敬畏人类的生命，而且要敬畏一切生命体的生命。在一定的社会历史条件下，任何生命体都有生存的权利，任何生命体的生命都是神圣的。

在敬畏一切生命体生命的过程中，人的生命居于何种地位是每个伦理学家必须思考和回答的问题。笔者认为在处理人的生命与其他生命体生命的关系时，人的生命具有优先性。当然这种优先性的前提是敬畏一切生命体生命。在人类社会发展过程中，生命存在是最基本的、是第一位的；在任何财富中，人的生命是最重要、最宝贵的。马克思指出："全部人类历史的第一个前提无疑是有生命的个人的存在。"[2] 没有人的生命就无所谓人的发展，无所谓社会的发展。人的生命优先性是指在敬畏一切生命体生命的基本前提下，对人类的生命敬畏应当具有优先性，即在人类实践活动过程中，当人的生命与其他生命体生命发生矛盾时，应当优先保障人的生存权和发展权。这种优先性是由人具有主观能动性和创造性所决定的。马克思在《关于费尔巴哈的提纲》一文中指出："人的本质不是单个人所固有的抽象物，在其现实性上，它是一切社会关系的总和。"[3] 而一切社会关系恰恰是人类创造性活动的产物，"从一定意义上讲，人的本质在于创造"[4]。列宁在《黑格尔〈逻辑学〉一书摘要》中通过对黑格尔关于"人的合目的性"思想的扬弃，强调了人在有目的活动中的能动性，强调人的主体地位，并指出："世界不会满足人，人决心以自己的行动来改变世界。"[5] 人是人类社会发展的决定性力量，离开了人、离开了人的能动创造性，人类社会将毫无意义。胡锦涛在党的十七大上指出，科学发展观的核心是以人为本[6]。以人为本就是指"以人为价值的核心和社会的本位，

---

[1] [美] 彼得·圣吉：《环境危机与重建生态文明》，《新华日报》，2008年10月29日07版。
[2] 中共中央马克思恩格斯列宁斯大林著作编译局：《马克思恩格斯选集》，北京：人民出版社，1995年，第67页。
[3] 中共中央马克思恩格斯列宁斯大林著作编译局：《马克思恩格斯选集》，北京：人民出版社，1995年，第56页。
[4] 陆树程，朱晨静：《敬畏生命与生命价值观》，《社会科学》，2008第2期。
[5] 中共中央马克思恩格斯列宁斯大林著作编译局：《列宁全集》（第55卷），北京：人民出版社，1990年，第183页。
[6] 胡锦涛：《高举中国特色社会主义伟大旗帜 为夺取全面建设小康社会新胜利而奋斗——在中国共产党第十七次全国代表大会上的报告》，北京：人民出版社，2007年，第15页。

把人的生存与发展作为最高的价值目标，一切为了人，一切服务于人"[1]。从人的本质和以人为本的理念出发，对人类的生命敬畏应当具有优先性。人的生命优先性并不排斥敬畏其他一切生命体生命，而是当人的生存与其他生命体生存发生了难以调和的矛盾时所应遵循的特定规则。敬畏生命伦理思想的核心是"敬畏一切生命，更敬畏人的生命"，在这一思维框架下，我们强调尊重一切生命，更强调尊重人的生命，我们认同人是手段，更强调人是目的。人的生命是最高价值[2]。人的生命优先性是一种富有理性的处世哲学，具有特殊性、现实性和局限性特征。它仅是对敬畏一切生命体生命思想的补充。当然，在实现人类生命体生命权利最大化的同时，应努力实现对其他生命体生命的损害最小化。

三、构建当代生命伦理共同体

在敬畏生命伦理思想的基础上，构建当代生命伦理共同体是时代的呼唤。从唯物史观出发，生命科技是不断发展的，伦理观念也决不会静止不变。恩格斯指出："人们自觉地或不自觉地，归根到底总是从他们阶级地位所依据的实际关系中——从他们进行生产和交换的经济关系中，获得自己的伦理观念。"[3] 正是在这个意义上，"我们拒绝想把任何道德教条当作永恒的、终极的、从此不变的伦理规律强加给我们的一切无理要求"[4]。由此推论，当代人必然会从现实的经济结构和社会关系中整合出崭新的伦理观念，这一整合过程呼唤创建当代生命伦理共同体。

所谓当代生命伦理共同体是指在全球范围人与人、人与社会、人与自然相互作用过程中，人们在道德理性和人类共同利益驱使下，通过全体共同体成员的积极参与、真诚合作所形成的成员之间及成员与共同体之间的在伦理和精神上整体的相互依存关系，共同体成员达成道德共识，自觉地

---

[1] 奚洁人：《科学发展观百科辞典》，上海：上海辞书出版社，2007年，第23页。
[2] 夏东民，陆树程：《敬畏生命观与生态哲学》，《江苏社会科学》，2008年第6期。
[3] 中共中央马克思恩格斯列宁斯大林著作编译局：《马克思恩格斯选集》（第3卷），北京：人民出版社，1995年，第434页。
[4] 中共中央马克思恩格斯列宁斯大林著作编译局：《马克思恩格斯选集》（第3卷），北京：人民出版社，1995年，第435页。

遵守共同认同的伦理规范，形成互利互惠的内稳态，它是交往共同体的内在支撑。当代生命伦理共同体从宏观结构看，呈现为"当代全球交往共同体——当代全球生命伦理共同体——当代全球利益共同体"；从层次结构看，呈现为"生态伦理共同体——世界伦理共同体——国家伦理共同体——社会组织伦理共同体"；从基础看，是交往实践过程中的多元主体性；从特征看，是各交往主体在交往实践过程中达成"差异共识"和"重叠共识"；从内在机制看，是从虚假的伦理共同体走向真实的伦理共同体。

构建当代生命伦理共同体何以可能？这种可能性由多方面因素决定。

首先，人类存在超越个体利益、局部利益服从整体利益、共同利益的道德理性，这种道德理性是创建当代全球生命伦理共同体的前提。所谓道德理性是指道德主体分析道德情境，进行道德推理，确立自己的行为准则的理性能力[1]，其实质是个体理性与集体理性的统一。在东西方伦理思想史上，道德理性是作为人的机体的一部分，作为一种对人的欲望、激情起引导和节制作用的约束力量来使用的。孟子曾经提出"四端"说，认为每个人都有"是非之心""恻隐之心""羞恶之心""恭敬之心"，通过道德自觉及同社会其他成员交往的道德实践，把人的本有之心都扩充出来，就能真正实现人之所以为人的本质。亚里士多德认为，公民维护共同体的共同利益的德性在于他的逻各斯使然，逻各斯趋于"道德的合理性"，即趋于与善和恶、正义和非正义等相联系的共同利益[2]。这实际上揭示了人类具有让渡个人利益、保全公共利益的道德理性，这是人类共同体得以存在和发展的理性基础。从生命现象看，人作为生命体从低等动物进化到高等动物，其进化史呈现了共同体的不断形成和发展之进程；从唯物史观看，从原始社会，到奴隶社会、封建社会，进而到资本主义社会和社会主义社会并存的全球化时代，人类的发展历程呈现了从同质共同体到异质共同体社会。异质共同体是人类"存异求同"理念的呈现，这种共识是人具有道德理性的表现，是构建当代生命伦理共同体的前提。

其次，当今社会是多元文化、多元价值主体并存的社会，这种多元主体性是当代生命伦理共同体创建的基础。在单质社会、血缘社会中，人们

---

[1] 杨宗元：《论道德理性的基本内涵》，《中国人民大学学报》，2007年第1期。
[2] 龚群：《当代西方道义论与功利主义研究》，北京：中国人民大学出版社，2002年，第13页。

达成的共识是同质共识。当今世界多元主体间达成的共识呈现为差异共识，这是由各利益主体不同的价值判断和不同的利益取向所决定的。多元主体在相互交往中形成交往共同体，交往共同体得以存在的核心是多元主体间达成共识。达成共识的基本前提是多元主体持有相同的道德价值判断。道德价值作为价值的一个范畴，是指"道德客体（行为及其品德）对于道德主体（社会）制定道德的需要、欲望、目的的效用性，说到底，也就是行为及其品德对于道德目的的效用性"[1]。以全人类的共同利益（既包括当代人的利益，也包括后代人的利益）作为道德价值判断的依据，凡是符合全人类的根本利益和长远利益，有利于人的全面发展，有利于人类文明进程的可持续发展，我们就称之为具有积极的道德价值，反之，则具有消极的道德价值。多元主体以这一道德价值评判标准为根据，在相互对话、交流、沟通过程中，逐步达成道德共识，形成共同认同的伦理原则和道德规范，在此基础上才有可能创建当代伦理共同体。

最后，人类存在着生存与发展的共同利益。利益共同体是创建当代生命伦理共同体的核心。利益是一定客体相对于一定主体的需求的满足，它代表的是一种价值关系的实现。所谓人类共同利益，也就是人类作为一个种族在自然生态系统中的生存和发展需要的满足。从历史上看，人类种族一经产生，人类共同利益便随之诞生。人类作为生命存在物，不仅具有作为生物种族的共同需求，如最起码的食物和水，还具有作为社会动物进行交往、合作的共同需求，正是在共同需求的基础上形成了人类的共同利益。共同利益的存在是伦理共同体各主体之间达成共同规则、共同目标、共同制度的基础和保障。当代生命伦理共同体是当代社会所有成员追求共同利益、遵循共同规则的产物。然而，国家离不开全球，个体离不开社会，各主体要实现自身利益必须通过交往与合作，同时实现其他主体的利益。当代生命伦理共同体本质上是个体利益向人类（社会）共同利益的让渡，个体通过追求人类共同利益而保证自身利益的实现。这一让渡体现了个体美德（自律）与社会要求（他律）的统一。生命科技的发展既要考虑当代社会各个国家、各个群体、每个社会成员的切身利益，又要考虑后代人的切身利益。围绕利益共同体建构当代生命伦理共同体，是解决生命科

---

[1] 王海明：《新伦理学》，北京：商务印书馆，2001年，第41页。

技发展带来的一系列矛盾冲突的可能路径之一。

综上所述,随着生命科技的不断发展,生命伦理亟须理论创新。以敬畏生命伦理思想为基点,从人类的共同利益出发,在达成差异共识的基础上,构建当代生命伦理共同体是解决当代生命科技发展带来的一系列新问题的逻辑使然,同时也是构建和谐社会的可能路径之一。

本文发表于《道德与文明》2009年第1期。

论构建社会主义和谐社会的历史必然性

社会主义和谐社会建设究竟是针对当下社会矛盾的即时策略，还是社会发展规律的必然表现？目前一些研究者满足于用"实例总和"式的研究方法来说明社会主义和谐社会构建的必要性，而缺乏历史发展的规律性、必然性角度的深度阐释，从而在实质上将构建社会主义和谐社会理解为一时偶然的存在物。在唯物史观视阈中，社会主义和谐社会的出现与建设具有历史必然性。

一、社会主义和谐社会历史定位的方法论问题

在相关理论研究中，对社会主义和谐社会的历史定位是一个具有前提性、总括性的基本理论问题，它关系到对社会主义和谐社会的基本理解。对此，学界有一个基本的共识：社会主义和谐社会的提出是基于当前我国社会存在诸多矛盾冲突，处于一个战略机遇与矛盾凸显并存的时期这样一种时代背景，和谐社会构建的核心是研究并解决我国经济、社会发展中出现的问题。据此，对于社会主义和谐社会的基本历史定位就是"构建社会主义和谐社会是解决国内诸多矛盾的必然选择"。简言之，就是当前我国社会存在很多矛盾冲突、不够和谐，所以要构建和谐社会。这是学界关于社会主义和谐社会存在的必要性或者出场路径问题所持的普遍观点，诸如"解决这些问题和矛盾，消除不和谐因素，构建和谐社会，已成为社会各个阶层的共同愿望和当务之急；"[1] "构建社会主义和谐社会，就是运用正确的方法不断地化解各种社会矛盾的持续过程；"[2] "解决这些矛盾和

---

[1] 葛修路，林慧珍：《关于和谐社会研究的一些思考》，《哲学研究》，2006年第8期。
[2] 赵曜：《论构建社会主义和谐社会的理论基石》，《马克思主义研究》，2007年第1期。

问题，只能靠走科学发展的道路，构建社会主义和谐社会；"[1] 此类观点较为多见。

这实际上是把社会主义和谐社会定位于解决我国社会诸多矛盾所选择的一种即时策略或对策。

这种对于构建社会主义和谐社会必要性的理解，毫无疑问，是正确的。一定意义上，"和谐"正是与"矛盾"相对而言的概念，社会主义和谐社会的提出确实可以看作针对当前我国社会诸多矛盾冲突的一种对策。我国当前确实存在诸多矛盾和问题，而社会主义和谐社会的构建就是一个不断解决矛盾冲突，最大限度地增加和谐因素的过程。这一点正是党中央做出构建社会主义和谐社会决策的初衷。《中共中央关于构建社会主义和谐社会若干重大问题的决定》明确指出："构建社会主义和谐社会是一个不断化解社会矛盾的持续过程。我们要……深刻认识我国发展的阶段性特征，科学分析影响社会和谐的矛盾和问题及其产生的原因，更加积极主动地正视矛盾、化解矛盾，最大限度地增加和谐因素，最大限度地减少不和谐因素，不断促进社会和谐。"[2] 党的十七大报告进一步指出：社会主义和谐社会"是在发展的基础上正确处理各种社会矛盾的历史过程和社会结果"[3]。

但是，对于社会主义和谐社会的理论探索却不能止步于此。也就是说，把社会主义和谐社会定位于解决我国社会诸多矛盾和问题所选择的一种即时策略或对策，是正确的。但是仅仅止于此，则容易陷入就事论事的狭隘思维，缺乏足够的历史感和理论深度，容易将社会主义和谐社会建设当作一时偶然的存在物。实际上，社会主义和谐社会不但是针对当下社会矛盾的对策，更是社会发展规律的必然表现，是人类社会形态演进的必然结果。社会主义和谐社会的提出与构建具有历史必然性，这是对社会主义和谐社会更为完整、深刻的历史定位。这需要我们以唯物辩证法为理论基础，考察"和谐社会"的哲学内涵，在此基础上，以唯物史观为视阈，在

---

[1] 于越：《构建和谐社会是全球化的最终趋势》，《社会科学战线》，2007年第5期。
[2] 中共中央文献研究室：《十六大以来重要文献选编》（下），北京：中央文献出版社，2008年，第650页。
[3] 中共中央文献研究室：《十七大以来重要文献选编》（上），北京：中央文献出版社，2009年，第13页。

与诸种社会形态中所可能出现的社会和谐状态之间的对比中,探究社会主义和谐社会历史必然性的根源。

二、唯物辩证法视阈中的"和谐社会"内涵辨析

按照矛盾论来理解"和谐",这是人们思考和谐概念、探究其内涵的一个惯常思路。在人们一般意识中,在谈到"和谐"时,总会自然联系到"矛盾",进而把两者作为对立的概念,以此为基础来表达对于和谐社会的一些看法,比如认为和谐社会的建构就是消解矛盾的过程。实际上矛盾概念可以在两种意义上使用,一个是哲学意义上的矛盾,亦即唯物辩证法中的辩证矛盾,再一个就是日常生活语言中的矛盾概念。这两者既有区别又有联系。

按照唯物辩证法,矛盾是指辩证矛盾,是反映事物内部相互对立的方面之间又斗争又同一关系的哲学范畴,斗争性和同一性是事物辩证矛盾中既相互对立又相互联系、不可分离的两种基本属性。同一性是矛盾双方的内在的、互为前提而存在的一种联系,体现着对立面之间相互吸引、相互结合和互相转化的趋势。斗争性是指矛盾双方相互排斥、否定的性质,体现着矛盾双方相互分离的趋势,如包含了阶级敌对势力之间在各方面的对抗冲突。两种属性的相互结合、相互作用便构成了辩证矛盾的运动过程。

而日常意义上的矛盾实际上是属于哲学辩证矛盾的一个具体类别,它可以看作仅仅指涉对抗状态下的辩证矛盾。而人们在以矛盾论来思考和谐社会时,很多时候并没有真正区分两种意义上的矛盾,于是对于和谐社会的理解就会出现一些模糊不清的言论。比如,我们经常可以看到关于和谐社会的这种观点:"有一种观点认为构建社会主义和谐社会的目的是为了消灭矛盾,是为了使我们的社会成为无矛盾的和谐社会。这个意见是天真的,是错误的。矛盾是消灭不了的……社会主义和谐社会是一种有矛盾但不激化、不尖锐的社会状况。"[1] 根据唯物辩证法,和谐社会当然不会是无矛盾的社会,实际上任何事物都不会是无矛盾的存在,这种理解是对

---

[1] 陈占安:《正视矛盾、化解矛盾与构建社会主义和谐社会》,《马克思主义研究》,2007 年第 1 期。

的，但当说到"矛盾是消灭不了的，原有的矛盾解决了，还会出现新的矛盾"，"社会主义和谐社会是一种有矛盾但不激化、不尖锐的社会状况"时，就值得商榷了。既然旧的矛盾被解决了，新的又出来了，那么我们到底什么时候才算是达到一个和谐社会？说和谐社会是一种有矛盾但不激化、不尖锐的社会状态，那么如果当公共权力出现一定程度的腐败，但是由于种种原因，社会影响并不大，没有激化干群关系时，这种情况是否属于和谐社会的应有现象？上述所引说法其实并不为错，只不过很容易引起一些似是而非、模糊不清的理解，这就源于对"究竟该从何种意义上的矛盾概念来言说和谐社会"这一问题的理解是不清晰的。

只有当能够明确矛盾概念的使用意义时，才能真正理解到底什么叫作以矛盾论为基础来看待和谐社会，才能够准确表述和谐及和谐社会的内涵，而不会纠结于"和谐社会究竟是无矛盾的社会，还是不断解决矛盾的过程"这类模糊不清的语句争论。

和谐，按照矛盾论，并不是矛盾的消解、消除。矛盾是客观世界存在的一种方式，是不可能消解的。和谐所要追求的是矛盾（辩证矛盾）的一定状态，即差异性前提下同一性主导的对立统一关系。比如思维与存在的关系是一对基本矛盾，当我们说解决思维与存在的矛盾的时候，绝不可能是消除其中的一方，而只是说要解决两者的一种不合理关系。

据此可以准确理解和谐社会的基本内涵，当说"和谐社会是一个不断解决矛盾的过程"时，主要是指消除对抗性的矛盾状态，在此基础上追求和谐状态即同一性主导的对立统一关系。所以马克思在对于未来理想社会进行设想时所说的"它是人和自然界之间、人和人之间的矛盾的真正解决"[1]，并非意指人与自然的相互消解，而是追求人与自然，人与人之间的一种同一性主导的对立统一关系。它所说的矛盾解决是指对抗性矛盾或者矛盾对抗性状态的解决。另一方面，人类社会是一个诸多要素相互关联、相互作用的有机整体，它"不是坚实的结晶体，而是一个能够变化并且经常处于变化过程中的有机体"[2]。在物质生产实践基础上产生了日益

---

[1] 中共中央马克思恩格斯列宁斯大林著作编译局：《马克思恩格斯文集》，北京：人民出版社，2009年，第185页。

[2] 中共中央马克思恩格斯列宁斯大林著作编译局：《马克思恩格斯文集》（第5卷），北京：人民出版社，2009年，第10、13页。

多样化的社会实践形式,并由此而形成社会生活的诸多领域,如经济、政治、文化,它们各有特殊性和独立性,但是又相互影响、相互作用,在物质生产实践基础上构成了人类社会生活的统一整体。

由此,可以把矛盾论视阈中的和谐社会概念与社会有机体理论结合起来,表述和谐社会的抽象内涵:社会有机体的各个构成要素,如经济、政治、精神文化、社会生活、自然环境等,相互关联、相互作用而使得社会有机体包含的各种辩证矛盾呈现同一性主导的对立统一关系状态。和谐社会就是一种相对美好的、相对理想的社会状态,具体表现为人与人的和谐、人与社会的和谐,以及人与自然的和谐这几方面的内容。

以上就是唯物辩证法视阈中对和谐社会内涵的一种理解,这种理解是一种纯粹概念分析、逻辑推演的结论,它还只是指涉一种一般性的社会状态。这种相对美好、相对理想的社会状态是人类有史以来所向往、追求的,"实现社会和谐,建设美好社会,始终是人类孜孜以求的一个社会理想"[1]。所以,至少在哲学抽象的意义上,对和谐社会的追求是具有一定历史性的。另一方面,按照马克思主义的观点,人类历史的进程是由几种社会形态的演进所构成的。从这个意义上说,某种社会状态并不是独立存在的(人类历史上从来就没有存在过一种社会叫作和谐社会),它是从属于一定社会形态的。于是就可能出现所谓"封建主义社会所追求的社会和谐""资本主义时代所追求的社会和谐""社会主义社会所追求的和谐社会"[2]。毫无疑问,我们现在所追求的必定是社会主义制度下的和谐社会。关于对社会主义和谐社会本质特征的理解,主要有两点。其一,社会主义制度是社会主义和谐社会的本质属性。胡锦涛同志指出:"构建社会

---

[1] 中共中央文献研究室:《十六大以来重要文献选编》(中),北京:中央文献出版社,2006年,第701页。
[2] 有些学者是不同意用这种说法的,葛修路在《关于和谐社会研究的一些思考》(《哲学研究》2006年第8期)一文中认为:"和谐社会的内在本质在于社会主义和谐社会,而非一切社会:不能说'封建社会的和谐社会',也不能说'资本主义的和谐社会',而只能说'社会主义的和谐社会'。"我们并不完全赞同这种观点。实际上,在社会主义社会之前的各种剥削阶级占统治地位的社会中,在某些社会历史条件下,仍会有一些开明统治者会创造一些所谓的"治世""盛世",表现为某种程度的生产发展,物质积累,政治相对清明,民众安居乐业等特征。这时整个社会状态会处于某种程度的协调稳定。当然会有人反驳说,以往的社会形态中,这种所谓的治世、盛世只是虚假的,并非真正意义上的和谐,这就涉及了对于和谐社会这个概念的更深层理解,下面的讨论中会有所涉及。

主义和谐社会,必须……坚持社会主义的基本制度,坚持走中国特色社会主义道路。"[1] 其二,"我们所要建设的社会主义和谐社会,应该是民主法治、公平正义、诚信友爱、充满活力、安定有序、人与自然和谐相处的社会"[2]。这些基本特征是相互联系、相互作用的。

至此,在矛盾论的基础上,对社会主义和谐社会的基本内涵有了一个比较清晰的理解,这是对其进行历史定位的逻辑前提。

三、唯物史观视阈中社会主义和谐社会的历史必然性

按照唯物史观,人类历史的发展是以社会形态从低级向高级演进的方式表现出来的。在唯物史观视阈中,对社会主义和谐社会的历史定位,一个首要的问题在于:社会和谐与社会形态之间是一种怎样的关系?社会和谐的状态是否能够存在于各个社会形态?或者说,人类历史上社会主义社会之前的诸种社会形态是否能够实现社会和谐状态?若是存在,它们与社会主义和谐社会是一种怎样的关系?关于此问题的认识是存在分歧的。

黄枬森教授认为:"社会和谐是否只存在于社会主义社会中,不可能存在于非社会主义社会中呢?这个问题应进行深入的研究。"并认为"和谐与否,能否形成和谐关系,与社会经济制度之间并无固定的关系,尽管不同社会经济制度能够提供不同的构建和谐关系的前提,这些前提会对和谐的程度产生不同的影响"[3]。而陈先达教授则认为:"一个是真正和谐的社会在哪种社会形态下才可能建立,这是属于社会形态问题。""忽视社会形态的区别,把追求和谐说成是任何社会都可能达到的普世价值,对和谐社会问题采取道德决定论、文化决定论的立场",这是背离唯物史观立

---

[1] 中共中央文献研究室:《十六大以来重要文献选编》(中),北京:中央文献出版社,2006年,第707页。

[2] 中共中央文献研究室:《十六大以来重要文献选编》(中),北京:中央文献出版社,2006年,第706页。

[3] 黄枬森:《关于科学发展观和构建社会主义和谐社会理论的哲学思考》,《北京大学学报(哲学社会科学版)》,2007年第5期。

场的[1]。这两种观点基本上是在同一种意义的和谐社会概念（哲学抽象意义上）的基础上谈论社会和谐与社会形态的关系。陈先达教授认为，社会和谐状态不是普世的，社会主义之前的诸种社会形态中不存在社会和谐状态，而黄枬森教授则认为，诸如经济发达、政治民主、文化繁荣、关系和谐、秩序良好、公平正义"这些属性都具有很高程度的抽象性、普遍性，不仅社会主义社会可以具有这些属性，其他社会形态如资本主义社会也可以在不同程度上具有这些属性"[2]。那么，究竟这些前社会主义的社会形态确实会存在某种程度的和谐呢，还是说社会主义制度之前，即使一个社会存在一定时期、范围的协调稳定，这种和谐状态也是虚假的？我们更倾向于前者。

在一定意义上，不断构建社会主义和谐社会的历史进程，就是逐步走向共产主义的历史过程。人类自产生以来始终与各种苦难为伴，诸如自然灾害、物质匮乏、人际的剥削压迫，于是，对于一个相对理想、美好社会的追求是人类的不懈努力。因此，当我们对"和谐""和谐社会"思想进行追本溯源时，会发现人类思想史上关于和谐社会有丰富的思想资源。比如中国古代思想中，典型的如《礼记·礼运》里描述的大同世界；又如近代康有为在《大同书》中提出要建立一个"人人相亲，人人平等，天下为公"的理想社会。而西方文明中从古希腊开始，有柏拉图的"理想国"构想，至近代则有欧洲空想社会主义者对于理想和谐状态社会的设想。这些历史上关于理想社会的思考与构想成为许多学者在思考社会主义和谐社会问题时所考察与借鉴的思想资源。

当然，也有一些学者质疑，这些思想资源究竟可以在什么意义上有益于现今我们对于社会主义和谐社会的思考？例如中国传统文化中的"中""和"思想实际上是为了维护剥削阶级统治秩序的稳定，柏拉图式的理想国也只是追求奴隶主的民主。这种见解是更为深刻的，但是，他们按照这种观点推论，即使历史上有所谓的"盛世""治世"繁荣稳定时期，如中国封建时代的文景之治、开元盛世，又如西方古希腊的雅典城邦式的兴

---

[1] 陈先达：《马克思主义的社会形态理论与和谐社会的构建》，《马克思主义研究》，2006年第9期。

[2] 黄枬森：《关于科学发展观和构建社会主义和谐社会理论的哲学思考》，《北京大学学报（哲学社会科学版）》，2007年第5期。

盛，也不能认为是奴隶制或者封建制的和谐社会，包括"当今发达资本主义的生产关系仍有容纳生产力迅速发展的空间，但不能认为发达资本主义社会在20世纪下半叶出现的社会稳定是资本主义的和谐社会"[1]。

对此，我们持有不同观点：在人类历史上，社会主义社会之前的社会形态中出现过的繁荣稳定时期都可以算作不同程度的社会和谐状态。尤其是20世纪后半叶的西方资本主义已不同于马克思、恩格斯时代的资本主义，其社会阶级结构、社会运行状态都已发生了很大改变。特别是在欧洲的一些高福利资本主义国家中，资料显示，这些国家的基尼系数大多维持在一个较低水准[2]，高水准的福利制度、社会地位与生产条件的改善不同程度弱化了这些国家的工人阶级的阶级意识、斗争意识，对本国的资本主义制度表示一定程度的认同，从而使得这些国家的社会主义运动缺乏坚强、有力、广泛的阶级基础和社会支持[3]。这是思考和谐社会时不可回避的一个问题。这表明，即使在一个剥削阶级占统治地位的社会中，在生产水平、物质财富达到一定高度的基础之上后，如果统治阶级对被统治阶级进行一定的利益让度，就可以暂时获得被统治阶级对于统治秩序、社会制度的心理认同，从而缓解对抗冲突，社会暂时在一定程度上达到一种相对协调有序的运行状态，这就可以视为一种局部和暂时的和谐状态。

但这绝不是抹杀社会主义和谐社会与其他社会形态和谐状态的在质上的区别，恰恰相反，社会主义和谐社会更深层的历史定位就蕴含于它与上述其他社会形态和谐状态的对比中。关于以往诸种社会形态中出现的社会和谐状态，存在两个最根本的问题。

其一，这种和谐状态所根植的社会形态的基本矛盾性质问题。对于如何构建和谐社会，一个基本的问题是，构建和谐社会最基本的条件是什么？除了生产力发展水平因素之外，最重要的就是一个社会能够在多大程度上实现公平正义，这几乎是人类历史上所有思考理想社会问题的伟大思想家与政治家的一个共识。而公平正义问题最核心的就是利益分配、利益

---

[1] 陈先达：《马克思主义的社会形态理论与和谐社会的构建》，《马克思主义研究》，2006年第9期。

[2] 陈占安：《党的十六大以来马克思主义中国化的新进展》，北京：北京大学出版社，2008年，第306页。

[3] 靳辉明、罗文东：《当代资本主义新论》，成都：四川人民出版社，2005年，第611页。

关系的平衡问题。马克思、恩格斯通过对资本主义社会等人类以往诸种社会形态的考察，认为人类历史是一部剥削压迫所引发的阶级斗争的历史，而阶级剥削压迫、公正缺失的根源则在于生产资料私有制，引发剥削压迫的私有制是人类有史以来所遭受社会苦难的"原罪"。所以马克思、恩格斯在《共产党宣言》中指出，所有制问题是社会运动的"基本问题"，"共产党人可以把自己的理论概括为一句话：消灭私有制"[1]。生产资料私有制决定了以往诸种社会形态的社会基本矛盾是对抗性质的，也就是说，在这种社会形态中，其阶级之间的利益是根本冲突的，是无法调和的，于是阶级剥削压迫无法避免，社会公正无法真正实现。在此前提下，这些社会形态所可能出现的和谐状态只能寄托于个别统治者的开明和清醒，或者统治阶级迫于阶级斗争压力所做出的一定程度的利益妥协。因此，以往诸种社会形态中的和谐状态是建立于一个非常不稳固的、偶然性的基础之上，所以它是偶然的，也是短暂的。人类历史已证明，剥削阶级社会中的所谓"盛世""治世"大多昙花一现，而阶级的剥削压迫、社会动荡则是历史的常态。

其二，以往诸种社会形态中的和谐状态同时也建立在一种个体发展受到严重压抑和扭曲的异化状态之下，而不是建立在人的自由而全面发展的基础之上。在阶级社会中，也只有异化状态下的民众才能够接受剥削阶级一定程度的利益妥协，以表示对社会制度一定程度的心理认同，即使这个社会制度本质上是不公正的。比如，我国历史上某些封建社会的繁荣稳定时期，即使这个社会存在一定程度的腐败、剥削压迫，只要大部分民众能够保障衣食，生活基本平稳，那么大部分社会成员还是可能会对当时社会状态表示一种基本认同。此时，这个社会系统的矛盾总体上呈现同一性主导状态，这确实是一种总体和谐的状态。但是，这种社会和谐，由于是建立在人的严重压抑和扭曲的异化状态之下，只能是一种低级而狭隘的和谐状态。所以，马克思主义经典作家在思考人类历史发展问题时，除了认为人类社会是一个社会形态从低级到高级的演化进程之外，还特别指出，人类的发展还应该是，个体从人的依赖性，到物的依赖性，最后达到人的自

---

[1] 中共中央马克思恩格斯列宁斯大林著作编译局：《马克思恩格斯文集》（第2卷），北京：人民出版社，2009年，第45页。

由而全面发展阶段的过程。因为以往建立在人的依赖性或者物的依赖性基础之上的和谐社会只能是一种低级而狭隘的和谐状态。只有建立在人的自由而全面发展的基础之上的社会和谐状态才是高级而全面的和谐。

合而言之，以往诸种社会形态中，基于个别统治者的开明和清醒与阶级社会中个体发展处于严重压抑和扭曲的异化状态一拍即合，而产生了人类历史上的某种和谐状态。而这种社会和谐状态虽是真实存在的，符合哲学抽象意义上的和谐概念的，却是偶然的、短暂的、局部的、低级的、狭隘的。偶然性、短暂性是源于社会基本矛盾的对抗性，低级性、狭隘性则是源于个体发展的严重压抑和扭曲的异化状态。这就是对于以往诸种社会形态所可能出现的和谐状态的本质的理解。

在此基础上，将社会主义和谐社会与诸种社会形态所可能出现的和谐状态相比较，就可以从唯物史观的角度，更为深入地理解我们党所着力构建的社会主义和谐社会的本质与历史必然性。社会主义社会是以生产资料公有制为基本特征的社会形态，更是追求人的自由而全面发展的社会形态。生产资料公有制的建立，使得社会主义社会的社会成员有了利益根本一致的基础，人们在生产过程中就相应地建立起一种新型的互助合作关系，而非剥削、压迫的阶级对立关系，从而社会基本矛盾的性质变为非对抗性，这是实现社会公平正义的根本条件。同时，社会主义社会生产资料公有制的建立，改变了劳动者与生产资料相脱离的状况，生产资料不再被少数剥削者垄断，劳动人民具有实现人身自由、人格独立的物质基础，也就是具有个人自由而全面发展的根本条件。因此，追求人的自由而全面发展也是社会主义社会的题中应有之义。于是，生产资料公有制的建立与对人的自由而全面发展的追求决定了社会主义社会所追求的和谐社会必定是一种具有必然性的、持久的、全面的、高级的和谐状态。社会主义的基本制度使得社会和谐状态的实现建立在一个稳固的、必然的社会历史基础之上，而不是寄于个别领导者的主观意志。而对于人的自由而全面发展的追求决定了社会主义和谐社会是一种对于剥削压迫、权力腐败等以往人类社会出现的种种罪恶绝对零容忍的和谐状态。

这就是我们以唯物史观为理论基础，在与以往诸种社会形态的和谐状态相比较的过程中，对于社会主义和谐社会本质的理解。这种从人类社会基本发展规律高度对社会主义和谐社会的理解，意味着，社会主义和谐社会并非如同人们直观中理解的，仅仅是用于解决我国当下具体物质利益或者思想观念具体矛盾的一时偶然产物，它具有一种历史必然性，这种必然性就蕴含在人类社会基本矛盾运动中，也蕴含在社会主义社会的本质当中。

四、结语

当然，讲社会主义和谐社会是人类历史上一种高级的必然的社会和谐状态，仍然是相对于以往诸种阶级社会形态中的低级社会和谐状态而言的。从唯物史观所展现的整个人类历史进程看，相比于共产主义社会，现在我国所着力构建的和谐社会仍然是社会主义初级阶段的，具有中国特色的和谐社会，它是"贯穿中国特色社会主义事业全过程的长期历史任务"[1]，仍是具有相对性（如和谐状态的程度及建构范围）的一种社会主义社会状态。而一个绝对意义上的真正和谐社会状态的出现，是属于马克思、恩格斯所设想的共产主义社会，社会主义和谐社会是通往共产主义理想社会的一个特定阶段。这一点同样是从社会历史发展高度来把握社会主义和谐社会本质时所必须注意的一个基本特征。

以唯物史观为理论基础，从人类社会发展基本规律角度来明确社会主义和谐社会的历史必然性，具有重大的理论价值与现实意义。当前确有一些学者只是把构建社会主义和谐社会仅仅看作解决当下社会矛盾的一个即时策略，而没有从社会历史发展基本规律方面，来考察其历史必然性，进而忽视了和谐社会的形上价值与普世意义，甚至对此讳莫如深，认为所谓和谐的普世价值最多是一种浪漫幻想，与构建社会主义和谐社会这一政治理念不具有切实的联系。而这恰好是对社会主义和谐社会价值理念的一种不自信。如果我们承认马克思主义关于"人类社会的发展是一个由社会基本矛盾推动的从低级到高级的自然历史过程"的思想是真理，那么就应该承认，既然构建社会主义和谐社会是人类社会发展基本规律运动的必然结果，具有确定无疑的历史必然性，那么，社会主义和谐社会所表达的价值

---

[1] 中共中央文献研究室：《十六大以来重要文献选编》（下），北京：中央文献出版社，2008年，第650页。

理念是代表了人类历史的发展方向的,是具有普世性的。凡是符合普遍客观规律的价值理念,毫无疑问具有普世性。

总之,确立社会主义和谐社会是人类社会历史发展必然结果的观点,是对社会主义和谐社会更高的历史定位与更深刻的理解,这也是对社会发展规律认识的深化,对于坚定共产主义信念,凝聚社会主义国家人民的精神意志,为构建社会主义和谐社会努力奋斗具有重大意义。

本文与崔昆合作撰写,发表于《马克思主义研究》,2012年第7期。

(该文被《新华文摘》2012年第22期第39—42页全文转载;人大复印资料《中国特色社会主义》2012年第12期,全文转载;2014年10月获江苏省人民政府:江苏省第十三届哲学社会科学优秀成果奖三等奖〔证书号:1302110〕。)

科学发展观视阈中的社会主义和谐社会

科学发展观是集中体现历史唯物主义和辩证唯物主义的发展观，是指导当代中国社会主义现代化不断发展的马克思主义发展观。构建社会主义和谐社会必须以科学发展观为指导。

一、构建生产力不断发展的社会主义和谐社会

在党的十七大报告中，胡锦涛同志强调指出："科学发展观，第一要义是发展，核心是以人为本，基本要求是全面协调可持续，根本方法是统筹兼顾。""深入贯彻落实科学发展观，要求我们始终坚持'一个中心、两个基本点'的基本路线。""积极构建社会主义和谐社会""继续深化改革开放""切实加强和改进党的建设。"[1]科学发展观是中国发展观上的一次历史性飞跃。从邓小平"发展才是硬道理"到胡锦涛同志"以人为本，全面、协调、可持续发展"的科学发展观，相比较而言，后者更强调了社会主义发展的目的性，强调了坚持"以人为本"同坚持"以经济建设为中心"的内在统一性。两者都强调了当代中国必须发展，两者都以发展为第一要义。构建社会主义和谐社会是当代中国发展的内在要求，而社会生产力的不断发展和提高又是构建社会主义和谐社会的基本前提和基础。

科学发展观的第一要义是发展。发展是党执政兴国的第一要务。中国特色社会主义道路和党的基本路线所要集中解决的问题，就是中国的发展问题，发展是硬道理，解决中国所有问题的关键要靠发展。由于我国正处于并将长期处于社会主义初级阶段，因此，这个阶段的根本任务就是发展

---

[1] 胡锦涛：《高举中国特色社会主义伟大旗帜　为夺取全面建设小康社会新胜利而奋斗——在中国共产党第十七次全国代表大会上的报告》，《人民日报》，2007年10月25日。

生产力。只有以经济建设为中心，聚精会神搞建设，一心一意谋发展，长期保持一个较快的发展速度，并实现速度、结构、质量、效益的统一，才能为社会全面进步和人的全面发展提供坚实的物质基础，保证和谐社会的实现。

社会主义和谐社会是指坚持社会主义发展方向，充分调动最广大人民群众的积极性、主动性和创造性，营造使全体社会成员相互依存，相互协作，互惠互利，人与自然协调发展的社会氛围。其前提基础是社会生产力的充分发展。马克思和恩格斯指出，"只有在现实的世界中并使用现实的手段才能实现真正的解放；没有蒸汽机和珍妮走锭精纺机就不能消灭奴隶制；没有改良的农业就不能消灭农奴制；当人们还不能使自己的吃喝住穿在质和量方面得到充分保证的时候，人们就根本不能获得解放"[1]。只有生产力水平不断提高，人自身才有可能得到真正的解放，社会主义和谐社会才有可能实现。在当代中国，构建社会主义和谐社会必须不断促进生产力的发展，从而达到大力发展社会生产力的目的。在制定政策时最大限度地兼顾不同群体的利益，在推进经济社会发展中努力实现各方利益同步增长，努力使工人、农民、知识分子和其他群众共享经济社会发展的成果。同时积极引导我们的干部群众以自觉的主人翁意识和高度的社会责任感，用长远的眼光来看待存在的问题和困难，在积极反映问题的同时，对暂时的困难予以充分的理解，从而形成战胜各种困难和风险的强大合力，促进社会生产力不断发展。

二、构建以人为本的社会主义和谐社会

科学发展观的核心是以人为本。"以人为本"是科学发展观的核心理念。"以人为本"的理念表达了"发展的动力是人民群众，发展的目的是为了实现人民群众的切身利益"这一唯物史观的基本观点。

胡锦涛同志明确指出："相信谁、依靠谁、为了谁，是否始终站在最广大人民的立场上，是区分唯物史观和唯心史观的分水岭，也是判断马克

---

[1] 中共中央马克思恩格斯列宁斯大林著作编译局：《马克思恩格斯选集》，北京：人民出版社，1995年，第74页。

思主义政党的试金石。"[1] 在一定意义上，唯物史观就是群众史观。唯物史观从社会存在决定社会意识的原则出发，揭示出社会发展史首先是物质资料生产的发展史，物质资料的生产者本身的历史，即劳动人民的历史。社会的全部文明成就，如物质文明的成就、政治文明的成就、精神文明的成就和生态文明的成就等都是人民群众的活动创造的。

马克思和恩格斯在《共产党宣言》中揭示了共产党的价值追求——"过去的一切运动都是少数人的或者是为少数人谋利益的运动。无产阶级的运动是绝大多数人的、为绝大多数人谋利益的独立的运动"[2]。中国共产党从诞生以来，始终把实现中国人民的根本利益作为自己的奋斗目标。明确表示，中国共产党除了工人阶级和最广大人民的利益外，没有自己的特殊利益。建设社会主义和谐社会，其根本目的和最终归宿是确保人民群众的历史主体地位，保障人民群众切身利益的实现，充分激活和弘扬人民群众创造历史的积极性，促进人的全面自由发展。

构建社会主义和谐社会的过程，就是坚持和完善社会主义基本制度、坚持和实现社会主义本质的过程。邓小平指出："社会主义的本质，是解放生产力，发展生产力，消灭剥削，消除两极分化，最终达到共同富裕。"[3] 在这个过程中，要围绕以人为本的主题，不断地追求社会公平、社会公正、社会稳定、社会发展。《中共中央关于加强党的执政能力建设的决定》指出："要适应我国社会的深刻变化，把和谐社会建设摆在重要位置，注重激发社会活力，促进社会公平和正义，增强全社会的法律意识和诚信意识，维护社会安定团结。"[4] 在中国社会主义现代化建设过程中，效率与公平必须统一起来。社会主义不仅追求经济社会发展的速度和效率，更注重追求社会公平。社会公正是社会公平的前提，只有社会成员在达到社会公正共识的前提下，才可能争取并达到社会公平；只有存在社会公正，实现社会公平，才可能促进社会稳定。社会稳定才能保证社会的

---

[1] 胡锦涛：《在"三个代表"重要思想理论研讨会上的讲话》，北京：人民出版社，2003年，第16页。
[2] 中共中央马克思恩格斯列宁斯大林著作编译局：《马克思恩格斯选集》，北京：人民出版社，1995年，第283页。
[3] 邓小平：《邓小平文选》（第3卷），北京：人民出版社，1993年，第373页。
[4] 《中共中央关于加强党的执政能力建设的决定》，北京：人民出版社，2004年，第24页。

进一步发展，社会发展又成为社会公平和公正的社会历史条件。因而，社会公平、社会公正、社会稳定、社会发展之间是相辅相成、相互渗透、相互整合、不可分割的有机整体，它构成了社会主义和谐社会的重要内容和主要目标。

构建以人为本的社会主义和谐社会，就要遵循唯物史观的物质利益原则。促使人们行动起来的动力是物质利益。思想一旦离开利益就会出丑。构建社会主义和谐社会，从根本上说，就是合理地解决人们之间的物质利益上的矛盾，协调人们之间的利益关系。构建社会主义和谐社会必须弱化和消解利益冲突。《中共中央关于加强党的执政能力建设的决定》指出：要"妥善协调各方面的利益关系，正确处理人民内部矛盾。坚持把最广大人民的根本利益作为制定政策、开展工作的出发点和落脚点，正确反映和兼顾不同方面群众的利益"[1]。同时指出：要"教育引导广大干部群众正确处理个人利益和集体利益、局部利益和整体利益、当前利益和长远利益的关系，增强主人翁意识和社会责任感"[2]。坚持社会主义集体主义精神，能不断弱化和消解各利益主体间的利益冲突，逐步实现社会主义和谐社会。

三、构建不断协调各种社会关系的社会主义和谐社会

科学发展观的基本要求是全面协调可持续发展，根本方法是统筹兼顾。在科学发展观指导下的发展，它所追求的是社会发展中的全面和谐、整体和谐及持久和谐。科学发展观是协调生产力与生产关系、经济基础和上层建筑之间相互关系的重要指南。

全面发展，就是全面推进经济、政治、文化建设，努力解决经济和社会发展存在的不平衡的问题，实现经济发展和社会全面进步。协调发展就是要推进生产力和生产关系、经济基础和上层建筑相协调，推进经济、政治、文化建设的各个环节、各个方面相协调，推进人和自然相协调。即要统筹城乡发展、统筹区域发展、统筹经济社会发展、统筹人与自然和谐发

---

[1]《中共中央关于加强党的执政能力建设的决定》，北京：人民出版社，2004年，第24页。
[2]《中共中央关于加强党的执政能力建设的决定》，北京：人民出版社，2004年，第25页。

展、统筹国内发展和对外开放的要求。要统筹城乡协调发展，就要站在国民经济发展全局的高度研究解决"三农"问题，实行以城市带动乡村，以工业促进农业，城乡互动，协调发展，逐步改变城乡二元经济结构；要统筹区域协调发展，就要努力改变区域经济发展不平衡的格局，达到区域之间的优势互补，相互促进，共同发展的目的；要统筹经济社会协调发展，要既重视促进经济发展，又重视推动社会进步；要统筹人与自然和谐发展，要处理好经济建设、人口增长与资源利用、生态环境保护的关系。建设资源节约型和生态保护型社会，坚持走生产发展、生活富裕、生态良好的文明发展道路，保证一代接一代地永续发展；要统筹国内发展和对外开放的要求，就要处理好内需与外需、利用外资和利用内资的关系，充分利用国内外两个市场、两种资源。可持续发展是指人类社会的发展不仅要考虑到当代人的发展，而且要考虑到后代人的发展；不仅要考虑到人类自身的发展，而且要考虑到与人类生存和发展密切相关的其他物种的发展。

离开了科学发展观，就不能自觉而理性地协调好社会基本矛盾，就会片面强调生产力发展，而忽视生产关系作用；就会导致强调经济基础发展而忽视上层建筑作用的片面性错误。在构建社会主义和谐社会的过程中，毫无疑问，我们应该大力发展社会主义生产力，但是，如果忽视生产关系及上层建筑对发展生产力的反作用，就会重犯当年邓小平所批评的"一手硬，一手软"的错误。其结果，就会出现社会理想失落、法制失灵、价值失衡、道德失范等现象，导致社会出现严重的不和谐。

在当代中国全面建设小康社会的历史进程中，一方面，消费结构、产业结构将出现新的升级，城市化进程加快；另一方面，城乡之间、区域之间、不同群体之间的收入差距有可能持续扩大，社会结构和各种利益关系的变动加快，将导致社会不稳定的因素增加。[1] 这表明社会生产力发展到一定水平对国家发展和社会和谐稳定具有二重性，胡锦涛同志指出："一些国家和地区的发展历程表明，在人均国内生产总值突破一千美元之后，经济社会就进入了一个关键的发展阶段。在这个阶段，既有因为举措得当从而促进经济快速发展和社会平稳进步的成功经验，也有因为应对失

---

[1]《党的十六届四中全会〈决定〉学习辅导百问》，北京：党建读物出版社、学习出版社，2004年，第90页。

误从而导致经济徘徊不前和社会长期动荡的失败教训。"[1] 这种社会生产力发展到一定历史阶段引发社会状况的二重性,主要不是由生产力水平所制约,而是由社会制度及其意识形态,相应的政治、法、哲学、宗教、伦理、文学、艺术等的发展状况所决定的。

还需要强调对生产力本身也要辩证地理解。生产力本身有主体的方面和客体的方面。生产力的主体就是劳动群众;生产力的客体方面是指劳动资料和生产工具。马克思说:"在一切生产工具中,最强大的一种生产力是革命阶级本身。"[2] 因此,对于解放和发展生产力来说,不能见物不见人,不能把发展生产力和人本身的发展对立起来。解放生产力首先是劳动群众的解放;发展生产力首先是劳动阶级的发展。从这种观点来看问题,发展生产力和坚持以人为本的科学发展观就统一起来了。

四、构建以先进文化为精神支撑的社会主义和谐社会

社会存在决定社会意识。社会意识虽然是社会存在的反映,但是,社会意识不是消极的,而是具有能动的反作用的。在社会存在与社会意识交互作用的辩证关系上,看不到社会存在对社会意识的决定作用是错误的,否定社会意识的能动反作用也是错误的。构建社会主义和谐社会,必须充分认识社会的经济力量、政治力量和文化力量各自的作用,认识社会发展就是通过这些力量交互作用所形成的合力推动的结果。其中,对于作为社会意识重要组成部分的文化的作用更要予以高度的重视,用先进文化指导社会主义和谐社会的建设。

胡锦涛同志指出:"全面建设小康社会,必须大力发展社会主义文化,建设社会主义精神文明。当今世界,文化与经济和政治相互交融,在综合国力竞争中的地位和作用越来越突出。文化的力量,深深地熔铸在民族的生命力、创造力和凝聚力之中。全党同志要深刻认识文化建设的战略意

---

[1] 中共中央文献研究室:《十六大以来重要文献选编》(中),北京:人民出版社,2006年,第60页。
[2] 中共中央马克思恩格斯列宁斯大林著作编译局:《马克思恩格斯选集》,北京:人民出版社,1995年,第194页。

义，推动社会主义文化的发展繁荣。"[1] 这段话，对于我们构建社会主义和谐社会具有十分重要的指导意义。有助于我们从构建社会主义和谐社会的总体任务出发，从政治、经济和文化三者之间的交互作用和互动性的高度，从先进文化对于构建和谐社会的精神支柱的层面深刻认识先进文化对于和谐社会建设的特殊价值和意义。自觉地重视先进文化建设，以先进文化建设的成果促进社会主义和谐社会的建设，使全社会人与人、人与社会、人与自然的和谐发展获得源源不断的精神动力。

建设社会主义核心价值体系是建设先进文化的具体实践。胡锦涛同志指出，要推动社会主义文化大发展大繁荣，兴起社会主义文化建设新高潮。建设社会主义核心价值体系，增强社会主义意识形态的吸引力和凝聚力；建设和谐文化，培育文明风尚；弘扬中华文化，建设中华民族共有精神家园；推进文化创新，增强文化发展活力，让人民共享文化发展成果。[2] 党的十六届六中全会提出，要"建设社会主义核心价值体系，形成全民族奋发向上的精神力量和团结和睦的精神纽带"[3]。并对社会主义核心价值体系的要素构成进行了阐述，六中全会指出："马克思主义指导思想，中国特色社会主义共同理想，以爱国主义为核心的民族精神和以改革创新为核心的时代精神，社会主义荣辱观，构成社会主义核心价值体系的基本内容。"[4] 社会主义核心价值体系这四个方面内容互相依赖、互相影响，构成了完整的社会主义核心价值体系。胡锦涛同志在纪念红军长征胜利70周年大会上的讲话中进一步提出"要在全体人民中牢固树立社会主义核心价值体系"[5]。核心价值体系是一个国家、民族的思维、精神的核心内容和精华部分，是一个国家和民族发展中不可或缺的。"社会主义核心价值体系"是当代中国的主导价值观或核心价值观，它是统一全国人民的思想，构建社会主义和谐社会的精神支柱和精神力量。深刻理解和实践"社会主义核心价值体系"，对贯彻落实科学发展观，构建社会主义和

---

[1] 中共中央文献研究室：《十六大以来重要文献选编》（上），北京：人民出版社，2005年，第29页。
[2] 胡锦涛：《高举中国特色社会主义伟大旗帜　为夺取全面建设小康社会新胜利而奋斗——在中国共产党第十七次全国代表大会上的报告》，《人民日报》，2007年10月25日。
[3] 《中共中央关于构建社会主义和谐社会若干重大问题的决定》，《求是》，2006年第20期。
[4] 《中共中央关于构建社会主义和谐社会若干重大问题的决定》，《求是》，2006年第20期。
[5] 胡锦涛：《在纪念红军长征胜利70周年大会上的讲话》，《人民日报》，2006年10月23日。

谐社会，促进当代中国特色社会主义建设具有重要意义。

当代中国的社会主义核心价值体系本质上是与资本主义根本对立的。社会主义是对资本主义的否定、突破和超越。资本主义每发展一步，同时也在积累着社会主义因素。资本主义价值理念中那些体现人类共同愿望和理想的，那些反映现代生产社会化要求的价值元素，本身不姓"资"，更不是资本主义的专利，社会主义完全可以而且应当采取"拿来主义"，经过"加工改造"，"剔除"附着于其上的资本主义含义，或者消除这些价值要素在资本主义条件下的阶级意义，就可以为我所有，为我所用。社会主义作为比资本主义更高一级的社会形态，其先进性就在于它否定、突破和超越了资本主义把少数人即生产资料所有者根本利益冒充为人类共同理想的局限性，否定、突破和超越了资本主义形式与合理的社会内容相互矛盾后的局限性，把人类共同理想"还原"为广大劳动人民的根本目标要求，从全体劳动人民的根本利益出发去"解释"人类共同理想，努力实现形式与内容的统一，不断把人类共同理想变为现实。

社会主义核心价值体系集中体现着我国社会主义社会的主流意识形态。社会主义主流意识形态就是在我国占主导地位的先进文化，由它规定和说明了社会主义思想文化的本质。建设社会主义和谐社会，必须以马克思主义、邓小平理论、"三个代表"重要思想和科学发展观为指导。只有这样，才能为社会主义和谐社会的建设提供思想保证、精神动力和智力支持。实践已经充分证明，社会越发展，先进文化在社会和谐中的精神力量越来越重要。在经济全球化、信息网络化、文化多样化和知识经济已露端倪的当代，先进文化的价值越来越突出地显示了出来。忽视先进文化在建设社会主义和谐社会中的作用，必然导致有些人对人与人之间的真诚感情、应遵守的伦理道德、共同的理想信念、应遵守的法律条文、最基本的文明礼貌、组织纪律等的模糊和丧失。在失去精神支柱的情况下，以权谋私、腐败现象和一些社会丑恶现象会屡禁不止，直接影响社会和谐。只有深刻理解和不断践行社会主义核心价值体系，大力发展先进文化，支持健康有益的群众文化，努力改造落后文化，坚决抵制腐朽文化，才能振奋起民族精神，坚定人们的理想和信念，促进人际关系的和谐，进而推动社会主义和谐社会的全面建设。

以科学发展观为指导，构建社会主义和谐社会是当代中国社会主义现代化发展的内在需要。科学发展观、社会主义和谐社会和社会主义核心价值体系三者之间具有内在的逻辑关系。科学发展观是当代中国社会主义现代化建设的行动指南，构建社会主义和谐社会是在科学发展观指导下对当代中国发展中重大问题的解答，践行社会主义核心价值体系则是构建社会主义和谐社会的基本保障。

本文与夏东民合作撰写，发表于《马克思主义研究》2008 年第 1 期。

社会主义核心价值体系与和谐社会构建

党的十六届六中全会通过的《中共中央关于构建社会主义和谐社会若干重大问题的决定》,第一次明确提出了"建设社会主义核心价值体系"这个重大命题,这是中国共产党深刻总结历史经验、科学分析当前形势提出的一项重大战略思想和重大战略任务。基于社会主义核心价值体系与构建社会主义和谐社会的关系的分析,社会主义核心价值体系是构建社会主义和谐社会的思想指南和重要内容。它不仅通过维护最广大人民的根本利益促进社会和谐,也通过实现人的自由而全面发展促进社会和谐。

一、社会主义核心价值体系的价值论观照

社会主义核心价值体系第一个重要概念是"价值"。对社会主义核心价值体系的分析,首先要以"价值"概念的界定为出发点。价值是一个关系范畴,它是指客体对主体的意义,表示客体对主体需要的满足。马克思和恩格斯的早期著作中就表现了对价值问题,特别是人的价值问题的极大关注。马克思的博士论文《德谟克利特和伊壁鸠鲁自然哲学的差别》(1841)中,曾就人的自由与必然和反对神本主义价值观念等问题做过探讨。《关于费尔巴哈的提纲》和《德意志意识形态》阐述了新唯物主义世界观和方法论,认为要从实践即人的主体性活动方面理解现实世界,为把价值科学地理解为人的实践活动中的内在因素和目的性内容提供了最重要的基础,在马克思和恩格斯著作《共产党宣言》(1848)中,完整地表述了共产主义价值观念。马克思主义价值论不仅产生于马克思、恩格斯在哲学上的变革和对现实社会的政治批判,而且同马克思主义的政治经济学有密切的联系。在《资本论》《政治经济学批判》手稿和其他经济学著作中,马克思对各种不同意义的价值概念进行了全面的考察和把握,构成了马克

思主义价值论的丰富内容。

社会主义核心价值体系第二个重要概念是"价值体系"及"核心价值体系"。"价值体系"是一个国家、一个民族、一个社会在一定时代、一定社会历史条件中形成和发展起来的,是一个国家、一个民族、一个社会在一定时代社会意识的集中反映,即"是由一定社会崇尚和倡导的思想理论、理想信念、道德准则、精神风尚等因素构成的社会价值认同体系"[1]。"价值体系"是一个整体系统,包含丰富的内容和诸多要素,如指导思想、理想、信仰、信念、价值取向、价值评价等。价值体系是随着社会的发展逐渐形成和建立起来的,一旦形成之后,它又具有相对稳定性,并对社会具有能动性。当一个社会中存在多种价值体系时,就有可能形成一种主导价值体系,以它为统领,建立和形成这个社会的价值体系。这一价值体系就是这一特定社会的核心价值体系。一个国家、民族的发展,既需要物质力量的推动,也需要精神力量的支撑。如果一个国家、民族缺少精神方面的支撑,就没有了主心骨,就缺少了灵魂,就没有了精神动力。核心价值体系是一个国家、民族的思维、精神的核心内容和精华部分,是一个国家和民族发展中不可或缺的。"任何社会都有自己的核心价值体系,这是一定的社会系统得以运转、一定的社会秩序得以维持的基本精神依托。旧社会的解体往往以核心价值体系的崩溃为先声,新社会的诞生往往以核心价值体系的形成为先导,社会的稳定和发展也往往以核心价值体系的确立和完善为支撑。核心价值体系不仅作用于经济、政治、文化和社会生活的各个方面,而且对每个社会成员的世界观、人生观、价值观都施加着深刻的影响。"[2]

"社会主义核心价值体系"第三个重要概念是"科学社会主义"。马克思主义价值论告诉我们,价值产生于人按照自己的尺度去认识和改造世界的活动之中。在社会发展的历史过程中,人民群众是变革的主体,是价值追求和实现的主体。因此,只有以人类历史主体的存在和发展为标准,只有同社会历史发展趋势相一致的主体,才能够真正掌握先进的、科学的价值标准,才能做出完全正确的价值判断,才能够建立和实现最合理的、真

---

[1] 吴潜涛:《建设社会主义核心价值体系:准确理解社会主义核心价值体系的科学内涵》,《人民日报》,2007年2月12日。
[2] 秋石:《论社会主义核心价值体系》,《求是》,2006年第24期。

正富有生命力的价值观念。追求和实现人类价值目标的现实途径,在于不断地改造现实社会,改造自然,以科学的核心价值体系主导社会意识形态,建设高度的物质文明和精神文明,逐步实现人与自然之间、人与人的社会关系方面的和谐统一。从本质上而言,当代中国的社会主义核心价值体系是与资本主义核心价值体系根本对立的。资本主义价值理念中那些体现人类共同愿望和理想的,那些反映现代生产社会化要求的,比如民主、自由、平等、博爱、人权、公平、公开、公正、效率等价值元素,社会主义经过"加工、改造","剔除"、消除这些价值要素在资本主义条件下的阶级意义,赋予无产阶级和广大人民的愿望和要求。社会主义是比资本主义更高一级的社会形态,其先进性就在于它否定、突破和超越了资本主义把少数人即生产资料所有者根本利益冒充为人类共同理想的局限性,否定、突破和超越了资本主义形式与内容相互矛盾的局限性,把人类共同理想"还原"为广大劳动成员的根本目标要求,从全体社会成员的根本利益出发去"认读"和"解释"人类共同理想,努力实现形式与内容的统一,不断把人类共同理想变为现实。当代中国的核心价值体系,是以马克思主义为指导的社会主义核心价值体系。社会主义核心价值体系是当代中国的主导价值观或核心价值观,它是统一全国人民的思想、构建社会主义和谐社会的精神支柱和精神力量。

二、社会主义核心价值体系是构建和谐社会的主导价值观

在构建社会主义和谐社会的进程中,社会主义核心价值体系提供根本的思想指南和精神动力。党的十六大以来,以胡锦涛同志为总书记的党中央提出建设社会主义核心价值体系这一重大战略思想,适应了社会主义市场经济发展的要求,适应了社会主义先进文化建设的要求,适应了新世纪新阶段社会主义思想道德建设的要求。作为马克思主义中国化理论创新最新重要成果的社会主义核心价值体系,反映了建设富强民主文明和谐的社会主义现代化国家的内在要求,具有鲜明的政治性和导向性、民族感和时代感,集中表达了当前和今后一个很长时期发展中国特色社会主义全体社会成员必须遵循的思想追求、行为规范和价值准则。从一定意义上可以认为,党的十六大以来提出的一系列重大战略思想,总的要求是以马克思主

义为指导，以科学发展观统领经济社会发展全局，以构建社会主义和谐社会这个共同理想为重要目标，解决人民群众最关心、最直接、最现实的问题，构建全体人民共建共享而又各尽其能、各得其所的社会主义社会。

社会主义核心价值体系是社会主义制度的内在精神和生命之魂，它决定着中国特色社会主义的发展方向、发展模式、制度设计和目标任务。社会主义核心价值体系代表了中国特色社会主义社会的主流价值，提供了和谐社会建设所需要的文化认同和价值追求，具有其他任何价值体系不可替代的高度的凝聚力和感召力。正确的价值观念、思想舆论导向是促进社会和谐的重要因素。没有社会主义核心价值体系的引领和主导，构建和谐社会就会迷失方向。因此，社会主义核心价值体系是引领人们的思想行为、社会的精神风尚和发展方向的灵魂，是关系社会稳定与国家兴旺的决定性因素。就此而言，社会主义核心价值体系的提出为有效地落实科学发展观，构建社会和谐提供了重要的思想保障。

建设社会主义核心价值体系是构建社会主义和谐社会的重要内容。一定的价值观是处于一定经济关系之中的人们的利益和需要的反映，它决定着人们的思想取向和行为选择。不同的主体有不同的利益和需求，必然会产生不同的价值观。一个社会要有序协调发展和保持团结稳定，除了建立组织和制度，保障社会成员之间的政治、经济、社会关系之外，还必须形成自身的主流价值观念体系。主流价值体系为人们提供了一整套认识世界、判断是非的基本标准。在核心价值体系的指导下：取得全社会广泛而深刻的价值认同，可以使人们超越民族、血缘、语言、习惯、地域等方面的差异，消除彼此之间的分歧和隔阂，增强社会成员的归属感和向心力，促进社会共同体的团结和稳定。在马克思主义看来，"任何一个时代的统治思想始终都不过是统治阶级的思想"[1]。马克思主义基本原理及其价值观是社会主义核心价值体系的灵魂。在社会思想观念和价值取向不断变化的条件下，只有按照马克思主义价值观的基本要求建设社会主义核心价值体系，才能保证社会主义核心价值体系的正确方向，从而更加有效地引领和整合多元化的社会思潮，并且以此来主导全社会的思想和行为，巩固全

---

[1] 中共中央马克思恩格斯列宁斯大林著作编译局：《马克思恩格斯选集》，北京：人民出版社，1995年，第292页。

党全国人民团结奋斗的共同思想基础。

三、社会主义核心价值体系通过维护最广大人民的根本利益促进社会和谐

改革开放30多年来，随着我国社会主义市场经济的深入发展，社会经济成分、分配方式、就业方式、社会结构、利益关系发生了重大变化。利益多元化是新世纪新阶段我国社会发展过程中表现出来的一个重要特点。分配不公、贫富差距拉大等社会现实，都是不利于社会和谐稳定的因素，社会阶层的不断分化和利益格局的不断调整，深刻地影响了人们的思想意识和价值观念。正如马克思所言，"人们的观念、观点和概念，一句话，人们的意识，随着人们的生活条件、人们的社会关系、人们的社会存在的改变而改变"[1]。在这样一个深刻的社会变革过程中，广大人民群众对社会公平正义的要求尤为强烈，因此，以社会主义核心价值体系为主导价值观，整合和调节各个社会群体的利益应该成为构建社会主义和谐社会的核心内容。

社会主义核心价值体系是我国最广大人民根本利益和需要的集中反映。马克思主义指导思想，是社会主义核心价值体系的灵魂。确立什么样的指导思想，表明了一个社会意识形态的性质，决定着社会前进的方向。我国是社会主义国家，马克思主义作为我们立党立国的根本指导思想，是社会主义意识形态的旗帜。中国特色社会主义共同理想充分反映了我国最广大人民的共同愿望、利益和要求。这个共同理想，就是在中国共产党的领导下，走中国特色社会主义道路，摆脱贫穷落后，走向富强民主文明和谐，实现中华民族的伟大复兴，反映了我国最广大人民的根本利益、共同愿望和普遍追求。它把国家的发展、民族的振兴与个人的幸福紧密联系在一起，把各个阶层、各个群体的共同愿望有机结合在一起，具有强大的感召力、亲和力、凝聚力。新世纪新阶段，我们党为适应激烈的国际竞争和世界范围内思想文化的相互激荡，着眼于增强民族凝聚力、向心力，提出

---

[1] 中共中央马克思恩格斯列宁斯大林著作编译局：《马克思恩格斯选集》，北京：人民出版社，1995年，第291页。

大力弘扬以爱国主义为核心的民族精神和以改革创新为核心的时代精神，强调要不断丰富人们的精神世界、增强人们的精神力量。以爱国主义为核心的民族精神和以改革创新为核心的时代精神是中华民族生生不息、薪火相传的精神支撑，是中国人民开拓进取、创造崭新业绩的力量源泉，应当成为每一个中华儿女必须具备的精神状态和自觉展现的精神风貌。一个社会是否和谐，一个国家能否实现长治久安，很大程度上取决于全体社会成员的思想道德素质。只有分清荣辱，明辨善恶，一个人才能形成正确的价值判断，一个社会才能形成良好的道德风尚。社会主义荣辱观为全体社会成员判断行为得失、做出道德选择提供了价值标准，体现了中华民族传统美德、优秀革命道德与时代精神的完美融合，应当成为全体社会成员普遍遵守的基本行为规范。

不难看出，社会主义核心价值体系集中反映和体现中国最广大人民的根本利益，实现了与最广大人民群众的价值同构，为规范社会经济政治文化生活的各个层面、各个领域的行为，维护人民群众的合法权益，从而促进社会和谐提供了思想指引。马克思主义的指导思想和中国特色社会主义的共同理想必然反映出对公平正义的价值诉求。胡锦涛同志明确指出："维护和实现社会公平和正义，涉及最广大人民的根本利益，是我们党坚持立党为公、执政为民的必然要求，也是我国社会主义制度的本质要求。"[1] 因此，在构建社会主义和谐社会的过程中，要注重对人民群众公平正义观的正确引导，使公平正义真正成为人们内在的价值诉求，促进人们对社会主义核心价值体系的认同。只有充分满足人民群众各方面的利益需求，统筹协调好各方面的利益关系，才能实现好、维护好和发展好最广大人民群众的根本利益，也才能把广大人民群众团结和凝聚起来，为建设中国特色社会主义的伟大事业而共同奋斗。从一定意义上可以认为，构建社会主义和谐社会的过程，就是以社会主义核心价值体系为指导，不断协调利益关系、不断化解社会矛盾的过程。在当前我国社会利益关系和社会思潮都呈现出多样化发展趋势的情况下，要努力在全社会范围内最大限度地形成思想共识，使社会主义核心价值体系内化为全社会的主导价值观念，以逐步建立起一个与社会主义初级阶段相适应的合理的利益关系格局。

---

[1] 胡锦涛：《提高构建社会主义和谐社会的能力》，《人民日报》，2005年6月27日。

四、社会主义核心价值体系通过推动人的自由而全面发展促进社会和谐

社会主义核心价值体系与马克思主义价值观的基本要求是一致的。马克思主义价值观,是以追求人的自由而全面发展为崇高社会理想的价值观。实现人的自由全面发展是马克思主义关于建设社会主义新社会的本质要求。概括而言,马克思主义的全部理论都是围绕着如何使人摆脱剥削、压迫和异化,实现人的自由、解放和发展来展开的,并把实现人的自由、解放和发展视为无产阶级和人类奋斗的价值理想和目标。马克思和恩格斯在《共产党宣言》中宣布:"代替那存在着阶级和阶级对立的资产阶级旧社会的,将是这样一个联合体,在那里,每个人的自由发展是一切人的自由发展的条件。"[1]

我们党自成立之初就把实现共产主义这一"自由人的联合体"作为最高政治理想。党的十六大以来,以胡锦涛同志为总书记的党中央提出的"以人为本"这个价值原则既有中华文明的深厚根基,又体现了时代发展的进步精神;既肯定了人民群众的主体地位,又实现了价值主体的广泛性;既体现了党的根本宗旨和执政追求,又体现了马克思主义的最高价值理想。可以认为,以人为本作为我们党全心全意为人民服务宗旨的时代体现,是社会主义核心价值体系的基本出发点和落脚点,是构建社会主义和谐社会的根本价值原则。

以社会主义核心价值体系为指导构建社会主义和谐社会,重点是要切实解决好人民群众最关心、最直接、最现实的利益问题,把人民的利益作为一切工作的出发点和落脚点,一切为了人民,一切依靠人民,不断满足人们多方面的需要和促进人的全面发展。胡锦涛同志强调指出:"我们必须在党的领导下,尊重人民群众的主体地位和首创精神,最大限度地激发广大人民群众的参与热情和创造活力,最大限度地实现好、维护好、发展好广大人民群众的根本利益,把共同建设、共同享有和谐社会贯穿于和谐

---

[1] 中共中央马克思恩格斯列宁斯大林著作编译局:《马克思恩格斯选集》,北京:人民出版社,1995年,第294页。

社会建设的全过程，真正做到在共建中共享、在共享中共建。"[1] 在文化建设上坚持以人为本，就是把满足人民群众精神文化需求作为出发点和落脚点，尊重人民群众的主体地位和首创精神，充分调动人民群众参与的积极性、主动性、创造性，使全体公民在"文化享有"上各得其所，在"文化创造"上各尽其能，使建设社会主义和谐文化的过程成为提高人的素质、促进人的全面发展的过程。当然，人的自由而全面发展离不开经济社会的发展，人的自由全面发展和经济社会的发展是一个既相互促进又相互制约的历史过程。

本文与王继全合作撰写，发表于《马克思主义研究》2009年第5期。

---

[1] 胡锦涛：《在参加全国政协十届五次会议工会、共青团、青联、妇联界委员联组讨论时的重要讲话》，《人民日报》，2007年3月8日。

社会主义和谐社会与当代伦理共同体

党的十六届四中全会明确提出,"要坚持最广泛最充分地调动一切积极因素,不断提高构建社会主义和谐社会的能力"[1]。构建社会主义和谐社会既是我们党的执政目标,又是我们党的执政基础。这一执政理念的提出,表明我们党高度关注最广大人民的根本利益,高度重视弱化和消解在社会转型时期所引发的一些社会矛盾和利益冲突,标志着我们党对社会主义建设规律认识的升华,确立了以人为本,全面协调可持续发展的科学发展观,充分体现了我们党立党为公、执政为民的先进性。社会主义和谐社会有其丰富的内涵,构建社会主义和谐社会是一个长期的、复杂的历史进程,它必然要受到世界观、方法论、认识论,以及具体的社会历史条件等多方面因素的制约,而当代伦理共同体的创建则是其必然路径和目标。

一、社会主义和谐社会的基本内涵

"社会主义和谐社会"的观念,是现代化理论的一个重要进步。社会学家在区别现代社会与传统社会的时候,常常使用 society 和 community 这一对概念,其区别在于前者的重点是竞争,后者的重点是和谐。"社会主义和谐社会"并不是要回到传统社会去,并不是不要竞争。但这种竞争既不是你死我活的,也不一定是你输我赢,而完全可以是全体人民各尽其能、各得其所而又和谐相处的。在这个意义上,社会主义的和谐社会是全社会成员互惠互利的社会,是把现代社会的优点和传统社会的优点整合起来的社会。"社会主义和谐社会"从宏观上看主要包括两大方面的内容,一是社会主义社会人与自然的和谐,二是社会主义社会人与人、人与社会

---

[1]《中共中央关于加强党的执政能力建设的决定》,北京:人民出版社,2004年,第5页。

的和谐。人与自然的和谐是社会主义可持续发展的客观要求；人与人、人与社会的和谐，是社会主义全面、协调可持续发展的目标和路径。从目标意义上看，"社会主义和谐社会"具有丰富的内涵。

其一，"社会主义和谐社会"是坚持社会主义方向的和谐社会。坚持社会主义方向是社会主义和谐社会的核心内容和主要目标。"和谐社会"的概念自古有之。然而，与封建社会和资本主义社会在本质上不同，社会主义和谐社会最重要的是坚持社会主义方向，不断实现最广大人民的根本利益，并在这一过程中不断促进人民群众互惠互利，和谐共处，促使人民群众社会主义现代化建设的积极性和创造性充分地发挥出来，为加快我国社会主义现代化建设服务。十六届四中全会所作出的《中共中央关于加强党的执政能力建设的决定》（以下简称《决定》）明确指出："形成全体人民各尽其能、各得其所而又和谐相处的社会，是巩固党执政的社会基础、实现党执政的历史任务的必然要求。"[1] 因而，必须"坚持最广泛最充分地调动一切积极因素，不断提高构建社会主义和谐社会的能力"[2]。

其二，"社会主义和谐社会"是社会公平、社会公正、社会稳定、社会发展的社会。《决定》指出："要适应我国社会的深刻变化，把和谐社会建设摆在重要位置，注重激发社会活力，促进社会公平和正义，增强全社会的法律意识和诚信意识，维护社会安定团结。"[3] 在现代化历程中，效率与公平从来就是一对矛盾。社会主义不仅追求经济社会发展的速度和效率，更注重追求社会公平。社会主义从本质上讲，就是要"消灭剥削，消除两极分化，最终达到共同富裕"[4]，从而体现出社会公平和社会公正，进而促进社会稳定和发展。社会公正是社会公平的前提，只有社会成员在达到社会公正共识的前提下，才可能争取并达到社会公平；只有存在社会公正，实现社会公平，才可能促进社会稳定。社会稳定才能保证社会的进一步发展，社会发展又成为社会公平和公正的社会历史条件。因而，社会公平、社会公正、社会稳定、社会发展之间是相辅相成、相互渗透、相互

---

[1]《中共中央关于加强党的执政能力建设的决定》，北京：人民出版社，2004年，第23—24页。
[2]《中共中央关于加强党的执政能力建设的决定》，北京：人民出版社，2004年，第23页。
[3]《中共中央关于加强党的执政能力建设的决定》，北京：人民出版社，2004年，第24页。
[4] 邓小平：《邓小平文选》（第3卷），北京：人民出版社，1993年，第373页。

整合、不可分割的有机整体，它构成了社会主义和谐社会的重要内容和主要目标。

其三，"社会主义和谐社会"是各利益主体相互整合的社会。当今世界，任何一个社会都不可避免存在利益差别和贫富差别。社会主义市场经济体制的建立改变了原有的利益格局，一定的、合理的利益差别对经济社会的发展具有积极的意义和作用。可以肯定，实行允许一部分地区一部分人先富起来的政策，是我国经济社会快速发展的重要动力。问题的关键是这种各利益主体之间的利益差别如何才能发挥积极作用而避免矛盾激化。《决定》指出："既要充分发挥包括知识分子在内的工人阶级、广大农民推动经济社会发展根本力量的作用，又要鼓励和支持其他社会阶层人员为经济社会发展积极贡献力量；既要保护发达地区、优势产业和先富群体的发展活力，又要高度重视和关心欠发达地区、比较困难的行业和群众。"[1] 不同的利益主体有不同的利益追求，并必然存在利益冲突。从有利于社会的稳定和发展看，必须兼顾各利益主体的切身利益，谋求各利益主体相关利益达到大家共同认同的平衡点，促使各利益主体相互整合。

其四，"社会主义和谐社会"是不断弱化和消解利益冲突的社会，我国正处于社会转型时期，社会各阶层之间的利益再分配和利益冲突是不可避免的。构建社会主义和谐社会必须弱化和消解这些利益冲突。《决定》指出：要"妥善协调各方面的利益关系，正确处理人民内部矛盾。坚持把最广大人民的根本利益作为制定政策、开展工作的出发点和落脚点，正确反映和兼顾不同方面群众的利益"[2]。同时指出：要"教育引导广大干部群众正确处理个人利益和集体利益、局部利益和整体利益、当前利益和长远利益的关系，增强主人翁意识和社会责任感"[3]。在社会主义国家，当个人利益与集体利益发生矛盾时，社会成员应当从集体利益出发，以集体利益为重，自觉节制个人利益，自觉服从集体利益。作为一种伦理原则，社会主义的集体主义强调个人利益应当服从社会整体利益，认为只有在集体中个人才能获得全面发展。同时，集体主义不但不束缚个人的发展，而且认为只有在集体中，个人的积极性和创造性才可以得到最充分

---

[1]《中共中央关于加强党的执政能力建设的决定》，北京：人民出版社，2004年，第24页。
[2]《中共中央关于加强党的执政能力建设的决定》，北京：人民出版社，2004年，第25页。
[3]《中共中央关于加强党的执政能力建设的决定》，北京：人民出版社，2004年，第25页。

的发挥。坚持社会主义集体主义精神，能不断弱化和消解各利益主体间的利益冲突，逐步实现社会主义和谐社会。

其五，"社会主义和谐社会"是谋求世界和平与发展的社会。中国的发展离不开世界，中国社会主义和谐社会的建构离不开世界的和平与发展态势。当今世界并不太平，南北差距仍在逐步扩大，霸权主义和强权政治还有新的发展，世界和平与发展还受到严重的威胁。中国是以马克思主义为指导思想的实行社会主义制度的国家。主张反对霸权主义、维护世界和平是由社会主义的本质、根本宗旨和原则所决定的。因为社会主义国家是以最大多数人民的最高利益为准则的，时时刻刻关心和维护最大多数人民的利益。社会主义和谐社会不仅谋求自身内部的和谐稳定，而且谋求外部环境的和谐稳定。谋求世界的和平与发展是社会主义和谐社会的应有之意。

二、社会主义和谐社会与当代伦理共同体的内在关联

社会主义和谐社会与当代伦理共同体有着内在的、必然的联系。

其一，社会主义和谐社会与当代伦理共同体都以利益共同体为其内在支撑。构建社会主义和谐社会面临的主要矛盾是人与自然、人与人、人与社会之间的矛盾冲突。在人与自然、人与人的"两重关系"中，起决定作用的是人与人的关系。人与人的关系错综复杂，但核心的是人与人的利益关系。人与人之间一旦形成利益共同体，就能达成共识，就能缓解矛盾冲突，实现和谐社会。而形成利益共同体正是创建当代伦理共同体的必要前提。

当代伦理共同体是指在当代社会人们普遍交往所形成的交往共同体中，人们为了实现共同的利益和价值目标，通过所有成员的共同参与、真诚合作所形成的成员之间及成员与共同体之间的在伦理和精神上整体的相互依存关系，它的关键在于从道德上表达成员之间相互依存的关系和组织上高度整合的状态。当代伦理共同体的所有成员认同共同的规则、共同的目标、共同的制度。共同体的每个人内在地尊重道德法则，社会实行德治，人人成就德性。当代伦理共同体奉行的是一种责任伦理，道德的基础和出发点不是在个人的权力和需要之上，而是在各种人伦关系，在人与

人，人与周围环境的社会联系之中，"责任性伦理是主体对人精神需求的本性和社会要求的合理性的主观自觉认定……倡扬人作为道德主体崇高性的一面……要求个体从集体、社会利益出发来确立个人利益的地位，将'小我'提升为'大我'，'为我'的意识转化为'为我们'的意识"[1]。伦理共同体为什么能够存在？其实质是交往共同体的所有成员之间存在着共同利益。人们在普遍交往过程中，各利益主体必然追求自己的利益，并努力使其最大化，但各利益主体间必然会存在某种共同的利益，这种共同利益正是构成交往共同体的核心，是形成共同意愿、构成伦理共同体的基础。因而，当代伦理共同体从宏观结构看，呈现为"交往共同体——伦理共同体——利益共同体"。在此意义上，利益共同体是当代伦理共同体的核心，而社会主义和谐社会的内在支撑正是利益共同体。

其二，社会主义和谐社会与当代伦理共同体都以建构公民社会为其主要内容。公民社会又称为市民社会，它是指各种非国家或非政府所属的民间组织，包括非政府组织、志愿性社团、协会、社区组织、利益团体等。它们又被称为介于国家和企业之间的"第三部门"。当今世界，各民族国家的发展，都趋向于按照国家、市场、公民社会三大领域三大游戏规则运作。国家、市场、公民社会分属三个不同的领域，并按各自的规则独立运行。在国家政府领域中，依法行政是其主导游戏规则。行政管理机关和行政管理人员是其主体，任何主体都没有超越宪法和法律的特权。把个人意志代替国家意志或凌驾于法律之上的行为，都是违法行为。国家政府领域正是通过系统的、强有力的代表国家意志的法律制度的全面执行，达到治理国家事务、巩固国家政权、促进社会稳定和发展、维护人民权利等目的。市场经济领域的主导游戏规则是生产主体和消费主体在市场中遵循价值规律而从事各种活动。公民社会领域的主导游戏规则是以当代伦理道德观念来处理人与人之间的关系。公民社会领域是人们普遍交往活动的领域，它渗透于人们日常生活的一切领域，发端于各个体的创新的生活方式，经过交往的双向建构和双重整合作用，使个体的生活方式在接受大众的交往整合过程中逐渐地转化为大众的生活方式；同时造就按新的方式生活和交往的共同体，并由此产生支配共同体生活的规范，即伦理道德。社

---

[1] 刘善仕：《精神共同体的建构及其伦理意义》，《广东社会科学》，1998年第2期。

会的发育必须快于经济的发育,没有伦理道德的支撑,经济社会很难正常维持或继续发展。在公民社会领域,法律、价值规律无能为力之处,正是伦理道德显示其力量之地。[1] 公民社会是人类社会发展到一定历史阶段、交往行为和交往关系越来越深入和广泛的产物。它从人类社会发展体系中,分离于国家、市场而成为一个独立的体系(领域),既是历史的必然,又是其内在本质所使然。公民社会是人类社会进行交往实践最普遍、最深入的一个领域,渗透于人们日常生活的方方面面。这个领域的主导规则是伦理;离开了伦理,人类社会将无法有序地生存下去。从一定意义上讲,公民社会体系的重建,就是当代伦理共同体体系的重建。十六届四中全会指出:"深入研究社会管理规律,完善社会管理体系和政策法规,整合社会管理资源,建立健全党委领导、政府负责、社会协同、公众参与的社会管理格局……发挥城乡基层自治组织协调利益;化解矛盾、排忧解难的作用,发挥社团、行业组织和社会中介组织提供服务、反映诉求、规范行为的作用,形成社会管理和社会服务的合力。"[2] 公民社会的健全和完善,是社会现代化的标志。目前,我国民间组织主要分为社会团体、基金会和民办非企业单位三大类。改革开放以来,我国民间组织发展迅速,数量和质量都有很大提高,据民政部门统计,截至2003年年底,我国共有各种社会团体14.2万多家(含基金会900多家),其中专业性社团4万多家,行业性社团4万多家,学术性社团3.7万多家,联合性社团1.9万多家,民办非企业单位12.4万多家。[3] 公民社会的形成和发展,呈现出小政府大社会的发展趋势,它对经济社会的和谐发展起着国家和市场所不可替代的作用。因此,构建社会主义和谐社会,要积极培育各类社会组织,同时要加强和改进对各类社会组织的管理和监督,使公民社会更加健康地向前发展,这既是我们党带领人民全面建设小康社会、实现工业化和现代化并最终实现共产主义的必由之路,也是我们党把最广大人民群众的积极性创造性调动起来,共同为完成党的执政目标和执政任务而奋斗的现实要求。

---

[1] 陆树程:《市民社会与当代伦理共同体的重建》,《哲学研究》,2003年第4期,第31页。
[2] 《中共中央关于加强党的执政能力建设的决定》,北京:人民出版社,2004年,第25页。
[3] 《党的十六届四中全会〈决定〉学习辅导百问》,北京:党建读物出版社、学习出版社,2004年,第197页。

三、差异共识是社会主义和谐社会与当代伦理共同体的重要特征

社会主义和谐社会与当代伦理共同体呈现"差异共识",其内在理论依据是"和而不同"与"重叠共识"。伦理共同体的意义在于通过一定的伦理道德规范,把个体对自身利益的不合理的过度追求约束到最大限度实现社会共同利益的轨道中来,协调个体、群体和社会内部及相互之间的利益关系,形成一种全球、国家、社会或组织的内稳态,最大限度地"求同",实现全球、国家、社会或组织的共同利益。

当代伦理共同体构建的前提是当代交往共同体所有成员能够达成道德共识。社会主义和谐社会既要"统一思想",又要"尊重差异",既要"安定和谐",又要"生动活泼"。在国内社会、政治、经济生活中强调活而不乱、和而不同,这是中华民族"和为贵"优秀传统文化的体现,在处理国际关系中,更重要的不是"统一思想",而是"统一规范"。不同国家、不同民族、不同利益集团的人,只要遵守共同认同的行为规范,他们之间就有可能互惠互利、和平共处。

当代伦理共同体创建的基础是多元主体性,这是对单质社会、血缘社会的否定。在单质社会、血缘社会中,人们达成的共识是同质共识。当今世界多元主体间达成的共识呈现为差异共识,这是由各利益主体的价值判断不同和所追求利益不同所决定的。多元主体在相互交往中形成交往共同体,交往共同体得以存在的核心是多元主体间达成共识。达成共识的基本前提是多元主体持有相同的道德价值判断。一般来讲,所谓"价值"是指客体对满足主体需要、实现主体欲望、达成主体目的的效用性,它体现的是主客体之间的一种效用关系。道德价值作为价值的一个范畴,是指道德客体(行为及其品质)对于道德主体(社会)制定道德的需要、欲望、目的的效用性,也就是行为及其品质对于道德目的的效用性。[1] 善与恶、正当与不正当是道德价值的两对基本范畴。凡是符合道德目的者,便是善的、正当的,具有积极的道德价值;反之,则具有消极的道德价值。但

---

[1] 王海明:《新伦理学》,北京:商务印书馆,2001年,第41页。

是，善与恶、正当与不正当的道德价值判断标准并不是唯一的，持有不同的道德价值评判依据将会做出不同的评判结果。邱仁宗先生认为："当代伦理学的主要成就是道义论和后果论。"[1] 从道义论和后果论出发既可以做出相同的道德价值评判结论，又可以得出不同的道德价值评判结论。道义论认为，一个行为的正确与否，并不是由这个行为所产生的后果所决定，而是由这个行为的动机、行为本身的特性所决定，即这个行为的动机是否是善的，行为本身是否体现一定的道德准则。[2] 后果论则是指一种以道德行为的目的性意义和可能产生或已经产生的实质性价值（效果）作为道德价值评价标准的伦理理论。它着重的是人们道德行为和道德生活中所体现的目的性价值和意义，关注的重心是行为对行为者自身和他人或社会所带来或可能带来的实质性利益。[3] 显然，后果论强调将行为的后果作为道德价值评判的标准，而道义论则将行为的动机作为道德价值评判的标准。因此，若是在动机与效果一致的情况下，道义论和后果论对同一项行为所做的道德价值评判结论就必然是一致的；若是在动机与效果不一致的情况下，两者所做出的道德价值评判结论就有可能迥然不同、截然对立。在交往共同体中，道德价值评判的差异性可以通过谋求某些共同的利益而弱化。人们在普遍交往过程中，多极主体围绕共同的利益而整合交往共同体。毫无疑问，各主体在交往过程中都会追求自己的利益，并努力使其最大化，但各主体间必然会存在某种共同的利益，而这种共同的利益正是构成交往共同体的核心，是形成共同意愿（common idea），构成伦理共同体的基础。当代伦理共同体从层次结构看，呈现为全球伦理共同体——国家伦理共同体——社会组织伦理共同体。

从各利益集团和个体层面看，全球的普遍交往，给社会各利益集团和个体谋取自身和共同的利益带来了无限生机。"交相利"是社会主义市场经济活动的基本伦理观念，互利原则是当代伦理共同体的基本原则，追求共同利益无论在主观上还是在客观上都能体现人类的根本利益。当代伦理共同体正是在最大多数人的根本利益的基础上，才有可能促使人们达成道德共识，形成社会成员共同认同的伦理原则，并成为促使交往共同体达到

---

[1] 邱仁宗：《21世纪生命伦理学展望》，《哲学研究》，2000年第1期。
[2] 龚群：《当代西方道义论与功利主义研究》，北京：中国人民大学出版社，2002年，第3页。
[3] 万俊人：《寻求普世伦理》，北京：商务印书馆，2001年，第130页。

内稳态并维持内稳态的理据。从国家层面看，发展是各主权国家的核心话语。维护国家利益，要着眼于国家的发展利益，从国家的发展利益出发，达成差异共识，是创建当代伦理共同体的前提。从全球层面看，当今世界，维护国家的独立和主权，是每个国家政府与人民的最高利益。反对霸权主义和强权政治，谋求各个国家的共同发展，是达成差异共识和重叠共识，进而创建当代全球伦理共同体的基础。

交往共同体一圈一圈地扩大，共同体成员的道德情操不断升华，人们谋求的共同利益也不断地直接指向全人类，个人利益和集体利益之间的张力不断增强，这对共同体成员的道德理性的要求也不断提高。这一道德理性不断提高的过程，正是差异共识和重叠共识不断形成的过程，也是社会主义和谐社会与当代伦理共同体的最显著特征。

四、创建社会主义和谐社会与当代伦理共同体的时代意义

创建社会主义和谐社会是科学发展观的必然要求，是全面建设小康社会的奋斗目标之一，是社会主义现代化建设的必然路径和目标，是中国共产党的执政目标。当代伦理共同体的创建是构建社会主义和谐社会的必由之路。

其一，创建社会主义和谐社会是实现我国社会主义现代化建设目标的需要。创建社会主义和谐社会是在全面建设小康社会的过程中提出来的。党的十六大报告指出："我们要在本世纪头二十年，集中力量，全面建设惠及十几亿人口的更高水平的小康社会，使经济更加发展、民主更加健全、科教更加进步、文化更加繁荣、社会更加和谐、人民生活更加殷实。"[1] 全面建设小康社会，就要使社会更加和谐，"努力形成全体人民各尽其能、各得其所而又和谐相处的局面"[2]。要实现我国社会主义现代化建设目标，就必须创建社会主义和谐社会。

其二，创建社会主义和谐社会是实现中国共产党执政目标的需要。《决定》明确指出："形成全体人民各尽其能、各得其所而又和谐相处的社

---

[1]《十六大报告辅导读本》，北京：人民出版社，2002年，第17页。
[2]《十六大报告辅导读本》，北京：人民出版社，2002年，第14页。

会，是巩固党执政的社会基础、实现党执政的历史任务的必然要求。"[1] 把"构建社会主义和谐社会"看作我党的执政基础和执政目标，充分体现了我们党是代表中国最广大人民的根本利益的，这是我党执政理念的一种更具体、更现实的表达。由于我国目前正处在体制转换，结构调整和社会变革过程中，也是各种政治和社会问题的易发多发期，弱势人群和强势人群的利益冲突问题、就业问题、腐败问题、分配不公问题、社会治安问题等，是当前人民群众反映强烈的热点问题。可以说，这几十年是我国社会经济发展最快的时期，也是人民群众得实惠最多的时期，但并不是群众意见最少的时期。因此，构建社会主义和谐社会与当代伦理共同体具有战略意义，从代表整体利益和长远利益出发，正确引导和处理各种社会矛盾，保证整个社会的协调与和谐，这在本质上反映了人民利益的基本要求和根本利益。因而，创建社会主义和谐社会是实现中国共产党执政目标的需要。

其三，创建社会主义和谐社会与当代伦理共同体是维护国际局势稳定的需要。和平与发展是当今时代的主题，然而，当今世界并不太平，局部战争时有发生。这种国际局势的动荡不安、各主权国家之间的矛盾冲突其实质都是各主权国家追求自身利益与维护他人利益或共同利益之间的矛盾冲突，创建社会主义和谐社会与当代伦理共同体可以很大程度上缓解这一利益冲突，使各主权国家在相互交往中互谅互让、互利互惠，自觉遵守共同认同的伦理规则，为谋求"和平与发展"的共同利益而努力。因此，创建当代伦理共同体和构建社会主义和谐社会对于实现全人类的根本利益和长远利益，对于人类社会的和平与可持续发展大业，对于各主权国家自身的长足发展具有十分积极的推动作用。

本文发表于《上海党史与党建》2005年第3期。

---

[1]《中共中央关于加强党的执政能力建设的决定》，北京：人民出版社，2004年，第23—24页。

中国的发展与全球伦理共同体的重建

党的十六大和十六届三中全会在确立当代中国全面建设小康社会总体目标的同时，呼唤从单纯追求经济指标的片面发展观向"以人为本，全面、协调和可持续发展"的科学发展观转变。科学发展观的确立对当代中国的发展具有重大的指导意义。中国的发展是在新全球化时代宏观背景下的发展，离不开世界各国的发展，离不开一个相对稳定的、良好的国际环境，更离不开世界的全面、协调和可持续的发展。随着以信息科技、生命科技等新科技为核心的现代科学技术的迅猛发展，温室效应，转基因植物、动物及其食品对人与有益动物的安全性危机都成为全球性问题。这一态势呼唤当代社会必须重建全球伦理共同体。全球伦理共同体的重建是对科学发展观的一种全球视野的解读。

一、当代中国的发展离不开世界的全面、协调和可持续发展

1. 中国的发展是在全球化进程中的发展

当代中国的发展是在新全球化时代背景下，从农业社会跃迁上工业社会，进而飞跃上信息社会的历史进程。这一进程是全球化与本土化相互交融、双向整合的历史过程。与旧全球化时代相比较，新全球化时代的产业轴心已从以机器、电力大工业为轴心的工业文明转向以信息科技、生命科技、纳米技术等新科技为轴心的知识经济体系；其基本结构已从"工业文明——农业文明"转向"知识文明——工业文明"，结构平台已从"工业化"转向"知识化"；其内在张力已从"全球一体化"转向"一体化"和"多元化"并存，两极之间保持很大的张力，全球化的控制方式已从主要通过商品输出、资本输出、武力征服等实体手段转向主要通过人才掠夺、信息、科技、政治、文化及大众传媒等控制；其思维方式已从"唯一文

明"转向主张多元文化、强调差异政治、指认断裂、消解思维等级和中心性，推崇全球话语的众声喧哗。时代的变迁，一方面使得各个国家的发展越来越离不开世界的发展，另一方面各主权国家的发展进一步加快了全球化的进程。历史和现实一再证明，当代中国的发展是在全球化进程中的发展，它离不开世界的全面、协调和可持续发展。

2. 中国的发展需要一个稳定的、以"和平与发展"为主流的国际环境

发展是人类生存的目的，也是当代人类继续生存的条件。促进人类的共同发展是我们时代的潮流，是当代世界的主流。和平与发展相互依存、相互影响。维护世界和平，必须以经济发展为基础。离开广大发展中国家的经济发展与社会进步，就不可能有世界的长期稳定与繁荣。维护和平，发展经济，不仅是发展中国家人民的根本利益之所在，而且是全世界各国人民根本利益之所在，它反映了世界发展的大趋势、总潮流。

然而，当今世界冷战思维依然存在，霸权主义和强权政治还有新的发展，世界和平与稳定还受到严重的威胁，发展大业同样任重道远。正如江泽民所说："我们这个星球仍是很不稳定和安宁的。"[1] 可以说，和平与发展既是 21 世纪的基本趋势，又是 21 世纪有待解决的基本课题。恩格斯曾深刻指出："只要有利益相互对立、相互冲突和社会地位不同的阶级存在，阶级之间的战争就不会熄灭。"[2] 小的战争不可避免，当前世界上局部战争和武装冲突不断，说明和平问题还没有得到解决。但是，"世界要和平，人民要合作，国家要发展，社会要进步，是时代的潮流"[3]。这个潮流，是在错综复杂的矛盾斗争中逐步形成和发展起来的，它代表了世界各国人民的意志和愿望，代表了历史发展的基本趋势，是人类文明发展的成果和标志。虽然这一潮流也受到种种逆流的阻碍、反对和破坏，但基本的趋势是不可阻挡的。"和平与发展"的思想是我们在新全球化时代条件下建构全球伦理共同体的必要前提和思想基础。

---

[1] 中共中央文献研究室：《十五大以来重要文献选编》（中），北京：人民出版社，2001 年，第 1 353 页。
[2] 中共中央马克思恩格斯列宁斯大林著作编译局：《马克思恩格斯全集》（第 8 卷），北京：人民出版社，1972 年，第 249 页。
[3] 江泽民：《论"三个代表"》，北京：中央文献出版社，2001 年，第 181—182 页。

二、全球伦理共同体的内涵和基本特征

全球伦理共同体是指各主权国家、各民族、各社会团体等多极主体在全球性普遍交往的过程中，求同存异，在彼此达成道德共识的基础上，各主体自觉地遵守共同认同的伦理规则，形成互利互惠的内稳态，成为有利于"全面、协调和可持续发展"的全球交往共同体的内在支撑。当代全球伦理共同体以全球利益共同体为核心，并具有以下基本特征。

1. 全球化与本土化的辩证统一

随着信息科技尤其是因特网的迅猛发展，新全球化已成为一个集经济全球化、政治全球化、文化全球化与信息全球化为一体的综合过程。马克思、恩格斯指出，"资产阶级，由于开拓了世界市场，使一切国家的生产和消费都成为世界性的了"[1]。马克思用"历史向世界历史的转变"的命题表现了全球大开放的时代趋势。邓小平在新的历史条件下进一步指出，"现在的世界是开放的世界"[2]，从而深刻揭示了当代世界政治、经济、文化发展是一个整体系统的基本特征和总趋势。在全球化趋势下，任何民族、任何国家的发展都不能脱离世界。但是，全球化不等于西方化，它并不排斥本土化。全球化与本土化之间是一个相互依存、相互影响、双向互动、双向建构的辩证统一的关系，它们共同推动全球的发展。各国政治、经济、文化发展的全球化与本土化是相互依存、相互影响的，它们之间是一个统一性和多样性的辩证关系。从某种意义上来讲，各个国家的政治、经济、文化都是世界政治、经济、文化的一个组成部分，没有部分就不可能有整体，而离开了整体也就无所谓部分。全球伦理共同体正是在这一大时代背景下，立足于全球视野，面向世界各主权国家而建构起来的，它的重建过程亦即全球化与本土化的双向建构过程，因此，全球化与本土化的辩证统一是全球伦理共同体的一个最显著的特征。全球伦理共同体的构建必须坚持全球化与本土化的辩证统一，它要求各主权国家在普遍交往过程中，一方面在立足于本土政治、经济、文化发展的基础上，继承和发扬本

---

[1] 中共中央马克思恩格斯列宁斯大林著作编译局：《马克思恩格斯选集》，北京：人民出版社，1995年，第276页。

[2] 邓小平：《邓小平文选》（第3卷），北京：人民出版社，1993年，第64页。

国优秀的传统文明成果，坚持本土个性；另一方面也要积极吸收和借鉴世界各国的优秀文明成果，摒弃故步自封、闭关锁国的僵化思想，使世界文明在共性与个性的相互交融碰撞中长足发展。全球化和本土化的辩证统一是重建全球伦理共同体的内在要求，各主权国家的发展只有坚持全球化和本土化的辩证统一，全球伦理共同体的构建才能真正实现并发挥作用。

2. 各主权国家矛盾斗争性与统一性的辩证统一

在全球化的进程中，各主权国家之间的交往日益普遍和深入，使得政治、经济、文化等社会各个领域内的交流日趋频繁和密切，由此也就产生了一系列的问题，诸如民主政治、法律、经济等不同体制之间的差异，价值观、信仰等意识形态方面的差异，传统文化与外来文化之间的差异等都会在一定程度上引发矛盾冲突，而且这些矛盾冲突是全球一体化进程中必然会出现的现象。全球伦理共同体正是为应对这一趋势，解决各主权国家之间的矛盾冲突而建构起来的，它反映了各主权国家矛盾的斗争性与统一性的辩证统一。事物之间的矛盾是斗争性和统一性的辩证统一，而且二者相互依赖、相互联系，并相互转化。各主权国家在普遍交往过程中，必然存在追求自身利益与实现共同利益的矛盾冲突，但这一矛盾冲突并不是不可调和的。邓小平指出，在发展国与国之间的关系时，"不去计较历史的恩怨，不去计较社会制度和意识形态的差别"[1]。应该尊重不同主权国家的历史文化、社会制度和发展模式，承认世界文明多样性的事实。江泽民强调指出："国与国之间应超越社会制度和意识形态的差异，相互尊重，友好相处。要寻求共同利益的汇合点，扩大互利合作，共同对付人类生存和发展所面临的挑战。"[2] 全球伦理共同体正是在各主权国家矛盾的斗争性与统一性的辩证统一过程中，通过协调解决不断涌现的各种新矛盾而得以逐步建构起来的。它要求各主权国家在处理相互之间的关系时，不以牺牲对方的利益为前提，相互尊重各自的发展意愿，互利互惠，为实现"和平与发展"的人类共同利益而努力。

3. 各主权国家利益多元化与一元化的辩证统一

全球一体化进程之所以成为必然的趋势，就在于各主权国家的普遍交

---

[1] 邓小平：《邓小平文选》（第3卷），北京：人民出版社，1993年，第330页。
[2] 中共中央文献研究室：《十五大以来重要文献选编》（上），北京：人民出版社，2000年，第43页。

往实践，由此形成交往共同体；交往实践之所以越来越普遍、深入，就在于各主权国家受利益驱动，由此形成利益共同体，进而在此基础上全球伦理共同体得以构建。然而，在现实社会中，各主体之间的交往有时是互惠互利的，有时又会发生激烈的利益冲突，这种利益冲突往往发生在各主权国家在追求自身利益最大化而忽视对方的利益之时。这一现象的原因就在于各主权国家既存在自身的多元国家利益，又存在共同的"和平与发展"的一元利益。任何一个国家在国际交往及处理国际事务中，都要体现和维护其国家利益。国家利益的涵盖范围十分广泛，涉及经济、政治、军事、外交等诸多领域。邓小平指出："考虑国与国之间的关系主要应该从国家自身的战略利益出发。着眼于自身长远的战略利益，同时也尊重对方的利益。"[1] 维护国家利益，除了把国家主权和国家安全放在第一位外，还要着眼于维护国家的发展利益。维护国家利益应该始终以国家的最根本利益和长远利益为重。当国家的长远利益需要牺牲眼前的局部利益时，应当舍得付出代价，敢于牺牲一些局部利益或暂时利益，以换取长远的根本利益。当某些重大的国家利益之间出现矛盾时，也应该用长远的、发展的、变化的眼光去观察和解决。因此，任何国家在追求自身利益最大化时，不应该以损害和牺牲对方的利益为前提，而应该让位于谋求和平与发展的共同利益，不能破坏世界的和平与可持续发展大业。实质上，也只有在实现各主权国家"和平与发展"的共同利益的基础上，各国的利益才可能得到保障和长足发展，各主权国家利益的多元化和一元化之间是一个相互依存，相互作用，相互促进的辩证统一体。各主权国家在相互交往过程中必须处理好自身利益与全球共同利益之间的关系。所以，全球伦理共同体的构建应该坚持利益多元化与一元化的辩证统一，最终实现互利互惠的国际社会内稳态。

4. 时代性与前瞻性的统一

全球伦理共同体的构建是适应于全球一体化进程的产物，它是立足于当今的社会历史条件，在各主权国家谋求和平与发展的共同利益的基础上达成道德共识，形成并遵守共同认同的伦理规则，最终实现互惠互利的社会内稳态，即全球伦理共同体。全球伦理共同体的构建是当今社会历史条

---

[1] 邓小平：《邓小平文选》（第3卷），北京：人民出版社，1993年，第330页。

件的产物，具有现实性。但全球伦理共同体并不是一成不变的，它有其变化的轨迹。变化源于多元主体所认同的道德价值评价标准并不是一成不变的，它是以当时的社会历史条件为依据，以当时各主权国家的共同利益为基础，并随着社会历史的发展和共同利益的变化而变化的。全球伦理共同体的重建既立足于当前，又着眼于未来。一方面要尊重现实，依据当今各主权国家的实际情况和相互间的利益关系，制定适合的、共同认同的伦理规则；另一方面又要具有前瞻性，制定的伦理规则不仅要符合当代人的共同利益，还要前瞻性地符合人类社会的根本利益和长远利益，符合后代人的共同利益，并随着社会历史条件的变化而与时俱进。因此，全球伦理共同体是时代性与前瞻性的有机统一。

5. 结构层次性与功能多样性的统一

全球伦理共同体的基础是多元主体性。各主权国家围绕"和平与发展"的共同利益而整合为交往共同体，在交往关系中整合出伦理，在游戏中产生规则，构成伦理共同体。这种多元主体性决定了全球伦理共同体的结构层次性，不同的结构层次所发挥的功能又不尽相同，全球伦理共同体因而是结构层次性与功能多样性的有机统一。

从全球层面看，维护国家的独立和主权，谋求"和平与发展"，是每个国家政府与人民的最高利益。反对霸权主义和强权政治，谋求和平与各个国家的共同发展，是构建全球伦理共同体的基础和根本原则，这也是我国一以贯之的国际战略思想，其核心在于坚持以国家利益为最高准则处理国际关系。

从国家层面看，发展是各主权国家的核心话语。维护国家利益，要着眼于国家的发展利益，特别要着眼于国家的最根本利益和长远利益。当代中国，以信息化引导、带动工业化的新兴工业化道路，必然导致产业结构的大调整；随之必然出现并应该解决下岗工人和"三无"农民问题；各项体制的改革，先富带动后富等，无一不是从国家的发展利益，以国家的最根本和长远利益为重。这种共同利益正是创建全球伦理共同体的前提和根本规则。

从各利益集团和个体层面看，全球的道德交往，给社会各利益集团和个体谋取自身和共同的利益带来了无限生机。"交相利"是市场经济活动的基本伦理观念，互利原则是全球伦理共同体的基本原则。追求共同利益无论在主观上还是在客观上都能体现最广大人民的根本利益。邓小平曾说过:"我相信,凡是符合最大多数人的根本利益,受到广大人民拥护的事情,不论前进的道路上还有多少困难,一定会得到成功。"[1] 全球伦理共同体正是在最大多数人的根本利益的基础上,才得以呈现出多层次结构,才有可能促使人们达成道德共识,形成社会成员共同认同的伦理原则,并成为促使交往共同体达到内稳态并维持内稳态。

三、重建全球伦理共同体的可能性和当代意义

1. 重建全球伦理共同体的可能性

全球伦理共同体的重建何以可能?这种可能性主要由两大方面的因素决定。一方面,人类存在生存与发展的共同利益。利益是一定客体相对于一定主体的需求的满足,它代表的是一种价值关系的实现,所谓人类共同利益,也就是人类作为一个种族在自然生态系统中的生存和发展需要的满足。从历史上看,自从地球上诞生了人类这个种族,人类共同利益就随之诞生了。人类作为一种生命的存在,需要最起码的食物和水才能得以维持,这是人类作为生物种族的共同需求;人类还有作为社会动物进行交往、合作的共同需求,在这种共同需求的基础上就形成了人类的共同利益。[2] 另一方面,人类存在超越个体利益、局部利益服从整体利益、共同利益的道德理性。人类社会自古以来就是一个强调道德良心,重视道德教化的人情化社会。亚里士多德认为,公民维护共同体的共同利益的德性在于他的逻各斯所使然。逻各斯趋于"道德的合理性",即趋于与善和恶、正义和非正义等相联系的共同利益。[3] 孟子曾经提出"四端"之说,认为每个人都有"是非之心""恻隐之心""羞恶之心""恭敬之心",通过道德自觉及同社会其他成员交往的道德实践,把人的本有之心都扩充出来,才能真正实现人之所以为人的本质。道德体认和实践的过程必然涉及各种

---

[1] 邓小平:《邓小平文选》(第3卷),北京:人民出版社,1993年,第142页。
[2] 刘湘溶,曾建平:《人类共同利益:生态伦理学必须高举的旗帜》,《道德与文明》,2000年第6期。
[3] 龚群:《当代西方道义论与功利主义研究》,北京:中国人民大学出版社,2002年,第13页。

利益关系的处理，因为具备道德良心，人就可能为了实现成就道德自我这一最高价值目标而超越个人暂时的私利而服从社会整体的公利，所谓"正其谊不谋其利，明其道不计其功"。全球伦理共同体本质上就是各主权国家、各民族、各社会团体的利益向人类共同利益的让渡，各主权国家、各民族、各社会团体通过追求人类共同利益来保证自身利益的实现。全球伦理共同体的意义在于通过道德的力量，把各主权国家、各民族、各社会团体对自身利益的过度追求约束到最大限度实现人类共同利益的轨道之中，协调个体、群体和世界各国内部及相互之间的利益关系，最大限度地"求同"，实现人类共同利益，全球伦理共同体虽然指向全球利益共同体，以实现共同利益为目标，但必须诉诸道德的行为，付诸合伦理的实践。

2. 重建全球伦理共同体的当代意义

谋求"和平与发展"是构建全球伦理共同体的思想基础。全球伦理共同体的核心是各主权国家在相互交往过程中所形成的利益共同体。国际政治有一条原则："没有不变的敌人，也没有不变的朋友，只有不变的国家利益。"伦理学也应该认同："没有不变的善，也没有不变的恶，只有不变的利益。"[1] 从这一意义上讲，多元主体谋求自身的利益是无可非议的，但多元主体间只有通过谋求共同的利益，相互达成道德共识，形成利益共同体，才有可能在形成各主体自觉遵守自行约定的道德规范的基础上，在互利的条件下获取并保障自身的利益。全球伦理共同体是在新全球化的历史条件下所形成的，它是各主权国家共同利益的外在表现形式，是各主权国家共同意愿的具体体现。全球伦理共同体是当代各主权国家在全球性普遍交往的实践中，追求共同利益、达成道德共识、形成并遵循共同认同的伦理规则的产物。全球伦理共同体的重建指向各主权国家和平与发展的共同利益。各主权国家为追求和平与发展这一共同利益而相互之间达成某种道德共识，遵守共同认同的伦理规则，从而减少了不必要的利益冲突，全球的"和平与发展"就会在一个互利的内稳态的社会环境中得以长足发展。因为当今国际局势的动荡不安、矛盾冲突其实质都是各主权国家追求自身利益与维护他人利益或共同利益之间的矛盾冲突，全球伦理共同体的重建可以很大程度上缓解这一利益冲突，使各主权国家在相互交往中互谅

---

[1] 赵敦华：《道德哲学的应用伦理学转向》，《江海学刊》，2002年第4期。

互让、互利互惠，自觉遵守共同认同的规则，为谋求"和平与发展"的共同利益而努力。因此，全球伦理共同体的重建对于实现全人类的根本利益和长远利益，对于人类社会的和平与可持续发展，对于各主权国家自身的长足发展具有十分积极的推动作用。

本文发表于《上海党史与党建》2004 年第 9 期。

和平与发展是带全球性的战略问题

马克思主义认为，对时代的分析和认识，是观察、分析和估量世界形势发展的前提和基础，是我们党和国家制订战略和策略的重要依据。党的十一届三中全会以来，邓小平依据马克思主义的基本原理，高瞻远瞩，纵观世界全局，对当代国际形势进行了全面而深刻的观察和分析，提出了和平与发展是当今世界两大主题的科学论断。他说："现在世界上真正大的问题，带全球性的战略问题，一个是和平问题，一个是经济问题或者说发展问题。"[1] 这一科学论断，反映了国际战略形势的发展变化，是对马克思主义时代观及战争与和平理论的重大发展，是新时期党和国家制订战略和策略的重要依据。

19世纪末20世纪初，资本主义发展到了帝国主义阶段。帝国主义是垄断资本主义，是资本主义的最高阶段。列宁有句名言：帝国主义就是战争。20世纪上半叶先后爆发的两次世界大战，给人类带来了空前的灾难。由于帝国主义国家的矛盾和战争，削弱了帝国主义的力量，因此，无产阶级有可能突破帝国主义体系中的薄弱环节，在一国或几国首先取得社会主义革命的胜利。俄国十月革命的成功和欧洲、亚洲一些国家社会主义革命的胜利，就是在这种帝国主义为重新瓜分世界的两次世界大战之后取得的。帝国主义战争和无产阶级革命，使战争与革命成为当时的世界历史主题。列宁、斯大林称之为"帝国主义和无产阶级革命的时代"是合乎实际的。

但是，世界历史的进程步入20世纪60年代之后，国际政治、经济、军事形势发生了重大变化。首先，是战后形成的社会主义阵营已不复存在，虽然社会主义国家与资本主义国家的矛盾依然存在，但其表现形态已

---

[1] 邓小平：《邓小平文选》（第3卷），北京：人民出版社，1993年，第105页。

不是两大阵营的联盟对抗。目前两种社会制度实际上进入了共处与竞争的相持阶段，其斗争方式也由过去的武力对抗为主，转变为和平竞争为主。其次，生产社会化和国际化进一步发展，使发达资本主义国家之间经济上、政治上相互依赖的因素超过了相互矛盾的因素，因而它们之间的矛盾已由过去军事对抗为主的你死我活的斗争，逐步向经济上又对抗又联合转化。再次，资本主义国家生产力的继续发展和生产关系某些方面的自我调整，以及这些国家资产阶级对劳动人民统治和剥削手段的改换，使无产阶级与资产阶级的矛盾有所缓和，阶段斗争对资产阶级政权的威胁相对减弱。之外，由于一大批殖民地国家政治上逐步获得独立，原来帝国主义国家与殖民地国家之间那种赤裸裸的侵略与被侵略的矛盾也发生了变化，而突出以渗透与反渗透、控制与反控制、掠夺与反掠夺的矛盾表现出来。

正是鉴于60年代以后国际上政治、经济、军事形势发生的上述重大变化，邓小平经过多年的观察和深思熟虑，十一届三中全会以来多次明确提出："当前世界上主要有两个问题，一个是和平问题，一个是发展问题。"[1] "国际上有两大问题非常突出，一个是和平问题，一个是南北问题。还有其他许多问题，但都不像这两个问题关系全局，带有全球性、战略性的意义。"[2] 他还说，"和平与发展两大问题，和平问题没有得到解决，发展问题更加严重"[3]。邓小平的科学论断，揭示了当今世界的主要矛盾，时代的主题已由战争与革命转向了和平与发展。

一、在较长时间内不发生大规模的世界战争是有可能的

和平与发展是当今时代的两大主题，这一论断是有其特定的丰富而深刻的内涵的。邓小平指出，和平，是指不打世界大战，换句话说，世界大战可以推迟或者避免。过去很长一段时期内，由于受到来自外部的封锁包围和敌视，我们面临着军事的、政治的严重威胁，抓紧防范战争危险的准备是正确的。但我们党的认识也有偏离实际的地方，曾判定新的世界大战不可避免，而且迫在眉睫。邓小平关于世界大战可以推迟或者避免的新结

---

[1] 邓小平：《邓小平文选》（第3卷），北京：人民出版社，1993年，第281页。
[2] 邓小平：《邓小平文选》（第3卷），北京：人民出版社，1993年，第96页。
[3] 邓小平：《邓小平文选》（第3卷），北京：人民出版社，1993年，第353页。

论，改变了我们党以往关于世界大战不可避免且迫在眉睫的认识。当然，邓小平对这个问题的认识也是逐步深化的。1975年，他就讲大仗五年打不起来；1980年又讲五年内打不起来；1981年4月，他讲争取五至十年不打仗的和平环境是可能的；1982年11月，他又讲近期内打不起来。1983年3月，他在与几位中央负责同志谈话时说："大战打不起来，不要怕，不存在什么冒险的问题。以前总是担心打仗，每年总要说一次。现在看，担心得过分了。我看至少十年打不起来。"[1] 到了1984年10月，他在与联邦德国总理科尔谈话时，提出我们在战争危险问题上的看法有一点变化的同时，进一步提出："战争危险仍然存在，仍要提高警惕，但防止新的世界战争爆发的因素在增长。"[2] 1985年6月，邓小平在中央军委扩大会议上终于提出，根据对国际形势的分析，"我们改变了原来认为战争的危险很迫近的看法"，认为"在较长时间内不发生大规模的世界战争是有可能的，维护世界和平是有希望的"[3]。1987年7月，他在会见孟加拉国总统艾尔沙德时说："现在看来第三次世界大战短时期内不会打。""如果世界和平的力量发展起来，第三世界国家发展起来，可以避免世界大战。"[4] 上述邓小平认识上的变化，不仅需要科学的分析，也需要战略勇气，是求实精神和革命战略统一的结果。江泽民在党的十五大报告中指出："在相当长的时期内，避免新的世界大战是可能的，争取一个良好的国际和平环境和周边环境是可以实现的。"这说明邓小平关于世界大战可以避免的观点已为全党所共识。

邓小平提出世界战争可以避免、世界大战打不起来的观点，是建立在对世界形势的仔细观察和对战争与和平各种因素科学分析的基础上的，其主要依据有以下五个方面。

第一，现代垄断资本主义经济发展基础的深刻变化，特别是生产和资本国际化的高度发展，成为帝国主义发动世界大战的主要障碍。在第二次世界大战以前，垄断资本主义国家之间为争夺世界霸权，连年征战。第二次世界大战席卷了欧洲、亚洲、大洋洲约2 200万平方千米的广大地区，

---

[1] 邓小平：《邓小平文选》（第3卷），北京：人民出版社，1993年，第25页。
[2] 邓小平：《邓小平文选》（第3卷），北京：人民出版社，1993年，第82页。
[3] 邓小平：《邓小平文选》（第3卷），北京：人民出版社，1993年，第127页。
[4] 邓小平：《邓小平文选》（第3卷），北京：人民出版社，1993年，第249页。

波及世界上61个国家和占世界4/5的人口，直接和间接的战争费用达4万亿美元以上，夺去了5 000多万人的生命。战后，50年代至70年代初，资本主义国家经历了一段高速发展时期，资本主义的生产和分工进一步突破国家的狭隘范围，在更广更深的程度上扩展到国际范围内。由于生产和资本国际化的高度发展，资本主义国家经济相互往来、相互依赖、互为生存的关系有了新的发展，形成"一荣俱荣，一损俱损"的共同利害关系。在这种情况下，若发生一场世界性的大规模战争，无异于一场集体自杀，同归于尽，各方的经济将彻底崩溃直至毁灭，它迫使帝国主义不敢把发展经济的希望寄托在发动新的世界战争上。正因为如此，战后发达资本主义国家之间尽管存在种种矛盾和冲突，却没有发生过一次相互间的战争。

第二，世界政治经济格局的多极化趋势，使新的世界战争有可能得以制止。二次大战后，大批在民族解放战火中获得独立的新兴发展中国家在国际舞台上崛起，逐渐形成一支重要的国际政治力量，大大改变了超级大国任意摆布世界命运的局面，推动了世界和平运动的发展。中国是发展中的社会主义国家，也是联合国五个常任理事国之一。我国坚决奉行独立自主的和平外交政策，反对一切形式的霸权主义和强权政治，对制止战争和稳定世界局势起着举足轻重的作用。欧洲是战后美苏争夺的战略重点，又是两次世界大战的主战场，过去的灾难和严酷的现实使欧洲国家和人民都有着要求和平的强烈愿望。因此，东欧和西欧成为制止战争、维护世界和平的重要力量。正如邓小平所说："欧洲是决定和平与战争的关键地区。""只要欧洲，包括东欧和西欧，不绑在别人的战车上，战争就打不起来。"[1]当前，世界正向着多极化方向发展，各种力量相互制约、相互牵制，超级大国难以主宰世界局势，并轻易地发动新的世界大战。

第三，超级大国核军备竞赛的发展形成了所谓"核恐怖平衡"，双方都不敢轻易发动世界战争和核战争。邓小平于1987年5月说过："要打第三次世界大战，任何一个国家都没有能力，只有两个超级大国才有资格发动。"[2]当时美、苏双方的核军备竞赛势均力敌，处于核对峙状态，双方

---

[1] 邓小平：《邓小平文选》（第3卷），北京：人民出版社，1993年，第233页。
[2] 邓小平：《邓小平文选》（第3卷），北京：人民出版社，1993年，第233页。

都拥有足够毁灭对方数次的力量（据统计，当时双方核武器 TNT 总当量达 145 亿吨，相当于全世界每人头上悬有 2 吨多）。正因为如此，谁也不敢先动手。邓小平说："苏美两家原子弹多，常规武器也多，都有毁灭对手的力量；毁灭人类恐怕还办不到……因此谁也不敢先动手。"[1] 根据包括美、苏在内的 30 个国家的 300 多名科学家的研究，曾对核爆炸的后果进行电子模拟计算，在一场使用 50 亿吨当量核武器的全面核战争中，直接受害者将达 20 多亿人，其中 10 亿人将被立即杀死。大量核弹爆炸产生的巨量烟尘遮天蔽日，造成地球温度骤然下降，将导致持续数年的"核冬眠"，地球上包括人类在内的所有生物因失去生存条件而灭绝。这就是说，在一场世界核战争中，不可能有胜利者，参战双方都将是失败者。在这样严酷的现实面前，美、苏两个超级大国尽管矛盾尖锐、争夺激烈，但都不敢发动核战争。原来美、苏两个超级大国妄图称霸世界，只有它们两家有资格发动世界大战。现在苏联解体、东欧剧变，两极对抗的局面已经终结，世界正向多极化（美、俄、西欧、中、日）方向发展，世界战争是难以打起来的。

第四，世界和平运动的蓬勃发展，对制止世界战争的爆发起到了积极的作用。20 世纪上半叶两次世界大战的浩劫和当代世界战争的威胁，促使全世界人民团结一致为制止战争与争取和平的崇高目标而斗争。包括中国在内的广大第三世界国家（它们占世界人口的大多数，是制止战争、维护世界和平的主力军）期望在和平的环境中加快发展各国的经济，缩小与发达国家的差距，改善人民生活。欧洲、日本等发达国家也面临再发展的要求，它们也希望有一个和平安定的国际环境。邓小平说过："如果下一个世纪五十年里，第三世界包括中国有一个可喜的发展，整个欧洲有一个可喜的发展，我看那个时候可以真正消除战争的危险。"[2] 现在，作为世界一极的美国，它的人民也是要求和平的，他们希望把发展生产所获得的财富和现代科技进步所取得的成果用于增加福利，改善人民生活。历史发展到今天，大规模现代化战争更具有空前的毁灭能力，更加深了人们对和平的渴求。在当代世界性的群众政治运动中，世界和平运动是持续时间最

---

[1] 邓小平：《邓小平文选》（第 3 卷），北京：人民出版社，1993 年，第 127 页。
[2] 邓小平：《邓小平文选》（第 3 卷），北京：人民出版社，1993 年，第 233 页。

长、参加人数最多、席卷地域最广的一场运动，它是制止战争最强有力的力量。

第五，新科技革命的兴起和蓬勃发展，世界各国特别是一些资本主义发达国家把关注的重点更多地转向了科技的发展和综合国力的竞争方面。这也是世界战争可以避免的一个原因。

二、"小的战争不可避免"，当前世界上局部战争和武装冲突不断，和平问题还没有得到解决

我们说世界战争可以避免，并不是说世界上就从此没有战争和武装冲突了，就太平了。江泽民明确指出：由于"霸权主义和强权政治依然存在，领土、民族、宗教矛盾错综复杂，世界一些地区发生局部战争和武装冲突不可避免"[1]。马克思主义认为，"战争是政治的特殊手段的继续"。"政治发展到一定的阶段，再也不能照旧前进，于是爆发了战争，用以扫除政治道路上的障碍。"[2] 正如毛泽东所指出的："政治是不流血的战争，战争是流血的政治。"[3] 因此，世界上只要存在阶级，有阶级矛盾和阶级对抗，战争或武装冲突就不可避免。恩格斯曾深刻指出："只要有利益相互对立、相互冲突和社会地位不同的阶级存在，阶级之间的战争就不会熄灭。"[4] 人类自进入阶级社会以来，各种战争连绵不断。据统计，自公元前3200年到公元1964年的5164年中，世界上发生的战争有文字记载的共14531次，平均每年2.8次，有36.4亿人丧生。战争破坏损失的财产高达2150万亿瑞士法郎，约合人民币5375万亿元。进入20世纪以来，除发生两次世界范围的大战外，局部战争或武装冲突一直也没有断过。特别是第二次世界大战结束以后，由于力量对比失衡，霸权主义和强权政治依然存在，以局部战争和武装冲突为主要表现形式的"小战"呈增多之势。二次大战结束后至1986年，世界上共爆发局部战争或武装冲突182起，

---

[1] 中共中央文献研究室：《十五大以来重要文献选编》（上），北京：人民出版社，2000年，第701页。
[2] 毛泽东：《毛泽东选集》（第2卷），北京：人民出版社，1991年，第479页。
[3] 毛泽东：《毛泽东选集》（第2卷），北京：人民出版社，1991年，第480页。
[4] 中共中央马克思恩格斯列宁斯大林著作编译局：《马克思恩格斯全集》（第8卷），北京：人民出版社，1965年，第249页。

有 100 多个国家卷入。据联合国统计，战后 40 多年在各种武装冲突中有 2 100 万人丧生，平均每月死于战争的人数达 41 000 左右。另据统计，战后在全世界发生的局部战争和武装冲突中，死亡 100 万人以上的战争 6 次，死亡 10 万到 100 万人的战争 13 次，死亡 1 万到 10 万人的战争 40 次，死亡 1 万人以下的战争 90 次，共计死亡人员总数为 2 000 多万，相当于第一次世界大战死亡人数的两倍、第二次世界死亡人数的一半。更多的人在战争中致伤、致残，大批平民沦为难民。到 1985 年，因战祸而流离失所的难民累计已达 6 000 万人。由此可见，即使局部战争或武装冲突，也给人类的生命财产造成巨大的破坏和难以弥补的损失。值得注意的是，进入 90 年代以后，世界上的武装冲突和局部战争有增多之势。据统计，70 年代和 80 年代，世界上发生武装冲突 67 起，平均每年 3 起左右，而 1992 年世界各地发生各种规模的武装冲突和局部战争近 30 起。事实说明，邓小平所指出的世界战争虽然可以制止，但世界并不太平，"世界和平与发展这两大问题，至今一个也没有解决"[1] 是完全正确的。

三、发展问题是当今世界的核心问题，应当把发展问题提到全人类的高度来认识，要从这个高度去观察问题和解决问题

邓小平指出，和平与发展是全球性的战略问题。而发展问题"是核心问题"[2]。为什么说发展问题是当代世界的核心问题呢？我们知道，发展问题是指南北方关系问题（因发展中国家多在地球的南半部，而发达国家多在地球的北半部），即发展中国家和发达国家之间的经济关系问题，实际上是人类社会的发展问题。发展是人类生存的目的，也是当代人类继续生存的条件。促进人类的共同发展是我们时代的潮流，是当代世界的核心，它关系到人类的进步和繁荣。邓小平曾深刻指出："应当把发展问题提到全人类的高度来认识，要从这个高度去观察问题和解决问题。"[3] 他还说，如果占世界 3/4 人口的发展中国家"经济不发展，发达国家的经济

---

[1] 邓小平：《邓小平文选》（第 3 卷），北京：人民出版社，1993 年，第 383 页。
[2] 邓小平：《邓小平文选》（第 3 卷），北京：人民出版社，1993 年，第 105 页。
[3] 邓小平：《邓小平文选》（第 3 卷），北京：人民出版社，1993 年，第 282 页。

也不可能得到较大的发展"[1]，就会阻碍整个世界经济的发展。主要基于以下几个原因。

首先，从发展中国家来看，第二次世界大战后，原来是帝国主义的殖民地或半殖民地的广大发展中国家，虽然先后在政治上取得了独立地位，但长期受帝国主义、殖民主义掠夺，国家处于极端贫穷落后状况，以及在国际经济秩序中所处的不平等地位并未根本改变。发达的资本主义国家利用它们对世界商品市场、金融市场、技术市场和资本市场的垄断地位与不合理的国际分工，盘剥发展中国家，并且采取贸易保护主义和经济扩张方式，排挤、控制发展中国家，致使发展中国家经济面临严重困境，发展中国家与发达国家经济上的差距愈拉愈大。正如邓小平所说：现在世界上"发达国家越来越富，相对的是发展中国家越来越穷"[2]。南北收入差距已从60年代的30倍上升到90年代初的90倍。据世界银行统计，从1980年到1988年，经合组织24个发达国家人均国民生产总值从10 750美元增加到17 470美元，低收入发展中国家仍停留在320美元。两者从33.6∶1扩大到54.6∶1。其中42个最不发达国家1988年的人均国民生产总值只有205美元，同24个发达国家的差距为85∶1。据世界银行公布的材料，1988年，发达国家人均国内生产总值为发展中国家人均国内生产总值的23.46倍。1987年，占人口总数16.2%的发达国家拥有全部国际生产总值的81.5%，而占人口总数83.8%的中等收入国家（包括少数非发展中国家）和低收入国家只拥有全部国际生产总值的18.5%。另据联合国发展计划署1992年发表的《人类发展报告》说，在过去30年里，穷国与富国之间的生活水平鸿沟扩大了两倍，占世界人口20%的巨富国的生活水平比占世界人口20%的赤贫国高60倍。整个80年代，非洲国家人民的生活水平倒退，拉美国家人民的生活水平也有不同程度的下降。1980年至1991年，发展中国家外债总额已从6 300亿美元猛增到13 200亿美元。在短时期内，发展中国家与发达国家间经济上的差距仍将继续扩大。因此，振兴民族经济，缩小与发达国家间经济上的差距，迅速改变落后面貌，已成为发展中国家人民的普遍愿望和要求。

---

[1] 邓小平：《邓小平文选》（第3卷），北京：人民出版社，1993年，第56页。
[2] 邓小平：《邓小平文选》（第3卷），北京：人民出版社，1993年，第56页。

其次，从发达国家来看，它们的繁荣不可能长期建立在发展中国家继续贫穷的基础上。如果发展中国家的经济越来越恶化，不仅会影响世界市场的繁荣稳定，而且可能引起国际局势动荡不安，世界就很难安宁。这是因为，其一，经济不发达，劳动人民长期贫困，容易引起社会动荡。贫困与饥饿是动乱之因，这是一般规律。据统计，二战结束以来全世界发生了150多起局部战争和武装冲突，大部发生在发展中国家。其二，经济不发达，又往往容易被大国所利用，产生国际纠纷。国际局势的动荡不安对发达国家对外输出资本、技术和商品也是不利的，必然制约发达国家的经济发展。正如邓小平所指出的："发达国家应该清楚地看到，第三世界国家经济不发展，发达国家的经济也不可能得到较大的发展。"[1] 其实，就资本主义发达国家来说，也面临着经济再发展的问题。20世纪70年代以来，它们受到战后两次最严重的周期性经济危机的沉重打击，经济长期处于停滞或低速度增长的困境，而且苦于高赤字、高利率、高失业的困扰。美国从1914年以来，已第一次成为净债务国，现在除负有30 000亿美元的国债外，累计外债高达6 637亿美元，1988年财政赤字已达1 500亿美元。如不发展经济，其第一经济大国的地位就难以维持。近几年多数发达国家都面临着经济滞胀、市场萧条、失业率居高不下等一系列严重困难和问题，也急需通过发展经济予以解决。正因为如此，发展问题已成为一个全球性的重大战略问题。

和平与发展是相互依存、相互影响的。长期和平稳定的国际环境，是各国经济发展的重要外部条件。维护世界和平，又不能没有经济发展作基础。离开广大发展中国家的经济发展与社会进步，就不可能有世界的长期稳定与繁荣。维护和平，发展经济，不仅是发展中国家人民的根本利益之所在，而且是全世界各国人民根本利益之所在，它反映了世界发展的大趋势、总潮流。

本文发表于《学海》2001年第4期。

---

[1] 邓小平：《邓小平文选》（第3卷），北京：人民出版社，1993年，第56页。

人才资源——国家第一资源

人力资源中的最优秀部分——人才资源，已受到人们越来越多的关注。随着"知识经济"时代的来临，人才资源在国家发展中越来越显示出其具有其他资源所无法替代的第一位的决定性作用。人才资源具有一般资源所不具有的优点和特征，对人才资源的充分开发和利用，是关系一个国家和民族兴衰成败的重大问题。古今中外的历史和现实证明，人才资源是社会进步、国家发展的第一资源，是众多资源中最重要、最关键的资源。

历史证明，时代造就了人才，人才推动了历史的进程。从某种角度上来讲，没有华盛顿，就没有美利坚合众国；没有马克思、恩格斯，就没有马克思主义；没有列宁和列宁主义，就没有世界上第一个社会主义国家；没有马列主义在中国的传播，没有毛泽东，就没有社会主义的新中国。或者至少说，如果没有他们，历史则可能是另一种进程，另一种写法。

从科技、经济发展史来看，随着科技的进步、社会的发展，人才资源的开发利用对经济的发展越来越发挥决定性作用。美国之所以能保持科技和经济的持续发展，能成为世界上经济实力最强的国家，其重要原因之一是他们高度重视引进人才、吸引人才、使用人才，使杰出人才的作用得到充分发挥。二次大战结束后，在德国战场上，苏联领导人注重物质资源，他们用火车将大批军工设备和物资运往国内；而美国领导人注重人才资源，他们采取强制性手段带走了德国数千名科学家和工程师，并将其安排在一些大学和研究机构中工作，这促进了美国科技和经济的发展。美国《移民法》规定，国家每年留出2.9万个移民名额专门用于引进外国的高级人才，并特别规定，凡是著名学者、高级人才和有某种专长的科技人才，不考虑其国籍、种族、资历和年龄，一律优先入境。此外，美国凭借其一流的科研设备和实验室招揽了大批海外人才。二次大战后资本主义世界最重要的科研项目有60%是美国所完成，有75%的科技成果最先在美国应用。这是美国高度重视人才资源开发利用的结果，也是美国科技、经济领先于世界的原因之一。据专家估算，美国因人才流入年增加效益至少 60 亿美元，而西方其他发达国家因人才流出每年至少损失 80 亿美元以上。日本等资本主义发达国家人口、国土、自然资源虽算不上大国，但能成为经济大国，与其高度重视人才资源及其开发利用也是分不开的。

中国是人口大国，目前还难以算得上"人才大国"，但可以称得上潜在的人才资源大国。从国情和现实出发，要充分开发利用人才资源，亟须做好以下几方面的工作。

（1）从战略高度上深刻领会邓小平理论中关于人才的系统论述，牢固树立人才资源是第一资源的思想。邓小平历来注重人才在国家发展中的重要作用，他在 1985 年 5 月 19 日全国教育工作会议上的讲话中十分精辟地指出："我们国家，国力的强弱，经济发展后劲的大小，越来越取决于劳动者的素质，取决于知识分子的数量和质量。一个十亿人口的大国，教育搞上去了，人才资源的巨大优势是任何国家比不了的。"江泽民在党的十五大报告中进一步阐明了这一观点，指出："人才是科技进步和经济社会发展最重要的资源"，"我国现代化建设的进程，在很大程度上取决于国民素质的提高和人才资源的开发。"从我国目前的基本国情看，我国是一个人力资源大国，也是潜在的人才资源大国，但目前却相对贫乏，人才短缺相当严重。我国现有人才资源总量为 4 465 万名，按照经济起飞时人才资源密度不能低于 7% 的要求，尚短缺 1 663 万名；从质上来讲，现有 2 705 万名专业技术人才中，大学专科以上比例仅占 41.99%，素质偏低；从结构上来讲，高级人才严重短缺，现有的 145.8 万名高级人才中，约有 41% 将在 2000 年陆续退出工作岗位，各学科、各领域尤其是高新技术领域后继乏人。我国要实现现代化，就必须尊重知识、尊重人才，高度注重人才的培养开发；必须实施科教兴国战略，通过教育使我国由人力资源大国转变为人才资源大国。从一定意义上讲，只有牢固树立人才资源是第一资源的思想，才能保证我国经济和社会快速、持续、稳定地发展。

（2）从体制上保证优先投入经费，确保大批人才脱颖而出并高效使用。人才资源的开发利用，要在体制上保证优先投入经费，使大批人才脱颖而出。但是，我国现行的教育、科技体制在人才资源的开发利用方面还存在一定缺陷。从教育方面看，尽管早就提出了"科教兴国""把教育放在优先发展的地位"，但在实施过程中，往往偏重于固定资产投资，主要投入于产业经济，以致我国人均教育经费至今仍为世界倒数第二。教育经费投入不足，导致了领导精力投入不足、教师精力投入不足、学生精力投入不足的"三不足"现象，极大地妨碍了人才的培养。这一问题亟待解决，只有在体制上保证了教育经费的优先投入，才可能真正做到优先发展教育。从科技方面看，改革开放以来，我国科技人才流失十分严重。据1997年1月国家教委的统计，80年代以来，我国出国留学人员累计突破27万，然而，27万人员中只有9万余人学成回国。中科院物理所80年代初人员底数达六七百人，现在只剩400人，自费公派的出国人数每年100人次，但近20年加起来仅100人回国。北大物理系自1977年恢复高考以来培养的学生，按成绩排在前列者1/3都已出国，仅在美国者就有500余人。人才外流的原因很多，但在制度上没有确保科技人才的经费投入是主要原因之一。这一问题亟待解决。

（3）从政策上鼓励、支持人才的培养和人才的使用。毛泽东说过，政策和策略是党的生命。政策的导向作用在人才资源的开发利用中占据着重要地位。仅有战略思想、体制保证而无政策的落实，人才资源的开发利用仍然是一句空话。改革开放以来，党和国家制定了一整套正确的知识分析政策，但知识分子政策的真正完全落实，才是对人才资源开发利用从口头注重到切实注重的关键。应该看到，我国曾出现过累死一些英才的现象，繁重的科研、教学、行政工作，相对薄弱的医疗保障、疗养制度，曾压垮了一些英才。某大学曾有一位青年教授，就在办公室吃饭时去世。有一些博士生还要为小孩入托、住房、收入偏低等问题所困扰。这些问题亟待高度重视和切实解决。

（4）开展全面素质教育，为人才的大量涌现奠定坚实基础。21世纪是"知识经济"的时代，知识经济的生命和源泉是创新。创新能力至关重要，甚至关系国家命运。中华民族要在21世纪进一步振兴和崛起，亟须抓紧培养面向新世纪的具有开拓创新能力的新型人才。而创新能力只有在全面的素质教育中才能造就。目前普遍存在的片面重视应试教育问题非常不利于创造性人才的培养开发。亟须将应试教育转变为全面素质教育，尤其应注重创新能力的培养。

（5）"尊重知识，尊重人才"，形成良好的人才培养和使用氛围。中国的知识分子历来有"士为知己者死"的义勇,他们十分关注自己的知识、事业是否受到社会的尊重。我们一定要在党内造成一种空气:尊重知识,尊重人才。

(6) 人尽其才,优化配置人才资源,充分激发每一个人才的积极性和创造性。在我国,人才资源相对短缺,有时效性和能动性。人才搁置不用,就会使之荒废,用得不及时,其效益就会下降,甚至错失良机,毫无效益。及时发现人才并充分使用人才,是优化配置人才资源的前提,是关系国家和民族兴衰成败的重大问题。我们一定要千方百计地调动人才的积极性,将其潜能特别是创造性发挥到最大限度,从根本上形成和发挥出我国人才资源的巨大优势。

本文发表于《群众》1998年第11期。

论人才资源的特征及其开发利用

人才是一种重要的资源，它在国家发展中起着其他资源所无法替代的第一位的作用。人才资源与一般资源不同，人才资源是人力资源中最优秀的部分，是人力资源的精华所在，它是指富有最新知识，具有较高科学技能，尤其是具有创新能力的对经济发展和社会进步做出或将做出较大贡献的人群。人才资源是一种特殊的资源，它的内在要素是人才，因而，它既具有自然属性，又具有社会属性，这决定了它具有一般资源所不具备的特征。

创新性。人才资源最本质的特征之一是具有创新性，它能够不断地创造出新的各种各样的资源，不断地创造出新的社会财富，它具有无限的、挖掘不尽的创新生命力。这是其他任何资源所不能与之匹敌的。

实践性。由人的社会属性所决定，人才资源不是生来就有的，它是在人类的科学实验、生产实践、生活活动等各个方面的社会实践中不断地形成和发展，不断地被开发和利用的。离开了人类的社会实践活动，就不可能有什么人才资源。

时代性。人才资源的素质受时代的制约，它的形成和发展、开发和利用都受到社会历史条件的制约。某个时代的人才资源的素质，不可能超越该时代条件。从总趋势来讲，人才资源的素质随着时代的发展而不断提高。

时效性。大多物质资源如材料、能源等可以长期储存，不同时间的开发，其效益大致不变。但人才资源不同，储存不用，人才就会荒废、退化，同时，人才的才能发挥具有最佳期和最佳年龄段，使用时间不同，其效益必然大不相同，甚至会错失良机，毫无效益。

能动性。物质资源的开发完全处于被动的地位，人才资源的开发则具有能动性。作为"活资源"的人才资源，对其能动性的调动，直接决定着其开发利用的程度和水平，决定着其产生效益的大小和多少。

弥补性。对资源的使用而言，资源总是稀缺的，尤其是自然资源稀缺，在当前更为突出。人才资源则能弥补自然资源的某些不足。人才资源不仅能开发利用自然资源，而且能创造出新的人工（物质）资源以弥补其不足。

递增性。一般的资源被开发使用后即被消耗而不能再被使用，而人才资源不仅能被持续使用，而且其效益在一定时期内具有递增性。人才资源的使用过程是伴随着人才的知识增长和更新、经验积累、技能尤其是创新能力的提高等一系列自我丰富和发展的过程，其开发使用效益一般都呈递增趋势。

倍增性。高素质的人才资源对国家经济的发展发挥着倍数效应。国内外大量统计资料表明，把人力资本与物质资本投入产出的经济效益相比较，人力资本的投入产出之比要大大高于物质资本，而人才资本投入产出之比更是要数十倍于物质资本，并且随着社会的发展不断呈上升趋势。

邓小平历来注重人才的作用，他认为："一个人才可以顶很大的事，没有人才什么事情也搞不好。"[1] 并认为任何事业都需有一批杰出的人才，"人才不断涌现，我们的事业才有希望"[2]。尤其是他老人家从我国的具体国情出发，从战略高度揭示了人才资源是第一资源的国家发展规律。邓小平于1985年指出："我们国家，国力的强弱，经济发展后劲的大小，越来越取决于劳动者的素质，取决于知识分子的数量和质量。一个十亿人口的大国，教育搞上去了，人才资源的巨大优势是任何国家比不了的。"[3] 江泽民在中国共产党第十五次全国代表大会上的报告进一步阐明了这一观点，指出："人才是科技进步和经济社会发展最重要的资源"[4]，"我国现代化建设的进程，在很大程度上取决于国民素质的提高和人才资源的开发"[5]。历史和现实已经并将进一步证明，人才资源是国家发展的

---

[1] 邓小平：《邓小平文选》（第3卷），北京：人民出版社，1996年，第369页。
[2] 邓小平：《邓小平文选》（第3卷），北京：人民出版社，1996年，第18页。
[3] 邓小平：《邓小平文选》（第3卷），北京：人民出版社，1996年，第120页。
[4] 江泽民：《高举邓小平理论伟大旗帜　把建设有中国特色社会主义事业全面推向二十一世纪》，北京：人民出版社，1997年，第31页。
[5] 江泽民：《高举邓小平理论伟大旗帜　把建设有中国特色社会主义事业全面推向二十一世纪》，北京：人民出版社，1997年，第39页。

第一资源,是众多资源中的最重要、最关键的资源。

从我国目前的基本国情来看,我国是一个人力资源大国,但人才资源相对贫乏。据国家人事部人事与人才科学研究所的分析,按照国家发展的要求,我国人才短缺相当严重。从数量上来看,我国现有人才资源总量为4 465万名,按照经济起飞时人才资源密度不能低于7%的要求,尚短缺1 663万名;从质上来讲,现有2 705万名专业技术人才中,大学专科以上比例仅占41.99%,素质偏低;从结构上来讲,高级人才严重短缺,现有的145.8万名高级人才中,约有41%将在2000年前陆续退出工作岗位,各学科、各领域尤其是高新技术领域后继乏人[1]。在这种人才资源相对贫乏的情况下,要实现四个现代化,就必须尊重知识、尊重人才,高度注意人才的培养开发;必须实施科教兴国战略,通过教育使人力资源大国转变为人才资源大国。从一定意义上来讲,只有牢固树立人才资源是第一资源的思想,才能保证我国经济和社会快速、持续地发展。

(1) 开展全面素质教育,为人才的大量涌现打好基础。人才的本质特征具有创新性。创新能力只有在全面的素质教育中才能造就,片面重视应试教育不利于人才的培养开发。以笔试考试成绩来衡量学生、教师的学识水平乃至整个教学水平,是近几年来我国教育界比较普遍的现象。笔试考试成绩一旦成为教学活动中的总杠杆就必然诱发产生以考试为中心的应试教育。考试成绩确实是衡量学生、教师学识水平和能力的一个重要方面,但并非全部。有些科技知识、技能、创新能力、应变能力、思想道德品质等不是简单笔试所能反映的。片面重视应试教育结果产生了程度不同的为了考试成绩而学习、而教学的现象。这实质上是一种异化现象。考试原意是为了检查教学水平、促进教学发展,是为教学服务的,而一旦变为应试教育,则反过来教学为考试服务了。这必然导致在整个教学过程中,一切以考试成绩为衡量标准,而忽视学生全面素质的培养。21世纪是"知识经济"的时代,知识经济的生命和源泉是创新,"如果不能创新,不去创新,一个民族就难以发展起来,难以屹立于世界民族之林"[2]。因此,必

---

[1] 吴德贵:《愈演愈烈的"世界人才大战"——发达国家夺取别国人才有8种手段》,《中国管理信息化》,1998年第1期。

[2] 江泽民:《必须紧紧围绕经济建设中心 坚定不移实施科教兴国战略》,《文汇报》,1998年4月30日。

须将应试教育转变为全面素质教育,尤其应注重创新能力的培养。全面的素质教育是我国人才辈出的基础。

(2)"尊重知识,尊重人才",形成良好的人才培养和使用氛围。要有效地开发利用人才资源,离不开"尊重知识,尊重人才"的环境氛围。中国的知识分子,历来有"安于守贫"的传统,相对的贫穷,工作条件、生活条件的相对低下并没有压倒他们,然而,他们历来有"士为知己者死"的勇气,他们十分关注自己的知识、事业是否受到社会的尊重,一旦自己的知识、事业受到社会的尊重,就会激发出无穷的力量。相反,得不到社会的尊重,则必然意志消沉,对经济社会的发展发挥不出积极作用。正鉴于此,邓小平指出:"一定要在党内造成一种空气:尊重知识,尊重人才。要反对不尊重知识分子的错误思想。"[1] 营造"尊重知识、尊重人才"的社会氛围,对人才资源的有效开发利用是十分必要的。只有尊重知识、尊重人才,才可能发现人才、团结人才、使用人才,才可能为人才创造条件,让他们专心致志地为社会主义建设服务,为祖国的繁荣和发展贡献自己的聪明才智。正如邓小平所说:"科技人员应当受到重视……要给他们创造比较好的条件,使他们能够专心致志地研究一些东西。这对于我们事业的发展将会是很有意义的。"[2]

(3)人尽其才,优化配置人才资源,积极调动每一个人才的积极性。在我国,一方面是人才资源的相对短缺,另一方面也存在人才资源的相对浪费和废置。人才资源具有时效性和能动性。人才储而不用,就会荒废退化,用得不及时,其效益就会下降,甚至错失良机,毫无效益。及时发现人才和使用人才,是优化配置人才资源的前提,这是关系国家和民族兴衰成败的重大问题。正如邓小平所说:"事情成败的关键就是能不能发现人才,能不能使用人才。"[3] 不仅要及时发现人才、使用人才,而且要积极调动每一个人才的积极性。对人才主观能动性的调动和激发,直接决定着人才资源开发利用的程度和水平,决定着其产生效益的大小和多少。调动人才的积极性,将其潜能发挥到最大限度,是优化配置人才资源的重要内容之一。邓小平指出:"我们要加强科学教育事业,要发现人才,很好地

---

[1] 邓小平:《邓小平文选》(第2卷),北京:人民出版社,1996年,第41页。
[2] 邓小平:《邓小平文选》(第2卷),北京:人民出版社,1996年,第27页。
[3] 邓小平:《邓小平文选》(第3卷),北京:人民出版社,1996年,第92页。

使用人才。归根到底，就是要发挥积极性，只要把人们的聪明才智调动起来，我们还是有希望的。"[1] 人尽其才，并使每一个人才的积极性都得到充分调动和发挥，那么，我国人才资源的巨大优势将是任何国家都比不上的。

（4）从政策上鼓励、支持人才的培养和人才的使用。政策的导向作用在人才资源的开发利用中占据着重要地位。仅有战略思想、体制保证而无政策的落实，人才资源的开发利用仍是一句空话。知识分子政策的切实落实，是对人才资源开发利用从口头注重到切实注重的关键。我国曾出现过累死一些英才的现象，繁重的科研、教学、行政工作，相对薄弱的医疗保障、疗养制度，曾压垮了一些英才。某大学曾有一位青年教授，就在办公室吃饭时去世。有一些博士生还要为小孩入托、住房、收入偏低等问题所困扰。这对人才的开发利用都起了反作用。邓小平20年前曾指出："对知识分子除了精神上的鼓励，还要采取其他一些鼓励措施，包括改善他们的物质待遇。"[2] 并指出："我们的教师、科学工作者的生活有许多困难迫切需要解决；只有几十块钱收入的知识分子，很多很得力的人，能够有稍微好点的工作条件和生活条件，就可以为国家和人民解决好多的问题，创造大量的财富。"[3] 只有在政策上奖励、鼓励、支持人才的培养和使用，才能保证社会主义建设事业的兴旺发达，"人才，只有大胆使用，才能培养出来。对那些真正有本事的人，要放手提拔，在工资级别上破格提高"[4]。"人才不断涌出，我们的事业才有希望。"[5]

本文发表于《空军政治学院学报》1998年第4期。

---

[1] 邓小平：《邓小平文选》（第2卷），北京：人民出版社，1996年，第233页。
[2] 邓小平：《邓小平文选》（第2卷），北京：人民出版社，1996年，第51页。
[3] 邓小平：《邓小平文选》（第2卷），北京：人民出版社，1996年，第261页。
[4] 邓小平：《邓小平文选》（第3卷），北京：人民出版社，1996年，第17页。
[5] 邓小平：《邓小平文选》（第3卷），北京：人民出版社，1996年，第18页。

知己知彼思维方式

　　思想政治教育研究生培养的知己知彼思维方式是指在思想政治教育研究生创新能力培养过程中师生双方通过收集、分析信息找到规律并运用规律提高思想政治教育实效性的思维方式。"知己知彼，百战不殆"源自《孙子·谋攻》[1]，言简意赅、逻辑严谨，两千多年来被广泛应用于政治、经济、教育等诸多领域。思想政治教育研究生是担当民族复兴大任的时代新人，是肩负新时代新使命的种子选手。在思想政治教育研究生培养过程中，运用知己知彼思维方式能够促进师生双方教学相长，并同步迈入新征程，做到因事而化、因时而进、因势而新。

　　知己知彼思维方式是实践创新的前提。知是行之始，行是知之成。知为促行，实践是检验真理的唯一标准。快速掌握全面信息是透过现象看本质，明辨是非后付诸正当行为的前提。马克思主义经典作家，在充分调查研究并掌握资本和资本主义社会本质后，创立了唯物史观和剩余价值理论，著成《资本论》《共产党宣言》等著作指导全人类努力实现全面自由的发展。抗日战争时期，毛泽东在充分掌握和分析敌我形势下发表《论持久战》，鼓舞和指引全军夺取抗日战争的伟大胜利。党的十八大以来，以习近平同志为核心的党中央，审时度势分析了发展道路上来自国内外的困难和挑战，提出构建人类命运共同体，促进人类和平与发展的中国方案。知之深则看之清，没有调查就没有发言权，思想政治教育研究生承担着继承和发扬我们党优良传统，贯彻执行党的路线、方针、政策的责任与使命，在学习工作中想要实现创新实践，必然需要自觉养成知己知彼思维方式。

　　知己知彼思维方式是在动态发展中的认知实践。世上万事万物都是变

---

[1] 骈宇骞，王建宇，等译注：《孙子兵法·孙膑兵法》，北京：中华书局，2006年，第22页。

化发展的,知己知彼是"认知—否定—再认知"的螺旋上升过程,需要掌握、分析、判断"过去、现在、未来"己和彼的全面信息。唯物史观以人类社会为研究对象,揭示了人类历史发展的普遍规律。只有用发展的眼光,才能做到全面认知。思想政治教育面对的是人,研究生培养要以人为本,尊重人的发展规律、认知规律,结合世间万物的发展阶段,来收集、分析、研判信息。实践中,信息收集需要主观能动性,也要注重借助外力。他山之石,可以攻玉,我们应该学习毛泽东在革命实践中倡导开展的批评与自我批评的精神,广泛听取来自方方面面的意见和声音,充分听取来自组织内基于发展需要和目标而提出的有针对性的建设性意见。思想政治教育研究生在工作和学习中面对目标、问题、矛盾时,切忌坐井观天,只有用宽阔的、动态的、发展的视域来掌握信息,认知问题和矛盾的关键点,才可能找到有效的对策加以实践,做到百战不殆,最终切实解决问题、推动发展。

知己知彼思维方式是科学战略思维的责任担当。知己知彼不仅是一种能力,更是一种责任。知己知彼是肩负时代使命,以国家发展为己任的战略思维。不谋全局者,不足谋一域。新中国成立 70 年来,取得举世瞩目的发展成绩,也面临着一系列重大风险考验。思想政治教育研究生是肩负新时代新使命的时代新人,担当着民族复兴伟大重任,需要增强在复杂的国际国内环境中辨明方向、看清趋势、把握未来的能力;在全面深化改革、全面建成小康社会和实现社会主义现代化进程中,有许许多多的重大问题需要进行战略谋划,需要思想政治教育研究生增强高瞻远瞩、统揽全局的战略思维能力。凡事预则立,不预则废。只有知己知彼,从大局出发,懂得向前展望,有超前思维,做到提前谋局,才能落实责任,完成使命。

知己知彼思维方式助力实现自我提升。人贵自知,自知之明是为人处世中难能可贵的品质。知之始己,自知而后知人,知己是知彼的前提。天地万物皆千差万别,基因、环境、爱好、特质的差异让每个人都是独一无二的。面对纷繁复杂的世界和瞬息万变的信息化大数据时代,无论是想在学业上有所建树,还是开创事业,谁能掌握更多、更全面、更前沿的信息,谁就能优先获得提升。为此,需要从多维度、多角度、多层面、多节点来辩证系统的自我剖析,全面掌握自己的优势和劣势;同时对标工作和学习的目标，主动找差距，知不足而后进，努力缩小差距、消除差距，然后实现自我提升。思想政治教育研究生培养第一阶段，教师可教导学生收集国内外思想政治教育领域的代表人物、研究方向、研究特长、研究成果等基础信息，并做好文献综述；第二阶段，教导学生用全球视野关注国际社会发展动态及人们思想的变化趋势；第三阶段，引导学生独立思考、分析、研判后着手实践创新。思想政治教育过程中师生需要自觉循环往复地加强知己知彼思维方式的训练，循序渐进地提升自我才能真正肩负起时代重任。

思想政治教育是做人的思想工作的，实践反复证明，"知人者智，知己者明"。思想政治教育研究生要坚定共产主义信念、坚持马克思主义为指导，也要灵活运用知己知彼的思维方式，提高辨识能力、增强危机意识、理解时代责任，然后发现规律、把握规律、运用规律来提高学习和工作的效率和效能。在思想政治教育研究生培养过程中，教师越全面、详尽掌握学生基本情况和思想动态，越能在千差万别的信息中找到教学规律，做到因材施教，提高教学效率和实效性。同时，思想政治教育研究生越能领悟并掌握知己知彼思维方式，越能自觉将个人理想追求融入国家和民族的事业中，把远大抱负落实到解决社会主要矛盾的实际行动中，成为勇敢走在时代前列的开拓者和奋进者。

本文与徐嘉合作撰写，发表于《中国社会科学报》2019年9月27日第7版。

中国新现代化论

当代中国的现代化是一种与当代中国具体国情相适应的,在新全球化时代背景下,以知识化改造、引导工业化,以信息化带动工业化的新现代化。中国新现代化是在知识化、信息化、国际化、工业化、市场化的多向互动过程中,不断变革生产方式,进而步入新现代性的历史进程。

一、新全球化时代背景论

中国新现代化必须具有世界眼光,必须以新全球化时代背景为分析探讨的逻辑起点。

"我们正处在一个高度全球化的新时代。与以往相比,今天一个令人瞩目的重大事实是,全球化时代的性质、结构和趋向正在出现重大转折,发生着从'旧全球化时代'向'新全球化时代'的重大转变。"[1]在新全球化时代,中国的社会主义现代化建设需要创建一个与新全球化时代相适应的、内生性的、符合中国具体国情的新现代化理论。新现代化理论是指在新全球化时代背景下,关于中国社会主义现代化建设的方法论、模式、路径和目标的理论。这一理论源于对新全球化时代的理解,对世界现代化理论的反思;源于对现代化方法论、模式、路径和目标的反思。

知识、知识化、知识化平台、知识经济、知识社会、知识文明等核心话语的出现,标志着新全球化时代的来临。新全球化时代的本质是在知识化平台上实现全球性普遍交往,创建全球性的知识文明。新全球化时代的本质意蕴,不仅是知识化平台概念,而且指认全球性的物质交往、精神交往、语言交往等一切交往形式。在新全球化时代,世界各主权国家、各民

---

[1] 任平:《当代视野中的马克思》,南京:江苏人民出版社,2003年,第166页。

族正在或将要从工业化平台跃迁上知识化平台,从社会形态看,将从旧全球化时代的农业社会走向工业社会,转变为新全球化时代的从工业社会走向知识社会。"知识文明——工业文明——农业文明"成为新全球化时代的初期的主要社会结构。从全球来看,新全球化时代的历史发展阶段,农业文明、工业文明、知识文明处于同一时空,而知识文明将逐步占据社会的主导地位。知识、知识化和信息网络化正在或已经成为新全球化时代的核心话语,知识分子正在从社会的边缘走向社会的中心。中国的新现代化正是新全球化时代的产物。新全球化时代与旧全球化时代相比较,其性质、结构和趋向已经或正在出现重大转折,发生着根本性的重大转变。[1]新全球化时代的特征渐渐凸显。

其一,新全球化时代的社会形态占主导地位的是知识社会。在新全球化时代,知识社会成为占主导地位的社会形态是历史的必然。中国的新现代化必然是以创建知识经济、知识社会、知识文明为主导的现代化历史进程。

其二,新全球化时代的产业轴心是知识文明。20世纪以来,西方发达国家相继进入了"知识社会",其产业经济基础已经从工业文明转向以信息科技、生命科技、海洋科技、航天科技、新能源科技、新材料科技、环保科技、纳米技术等新科技为轴心的知识文明。以新科技革命推动知识文明的发展成为中国新现代化的核心动力。

其三,新全球化时代的全球基本结构是"知识文明——工业文明"。旧全球化时代以工业文明为基础,在全球建立了以"工业文明——农业文明"两极为基础的"中心——边缘"发展格局。知识经济呼唤人的解放,也同时是一种人对自然——生态、"主—客"关系的解放。在新全球化时代,产业结构知识化,劳动者知识化,管理知识化已成为中国新现代性的重要标志。

其四,新全球化时代的内在张力日趋强大。新全球化时代的"全球化"是以跨国公司与多元文化为重点、以后现代主义和后殖民主义为媒介所形成的"一体化"与"多元化"并存格局,两极之间保持很大的张力。

---

[1] 任平:《新全球化时代21世纪马克思主义哲学的走向——再论走向交往实践的唯物主义》,《哲学研究》,2000年第12期。

在新全球化时代，各主权国家、各民族之间的差异与碰撞显而易见，它们之间既存在着密切的对话与合作，又存在着差异与冲突。一体化与多元化两极间保持着一定的张力。中国的新现代化必然是谋求和平、发展、互利、合作、双赢的现代化历史进程。

其五，新全球化时代的全球化控制方式日趋"文明"。全球互联网、话语生产、知识经济及其文化传播，成为其借助的主要手段。全球冲突将越来越从实体层次向信息文化层次转变。全球制高点、主宰和主导力量，已经从单纯的物质经济因素转为知识化程度。知识对资本和物质劳动、非物质要素对物质要素的控制时代已经来临。因此，一个民族如果偏爱财富增长而没有发达的精神文明和先进的知识文化，就必然缺乏当代的核心竞争力。全球竞争也越来越多地向知识、人才和综合国力层次转变。中国的新现代化势必采取优先发展教育和科技的战略，对教育和科技的高投入成为中国新现代化不可或缺的前提和条件。

其六，新全球化时代的全球化思维方式趋向差异、断裂和多元化。新全球化时代的思维方式是后现代的，它在深刻变革旧全球化时代实践结构的同时旧深刻变革了旧全球主义，造就出一种本质上的后现代的思维方式。它主张多元化而反对单一文明，强调差异政治而否认单一政治观，指认断裂而蔑视同一整体，消解思维等级和中心性而主张"平面化"，解构先验的理性和本体意义的决定性、唯一论而推崇全球话语的众声喧哗。差异、断裂、冲突、矛盾越来越经常地成为新全球主义的理论范式，进而成为新全球化时代的思维向度。中国新现代化的历史进程必然是吸收世界一切文明成果的历史进程。

新全球化时代为中国的新现代化提供了从工业化平台跃迁上知识化平台的契机。新全球化时代的本质和特征决定了中国新现代性的走向。中国新现代化的结果是中国新现代化性。中国新现代性必然是在全球普遍交往下各种文明的相互冲撞、融汇的过程中形成，必然是在同一时空中从农业社会走向工业社会、走向知识社会。"知识文明——工业文明——农业文明"将成为中国新现代性的主导社会结构，知识分子和知识工人阶级将从社会的边缘走向社会的中心，成为中国新现代性的核心主体。

二、结构决定功能论

结构与功能从来都是相互作用的，但从主体性出发，结构决定功能的思维判断既合规律性，又具有积极价值。结构决定功能的思维对中国现代化具有方法论指导意义。

无论是自然界还是社会系统，其各项结构是一个整体系统，它所呈现的功能与其自身结构状态是密不可分的。从西方结构功能主义的发展历程看，尽管西方结构功能主义比较强调社会功能的变化必然导致社会结构的变化，然而，片面强调社会功能的变化导致社会结构的变化，必然在一定程度上抹杀了人的主观能动性和创造性。

我国学者王国平教授认为："结构与功能总是呈现一种对应关系，即系统间的某个结构总是相应地承担一定的功能，而系统在运行过程中的某种功能的体现总是对应于一定的结构。但是结构与功能的关系并非如此简单。作为系统的结构及其功能，更多的是一种多向度对应关系。即系统中的某一结构可以具有多种不同的功能，而系统中某一功能可能会映射到不同的结构之中。"[1] 在自然界，生命体结构与功能的关系，表现为有什么样的结构就有什么样的功能，结构发生了变化，其功能也必然发生变化。在人类社会，社会功能的变化当然会导致社会结构的变化，并且呈现为社会功能决定社会结构的趋向。这在亚里士多德及当代的一些政治学学者的视野中是毋庸置疑的。亚里士多德认为："政体可以说是一个城邦的职能组织，由以确定最高统治机构和政权的安排，也由以订立城邦及其全体各分子所企求的目的。"[2] 并指出："一切政体都有三个要素，作为构成的基础，一个优良的立法家在创制时必须考虑到每一要素，怎样才能适合于其所构成的政体。倘使三个要素（部分）都有良好的组织，整个政体也将是一个健全的机构。各要素的组织如不相同，则由以合成的政体也不相同。三者之一为有关城邦一般公务的议事机能（部分）；其二为行政机能部分——行政机能有哪些职司，所主管的是哪些事，以及他们怎样选任，这些问题都

---

[1] 张铭，严强：《政治学方法论》，苏州：苏州大学出版社，2000年，第197页。
[2] [古希腊] 亚里士多德：《政治学》，吴寿彭译，北京：商务印书馆，1965年，第178页。

须一一论及；其三为审判（司法）机能。"[1] 这种社会功能决定社会结构的现象已经在社会历史进程中得到了确证。然而，社会功能的变化导致社会结构的变化，仅仅是一种历史的再现和事实描述性的论证。从人的创造性本质出发，主动地、超前性地、科学地改变社会结构必然会更好地发挥出积极的社会功能。这种社会结构与社会功能的相互关系存在于系统整体之中，并有其内在规律。

在生物学科中一个系统，一个器官，并不是由孤立的单一细胞或构件组成的简单系统，而是由多因素、多个细胞、多个器官组成的复合整体。这一生物整体的运行状况如何，并不单纯取决于任何一个单一的要素或器官，而是看多个要素、多个器官、多个系统整合成的整体功能是否存在障碍。而这些障碍，即使在所有系统的要素和器官、系统及其功能完好无损的状态下，也可能发生，其原因在于，系统功能还有一个重要的决定因素，这就是结构。在系统中，相对于功能而言，结构就是工具。也就是说，如果没有特定的结构，把各个要素、器官、系统充分而完整地整合在一起，那么这些零散的要素、器官、系统之功能就无法得到有效的发挥。而整合后的系统功能往往是各个要素或器官、系统的倍数，这就是生物学科中经常使用的一句经典语言：整体大于部分之和。效用或功能的剧烈增加，结构发挥着决定性作用。人体各系统之间、系统内部各器官之间，以至细胞内部各细胞器之间功能的协同性与社会系统内部各部门之间、组织之间，以及国际范围内的国家、民族之间的协同性具有相似的规律性，都体现了结构决定功能的规律。从系统论出发，在结构与功能的关系中，本身就包含着价值与工具关系及这一哲学原理所包含的朴素真理。对包括人体在内的所有系统事件，进行单因素和系统整体功能的对比性考察，就不难得出结论。从生物学出发，任何一个动物，至少具有神经系统、呼吸系统、消化系统、循环系统、运动系统、生殖系统和排泄系统，而神经系统则是把所有这些系统整合在一起的关键系统。经过神经系统的组织、协调和指挥，各个系统的功能才能协调发挥出来。也就是说，只有把这些单元系统的功能，通过神经系统整合在一起，才能使动物区别于植物成为一种

---

[1] ［古希腊］亚里士多德：《政治学》，吴寿彭译，北京：商务印书馆，1965年，第214—215页。

可以运动的生物。植物之区别于动物，就在于它缺少了神经系统结构，从而使植物处于空间上相对静止的状态。在这种区别中，最根本的因素是植物结构的相对单一性。人类基因的变异，甚至人为地改造，其基因表达的功能的差异性是科学家们所公认的。这体现了结构决定功能的规律性。

社会同样是一个有机整合的系统——人的共同体系统。在社会发展的不同阶段，整合这一有机整体系统的核心机制不同。在原始的社会系统中，整合社会的核心机制是传统习俗和习惯，而在奴隶制和封建时代，核心机制是社会等级制度和贵族的强制权力，到了资本主义时期，随着商品经济和民主政治的发展，市场机制和民主机制，开始发挥它们的作用。但是无论如何，有这样三种整合力量是任何社会所不可或缺的，这就是政治结构、经济结构和文化结构。由利益到权利和意志，由意志和权利到团体，再由团体到政党，就是由古代政治到现代政党政治的发展。随着民主政治的发展，权力所具有的单方面强制的功能在萎缩，受人民监督与制约的成分在增加。在这种监督与制约机制中，多个政治主体的出现，使政治由过去的单一权力向现代政治的复合权力转变，而这种转变的核心仍然是社会政治结构和权力架构的多元化。在各种权利、利益和观念整合而成的社会中，政治、经济、文化之间本身具有结构性的相互整合关系，而且各种整合因素内部也同样存在着结构性关系。各种社会结构的逐步完善和协调发展，是社会功能发挥至尽可能完美的前提。

在系统论的视阈中，结构与功能之间相互作用、相互依存、密不可分，但其中起决定性作用的是结构。在唯物史观视阈中，一定的社会结构决定一定的社会功能，并且有其内在的规律性。

1. 社会结构时间序列决定社会功能规律

社会结构从宏观上看，主要有政治结构、经济结构、文化结构等。这三大结构只有在时间序列上相协调和统一时，社会历史向前发展的社会功能才能完善地表露出来。马克思主义认为，社会存在决定社会意识，社会意识对社会存在具有反作用，"不是意识决定生活，而是生活决定意识"[1]。然而，这种社会意识如果脱离了当时的具体社会实践、具体社会

---

[1] 中共中央马克思恩格斯列宁斯大林著作编译局：《马克思恩格斯文集》，北京：人民出版社，2009年，第525页。

历史条件，其产生的作用将对社会发展具有破坏性力量。我国解放初期提出的"人民公社化""大跃进"等表现的社会意识的过度超前，脱离了当时中国的社会经济状况，因而，必然走向失败。苏联十月革命胜利后，采用"战时共产主义"的经济政策，提出消灭商品，消灭货币，取消自由贸易等理念和政策，导致了其经济社会严重滑坡，列宁不得不及时将"战时共产主义政策"调整为"新经济政策"，提出了以实物税代替余粮收集制的新经济政策；在对资本主义的态度上，从战时共产主义的消灭资本主义，走向新经济政策的利用资本主义发展社会主义。这种社会意识形态结构在时间序列上的调整，促使苏联经济复苏，社会稳定，为新生的社会主义国家政权的巩固奠定了基础。这说明：某些在共产主义社会能实现的具有积极意义的社会意识，在社会主义国家政权刚建立时，并不一定能发挥积极作用，甚至会走向事物的反面。这表明，社会的政治意识形态结构、经济结构、文化结构在时间序列上排列不同，其发挥的社会功能也不同。

2. 社会结构空间序列决定社会功能规律

从唯物史观出发，一定的社会经济结构决定着一定的社会政治结构。马克思主义创始人马克思和恩格斯曾经认为，社会主义革命必将在资本主义比较发达的几个国家内同时爆发。然而，客观历史事实是，政治、经济发展的不平衡规律，导致了资本主义、帝国主义国家之间相互战争，造成了资本主义势力的削弱。因而，当时经济社会发展相对落后的俄国，首先取得了社会主义革命的胜利。这表明，在同一空间中，社会结构的差异性决定了社会功能的发挥。这种社会的空间结构序列决定社会功能的一般规律表明，当今世界社会主义与资本主义在同一时空跨跃上工业化和知识化不同的平台，其所能发挥的社会功能是不尽相同的。在以美国为首的西方发达国家已从工业化平台跃迁至知识化平台的同时，中国社会主义现代化建设尚停留在工业化平台，这种空间结构的差异性正是解答了当今中国与美国在经济发展上的差距日益增大现象的根源。一旦中国从工业化平台跃迁至知识化平台，这种差距势必日益缩小，甚至出现中国反超美国的可能。

3. 社会发展总合力小于各分力总和的规律

物理学研究表明，在总体力结构体系中，各分力指向的分散性，导致总合力的递减性。法国农业工程师林格曼曾经设计了一个拉绳实验：把被试者分成一人组、二人组、三人组和八人组,要求各组用尽全力拉绳,同时用灵敏的测力器分别测量其拉力,结果,二人组的拉力只是单独拉绳时二人拉力总和的 95%;三人组的拉力只是单独拉绳时三人拉力总和的 85%;而八人组的拉力则降到单独拉绳时八人拉力总和的 49%。[1] 从社会科学研究看,社会发展合力的总方向及其大小受当时社会历史条件,尤其是受政治、经济、文化、宗教等各种力量所制约,社会发展的这些动力并不会都指向社会发展合力的总方向,按照物理学原理,各力的综合构成多个平行四边形,多个平行四边形构成决定社会发展合力总方向的一个平行四边形,在这种条件下,社会发展的合力必然小于各分力的总和。恩格斯指出:"历史是这样创造的:最终的结果总是从许多单个的意志的相互冲突中产生出来的,而其中每一个意志,又是由于许多特殊的生活条件,才成为它所成为的那样。这样就有无数互相交错的力量,有无数个力的平行四边形,由此就产生出一个合力,即历史结果,而这个结果又可以看做一个作为整体的、不自觉地和不自主地起着作用的力量的产物。"[2] 在社会主义现代化建设过程中,经济的发展是前提条件,甚至是决定性条件,但是政治、文化的发展也是必要的和重要的条件。恩格斯指出:"我们自己创造着我们的历史,但是第一,我们是在十分确定的前提和条件下创造的。其中经济的前提和条件归根到底是决定性的。但是政治等等的前提和条件,甚至那些萦回于人们头脑中的传统,也起着一定的作用,虽然不是决定性的作用。"[3] 社会历史的进步是政治、经济、文化协调发展的结果。然而,政治、经济、文化相互之间总会存在一定的矛盾和冲突,这必然会部分地削弱社会历史发展总合力,造成社会发展合力小于各分力总和的结果。

4. 社会发展总合力与各分力发展方向趋向于社会发展总合力的程度成正比的规律

中国社会主义现代化建设是社会主义物质文明、政治文明、精神文

---

[1] 郭晓东,杨柳青:《1+1 为何<2》,《报刊文摘》,2002 年 6 月 2—4 日,第 3 版。
[2] 中共中央马克思恩格斯列宁斯大林著作编译局:《马克思恩格斯文集》(第 10 卷),北京:人民出版社,2009 年,第 592 页。
[3] 中共中央马克思恩格斯列宁斯大林著作编译局:《马克思恩格斯文集》(第 10 卷),北京:人民出版社,2009 年,第 592 页。

明、社会文明、生态文明五大文明协调发展的历史进程,单纯的经济增长是片面的发展观,它所引发的社会问题会影响社会主义物质文明、精神文明、社会文明、生态文明的发展,从而也必然会影响整个社会主义现代化建设的历史进程。从唯物史观出发,任何偏离社会主义方向的政治、经济、文化的发展力量都会降低社会主义发展的总合力。从社会结构内容看,政治结构、经济结构、文化结构各有其相应的功能表达,这种功能表达的差异性决定了其推动社会历史前进的方向及其力量大小,当政治结构表达的功能、经济结构的表达功能、文化结构的表达功能与社会的发展总方向相一致时,其推动历史前进的力量呈上升趋势,反之,当政治结构表达的功能与社会发展总方向不一致时,其推动社会历史前进的力量就小,甚至成为阻碍社会历史前进的力量。经济结构表达的功能、文化结构表达的功能亦然。当政治结构表达的功能、经济结构表达的功能、文化结构表达的功能三者之间产生矛盾冲突时,则其推动社会历史前进的力量呈下降趋势,甚至引起社会动荡不安,导致社会的倒退。拉美在社会转型过程中出现的社会动荡、倒退现象就是明证。这表明,社会发展的总合力在推动社会历史发展的过程中,与社会发展的各分力密切相关,尤其是与社会发展各分力的发展方向密不可分,并呈现为社会发展总合力与各分力发展方向趋向于社会发展总合力的程度成正比。这已成为社会结构决定社会功能的一般规律。

社会结构决定社会功能的规律性,反映了人的创造性本质。从一定意义讲,人的创造性活动体现了人的本质。马克思在《关于费尔巴哈的提纲》一文中指出:"人的本质不是单个人所固有的抽象物,在其现实性上,它是一切社会关系的总和。"[1] 而一切社会关系并不是天然存在的,它恰恰正是人类创造性活动的产物。人总是处在一定的人类所创造的社会经济结构和经济关系中,并不断地以自己的创造性活动改变着这种关系。在此意义上讲,人的本质在于人的创造性。

社会结构决定社会功能是社会发展的一般规律。在人的一定的认知结构、认知水平及一定的社会历史条件下,主动地改变社会结构必然会导致

---

[1] 中共中央马克思恩格斯列宁斯大林著作编译局:《马克思恩格斯文集》,北京:人民出版社,2009年,第501页。

社会功能的变化。当然，在一定的社会历史条件下，社会功能的变化也会导致社会结构的变化，然而这种变化是特殊规律，并且这种变化是一种消极的、适应性的变化。强调社会结构决定社会功能，体现了人的创造性本质，更有利于人们充分发挥主观能动性和创造性，在遵循客观规律的基础上，不断调整、完善社会结构，更好地发挥社会功能，实现跨越式发展。

在新现代化建设进程中，依据社会结构决定社会功能的一般规律，充分发挥人的主观能动性和创造性，不断变革社会结构，使其符合社会发展规律，就必然能充分发挥出其应有的社会功能，加速中国特色社会主义现代化进程。

社会结构决定社会功能论，从生物内在结构与外在功能的相互关系出发，在分析西方结构功能主义发展历程的基础上，扬弃了结构功能主义对社会结构及其功能的历史再现性的描述性论证，强调了在人的创造性活动基础上的社会结构决定社会功能的理念，认为只要在遵循自然规律和社会发展规律的基础上，不断积极主动地调整、变革当代中国的经济结构、政治结构、文化结构、社会结构、生态结构乃至人的知识结构、技能结构，就能充分发挥好相应的社会功能，真正实现当代中国社会主义现代化建设的跨越式发展。

在自然科学的研究中，结构决定功能的理论，已成为自然科学家的共识。在社会科学的研究中，结构与功能的相互作用也是毋庸置疑的。然而，社会结构决定社会功能还是社会功能决定社会结构众说纷纭，尚无定论。在自然界和社会历史进程中，结构与功能从来都是相互影响、相互作用的。但从根本上来说，结构是起决定性作用的。从一定意义上讲，任何事物的结构都决定着其基本功能的产生和发挥。人类社会也不例外。一定的社会结构决定着一定的社会功能。社会结构决定社会功能是人类社会发展的一般规律。社会结构决定社会功能又有其内在的客观规律，这种规律性主要呈现为社会结构时间序列决定社会功能规律，社会结构空间序列决定社会功能规律，社会发展总合力与各分力发展方向趋向于社会发展总合力的程度成正比的规律，社会发展总合力小于各分力总和的规律，这些规律展现了具体的社会历史条件决定社会的发展过程和发展状态的唯物主义时空历史观，进一步论证了社会主义物质文明、政治文明、精神文明、社会文明、生态文明五大文明必须在时空中协调发展的"全面、协调、可持续发展"的科学发展观。显然，现代化的起点结构及其结构调整不同，其现代化的路径、目标和结果也必然不同。现代化起点结构的分析有助于新现代化的实现。中国的现代化存在着政治、经济、文化、社会乃至人的知识、技能等诸方面的历史不足。在一定意义上，新现代化的历史进程就是不断弥补现代化起点结构不足的过程。从农业社会到工业社会，再到知识社会，"三级两跳"同步走的过程，就是这一跨越式发展的过程。政治结构、经济结构、文化结构、社会结构、生态结构乃至人的知识结构和技能结构的不断创新、调整和重新整合，既是人的全面而自由发展的过程，也是中国新现代化的必由之路。

结构与功能从来都是相互渗透、相互作用的，然而，从根本上说，结构发挥着决定性的作用。这种决定性的作用，为人类创造性地改变结构的活动提供了主体性和对象化的空间。社会结构决定社会功能是自然界中结构决定功能在人类社会发展过程中的进一步展开。结构决定功能论，为当代中国新现代化提供了方法论上的理论依据。它对我们能动地改造客观世界，调整和变革中国的政治结构、经济结构、文化结构、社会结构、生态结构乃至人的知识结构和技能结构，从而更好地发挥相应的功能，具有重大的理论意义和现实意义。

三、中国新现代化指标体系制定原则与目标导向论

中国新现代化指标体系的制定对中国新现代化历史进程具有导航性作用。

中国新现代化指标体系的制定，既要从中国的历史和具体国情出发，又要依据新全球化时代世界现代化的历史进程，借鉴和吸收西方发达国家现代化发展指标体系。从新全球化时代马克思主义发展哲学视域出发，制定中国新现代化指标体系，其主要原则大致如下。

其一，人的现代化与物的现代化相统一的原则。

马克斯·韦伯的经典现代化理论强调了在现代化过程中经济增长的重要性，突出了物的现代化。然而，单纯地、过度地关注物的现代化必然导致对人本身的忽略。西方工业国家，特别是资本主义国家以经典现代化理

论为范式,强调物质生活的现代化。这种片面的现代化模式是一种单纯追求经济增长的发展模式。在这种片面追求经济增长的物的现代化理念的指导下必然导致人的工具化倾向,使人成为物的对立面,成为物的奴役对象。康德认为,人既是手段更是目的,单纯的物的现代化显然是片面的、具有灾难性的。科学的、真正具有积极意义的现代化必然是人的现代化和物的现代化相统一的现代化。人的现代化和物的现代化相统一的现代化是人的物质生活质量与精神生活质量相统一的现代化。人类是不断追求满足自身需要的理性动物,从美国心理学家马斯洛的需要层次论出发,中国新现代化不仅要追求物质生活质量,而且要追求精神生活质量。新现代化过程所追求的人的全面发展的目标就是要求人的多层次、多种类、合理的需要都能够得到满足。人的现代化和物的现代化相统一的现代化,更深层的意义在于它们两者之间是相互渗透、相互影响、相互促进的。人的现代化包含着人的知识结构、素质结构、认知水平、生产技能的现代化。人的现代化对物的现代化具有巨大的推动作用。物的现代化是人的现代化的物质基础。然而,物的现代化并不必然导致人的现代化。中东阿拉伯国家依靠其丰富的石油资源,短期内就实现了物的基本现代化,但是,其人的现代化,尤其是人的素质结构、知识结构、认知水平都没有实现现代化,所以,其现代化的发展呈现一种畸形的状态,也就不可能成为一种可持续的、全面的、真正意义上的现代化。历史已经证明,合理形态的现代化是人的现代化与物的现代化相统一的现代化。因而,毫无疑问,中国新现代化指标体系的制定,必须遵循人的现代化与物的现代化相统一的原则,必须避免重物不重人的倾向,充分突出人的现代化的各项指标。

其二,知识化与工业化相统一的原则。

当代中国的新现代化是从农业社会走向工业社会同时走向知识社会的历史进程。在这一历史进程中,工业文明、知识文明在同一时空创建何以可能?这种可能性根源于人的创造性本质,根源于新全球化时代各国的普遍交往及其知识化平台的出现。马克思、恩格斯在《德意志意识形态》中深刻阐明了"世界历史"的形成和世界的普遍交往性。他们认为:"只有随着生产力的这种普遍发展,人们的普遍交往才能建立起来;普遍的交往,一方面,可以产生一切民族中同时都存在着'没有财产的'群众这一现象(普遍竞争),使每一民族都依赖于其他民族的变革;最后,地域性的个人为世界历史性的、经验上普遍的个人所代替。"[1]"各个相互影响的活动范围在这个发展进程中越是扩大，各民族的原始封闭状态由于日益完善的生产方式、交往以及因交往而自然形成的不同民族之间的分工消灭得越是彻底，历史也就越是成为世界历史。"[2] 在历史成为世界历史亦即全球化时代的前提下，各国的相互影响越来越深刻和广泛。当年，正是出于世界历史的形成和发展，马克思和恩格斯以实事求是的态度，从对俄国农村公社的具体研究中，得出了落后国家在特定历史条件下不一定要走西欧国家老路的结论，提出了东方社会可以跨越资本主义的"卡夫丁峡谷"[3] 直接进入社会主义的著名论断。从 1875 年开始，恩格斯在批判特卡乔夫时指出，俄国公社虽然正处于解体，但是也不可否认有可能使这一社会形式转变为高级形式（即社会主义形式）。1881 年，马克思在《给查苏利奇的信》及其复信的三个底稿中说，俄国农村公社，"它目前处在这样的历史环境中：和它同时并存的资本主义生产在给它提供集体劳动的一切条件。它有可能不通过资本主义制度的卡夫丁峡谷，而享用资本主义制度的一切肯定成果"[4]。在新全球化时代，发达资本主义国家已经跨越上知识化平台，而我国尚停留在工业化平台，从马克思主义基本理论出发，中国的新现代化既不能脱离工业化平台的基础，又不能仅仅停留在工业化平台上，而必须跨越上知识化平台，在历时态和共时态的视域中，将知识化直接导入工业化，借鉴世界的一切文明成果，弥补中国现代化起点结构的不足，实现中国新现代化的跨越式发展。因而，中国新现代化指标体系的创建，必须遵循知识化与工业化相统一的原则，尤其要高度关注知识化的相关指标体系。

---

[1] 中共中央马克思恩格斯列宁斯大林著作编译局：《马克思恩格斯文集》，北京：人民出版社，2009 年，第 538 页。

[2] 中共中央马克思恩格斯列宁斯大林著作编译局：《马克思恩格斯文集》，北京：人民出版社，2009 年，第 540—541 页。

[3] "卡夫丁峡谷"指在公元前 321 年第二次萨谟奈战争中，萨姆尼特人在古罗马卡夫丁城附近的卡夫丁峡谷打败了罗马军队，并强迫他们负着"牛轭"通过峡谷。这在当时被认为是最大的羞辱。马克思、恩格斯引用这个典故比喻说，俄国等东方国家有可能跨越资本主义制度的"卡夫丁峡谷"，即避开资本主义及其灾难而吸收资本主义创造的文明成果和巨大成就，实现向社会主义过渡。

[4] 中共中央马克思恩格斯列宁斯大林著作编译局：《马克思恩格斯全集》（第 19 卷），北京：人民出版社，1963 年，第 438 页。

其三，坚持社会主义与吸收资本主义国家文明成果相统一的原则。

当代中国的新现代化，是坚持社会主义发展方向的现代化。从马克思主义的基本立场出发，坚持社会主义就必须坚持解放生产力和发展生产力，坚持消灭剥削，消除两极分化，最终达到共同富裕。邓小平同志指出："一个公有制占主体，一个共同富裕，这是我们所必须坚持的社会主义的根本原则。我们就是要坚决执行和实现这些社会主义的原则。从长远说，最终是过渡到共产主义。"[1] 并认为："社会主义的本质，是解放生产力，发展生产力，消灭剥削，消除两极分化，最终达到共同富裕。"[2] 达到共同富裕是社会主义的根本目标和任务，解放生产力和发展生产力是最终达到共同富裕的基本前提，它为社会主义创造了基本的物质基础。消灭剥削和消除两极分化是最终达到共同富裕的基本手段和路径。只有当社会生产力发展到相当高的水平时，才有可能消灭剥削、消除两极分化。然而，仅仅解放生产力和发展生产力还不是真正的社会主义，只有在生产力水平高度发达的基础上，消灭了剥削、消除了两极分化，最终实现了共同富裕，才是真正的社会主义。消灭剥削和消除两极分化从经济制度上来讲，其前提基础和条件是公有制。然而，在社会主义初级阶段，大一统的公有制并不能真正实现解放生产力和发展生产力，只有在公有制为主体多种所有制经济共同发展的条件下，允许国外资本、国内民营资本的投入和发展，才有可能充分地解放生产力和发展生产力，也才有可能逐步消灭剥削、消除两极分化，最终达到共同富裕。

当代中国的新现代化，是吸收世界一切文明成果（包括资本主义国家所创建的文明成果）的现代化。江泽民同志指出："我们在进行社会主义现代化建设的过程中，必须努力继承我们先人创造的优秀文明成果和积极吸收人类全部文明的各种优秀成果，认真学习和借鉴世界各国尤其是西方发达国家的先进科技成果。真正做到把社会主义制度优越性同人类优秀文明成果和先进科技力量结合起来。邓小平同志指出：'科学技术本身是没有阶级性的，资本家拿来为资本主义服务，社会主义国家拿来为社会主义服务。'帝国主义利用先进科学技术推行霸权主义政策，剥削和侵略第三

---

[1] 邓小平：《邓小平文选》（第3卷），北京：人民出版社，1993年，第111页。
[2] 邓小平：《邓小平文选》（第3卷），北京：人民出版社，1993年，第373页。

世界国家。我们掌握先进的科学技术，是为了促进经济发展和社会全面进步，捍卫国家主权和安全，维护和平，实现最大多数人民的利益。要使我们的国家既具有社会主义的政治优势，又具有当代科学技术的优势，这样我们的经济和社会就会以无比强大的动力向前发展。"[1] 在当今世界，如果单纯从解放生产力和发展生产力这一角度来讲，资本主义社会依靠高新科技的迅猛发展，其生产力发展水平目前远远高于社会主义国家，其社会的物质基础与我国目前的物质基础不能同日而语，而且，在此物质文明基础上所形成的其他文明成果亦相对发达。在这一意义上，资本主义每发展一步也同时在积累着社会主义的因素。中国的新现代化指标体系的构建，既要坚持社会主义，又要善于吸收资本主义国家所创造的一切文明成果。世界各国尤其是西方发达国家的社会知识化、科技高新化、信息网络化，以及政治法制化、民主化机制与当代社会主义中国的民本化（以人民为本[2]）机制相结合，作为中国新现代化发展指标体系的相关内涵是中国新现代化的内在要求。因而，制定中国新现代化指标体系必须坚持社会主义与吸收资本主义国家文明成果相统一的原则，既突出社会主义的相关指标体系，又充分借鉴西方社会相关的现代化指标体系。

其四，城市现代化与农村现代化相统一的原则。

中国的新现代化不仅是城市现代化，更迫切的是农村现代化。新现代化指标体系中应该高度关注农村现代化的相关指标，遵循城市现代化与农村现代化相统一的原则。中国是个农业大国，农村幅员辽阔，农民人口众多，13亿人口中农村户籍人口超过9亿，其中近2亿进了城市谋求发展，还有7.5亿左右的人口在农村。[3] 不仅农村人口在中国占大多数，而且农村的现代化进程远比城市落后与缓慢。农业薄弱、农村落后、农民贫穷已成为中国现代化所面临的最严峻的客观现实和重大问题。从一定意义上讲，"三农"问题不解决，中国不可能实现新现代化。当代中国农村在现代化过程中的滞后性表现为整体性落后。其一，农业生产方式落后，生产

---

[1] 江泽民：《论科学技术》，北京：中央文献出版社，2001年，第151—152页。

[2] 我党新党章已明确把"三个代表"重要思想作为党的指导思想，而"三个代表"重要思想的出发点和归宿点都是"始终代表中国最广大人民的根本利益"；胡锦涛主席、总书记明确提出了"群众利益无小事"，这些都反映了社会主义中国"以人民为本"的基本理念。

[3] 《新闻办就推进社会主义新农村建设举行发布会》，2006年3月2日 http://www.fmprc.gov.cn/ce/cech/chn/xwss/t237832.htm

力水平低下,高新技术的研发和应用严重落后,农民增加收入困难。其二,农民的整体素质相对低下,尤其是农民的知识结构和技能结构落后,人才匮乏相当严重。在我国4.9亿农村劳动力中,具有高中及高中以上文化程度者仅占13%,具有小学及以下文化程度的高达38%,文盲和半文盲者还有7%。[1] 其三,农村社会保障事业的发展严重滞后,农民上学难、看病难、社会保障难。农村的整体性落后致使城乡发展不平衡,城市居民与农民之间的收入差距持续拉大,农民人均纯收入在1997年至2003年的七年间,平均每年只增长4%。2003年农民人均纯收入2 622元,而城镇居民的人均可支配收入则达到了8 472元,城乡居民的收入差距为3.23:1,是改革开放以来的差距之最。[2] 中国的新现代化在以知识化直接导入工业化,加快城市现代化的同时,必须高度注重农村现代化,尤其是注重农民的教育和农业的新技术研究和开发。只有实现农民的现代化,才有可能实现农村的现代化,只有实现了农村现代化,中国才能真正地实现以知识化为主导的新现代化。因此,中国新现代化指标体系的创建,必须坚持城市现代化与农村现代化相统一的原则,尤其要充分考虑农村现代化的相关指标体系。

其五,矛盾冲突与和谐发展相统一的原则。

中国的新现代化,是在现代化起点结构相对不足的基础上,在同一时空中完成从农业社会向工业社会、从工业社会向知识社会跨越的现代化历史进程,这一历史进程是充满矛盾冲突的历史进程,同时又需要社会和谐稳定来保证现代化顺利发展的历史进程。

从西方发达国家的现代化历史进程来看,农业社会到工业社会是一次社会转型,工业社会到知识社会是又一次社会转型。社会转型时期本身是社会各种矛盾冲突相对集中和汇聚时期,中国的新现代化要在同一时空完成"农业社会——工业社会——知识社会"三级两跳同步走的历史进程,它所经历的社会转型所导致的各种矛盾冲突必然更加凸显,尤其是全国居民内部收入分配平均状况的差异性趋于增大。基尼系数是国际上用来综合考察居民内部收入分配平均状况的一个重要分析指标。其基本含义是:在

---

[1] 柯炳生:《对建设社会主义新农村的思考与认识》,《红旗文稿》,2006年第1期,第3页。
[2] 《中共中央关于制定国民经济和社会发展第十一个五年规划的建议》辅导读本,北京:人民出版社,2005年,第96页。

全部居民收入中,用于进行不平均分配的那部分收入占总收入的百分比。居民的收入分配越是趋向平均,基尼系数越小;反之,收入分配越是趋向于不平均,基尼系数就越大。联合国有关组织规定:基尼系数若低于 0.2 表示收入绝对平均;0.2~0.3 表示比较平均;0.3~0.4 表示相对合理;0.4~0.5 表示收据差距较大;0.6 以上表示收入差距悬殊。基尼系数国际警戒线标准为 0.4。然而,根据世界银行估计,我国的基尼系数 1984 年为 0.3,1995 年为 0.415。根据联合国开发计划署(UNDP)2005 年 12 月 16 日在北京发布的《2005 年中国人类发展报告》,中国的基尼系数为 0.45,占总人口 20% 的最贫困人口占收入和消费的份额只有 4.7%,而占人口 20% 的最富裕人口占收入和消费的份额高达 50%。这表明在这一时间段内,中国的贫富之间的差距在拉大,社会的不稳定因素在增加。如果中国的基尼系数进一步增大,由贫富差距所引发的矛盾冲突必然会阻碍中国的新现代化历史进程。这种矛盾冲突的消解需要我们以创建社会主义和谐社会为路径,逐渐形成"美美与共"的态势,为中国新现代化营造相对稳定和谐的氛围。

中国新现代化进程没有矛盾冲突是不正常的,没有矛盾冲突就不可能有发展。但是,这种矛盾冲突应该是在一定度内的矛盾冲突,超过一定限度,必然导致社会的急剧动荡和倒退。矛盾冲突在一定度内的控制依赖于社会的相对和谐与稳定。

恩格斯认为:"矛盾绝不能长期掩饰起来,它们总是以斗争来解决的。"[1] 矛盾、斗争、和谐,新的矛盾、新的斗争、新的和谐,周而复始,是中国新现代化历史进程的内在机制。中国"三农"问题的解决、强势人群与弱势人群关系问题的解决都贯穿于从矛盾冲突到斗争再到和谐的过程之中。因而,在制定中国新现代化指标体系过程中,必须坚持矛盾冲突与和谐发展相统一的原则,尤其是在动态过程中把握中国新现代化指标体系中度的变化,在主动平衡的意识中不断达到相对平衡。

中国新现代化指标体系的制定原则是相互联系、相互作用、相辅相成的。在这些原则的指导下,重新审视和确定中国新现代化指标体系,对实

---

[1] 中共中央马克思恩格斯列宁斯大林著作编译局:《马克思恩格斯全集》(第36卷),北京:人民出版社,1975年,第359页。

现中国新现代化具有目标导航作用。一是强调了吸收世界一切文明成果，对中国的跨越式发展具有积极的意义。二是突出了知识化平台的先导作用，凸显了人的创造性本质。三是强调了农村现代化的极端重要性，尤其是强调了优先实现农民现代化。四是在张扬人的主体性力量的同时高度重视人与人、人与社会、人与自然的协调发展，体现了可持续发展的科学发展观。五是承认社会矛盾冲突的同时，强调创建社会主义和谐社会，关注社会弱势人群，注重消解不断产生的社会矛盾冲突，努力把社会矛盾冲突控制在一定的度的范围内。

新全球化时代背景论，探索了中国的新现代化与新全球化时代有着内在的必然的联系；结构决定功能论，为新现代化结构调整提供了方法论依据；中国新现代化指标体系制定原则与目标导向论，为中国新现代化发展的目标制定提供了比较全面的、辩证的、科学的思维框架，对中国新现代化发展具有明确的导航作用。新全球化时代背景、结构决定功能论、中国新现代化指标体系制定原则与目标导向论这三者是相辅相成、相互作用、相互渗透、密不可分的，三者的逻辑思维对推进当代中国的新现代化具有积极意义。

论文节选自《中国新现代化论》，载任平主编：《当代中国马克思主义哲学研究》，北京：中央编译局出版社，2012年，第321—352页。